清代學術名著叢刊

十七史商榷 下

[清] 王鳴盛 撰
黃曙輝 點校

上海古籍出版社

十七史商榷序

十七史者，上起《史記》，下訖《五代史》，宋時嘗彙而刻之，名《十七史》也。《五代史》，宋時嘗彙毛晉汲古閣所刻，行世已久，而從未有全校之。一周者予為改譌文，補脫文，去衍文，又舉其中典制事蹟，詮解蒙蔽，疏駁牴牾，以成是書，故名曰《商榷》也。舊唐書、舊五代史毛刻所無者，云《十七史》者，統言之，仍其舊名也。若遼、宋等史，則予未暇及焉。大抵史家所記典制，有得有失，讀史者亦宜心知其意，以明法戒也；但其事蹟則有美有惡，讀史者不必橫生意見，驟騁議論以明法戒也，但當考其典制之實，俾數千百年建置沿革瞭如指掌，而或宜法或宜戒，待人之自擇焉。可矣。其事蹟則有美有惡，讀史者亦不必強立文法，擅加與奪以為褒貶也。但當考其事蹟之實，俾年經事緯，部居州次，紀載之異同，見聞之離合，一一條析無疑。而若者可信，若者可

一

十七史商榷卷七十四

新舊唐書六

順宗紀所書善政[一]

王叔文爲人輕躁，又昵王伾、韋執誼，所親非其人，故敗，其用心則忠，後世惡之太甚，而不加詳察，《舊書》亦狥衆論，然《順宗本紀》所書一時善政甚多。考順宗在東宫，叔文被知遇，及即位，遂得柄用，然德宗以貞元二十一年正月崩，二月，順宗始御丹鳳樓，大赦，叔文以前司功參軍、翰林待詔爲起居舍人，充翰林學士，旋又爲度支鹽鐵轉運使副，五月，爲户部侍郎，至七月，即以物論喧襍，藩鎮上牋，皇太子指斥其撓政，詔皇太子勾當軍國政事矣。八月，皇太子即位，是爲憲宗，奉順宗爲太上皇，叔文即貶渝州司户矣。然則叔文之柄用僅五六月耳，所書善政皆在此五六月中，如二月辛酉，貶京兆尹李實爲通州長史；甲子，諸道除正勑率税外，諸色榷[二]税並宜禁斷，除上供外，不得别有進奉；三月庚午，出宫女三百人於安國寺，又出掖庭教坊女樂六百人於九仙門，召其親族歸之；五月己巳，以右金吾衛大將軍范希朝爲右神策統軍，充左右神策、京西諸城鎮行營兵馬節度使；六月丙申，二十一年十月已前百姓所欠諸色課利、租賦、錢帛，共五十二萬六千八百四十一貫、石、匹、束，並除免；七月丙子，贈故忠州別駕陸贄兵部尚書，謚曰宣，贈故道州刺史陽城爲左散騎常侍。以上數事，黜聚斂之小人，褒忠賢於已往，改革積弊，加惠窮民，自天寶以至貞元，少有及此者，而以范希朝領神策行營，尤爲扼要，此事予别有論。夫《舊書》非真有取於叔文，欲表其忠，故於《順紀》如此之詳也，特其爲書之體，紀載善惡，事蹟必明且備，而叔文之美遂於此見，使後世讀書有識者，得以爲據。《新》紀減字縮句，專尚簡嚴，且其立意務欲與《舊書》違異，故順宗一朝美政刊削殆盡。

《新書》於二月甲子禁斷諸色榷税一條不書，却書罷宫市，《通鑑》亦書此，且并及罷五坊小兒，此皆本昌黎《順宗實録》。所謂「宫市」者，宫中市外間物，以宦者爲使，置白望數百人於市，閲人所賣物，則斂手付與，率用百錢買人直數千物。五坊者，鵰坊、鶻坊、鷂坊、鷹坊、狗坊小兒給役五坊者，亦見《新書・食貨志》。此皆宦者所爲害民之事，《舊・叔文傳》叔文直順宗東宫，言宫市之弊，勸太子且勿言上除之，恐上疑其收人心，然叔文雖勸順宗避嫌不言，而宫市之宜罷，則叔文固已先言之矣，故順宗立後即罷之也。叔文專與宦官爲難如此，《舊書》偶漏此事，而《新書》務欲與《舊書》違異，《舊書》所有多削去，所無則增之，初不論其當否，則書此事正爲《舊書》漏去故耳。禁榷税、罷宫市二事，輕重正等，一書一不書，此何例乎？宫市之害，又見《新》張建封、吴湊等傳及《叛臣·李錡傳》贊。

叔文行政，上利於國，下利於民，獨不利於弄權之閹宦、跋扈之强藩。觀《實録》，叔文實以欲奪閹人兵柄，犯其深忌，雖爲順宗信用，而宦者即能矯制罷其學士，乃憑杯酒欲釋憾於宦者，而俱文珍隨語折之，亦可憐矣。孔子曰：「三年無改於父之道爲孝。」曾子曰：「不改父之臣、父之政爲難能。」憲宗乘父病，而一監國即斥叔文，父崩，骨肉未寒，又殺叔文，此不孝之尤者，吾不知叔文之死，竟有何罪？厥後己身與其孫皆爲閹人所弑，而自此以下，人主之廢立盡出宦者手，唐不可爲矣。且閹人與方鎮互相牽制，互相猜妒者也，叔文既與宦者爲仇矣，乃藩鎮又深怨之，何哉？蓋其意本欲内抑宦官，外制方鎮，攝天下之財賦兵力而盡歸之朝廷，劉闢本韋臯所遣，叔文必欲殺之，若其策得行，後日何煩高崇文往討，勞費兵力乎？即此一事，臯大惡之，奏請逐叔文，則當日情事可見。總計叔文之謬，不過在躁進，《戰國·衛策》：「衛人迎新婦入門，教送母：『滅竈，將失火。』入室，見臼曰：『徙之牖下，妨往來者。』皆要言也。但太蚤耳。」[三] 叔文正如此，若求其真實罪名，本無可罪。

《通鑑》二百六十三卷《昭宗紀》:「崔胤奏:『國初,宦官不典兵預政。天寶以來,宦官浸盛。貞元之末,分羽林衛爲左、右神策軍以便衛從,始令宦官主之,以二千人爲定制。自是參掌機密,奪百司權,上下彌縫,共爲不法,大則構扇藩鎮,傾危國家,小則賣官鬻獄、蠹害朝政。』」胤此言是也。但以胤之邪謬,召朱全忠盡誅宦官,宦官去而人主孤立,全忠遂篡唐矣。譬如人有巨癰在腑臓中,決去其癰,命亦傾矣。假令如叔文計得行,則左、右神策所統之内外八鎮兵自屬之六軍,天子可自命將帥,而宰相得以調度,亂何由生哉?如癰尚未成,決之易也。司馬君實論之云:「宦官爲國家患久矣。東漢最名驕横,然皆假人主之權,未有能劫脅天子如制嬰兒,如唐世者也。所以然者,漢不握兵,唐握兵故也。」君實此論一語道破,而王叔文之忠於爲國爲何如哉?奈何昌黎《永貞行》云:「北軍百萬虎與貔,天子自將非他師。一朝奪印付私黨,凜凜朝士何能爲。」以宦官典兵爲天子自將,抑何刺謬甚乎。

校讀記

[一]李慈銘曰:「慈銘案:此論千古巨眼,叔文等之善,自范文正作《李衛公浙西題名詩序》首發其端,國朝全祖望、方婺如皆略辨之,未能暢也。」

[二]「権」,原誤作「褉」,據《舊》紀改正。下文「禁権税」同。

〔三〕見卷三十二《衛人迎新婦》。

新紀不見王叔文

《新》紀不但刊削叔文所建白，并且絕不見其名，蓋《新》紀之例，在内惟書宰輔之除拜罷免貶降出外，故於三省長官中書令、侍中、尚書令太宗改爲尚書僕射。〔一〕書之爲詳，其餘惟由他官同三品、同平章事者則書之，苟其不然，雖至執政，且不得書，而侍從臺諫與諸卿執事官更不待言。叔文特侍從耳，其副度支爲侍郎，亦執事官耳，故拜罷貶一槩不見，而獨見一韋執誼，似矣，但唐世制誥詔命皆中書舍人爲之，謂之「内制」，〔二〕其百官告詞則學士爲之，謂之「外制」。玄宗置翰林待詔，掌四方表疏批答，又以中書務劇，選文學之士號翰林供奉，與集賢學士分掌詔敕，至開元二十六年，又改翰林供奉爲學士，别置學士院在右銀臺門内之正北，金鑾坡之旁，至與宫妃相往來，專掌内命，爲天子私人，凡拜免將相號令征伐宣麻制敕皆出於此，於是進退人才，機務樞密，人主皆必與議，中書、門下之權爲其所奪，當時謂之「内相」，見《新唐書・百官志》及范祖禹《唐鑑》、陳埴《木鐘集》，然則玄宗以前翰林學士可不書，〔三〕玄宗以下不可不書矣。況叔文以藩邸之舊，入參大政，兼掌兩制，秉權甚專，彼執誼方將藉其引用，書執誼不書叔文，豈爲得實乎？然就其例書之，猶差可，所最可怪者，凡麗死刑者，下至庶僚，冗散一命之微，皆書之，或書殺某人，或書某人伏誅，昌黎《順宗實録》言「皇太子監國，逐叔文，明年殺之」，《舊書》本傳云誅之，《通鑑》云賜死，《新》紀不但於《順紀》不見叔文名，并《憲紀》亦不見殺渝州司户王叔文，何也？《舊》紀亦不載叔文之死。再考。

《舊・憲宗紀》：「元和元年，武元衡奏：『中書門下御史臺五品以上官、尚書省四品以上等官除授，皆入閤謝，餘官許於宣政南班拜訖便退。』」中書門下是宰相，御史亦副相，重其職，故五品即須入閤謝，尚書則四品方入閤謝。觀此等級，則知唐時體統，尚書省遠不如中書、門下兩省，以兩省出納王命、封駁詔敕，特優異其禮，而尚書省惟令爲宰輔，餘皆執事官也。如中書侍郎、門下侍郎皆四品官耳，而一爲同三品，即宰輔之職，同平章事亦然，故知《新》紀所書拜罷於内只有宰輔，餘皆不書，因論叔文附及之。《舊・昭宗紀》：「大順元年四月，李匡威等請平定太原，下兩省、御史臺、尚書省四品已上官議。」兩省即中書、門下，《漢書》每以丞相、御史爲兩府，此言兩省、御史臺，猶漢兩府也。他處言三省者亦多，而又往往於兩省、御史臺外别言尚書省，可見尚書不及兩省。又《新・代宗紀》：「大曆八年九月，詔京官五品已上、兩省供奉官、郎官、御史言事。」兩省供奉官，謂中書舍人、門下侍郎是也。特提兩省，可見兩省之獨尊。又《新・敬宗紀》：「長慶二年十二月，穆宗暴疾，不見羣臣三日，左僕射裴度上疏，請立太子，翰林學士、兩省官相次以爲言。」又可見翰林學士與兩省權同。不能備悉，隨舉此三條見意。

校讀記

〔一〕李慈銘曰：「慈銘案：舊制，尚書令下，本有左右僕射，唐以太宗嘗爲尚書令，臣下遂不敢居此官，由是左右僕射爲尚書省之長，而令不設矣。王氏此注非也。」

〔二〕李慈銘曰：「慈銘案：宋以翰林學士司麻制批答等爲内制，中書舍人分房行詞爲外制。」

〔三〕李慈銘曰：「慈銘案：此説未當。《新》紀所闕者，尤在不書節鎮之除拜更代，此事關係興廢甚鉅，若翰林學士，則下至畿尉九品官亦充之，職雖善要，例不足書也。」

上順宗尊號

「元和元年正月丙寅朔，皇帝率百寮上太上皇尊號曰應乾聖壽」，此事《實録》作永貞二年，然是年正月朔爲丙寅，而丁卯即改元元和，則永貞之號只此一日，此特因在《順宗實録》，不得不如此，至《舊書》於《憲宗紀》元和元年又書此事，則殊嫌重複，不如《新》紀只見《順紀》为得。順宗崩於正月甲申，而《實録》乃書丙戌朔，則是月不得有甲申，乃知甲子紀日傳寫淆譌，觸處皆然，當從《舊書》作「丙寅朔」。

柳州司馬

《舊·憲宗紀》首：「貶岳州刺史程异柳州司馬。」「柳」，《异傳》作「郴」，是。原本

誤同。[一]

校讀記

[一]《舊唐書校勘記》卷七引此條云：「物議罪之，故再加貶竄，《册府》百五十二：『時議猶爲貨法，故再貶焉。』」

曾太皇太后

《新・憲宗紀》首：「永貞元年十月丁酉，爲曾太皇太后舉哀。」曾太皇太后者，德宗之母，代宗之妃沈氏也。直云曾太皇太后，不言沈氏，竟不知何人，蒙昧極矣。其下文又書「十一月己巳，祔睿真皇后於元陵寢宫」，又不知睿真皇后爲何人。《舊》紀則先書「冬十月丙申朔，丁酉，集百寮發曾太皇太后沈氏哀於肅章門外」，次書「辛丑，太常上大行曾太皇太后沈氏謚曰睿真皇后」，次書「乙巳，祔睿真皇后神主、德宗皇帝神主於太廟」，歷歷分明。沈氏遭史思明亂，流落無存，故直至此時方發哀，此事之奇者，不可不明析書之，況大典所在，如《舊》紀亦何嘗有支蔓，而《新》紀一意剗削，幾致文理欠通。元陵者，代宗陵也。《舊》紀云「祔于太廟」，而《新》改爲「元陵寢宫」，但既追尊皇后，自必入廟，且《舊》紀連德宗皇帝神主言之，則似亦當從《舊》紀爲是。

含光殿

「元和元年正月丁卯，御含光殿受朝賀」，「含光」當作「含元」，原本誤同。

寬敬

「二月乙未朔，以度支郎中寬敬爲山劒行營糧料使」，「寬敬」當作「敬寬」，原本誤同。

與杜黄裳論政

憲宗初政尚有可觀，其與宰臣論政，杜黄裳奏對數百言，《舊》紀全載之，所謂「左史記言」也。《新書》於實事尚多割棄，况此類虛言，其不載宜也，然無以爲後人考鏡之資矣，無乃太簡乎？

程异復用

「八月壬午，左降官韋執誼、韓泰、陳諫、柳宗元、劉禹錫、韓曄、凌準、程异等八人，縱逢恩赦，不在量移之限」，諸人雖輕狂，而其中才士亦多，自去年九月至此，一年之中已經四度降旨貶斥禁錮，何其頻數，惡之一至於此，而其爲黨魁者則已賜死矣。憲宗讐視其父所任用之人，居心殆不可問，諸人罪亦不過躁進，豈真醜類比周，黨邪害正者哉？考《异傳》，异於元和初旋因鹽鐵使李巽薦其曉達錢穀，請棄瑕録用，遂擢爲侍御史，亦足見帝之好貨矣。异之湔雪尚速，而柳竟死貶所，劉亦久乃牽復，又見才士之多命蹇也。

元和國計簿

「李吉甫撰《元和國計簿》，天下兵戎仰給縣官者八十三萬然人」，「戎」當作「戍」，「然」當作「餘」，原本誤同。

裴均爲僕射

「三年四月己卯，裴均爲尚書省都堂上僕射」云云，「爲」當作「於」，原本誤同。此即今之所謂到任。尚書省中雖以左右司及各部分掌其事，而其首冠以尚書都省，見《唐六典》及《通典》，所以有「都堂」之稱。僕射即都省之長官也，不置令，故僕射爲長，同中書門下平章事則宰相矣。

起居

「五年九月丁卯，翰林學士獨孤郁守本官起居，以妻父權德輿在中書，避嫌也」，「居」下脱「郎」字，原本亦脱。翰林學士爲内相，其權與宰相埒，嫌翁壻二人並居要地，相爲表裏，故使之但守起居郎，以避此嫌耳。

百官據數請受

「元和六年十月戊寅，詔：『元和五年已前諸色逋租並放。百官職田其數甚廣，今緣水潦，諸處道路不通，宜令所在貯納度支支用，令百官據數於太倉請受。遭水旱處，通計所損便與除破，不得檢覆。』」下「百官」二字，校本作「自」字，原本誤同。

穆紀首複出

《穆宗本紀》首所載杖死山人柳泌詔文，已見《皇甫鎛傳》中，此複出。

許諸巡官

「平盧軍新加押新羅、渤海兩蕃使，賜印一面，許諸巡官一人」，「諸」當作「置」，原本誤同。

制官勅下

「長慶元年正月，以劉士涇爲太僕卿。給事中韋弘景等封還詔書，上諭之曰：『士涇父昌有邊功，朕欲加恩，制官勅下。』」當作「制宜放下」，原本誤同。

二十已入省寺

「五月，刑部四覆官、大理六丞每月常須二十已入省寺」，「已」，原本作「日」，是。

長慶不提行

《舊紀》於長慶紀年凡四年，一槩俱用連寫，不提行，大謬，此傳録之誤，近本改正。

滄州以成元

「二年二月，滄州以成元節度使王日簡賜姓名全略」，「以成元」三字衍，名下仍脱「李」字，原本衍、脱並同。

蔣防

《敬宗紀》首：「貶翰林學士、司封員外郎、知制誥蔣防爲汀州刺史。」「蔣」字原本空一格，近本補正。

品官季文德

「八月，妖賊馬文忠與品官季文德等將圖不軌」，「品官」，校本作「中官」，[一]原本與近本同。

校讀記

[一]《舊唐書校勘記》卷八引西莊此條云：「按《舊》紀屢言品官，不當改。」

參奏

「以李憕孫宏爲河南府兵曹參奏」，「奏」當作「軍」，原本誤同。

睦州

「十一月，安南都護李元喜[一]奏：黄家賊與環王國合勢陷睦州」，「睦」，校本改「陸」，是，原本誤同。

校讀記

[一]「喜」原誤作「素」，據《舊》紀改。

京兆府決

「寶曆元年，袁王府長史武昭付京兆府決」，下脱「殺」字，原本亦脱。

十七史商榷卷七十五

新舊唐書七

别詔宣

《文宗紀》首「别詔宣纂組雕鏤並停」，「宣」下脱「索」字，原本亦脱。

滄州刺史

「太和四年閏十二月，[一]廢景州，其縣隸滄州刺史」，「刺史」二字衍，原本亦衍。

校讀記

[一]李慈銘曰：「慈銘案：文宗年號係大和，非太和，是書皆作太和，尚沿舊誤。」

第三男漢

「八年八月，第三男漢可封臨川郡王」，「漢」當作「潢」，原本誤同。

臣固尉

「開成元年九月，復宋申錫尚書右丞、同平章事，以其子慎徽爲臣固尉」，「臣」當作「城」，原本誤同。

外州李紳

「二年七月，外州李紳奏蝗蟲不食苗」，「外」當作「汴」，原本誤同。後《懿宗紀》「咸通十一年十一月，以鄭從讜檢校户部尚書，兼汴州刺史」，亦誤作「外州」。

觀察使盧行術

「八月，以前湖南觀察使盧行術爲陜虢觀察使」，近本「湖南」上脱「前」字，「使盧行術爲陜虢」七字空，原本「陜」下脱「虢」字。

盧行術爲福王傅

「三年二月，以同州刺史孫簡爲陜虢觀察使，盧行術，行術爲福王傅，分司東都」，原本作「代盧術，以術爲福王傅」云云，「代」字、「以」字近本脱，兩「行」字原本脱。

魚弘志等立潁王瀍

《新·文宗紀》：「開成五年正月戊寅，不豫。己卯，左右神策軍護軍中尉魚弘志、仇士良立潁王瀍爲皇太弟，權句當軍國事，廢皇太子成美爲陳王。辛巳，皇帝崩於太和殿。」又《武宗紀》：「始封潁王。開成五年正月，文宗疾大漸，神策軍護軍中尉仇士良、魚弘志矯詔廢皇太子成美復爲陳王，立潁王爲皇太弟。辛巳，即皇帝位於柩前。」《新書》之删削《舊書》，算無遺策矣。今此二紀相連，但當於《文紀》詳書之，至《武紀》則云「仇士良等既廢皇太子，立爲皇太弟，事見《文紀》」，其下即云「辛巳，即皇帝位」云云，可也。乃兩處複出，而書其官則《文紀》多「左右」二字，《武紀》少二字，書其人則《文紀》魚弘志居首，《武紀》仇士良居首，書其事則《文紀》先言立潁王，後言廢太子，《武紀》先言廢太子，後言立潁王，且多「矯詔」二字，此何謂邪，豈《文紀》所言非矯詔邪？且士良爲右軍中尉，弘志爲左軍中尉，

「左右」二字本不可省，而兵中尚右，且《舊》紀皆以士良居首，又言「夜，士良統兵於十六宅，迎太弟赴少陽院」云云，則此事士良为主甚明，何爲互倒其文邪？實所未喻。至於魚弘志者，吴縝《糾謬》謂《李訓傳》作「弘志」，而《仇士良傳》乃作「志弘」，彼此不同，吴氏因據此二傳之上下文多作「弘志」，且本紀亦作「弘志」，以駁《士良傳》作「志弘」之非。[一]愚則謂今本《士良傳》亦作「弘志」，此乃後人因吴言而妄改，吴所見本既作「志弘」則信矣，但弑憲宗者宦官陳弘志也，文宗已殺之矣，不應文宗末年以宦官典兵者又名弘志，恐是其人本名志弘耳，若果名弘志，當無不改之理，然則吴縝之所糾者未必謬，而其所謂不謬者反謬也。

《武紀》末書「左神策軍護軍中尉馬元贄立光王怡爲皇太叔」云云，其下《宣紀》又重書之，亦宜省去官銜，蓋此等在《舊書》不足爲病，《新書》既專務減字縮句，則反覺此種爲冗長矣。

校讀記

[一]卷六《李訓仇士良兩傳各載魚弘志名不同》條。

文宗暴卒

《舊·武宗紀》首「文宗暴卒」，「卒」當作「疾」，原本誤同。但據《舊》紀，文宗於開成四年十二月即不康，五年正月戊寅是朔日，而帝以辛巳崩，是初四日，似未可以言暴。

宣詔院

「仇士良收捕宣詔院副使尉遲璋，殺之」，此事《新書》在《文宗紀》，「宣詔」作「仙韶」，《新》是，《舊書》以音近而誤，原本誤同。《舊·文紀》「開成三年四月，改《法曲》爲《仙韶曲》，仍以伶官所處爲仙韶院」，是也。尉遲璋爲文宗合古樂，見高彦休《闕史》卷下。

零碎不得

「會昌二年二月，中書奏：『準元和七年勑，河東等道州縣官，令户部加給課料錢歲六萬二千五百貫。吏部出得平留官數百員，時以爲當。自後户部支給零碎不得。』」「不得」當作「不時」。

會昌三年譌字

「三年七月，宰相奏：『秋色已至，將進軍，幽州早平回鶻，鎮魏須速誅劉稹，各須遣使諭旨，兼值三鎮軍情。今日延英面奏聖旨，欲遣張賈。賈性剛，不如命李回。若以臺綱闕人，即兵部侍郎鄭涯久爲征鎮判官，最似相稱。』」此段譌字甚多，幾不可讀，原本誤並同。「鎮魏」當乙，[一]「稹」當作「積」，「值」當作「偵」，「面奏」當作「面奉」，[二]「征鎮」當作「涇鎮」。[三]

校讀記

[一]《舊唐書校勘記》卷九引西莊此條云：「按《册府》亦作『鎮魏』。」

[二]《舊唐書校勘記》卷九引西莊此條云：「按《册府》作『奉』。」

[三]《舊唐書校勘記》卷九引西莊此條云：「按《册府》、《英華》俱作『戎鎮』，是。」

池水縣

「五年十月，中書奏：『池水縣武牢關』」云云，「池」當作「汜」。

吴湘獄誤字衍文

《舊·宣宗紀》：「大中二年二月，吴湘獄事，元推判官魏鉶、典孫貞高利錢倚黄嵩、江都縣典沈頒臣宰，又天長縣令張弘思、典張洙清陳回、右廂子巡李行璠、典臣金弘舉」云云，案上「臣」字當作「陳」，下「臣」字衍。又「李恪委京兆府決脊杖十五，配流天德」，「十五」當乙，原本誤並同。

本司同平章事

「五年五月，以户部侍郎、判户部事魏謩本司同平章事」，「司」當作「官」，原本誤同。

十一年詔文闕

「十一年正月，將幸華清宫，兩省官進狀論奏，詔曰：『卿等列狀上章，深睹盡忠之節。已允來請，所奏[二]。』」此下原本空一格，當有脱文。近本去其空，即連下「以白敏中充荆南節度」事寫。

校讀記

〔二〕按「所奏」下脱「咸知」二字，中華本已據《册府元龜》卷一〇一、《全唐文》卷八十補。

宣宗簡籍遺落

《宣宗紀》論曰：「帝帝道皇猷，始終無缺，雖漢文景不足過也。惜乎簡籍遺落，舊事十無三四，吮墨揮翰，有所慊然。」案晁公武《郡齋讀書志》載唐諸帝實録至敬宗止，趙希弁《讀書後志》所載則唐人所撰實録至武宗止，其宣、懿、僖、昭、哀五朝實録，通一百二十八卷，云皆宋敏求所補，世服其博聞。陳振孫《書録解題》亦云：「唐實録自武宗後皆未嘗修纂。五録者，龍圖閣直學士宋敏求追述爲書。」宣宗既無實録，當劉昫時宋録未出，故云簡籍遺落，其實懿、僖以下四朝皆遺落，史臣採訪成書，功何可泯。

新紀論穆敬以下七帝

穆、敬皆童昏，共一論贊可也。文、武、宣皆賢主，《新》紀乃以五帝共論，賢愚錯襍，已爲非法，使論之而一意到底，足相貫串，猶可也，今此論前半篇專就宦官生意是矣，而武、宣兩段與上三帝不相照顧，首尾横決，文似貫而義不貫，亦何取乎合論哉？論文宗，謂其「仁而少斷，制宦官不得其術，飲恨而已。其殺陳弘志，亦足伸其志也」，愚謂此時宦官之勢已成，文宗受制，萬不得已，作史者當惜之，不當貶之，觀《仇士良傳》中周墀、崔慎由二事可見。[一]若文宗之剛決，不但能殺陳弘志，并能殺立己之王守澄，見《新》紀太和九年。豈可云少斷乎？美武宗之用李德裕以成功，甚確，乃又惜其但能除去浮圖，又躬受道籙。愚謂僧道廢興，無足重輕，不甚有關於治亂，此等亦宋人之迂論耳。至訾「宣宗以察爲明，無復仁恩，自是而唐衰矣」，愚謂末句拖脚，暗遞下文懿、僖，此正如今日作八股《四書》文者穿插過渡手法，其實唐衰全由懿宗，《舊·懿宗紀》論云：「士德淩夷，禍階於此。」何等確當，《新書》乃歸罪宣宗，何也？[二]帝克復河湟，當時稱小太宗，故《舊》紀推尊，比之文景，毫無貶詞，雖孫甫詆其爲善止于小節，昧大體，[三]要爲賢主，何《新》紀之大相矛盾邪？懿、僖論贊稍近情，但仍譏其爲宦官所立，始不正則不能正天下，亦爲迂濶，假使懿、僖能如文、武、宣之勵精圖治，雖爲宦官所立，尚可支持，到此際尚以宦官爲詞，豈不糾纏可厭？宦官之惡，誰不痛恨，但言豈一端而已，亦各有所當也。責人主之任宦官，當於肅、代以至憲、穆，至懿、僖而猶以此相責，豈非隔鞾搔痒乎？總之，其行文俯仰頓挫，多作唱嘆，甚有態，而命意却不得其要領，似是而非，反不如《舊書》之多精語。

校讀記

[一]李慈銘曰：「慈銘案：《仇士良傳》中所載崔慎由事，子京係採之小説，恐不足信。以爾時情勢

度之，當不至此，疑是崔胤僞造其父言耳。」

[二]李慈銘曰：「慈銘案：唐衰固不由宣宗，然宣宗不能用李文饒，以繼武宗之政，因其私恨，逞行報復，固可惜也。」

[三]見《唐史論斷》卷下《宣宗無人君大體》。

文都

《舊·懿宗紀》：「咸通四年四月，勅徐州罷防禦使，爲文都，隸兗州。」「文都」當作「支郡」，原本誤同。[一]

校讀記

[一]錢大昕《廿二史考異》説同。《舊唐書校勘記》卷九復據《文苑英華》載《降徐州團練使敕》有「徐州本貫支郡，先隸東平」之語，謂錢等謂「文都」爲「支郡」之誤，其説是也。

再置額

「五年五月，制：『徐州甲士精強。近者再置額，卻領四州。』」「置」下脱「使」字。

判官張琢

「九年十一月，張行簡攻和州，殺判官張琢，以琢城濠故也」，「城」上脱「浚」字，原本亦脱。

漕州

「十年正月，以將軍戴可師充漕州行營招討使」，「漕」當作「曹」，原本誤同。

見存務人户

「十三年六月，中書門下奏：『逃亡户口，税賦不得輒更攤配於見存務人户之上。』」「務」字，校本改「不支濟」三字，是。

領東軍節度

《舊·僖宗紀》：「中和元年正月，以劉漢宏爲越州刺史、領東軍節度、浙江東道觀察處置等使。」「領」，校本作「鎮」，是，原本誤同。

朱温删賜名

《新·僖宗紀》：「中和二年九月丙戌，黄巢將朱温以同州降。己亥，温爲右金吾衛大將軍、河中行營招討副使。」其下文三年則書「七月，宣武軍節度副大使朱全忠爲東北面都招討使」。案《舊書》温以八月降，《新書》云九月者，《舊》言其降時，《新》言其奏到時也。但《舊書》於三年五月破黄巢之後行賞諸臣事内先書「以朱温充宣武節度觀察等使，仍賜名全忠」，此後方稱爲全忠，《新書》以節度使爲副大使，或别有據，不書賜名，突書全忠，則直屬笑端。吾輩今日固人人知全忠即温矣，作史者亦可省此一句乎？

黄巢伏誅

《新》紀：「中和四年七月壬午，黄巢伏誅。」巢之當伏誅，固不待言，論其罪，且寸磔不足以蔽其辜矣，而論其事，則實未明正顯戮，亦并非用兵以擊而於臨陣斬之，直當據實書賊將林言斬黄巢以降，傳首行在。又《昭宗紀》：「乾寧三年五月乙未，董昌伏誅。」董昌亦不可云伏誅，但當云「錢鏐將顧全武獲董昌，斬之，傳首京師」，如此方爲得實。惟《昭紀》「龍紀元年二月戊辰，朱全忠俘秦宗權以獻。己丑，宗權伏誅」，此則得之。觀宗權書法，愈見黄巢、董昌之非，專圖文省，而又好以筆端爲予奪，故多疵病。

朱全忠陷滑州

《新·僖宗紀》：「中和四年五月辛酉，朱全忠及黄巢戰，敗之。」其下文光啓元年又書「十月癸丑，朱全忠及秦宗權戰於雙丘，敗績」，其下文二年即書「十月丙午，朱全忠陷滑州」，其後《昭紀》景福元年又書「二月甲申，朱全忠寇鄆州」。其前文方且爲國討逆，未嘗明著其不臣之迹也，而突書曰「陷」、曰「寇」，亦覺無根。此欲效《春秋》筆削而有妨文義者，[一]如此者多矣，聊舉此以見意。

校讀記

[一]李慈銘曰：「慈銘案：《新書》於《僖宗》、《昭宗紀》書法如此者甚多，凡方鎮互相攻取者，皆書曰陷某地，令一行之中順逆互見，寸土之内彼我莫分，最爲可厭。」

十七史商榷卷七十六

新舊唐書八

逮壞人廬舍

《舊・昭宗紀》:「大順二年,張濬等兵敗,逮壞人廬舍。」「逮」當作「乃」,原本誤同。

景福元年疑

「景福元年,太原兵攻鎮州,王鎔告難於幽州,李匡威率衆赴之。時太原之衆軍於常山鎮,易定之衆軍堅固鎮,燕、趙之卒分拒之」,此節多可疑,原本同。

李匡籌赴關

「乾寧元年十二月,李匡籌南奔赴關」,「關」當作「闕」,原本誤同。

羅平

「二年三月，浙東節度使董昌僭號，稱羅平國」，「羅平」，原本誤作「平羅」，此正之。

兖鄆

「三年，羅弘信南結于梁，與太原絶，兖鄆已至俱陷」，「兖鄆」上下必有脱文，原本同。

徹東北而旋

「光化二年，白氣竟天如練，自西南徹東北，而旋有燕卒之敗」，「旋」屬下讀，其上當有脱文，原本亦脱，或以「旋」絶句，非。

新書殺某之例

殺無罪則書其官，殺某人而其人罪不至死則不書官，罪當殺則曰某人伏誅，此《新書》例也。然如《昭紀》景福二年，以杜讓能之忠而去其官，但書殺，其下又云「及户部侍郎杜弘徽」，何以弘徽官，讓能不官乎？[一]又如天復三年正月戊申，殺左右神策軍護軍中尉韓全誨等，全誨之死有罪乎，無罪乎？若云有罪，滔天逆賊朱全忠與奸臣崔胤比而刼帝殺之，以孤帝之勢耳。不可以有罪而去其官也。若云無罪，以宦寺刼遷天子，其罪莫大焉，不可以爲無罪而存其官也。所云例者，不將窮而遁乎？不據事直書以著其實，而舞文出入，强立多例，高下其手，故多所抵牾。

校讀記

［一］李慈銘曰：「慈銘案：杜讓能不書官者，《新》紀例於宰相不更書官，以其除拜已見於上也，故杜弘徽書官而讓能不書。要之，《新書》此例固不可通，其自亂者亦甚多，予前已論之矣。」

李茂貞乞罷尚書令

《舊》紀：「天復三年五月，制鳳翔隴右四鎮北庭行軍、彰義軍節度、涇原渭武觀察處置押蕃落等使、開府儀同三司、守尚書令、兼侍中、鳳翔尹、上柱國、秦王李茂貞可檢校太師、守中書令。初，茂貞淩弱王室，朝廷姑息，加尚書令，及是全忠方守太尉，茂貞懼，乞罷尚書令故也。」案「鳳翔」云云者，使職也。開府云云，散官也。曰守、曰兼，攝銜也。鳳翔尹，本官也。上柱國，勳也。秦王，爵也。上文「以廻天再造竭忠守正功臣、宣武宣義天平護國等軍節度使、汴宋亳輝河中晉絳慈隰鄭滑潁鄆齊曹等州觀察處置等使、太清宫修葺宫闕制置度支解縣池場等使、開府儀同三司、檢校太師、守中書令、河中尹、汴滑鄆等州刺史、上柱國、梁王、食邑九千户、食實封六百户朱全忠可守太尉、中書令，充諸道兵馬副元帥，進邑三千户」，此銜比茂貞多功臣號一條曰廻天云云，是也。宣武節度治汴州，宣義節度即義成治滑州，天平節度治鄆州，護國節度治河中府。府稱尹，州稱刺史，全忠時鎮汴州，其三鎮蓋遥領也。檢校非守，而亦守意也。又多封邑者，以其進邑而及之，於茂貞則略之也。前於《順宗紀》論尚書省不如中書、門下兩省，今茂貞畏朱全忠，乞罷尚書令而守中書令，則中書不如尚書者，論其品秩，尚書令正二品，而門下之長官侍中、中書之長官中書令皆正三品也，見《唐六典》，若論其實，侍中、中書令在唐方爲真宰相，餘以他官參掌者無定員，但加同中書門下三品及平章事、武后爲同鳳閣鸞臺平章事。中書，鳳閣；門下，鸞臺。知政事、參知機務、參與政事及平章軍國重事之名者並爲宰相，初不論其品秩之高卑也，説見《通典》。晉荀勗守中書監、侍中，及遷尚書令，人有賀者，怒曰：「奪我鳳皇池，何賀焉？」可見尚書不及兩省，自古爲然。《通典》又云：「舊制，宰相常於門下省議事，謂之政事堂。至永淳三年，中書令裴炎以中書執政事筆，遂移政事堂在中書省。開元十一年，張説奏改政事堂爲中書門下，其政事印亦改爲中書門下之印。」[二]可見兩省實政本，非尚書比也。但太宗爲秦王時曾爲尚書令，其後人臣莫敢當，故龍朔中廢令不置，但有僕射，郭子儀以功高拜，亦讓不受，此則茂貞之所以懼而辭耳。僕射必同中書門下平章事方爲宰相，則僕射非宰相也，但僕射無有不兼者。

校讀記

［一］本條所引《通典》均見卷二十一。「至永淳三年」，「三」爲「二」字之誤。王文錦等標點本《通典》校勘記云：「永淳盡二年，無三年。」

昭紀改元書法

《舊》紀不書改元，於正月每仍其故號，及至是月改元之下，又不便提行起，故於其下文則正月遂直書二年，使新改之元混入散文之内，閲者一舉目而但見二年，不見元年，如此者甚多。至《昭宗紀》改元書法則與他紀異，光化元年八月改元而正月即書之，不沿上書乾寧六年，天復元年四月改元而正月即書之，不沿上書光化四年，天祐元年閏四月改元而正月即書之，不沿上書天復四年，此則是也。一書中體例參錯，有得有失如此。

三罹播越

「天祐元年，遷都洛陽，制曰：『朕十載以來，三罹播越。』」案「三罹播越」，謂乾寧二年邠甯王行瑜、鳳翔李茂貞、華州韓建三鎮舉兵犯闕，李克用討之，行瑜弟行約、茂貞子繼鵬作亂，帝出，幸石門鎮； 又三年茂貞再舉兵犯闕，帝出幸華州； 天復元年，崔胤密召朱全忠迎駕，宦官韓全誨等刧帝出幸鳳翔。

盧繼

「六月，金紫光禄大夫、太子少傅盧繼可太子太保致仕」，原本作「盧紹」，後卷《哀帝紀》首書「太子太保盧紹卒」，從「紹」爲正。

文武僖哀皆不書立后

邵經邦曰：「《新》、《舊唐書》本紀文、武、僖三朝皆不書立后，而傳中亦逸其姓氏，至哀帝年十七被弑，自應有后，而史皆失傳，疏漏如此。」[一] 愚謂文、武、僖誠疎漏，若哀帝以童孺寄命賊臣之手，十五被簒，十七被弑，豈能備禮立后乎？

校讀記

[一]見《弘簡録》卷首《讀史筆記》七條之第五條。

内職

《舊・哀帝紀》:「天祐二年三月,勑:『翰林學士、户部侍郎楊注是宰臣楊涉親弟,兄既秉於樞衡,弟故難居宥密,可守本官,罷内職。』」「本官」謂户部侍郎,「内職」謂翰林學士,説詳前《順宗新紀不見王叔文》一條。《五代・劉昫傳》:「唐莊宗拜太常博士,以爲翰林學士。明宗遷兵部侍郎,居職。」何氏焯曰:「『職』上疑有『内』字。」何説甚確。唐以翰林學士爲内職也。《舊・杜悰傳》云:「元和中翰林學士獨孤郁,權德輿之女婿。時德輿作相,郁避嫌辭内職。上頗重學士,許之。」郁,及之孫,《新書》附《及傳》後,亦載此事,正與《哀紀》事相同。

山陵之榮

「四月,侍御史李光庭等賜章服,並以奉山陵之榮也」,「榮」當作「勞」,[一]原本誤同。

校讀記

[一]《舊唐書校勘記》卷十引西莊此條云:「按沈本作『勞』。」

定錢貫陌勅有脱

「丙辰，勅：『准向來事例，每貫抽除外，以八百五十文爲貫，每陌八十五文。如聞坊市之中多以八十爲陌，更有除折，頓爽舊規。付河南府，市肆交易並以八十五文爲陌，不得更有改移。』」此條「事例」下必有脱文，原本亦脱。

臘麪茶

「六月，勅福建供進臘麪茶」，「臘」當作「蠟」，原本誤同。[一]

校讀記

[一]中華書局標點本引西莊此條，又云：「蠟麪茶亦稱『蠟茶』，唐宋人詩文中屢見其名。」

助効

「七月，全忠進助効禮錢三萬貫」，「効」當作「郊」，原本誤同。助郊者，謂助郊天之費也。

蘇楷駁昭宗謚

前《昭紀》末於帝爲全忠弑後云「羣臣上謚曰聖穆景文孝皇帝，廟號昭宗」，至《哀紀》則云「天祐二年十月甲午，起居郎蘇楷駁昭宗謚號曰：『昭宗皇帝否運莫興，至理猶鬱。閹豎猖狂，受幽辱於東内；嬪嬙悖亂，罹夭閼於中闈。有司先定謚曰聖穆景文孝皇帝，廟號昭宗，敢言溢美，似異直書」」云云。楷，禮部尚書循之子，凡劣無藝。乾寧二年應進士登第後，物論以爲濫，昭宗命翰林學士陸扆、秘書監馮渥覆試黜落，永不許入舉場，楷負愧銜怨。至是，與起居郎羅衮、起居舍人盧鼎連署駁議，楷目不知書，其文羅衮作也。時政出賊臣，太常卿張廷範改謚曰恭靈莊閔孝皇帝，廟號曰襄宗。全忠自楷駁謚後，深鄙之，既傳代後，循、楷父子皆斥逐，不令在朝。丁未，所司改題昭宗神主，輟朝一日。考《莆陽黄御史集》，唐莆田黄滔著，裔孫處權汝猷蒐輯，刻于宋淳熙四年，集後又附別録一卷，内采《唐昭宗實録》一段，備詳覆試貢士黜落蘇楷事，《舊書·昭》、《哀》兩紀叙事繁瑣，全録詔令，乃覆試黜落事僅於《哀紀》追述，且甚略。貢士覆試乃稀見之事，《舊》紀既不避猥冗，何不盡入之？但《昭宗實録》宋敏求所補，或劉昫訪求未得其詳，故無從采獲耳。實録久亡，而偶留此一段於此，今全載其文於左方，俾鄙陋悖惡小人情狀，千載如見，鑄鼎象物，無所逃隱，非讀史者之一快邪？乾寧二年二月乙未，勅：「高宗夢傅説，周公遇子牙，列位則三公，弼諧則四輔。朕纂承鴻緒，克紹寶圖，思致治平，未臻至化。今大朝方興文物，須擇賢良。冀於僉選之間，以觀廊廟之器。今年新及第進士張貽憲等二十五人，並指揮取今月九日於武德殿祇候，委中書、門下准此處分，仍付所司。」丙申，試新及第進士張貽憲等於武德殿東廊内，一人盧賡稱疾不至，宣令舁入。又云華陰省親，其父渥進狀乞落下。分二十五鋪分，不許往來。内出四題：《曲直不相入賦》，取曲直二字爲韻；《良弓獻問賦》，以太宗所問工人木心不正脈理皆邪爲理道，取五聲字輪次各雙用爲韻；《詢于蒭蕘詩》，回紋正以蒭字倒蕘字爲韻；《品物咸熙詩》，七言八韻。成令至九日午後一刻進納。丁酉，宣翰林學士承旨户部侍郎知制誥陸扆、秘書監馮渥於雲韶殿考所試詩賦，各賜衣一襲氈被等。己亥，勅：「朕自君臨寰海，八載于兹。夢寐英賢，物色巖野。思名實相符之士，藝文具美之人，用立于朝，庶裨於理。且令每歲鄉里貢士，考覈求才，必在學貫典墳，詞窮教化，然後升於賢良之籍，登諸俊造之科。如聞近年已來，兹道寖壞，鶡多披於隼翼，羊或服於虎皮。未聞一卷之師，已在遷喬之列。永言其弊，得不以懲。昨者崔凝所考定進士張貽憲等二十五人，觀其所進文書雖合程度，必慮或容請託，莫致精研。朕是以召至前軒，觀其實藝，爰於經史，自擇篇題。今則比南郭之竽音，果分一一；慕西漢之辭彩，無愧彬彬。既鑒妍媸，須有升黜。其趙觀文、程晏、崔賞、崔仁寶等四人，才藻優贍，義理昭宣，深窮體物之能，曲盡緣情之妙，所試詩賦辭藝精通，皆合本意。其盧贍、韋説、封渭、韋希震、張蠙、黄滔、盧鼎、王貞白、沈崧、陳曉、李龜禎等十一人，所試詩賦義理精通，用振儒風，且躡異級。其趙觀文等四人并盧贍等十一人，並與及第。其張貽憲、孫溥、李光序、李樞、李途等五人，所試詩賦不副題目，兼句稍次，且令落下，許後再舉。其崔礪、蘇楷、杜承昭、鄭稼等四人，詩賦最下，不及格式，蕪纇頗甚，曾無學業，敢竊科名，浼我至公，難從濫進，宜令所司落下，不令再舉。其崔凝爵秩已崇，委寄殊重，司吾取士之柄，且乖慎選之圖，辜朕明恩，自貽伊咎，委中書門下行敕處分奏來。其進士張貽憲等二十四人名准此處分，賜陸扆、馮渥銀器分物，其落下舉人並賜絹三匹。」中書、門下覆奏：「伏以文學設科，風化是繫。得其人則儒雅道長，非其才則趨競者多。實在研精，仍資澄汰。昨者宣召貢士，明試殿庭，題目盡取於典墳，賦詠用觀其工拙，果周睿鑒，盡葉至公。升黜而懲勸並行，取捨而憲章斯在。其趙觀文等二十四人，望准宣處分。崔凝商量別狀奏聞。」丁未，勅：「國家文學之科，以革隋弊，歲登俊造，委之春官。蓋欲華實相符，爲第一用。近寖訛謬，虛聲相高。朕所以思得貞正之儒，以掌其事，而聞刑部尚書、知貢舉崔凝百行有常，中立無黨，學窺典奥，文贍菁英，洎遍踐清華，多歷年數，累更顯重，積爲休聲。遂輟其憲綱，任之文柄，宜求精當，稍異平常。朕昨者以聽政之餘，偶思觀閱，臨軒比試，冀盡其才。及覽成文，頗多蕪纇，豈宜假我公器，成彼私榮。既觀一一之吹，盡乏彬彬之美，且乖朕志，宜示朝章。尚遵含垢之恩，俾就專城之任。勉加自省，勿謂無恩。可貶合州刺史。」此下又注云：「《唐摭言》同。」又云：「仍聽發遣。」

四鎮

「三年正月，全忠以四鎮之師七萬屯深州樂城」，「四鎮」謂宣武、宣義、天平、護國。《五代史》：「全忠即位，其兄全昱謂曰：『汝從黄巢爲盜，天子用汝爲四鎮節度使。』」

兩鎮

制曰：「錢鏐總臨兩鎮，制撫三吴。」「兩鎮」謂鎮海、鎮東。

哀帝謚號

天祐四年三月，唐禪位於梁，梁改元開平，而太原李克用、幽州劉仁恭、鳳翔李茂貞、西川王建猶稱天祐，故《舊》紀云：「天祐五年二月二十一日，帝爲全忠所害，時年十七，仍謚曰哀皇帝，以王禮葬於濟陰縣之定陶鄉。中興之初，方備禮改卜，遇國喪而止。明宗時就故陵置園邑，有司請謚曰昭宣光烈孝皇帝，廟號景宗。中書覆奏少帝行事，不合稱宗，存謚而已。知禮者亦以宣景之謚非宜，今只取本謚，載之於紀。」案自漢以下，廟號、謚法皆各一字而已，惟東晉、蕭梁、北魏、北齊有兩字謚。唐始累數字爲謚，説已見前。若亡國之君，或無謚，但云少帝、末帝，即有，不過一字，豈宜累數字爲謚，且稱宗與守文者同乎？又父廟號爲昭，子謚又冠以昭，亦無理。後唐明宗亦亂世故爾，但朱温之惡，亘古所無，與其用温所謚，寧從後唐矣。劉昫既稱後唐爲中興，乃不用其謚，何哉？《新紀》及《通鑑》皆用後唐所改，蓋有見於此。《綱目》省去三字，曰昭宣帝，以免累墜，亦通。《新書》目録仍稱哀皇帝，亦非。又紀末既書後唐改謚，而又載其陵名曰「陵曰温陵」，此亦足以補《舊》紀所不足。

中興

劉昫稱後唐爲中興者，考《五代·裸傳》，昫本仕後唐莊宗爲翰林學士，明宗拜中書侍郎兼刑部尚書、同中書門下平章事，廢帝遷吏部尚書、門下侍郎、監修國史，但後則終於石晉耳。薛居正《舊史》略同。何氏焯曰：「監修國史即唐書也。」[一]何説確甚。宋板《舊唐書》首卷列銜「監修國史推誠守節保運功臣特進守司空兼門下侍郎同中書門下平章事上柱國譙國公食邑五千户食實封四百户臣劉昫等奉勑修」，低一格寫起，「勑」字提行頂格寫。第二卷以下止書「劉昫等修」四字，無列銜。聞人詮原本猶仍宋板不改，惟「勑」字空一格，不頂格耳。朱邪氏雖出沙陀，唐已賜姓，編之屬籍，莊宗自以繼唐，立其祖廟。昫修史本在後唐，此所以稱中興也。王鎔、鄭從讜、劉鄴、張濬傳各有中興之語，見顧氏筆記，[二]而《玄宗紀》末史臣論稱爲我開元，説詳後。又《經籍志》叙首稱我朝，此皆以唐爲本朝，並非因仍唐代史官之筆也。文氏徵明目擊宋板列銜，可以了然，乃作序謂《五代史·昫傳》中不載其修《唐書》事，疎矣。

《舊·劉武周傳》附《苑君璋傳》云：「君璋執我行人，送於突厥。」又《高祖太穆皇后竇氏傳》云：「父毅畫二孔雀，約中目者許之，高祖兩發各中，毅悦，遂歸於我帝。」又《李吉甫

傳》云：「父栖筠，國史有傳。」不言「自有傳」，而言「國史有傳」者，劉昫以唐爲本朝故也。[三]

校讀記

[一]見《義門讀書記》第二十九卷。

[二]見《日知録》卷二十六《舊唐書》條。

[三]參見岑仲勉《舊唐書逸文辨》一文，載《岑仲勉史學論文集》頁五九〇。

甲子多誤

史家紀事，所書甲子舛誤最多，無論《新》、《舊》兩書往往不合，即一書之中紀傳亦每互異。予既未通曆筭，不能以曆法推之，今觀哀帝《舊紀》書事最詳，殆欲逐日有事，空者無幾，試隨意取天祐二年四、五兩月考之，四月己丑朔，其紀事有壬辰、癸巳、丙午、乙未、辛丑、壬寅、癸卯、甲辰、丁未、辛亥、壬子、丙辰、戊午，五月己未朔，其紀事有壬戌、乙酉、丙寅、丁卯、己巳、庚午、壬申、甲戌、乙亥、丙子、丁丑、戊寅、庚辰、辛巳、壬午、甲申、丙戌，其下文即接六月戊子朔，然則四月丙午當爲甲午，是初六日，五月乙酉當爲乙丑，是初七日，四月月大，戊午是晦，五月月小，丙戌是晦矣。原本誤並同，或本自誤，或因傳鈔而誤。

書經三寫，烏焉成馬，史文繁重，學者罕窺，况肯校其誤乎？宜乎仍訛踵謬如此。偏觀《舊書》各帝紀，惟日食書朔，其餘月朔日無事則不書者居多，獨昭宗、哀帝二紀皆書朔，而昭宗間有闕者，體例亦參錯。

昭哀二紀獨詳

邵經邦曰：「《舊唐》帝紀徒侈官銜，多至三數行，頗類文移。其昭宗、哀帝，故欲敷衍成帙，不顧體裁。」[一]予謂《昭紀》已極煩冗，比他紀不同，而《哀紀》之煩冗又倍於《昭紀》，其猥瑣鄙屑較之元人所修《宋史》、明人所修《元史》而逾甚矣。邵謂其欲敷衍成帙，誠然，然而有可爲劉昫解者，宣、懿、僖、昭、哀五朝皆無實録，說見前。既無實録，其事蹟易致遺失，而昫時相去近，比宋敏求傳聞更確，纂修者偶爾訪求而得其詳，惟恐泯没，故遂不憚多載之與？此所載皆是實事。凡所貴乎史者，但欲使善惡事蹟炳著於天下後世而已，他奚恤焉？今觀此二紀，見亂賊一輩之姦凶狡逆，歷歷如繪，照膽然犀，情狀畢露，使千載下可以考見，亦何必恨其太詳邪？世間浮華無實文字，災棃禍棗，充棟汗牛，何獨於紀載實事，必吝此勞邪？至於詔令制勑備載，幾欲隻字無遺，遥想一時附和小人，欺天負地，掉弄筆墨，誣善醜正之詞，喪心滅良之語，賴史家詳述之，又得聞人詮等搜獲於既亡之後而重刻之，其功大矣。《新書》於《舊》紀奮然塗抹，僅存無幾，若《哀紀》，《舊》約一萬三千字，而《新》約只千字，自謂簡嚴，實則篡弑惡迹皆不見矣。使《新書》存而《舊書》竟亡，讀史者能無遺憾乎？

朱全忠以姚洎爲上水船，以其當制遲鈍，别見。

書官必書其全銜，元修《宋史》亦如此，於史法誠覺非宜，然今日觀之，正可以考唐宋官制，亦不恨其太詳也。自不通古今、無學無識之人觀之，若者本職，若者兼官，若者特賜之名，若者虚加之號，與夫遥領、寄禄、檢校、裹行、階勳、爵秩、食邑、章服，一槩茫然不辨，亦無怪乎其惡繁而好簡矣。

校讀記

[一]見《弘簡録》卷首《讀史筆記》七條之第一條。

尊號謚法廟號陵名

唐諸帝有生前所上之尊號，如《舊·玄宗紀》「開元二十七年二月，加尊號開元聖文神武皇帝」，又「肅宗奉上皇尊號曰太上至道聖皇帝」，是也。有崩後所上之尊號，如「上元二年四月，上皇崩，羣臣上謚曰至道大聖大明孝皇帝」，是也。此稱爲謚，而其餘如高祖則云

「貞觀九年五月，高祖崩，羣臣上謚曰大武皇帝。高宗上元元年八月，改上尊號曰神堯皇帝。天寶十三年二月，上尊號曰神堯大聖大光孝皇帝」，太宗則云「貞觀二十三年五月，上崩，百寮上謚曰文皇帝。上元元年，改上尊號曰文武聖皇帝。天寶十三載，改上尊號爲文武大聖大廣孝皇帝」，凡此之類，皆或稱謚，或稱尊號者，蓋生上尊號固起於唐，前世未有，即殁而上謚，前世亦用一字而已，無連累數字者，若至道大聖皆不得爲謚，故云尊號也。至於廟號，則古者祖有功，宗有德，以其功德之盛，謚不足盡之，故又追尊爲祖宗而加以美名，其廟則世祀不祧也。有功者必是開創或中興，如漢光武始足當之，有德則守文承統，大抵有功必兼有德，而有德未必兼功，故有此別。然稱宗之濫，自南北朝已然，至唐乃無帝不宗，即順之短促，敬之昏狂且遇弒，懿、僖之喪亂，昭之失國，皆稱之，此其異也。[二]

《舊》紀於每一帝崩後，先書其年若干，次書其當時所上之謚法尊號，次書其廟號，次書其葬期陵名，又其次則舉後代所追加追改之謚盡書之，而於後一帝紀中又書葬某帝於某陵，惟此似可省，餘則明析詳備，最爲得法，宜悉仍之。《新》紀一意删削，殊多欠妥，而又體例參錯岐誤，俱不可解。如《高祖紀》崩年、謚法、廟號、改謚、增謚皆具，惟無葬某陵，至太宗則有崩年、謚法、改謚、增謚，獨無廟號，高宗、中宗、睿宗與太宗同，玄宗則謚法、廟號、葬期、陵名俱删，肅宗、代宗、德宗與玄宗同，至順宗忽又具書崩年、謚法、增謚，惟無廟號，與太宗同，憲宗與順宗同，穆宗又盡去謚法、廟號、葬期、陵名，與玄宗同，敬宗、文宗、武宗與穆宗同，宣宗又具書崩年、謚法、加謚，惟無廟號、葬期、陵名，與太宗同，懿宗、僖宗則又盡去之，與玄宗同。忽詳忽略，毫無定見，彼此不相照顧，史法之亂極矣。至昭宗亦盡去當時所上謚法、廟號，所謂聖穆景文孝皇帝廟號昭宗者，既已隻字不存，乃其末忽又云「明年，起居郎蘇楷請更謚恭靈莊閔，廟號襄宗。至後唐同光初，復故號謚」，何謂更、何謂復，全無原委，使人讀之茫然不解所云，徒恃名重，隨筆塗寫，不加檢勘，掬疏乃至此。區區標題名號，眉目所在，舛謬百出，遑論佗乎？其下文《哀紀》先書謚哀，後書明宗追改，則得之。觀《哀紀》，愈見《昭紀》之非。

校讀記

［一］李慈銘曰：「慈銘案：順宗居東宮二十年，天下陰受其賜，奉天之難，功烈尤高，不幸即位病風，旋行内禪，憲宗爲其太子，豈得不稱宗號？懿宗雖奢靡致亂，然龐勛、仇甫不久討平，及身蒙業，傳祚允子，亦無不宗之理。」

十七史商榷卷七十七

新舊唐書九

貞觀禮

《舊·禮儀志》云：「太宗踐祚之初，中書令房玄齡等修改舊禮，定《吉禮》六十一篇，《賓禮》四篇，《軍禮》二十篇，《嘉禮》四十二篇，《凶禮》六篇，《國恤》五篇，總一百三十八篇，分爲一百卷。」此所叙列，當必無誤。《新禮樂志》所述，於《凶禮》但總言十一卷，不分《國恤》，非是。又其下文於高宗《顯慶禮》、玄宗《開元禮》皆著卷數，與《舊志》同，而於《貞觀禮》但言篇數，删去卷數，亦非。

籜

《新·禮樂志》説皇后親蠶之儀云：「尚功以桑授蠶母，蠶母切之以授婕妤食蠶，灑一簿止。」案《毛詩・豳風》：「八月萑葦。」《傳》云：「萑葦，可以爲曲。」《月令》季春説養蠶事云：「具曲植籧筐。」注云：「曲，簿也。」《疏》：「《方言》云：『宋魏陳江淮之間謂之曲，關西謂之薄。』」然則此字本作「薄」，傳寫誤爲「簿」。《説文》卷五上《竹部》：「局戲也。」與此無涉，乃又轉誤爲「簿」，《説文》無此字，今俗又别造蠶薄之字爲「箔」，《説文新附》亦無。

繇紕[一]

《新・禮樂志・凶禮》篇説始死浴尸之儀云：「沐巾一，浴巾二，用絺若紕。」考《説文》卷十三上《糸部》：「紕，散絲也。」匹卦切。無「絺」字。《玉篇》亦無，而有「繇」字，音髻，絲結。《説文新附》亦不收。

校讀記

[一]「紕」，原誤作「紪」，今改正。

天文志叙首誤

《舊唐書・天文志》上：「玄宗詔沙門一行造渾天儀，鑄銅爲圓天之象，上具列宿赤道及用天度數。」「圓」上原本誤空一字，近本正之。原本如此者甚多，今不悉出。「用」，原本作「周」，近本誤。又「銅儀漸澁，收置集賢院，不行復用」，原本作「不復行用」，近本誤。又「今録遊儀制度等，著於篇」，原本此下即接「黄道遊儀規尺寸」云云，頗牽混，近本「篇」下掛空，「黄道」云云提行另起，「著於篇」以上乃叙首，以後方逐條分列，近本是。

面上爲兩界一段誤

「面上爲兩界，内外爲周天」，此段似當另起，或空一格。「内外」二字，原本小字雙行平寫，書中如此者多，鈔胥落一字，上下不可全改，則小字補之，近本因爲改正，俱大字連書，其實「外」乃衍字。又説天頂單環云「稍南，使見日出入，令與陽經、陰緯相固」，「使」當作「狹」，「令」字當作「之交」二字，原本誤並同，而又於「出入」下誤空一格。又「去南北平各九十一度雖赤道單環」云云，「雖」，原本作「强」，是，屬上讀。又「臣今創置此環，置於赤道環内」，上「置」當作「製」，原本誤同。又「尾九星，十八度。舊去極一百二十度，一云一百四十一度，今一百二十四度」，「一云一百四十一度」八字，原本小字雙行，近本改。「一百二十四」，校本作「一百八」。又「南斗六星，二十六度。舊去極一百一十六度，今一百一十九度」，「一百一十九」，校本作「一百二十九」。又「須女四星，十二度。舊去極一百度，今一百一度。虚二星，十度」云云，「須女」一段，原本與校本並無，近本增，「虚」上原本有

「危」字。又「東壁二星，九度」云云，「二星」，校本作「三星」。又「胃三星，十四度」，校本、原本俱無，近本增。又「軍井，準《經》在玉井東南二斗半」，「斗」當作「度」，原本誤同。

日晷一段誤

日晷一段内云：「北方其没地才十五度餘，南距洛陽九千八百一十六。」「北方」當作「北極」，距洛陽當云九千八百一十里。

六尺九寸

「林邑國，北極高十七度四分」，小字注云：「冬至影在表北六尺九寸定。」[一]「六尺九寸」，校本作「六寸七分」，原本誤同。

校讀記

[一]按小字注云：「冬至影在表北六尺九寸，定春秋分影在表北二尺八寸五分。」「定」字當屬下讀，西莊失句。

分野一條誤字

《舊·天文志》下論分野云：「東盡東萊之地。」小字注云：「漢之東萊即古膠來國。」「古」，原本作「及」，誤。「膠來」當作「膠東」，原本誤同。又「東及館陶、聊城」，小字注云：「自頓丘、三城、武陽，東至聊城。」「三城」當作「觀城」，原本誤同。又「昴、畢，大梁」云云，原本誤連上，近本改提行。又「得漢之趙圖、廣平、距鹿、常山」，原本「圖」作「國」，「距」作「鉅」，是。又「盡漢之南郡」，小字注云：「南郡：巫縣，今在蘄州。」「蘄」當作「夔」，原本誤同。又「江夏」小字注云：「安、鄂、縣、沔、黄五州，皆江夏界。」「縣」當作「蘄」，原本誤同。又「得漢長沙、武陵、桂陽、零陵郡」，小字注云：「零陵，今爲道州。桂陽，今爲柳州。」「道」，原本誤作「首」，近改正。「柳」當作「郴」，原本誤同。又「盡鬱林、合浦之地」，小字注云：「富、昭、蒙、龔、繡、容、白、罕八州以西。」「罕」當作「牢」，原本誤同。

星孛一條誤字

星孛一條，許敬宗曰：「星孛于東北，王師問罪，高麗將滅之。」此下原本有「徵」字，近脱。又「彗見西方天市中，五尺，漸小，向東長行」，「五尺」上原有「長」字，下「長」字原無，近誤脱，又誤衍。又此段之首，原本誤與上文日蝕一段連，近本改正提行。

上有黄白冠

「上元三年正月建辰月，肅宗病。是月丙戌，上有黄白冠連成暈」，「上」之上原本有「月」字，近本脱。

王廷湊

「長慶元年七月二十八日，鎮州軍亂，殺其帥田弘正、王廷湊」，案「王」上當有「立」字，原本、近本俱脱，校本亦無之。

災異標題岐誤

《天文志》應提行不提行，皆經近本改正，而「武德元年十月壬申朔」云云以下一段，原本既標題爲日蝕矣，然自「武德九年二月二十三日夜」云云以下，則言星變月蝕居多，而原本乃概系之於日蝕，直至「唐隆元年六月八日虹蜺竟天」而止，此下乃復以「災異編年」四字爲標題題之，下空四格，又標「至德後」三字，然後再提行，書「至德元年三月乙酉，歲、太白、熒惑合于東井」云云，尤爲無理。其實日蝕亦是災異，原不當分標，故近本一槩去之，但以「災異」二字標於日蝕之前，極是。

唐曆疏不能定朔

《新・天文志》云：「武太后時月過望不虧者二。」此豈真武氏陰盛之故邪，抑唐人曆法之疏，至不能定朔而致然與？

五行志多重本紀

《舊・五行志》文多與本紀重出，如開成四年六月，天下旱，蝗食田，當作「苗」。上憂，與宰臣語，與《文宗本紀》重出。又大曆八年九月，大鳥見於武功殿，與《代宗本紀》重出。又貞元四年夏，汴、鄭二州羣鳥皆飛入田緒、李納境内，貞元八年二月，許州人李狗兒持杖上含元殿二事，皆與《德宗本紀》重出。又神龍二年三月，洛陽東七里有水影，與《中宗本紀》重出。如此者甚多，本紀欲書災祥，則重複自不能免，但既有《五行志》，紀中須删削，歸於至簡，而《舊書》每兩處皆用緐文，此書所以難免後人譏議。

則天遺閻知微事

「則天遺尚書閻知微送武延秀，立知微爲可汗，挾之入寇」，案「送武延秀」之下有「使突厥突厥怒則天廢李氏乃囚延秀」十五字，原本、近本並脱。凡脱誤一兩字者不悉出，多者見之。又此事亦複本紀，此類不能盡舉。

十七史商榷卷七十八

新舊唐書十

秦地爲四十九郡

《舊唐書·地理志》叙首云:「秦並天下,裂地爲四十九郡。」原本同。愚謂《通典》一百七十一卷《州郡》門文與《舊書》志大略多同,此句則作「四十郡」,「九」字之爲衍文不待言,但秦分天下爲三十六郡,而此言四十,亦不合者何?《通典》、班《志》所列三十六之外,又連内史及鄣郡、黔中、閩中數之是也。宋歐陽忞《輿地廣記》第一卷列秦四十郡,與《通典》同,説見予《前漢·故郡國》一條。

舊志與兩漢志互異

凡《地理志》叙首輒歷叙古初,雖屬浮泛可厭,要亦不能盡去。《舊·地志》叙漢制與班《志》多同，然云「漢地南北一萬二千三百六十八里」，「二千」，班《志》作「三千」，《通典》同，近本誤，原本亦誤。叙東漢制與司馬彪《續漢·志》多同，然云「縣道侯國千一百八十六」，原本同，《續漢·志》無「六」字，《通典》亦無，恐亦衍文。據司馬彪説，東漢省併甚多，則縣之少不足怪。

改郡爲州

《舊·地志》云：「高祖受命，改郡爲州，太守並稱刺史。」案唐虞分州，三代相沿，秦變爲郡，遂革州名，而漢復稱之，以州統郡，州大郡小，其分封者爲國，兼用周秦之制也。歷魏晉及南北朝，而冀、兖等名猶在，隋大業三年始改州爲郡，置司隸刺史，以糺郡守，自此以後，九州、十二州之名不復用矣。唐高祖又改郡爲州，三代之州兼唐數郡或數十郡之地，唐之州與三代之州大異，漢之刺史統唐數郡或數十郡之地，唐乃以郡守爲刺史，時異勢殊，其沿革不同如此。但《舊志》惟臚列各州，其下説本古某郡而已，《新唐書·地理志》則云京兆府京兆郡云云，華州華陰郡云云，同州馮翊郡云云，每州必州名、郡名並舉之，河南則云河南府河南郡，陝州則云陝州陝郡，州郡名同者猶必並舉之，而其中亦間有但列州名者，故於渭州下特發例云：「凡乾元後所置州皆無郡名。」據此，則乾元以前凡州皆兼郡名也。《舊志》乃但列州名，顯係脱漏，此《舊》之不如《新》者。《新志》既言乾元後州無郡名，則凡但列州名者皆乾元後州矣，乃復於威州下用小字雙行注云「郡闕」，其下則云：「本安樂州。初，吐谷渾部落自涼州徙于鄯州，又徙於靈州之境。咸亨三年，以靈州之故鳴沙縣地置州以居之。至德後没吐蕃。大中三年收復，更名。」考肅宗初改元至德，後改元乾元，而咸亨是高宗號，在乾元之前八九十年，既置爲州，必有郡名，而没蕃後史失其傳，故云「郡闕」，他州當更有類此者，而獨注於此以見例。

李吉甫《元和郡縣志》、杜佑《通典·州郡》門皆州名、郡名並舉，可見唐制於改郡爲州之後，仍存其故郡名，每州輒稱爲某州某郡也。佑并仍存古州名，欲以見因革大凡，吉甫則竟去之，因距古已遠，省此糾纏，二者各有一義。即如吾蘇稱蘇州吴郡。蘇州者，唐制也，而吴郡則自後漢以至南北朝之稱，唐稱蘇州而仍存古名爲吴郡，若于職官則爲蘇州刺史，不名吴郡太守，惟《舊》韋安石之子陟傳有吴郡太守，一時隨便言之，不可爲典要。[一]

校讀記

[一]岑仲勉《唐史餘瀋》卷四《總論新唐書》條於此條有辨正，可參閲。

開元分五十道

《舊・地志》：「開元二十一年，分天下爲五十道，每道置採訪使。」據下文所列乃十五道，「五十」當誤，原本誤同。《通典》作「十五」，是也。上文貞觀元年分十道，「關内、河南、河東、河北、山南、隴右、淮南、江南、劒南、嶺南」，開元以山南、江南皆分東西，各二，添黔中，合京畿、都畿爲十五，又此段之下不應挂空，後「京畿採訪」云云亦不應提行，應連寫。「江南東道採訪使理蘇州」，誤作「薊州」，原本同。

十節度異文脱文衍文

「安西節度使」，《通典》作「鎮西」。「北庭節度使，防制突騎施、堅昆、斬」，《通典》作「突騎馳施」，「馳」字因「施」而衍，至「斬」下有「啜」字則是也，此脱耳。彼注以堅昆與斬啜並言，此注「堅昆斬東北去斬啜千七百里」，則上「斬」字又是誤衍。「河西節度使」注：「張掖守捉，在涼州南二里。」「二里」必有脱，原本脱同。「平盧軍節度使，統榆關守捉」，「榆」，《通典》作「渝」，渝本水名，从水爲是。「隴右節度使，統臨洮、河源、白水、安人、振威、威戎、莫門、寧塞、積石、鎮西等九軍」，按正文及注實十軍，而云「九」，原本同，恐誤。又注：

「安人軍在鄯州界星宿川州西。」原本同，下「州」疑衍字。「合州守捉」，原本作「合川」，是。「嶺南五府經略使，統桂管、容管、安南、邕管四經略使」，「安南」，《通典》作「鎮南」，注同。又「邕管入經略使管兵七百人」，「入」字衍，原本同。「七百」上，《通典》有「千」字，此脱。

四十七使

「至德之後，中原用兵，刺史皆治軍戎，遂有防禦、團練、制置之名，要衝大郡皆有節度之類，寇盜稍息則易以觀察之號。」「類」當作「額」，原本誤同。此下分列諸使凡四十有七，内單稱節度使者三十五，節度之有軍名者稱其軍名，無者但稱其地。單稱觀察使者五，單稱經略使者二，稱經略觀察使者一，已上皆用小字注明治所及所管之州。其「東都畿汝防禦觀察使」，則東都留守兼之，潼關防禦鎮國軍使、同州防禦長春宫使、大同軍防禦使，則各刺史領之，已上雖有其名，但兼攝，不特置也。其「成德軍節度使」，近本脱「德」字，當從原本添。以留守刺史兼領者，即上文所謂「刺史治軍戎，有防禦等名」是也。諸使中所列但有防禦，不見團練、制置名者，省文也。寇盜息以觀察易節度之號者，浙江東西道節度使，各注「或爲觀察使」，江南西道觀察使，注「喪亂後，時升爲節度使」，是，而其餘各節度亦或更有爲觀察，未及注者也。劒南西川及淮南兩節度注「親王領之」者，皆遥領不親蒞也，其真涖者爲副大使。《新·百官志》云：「諸王拜節度使者皆留京師。」劒南西川，或因玄宗嘗幸重之。淮南以親王領，不詳其故，抑疑親王領節度不止此二處，恐此所注尚不盡。

此四十七使但言至德之後，非盡至德年中所立也。知者，即如宣武軍節度使注云：「治汴州，管汴、宋、亳、潁四州。」考《新書·方鎮表》，宣武軍之名起於德宗建中元年，至德時尚未有此名，然建中時此軍猶治宋州，其治汴州則興元元年所徙，又在建中之後，即舉此一條以槩其餘則可知。《新·王彦威傳》：「至德至元和，天下觀察十，節度二十九，防禦四，經略三。」此數又參錯不合，存疑。

《新書·百官志》於外官之首，先列元帥、都統，此掌征伐，兵罷則省，非常設。其次則臚列五種，一曰節度、次曰觀察、次曰團練、次曰防禦、次曰經略，此則皆統領所部監司之官也。獨不見採訪使，《新書》於《地理志》以十五道採訪使所轄叙次各州郡，而於此反不見者，蓋此下文注云：「開元二年設十道按察採訪處置使，二十年曰採訪置處使，分十五道。天寶末又兼黜陟使，[二]乾元元年改曰觀察處置使。」案《舊·地志》開元二十一年置十五道採訪使，此云「二十年」者，脱「一」字也。彼不言處置，省文，此言置處，誤倒耳。據此，則言觀察足該採訪，故不入大字，僅見注中也。《舊志》亦先詳列十五道採訪理所，至四十七使中不見採訪，固由乾元已改爲觀察，其於《職官志》則竟不之及，《通典》一百七十二卷《州郡》門前既列十五採訪理所，後之述十五部，逐部用小字分注所管之郡，雖不言採訪，但惟採訪分十五道，餘使皆否，則此定指採訪無疑，分作兩遍叙述，極其詳贍，而三十二卷《職官》門州郡都督一條内附及總管、節度、團練、都統等使云：「分天下州縣爲諸道，每道置使，治於所部，即採訪、防禦等使也。」[一]亦只不過帶叙一句，其所以如此略之者，《通典職官》門又云：「至德以來，天下多難，諸道聚兵，增節度使爲二十餘道。「二十」當作「四十」，方與《舊・地志》四十七使合，此等乃傳寫之誤。其非節度使者謂之防禦使，以採訪使并領之。採訪理州縣，防禦理軍事。初，節度與採訪各置一人，天寶中始一人兼領之。」觀此，則知所以略去採訪之故矣。且《新・百官志》雖臚列五種名目，其實則觀察、團練、防禦、經略後已盡歸節度，考其制又須得其情勢曲折，方有當於論世之學。

校讀記

[一]「使」字原脱，據《新唐書》補。

[二]「即採訪防禦等使也」爲《通典》自注。

外官要領惟採訪節度二使

唐外官要領惟採訪、節度二使而已，《舊志》於卷首標題爲「十道郡國」，唐制無國名，與漢異，此字用來牽混。至其所謂十道，則關内道一，河南道二，河東道三，河北道四，山東道五，淮南道六，江南道七，隴右道八，劍南道九，嶺南道十也。此十道乃貞觀元年所分，開元二十一年又分十五道，每道置採訪使，山南、江南皆分爲東、西二道，又添黔中道。又以關内道亦分爲二，一爲京畿採訪使，治京師城内，所管州郡凡六，一爲關内採訪使，以京官遥領，所管州郡及都護府凡二十有七。河南道亦分爲二，一爲都畿採訪使，治東都城内即今河南府，所管州郡凡一，一爲河南採訪使，治汴州即今開封府，所管州郡凡二十有八，合計共十五道。漢宣帝言與我共治百姓者良二千石，指謂太守，而縣令尤爲親民之官，然則守令者是守土治民之官之切要者也，而採訪使者，則大約爲守土官之領袖，故《新唐·地志》以此分列各州郡。至於節度使者，《通典》第三十二卷《職官》門謂始於景雲二年，以賀拔延嗣爲河西節度使，《新書·兵志》同。此不過言其所起耳，爾時惟邊境設此使，餘不常置也。蓋始名總管，繼改都督，至景雲雖創立節度名色，而開元十五道採訪十五節度僅八，所置猶少，且猶採訪自採訪、節度自節度，至天寶乃遂以一人兼領之，至德以後增置節度益多矣。以上俱本《通典》。又《舊志》云：「至德後，要衝大郡皆有節度之額，寇盜稍息則易以觀察之號。」是至德之節度、觀察猶相間用之也。迨至中葉以降，而增置節度益多，其列銜往往稱某軍節度某處管内觀察處置等使，則觀察但爲節度之兼銜矣，且節度無不兼本州刺史，則權盡歸於一家，而守土之臣幾無復有分其任者矣。觀《新》、《舊》諸列傳及唐人碑版自見，至唐末，藩鎮無不帶三師三公及同中書門下平章事者，而使相幾滿天下，則不但合採訪、觀察以爲一而已，誠極弊也。大約盛於開寶，成於肅代，積重難返，遂系一代興衰。陳繼儒《唐藩鎮指掌編》言之頗暢，然皆不出《新》、《舊書》及《通典》之文。

《新書》表第七卷《方鎮表》景雲元年第五格河西諸軍州節度、支度營田使，此則唐一代節度使之名所由始也，而爲節度使之人之所始則賀拔延嗣，已見上。惟陳繼儒《指掌編》謂節度始於景雲元年，以薛訥爲幽州經略節度大使，此與《通典》及《新·兵志》謂始於賀拔延嗣者稍不同，不知所據，俟考。

十七史商榷卷七十九

新舊唐書十一

天寶十一載地理

《舊·地志》:「乾符之後,天下亂離,瓜分豆剖,或併或析,不可備書。今舉天寶十一載地理。唐土南北如前漢之盛,東則不及,西則過之。」注:「漢西至燉煌,今沙州,唐土,又至龜茲,是西過漢。」愚謂「龜茲」上脱「至」字,今以意增。向來志地理者皆據最後爲定,如漢據元始是,《舊唐》據天寶十一載,則以其極盛。又於河北道末總結一句云:「今記天寶承平之地理焉。」但今詳考之,《舊志》既據天寶,故其例,每一州總叙沿革之下即先云舊領縣若干、户若干、口若干,其下若天寶領縣有增損,則云天寶領縣若干、户若干、口若干,如無增損,則但云户若干、口若干,此其例也。今其中不合者,如涇州舊領縣五,其下但有天寶户口,無領縣若干字,然數其屬縣實四縣而云五。河南府天寶領縣二十六,今數屬縣實二十四而云二十六。鄭州舊領縣八，天寶領縣七，今數屬縣實六縣而云七。許州舊領縣九，天寶領縣七，今數屬縣實八縣而云七。此州多出一縣者，因長慶三年又以郾城來屬故也。兗州舊領縣八，天寶領縣十一，今數屬縣實十縣而云十一。青州舊領縣七，其下但有天寶户口無領縣若干字，然數其屬縣實八縣而云七。相州舊領縣九，天寶領縣十一，今數屬縣實十縣而云十一。魏州舊領縣十三，天寶領縣十，今數屬縣實九縣而云十。邢州舊領縣九，其下但有天寶户口，無領縣若干字，然數其屬縣實八縣而云九。趙州舊領縣九，其下但有天寶户口，無領縣若干字，然數其屬縣實八縣而云九。冀州舊領縣六，天寶領縣九，今數屬縣實八縣而云九。深州舊領縣五，天寶領縣四，今數屬縣實八縣而云四。滄州舊領縣十，天寶領縣十一，今數屬縣實九縣而云十一。集州舊領縣一，天寶領縣二，今數屬縣實三縣而云二。蓬州舊領縣六，天寶領縣七，今數屬縣實六縣而云七。越州舊領縣五，天寶領縣六，今數屬縣實七縣而云六。婺州舊領縣五，天寶領縣六，今數屬縣實七縣而云六。觀下文浦陽云新置，則知此少「今領縣七」一句耳。洪州舊領縣四，天寶領縣六，今數屬縣實七縣而云六。實七縣者，有分寧一縣係貞元間分置也，應再加「今領縣七」一句。江州舊領縣三，其下但有天寶户口，無領縣若干字，然數其屬縣實四縣而云三。此內有一縣係至德分置故也，少「今領縣四」一句。永州舊領縣三，其下但有天寶户口，無領縣若干字，然數其屬縣實四縣而云三。郴州舊領縣五，天寶領縣八，今數屬縣實七縣而云八。思州舊領縣三，其下但有天寶户口，無領縣若干字，然數其屬縣實四縣而云三。渭州舊領縣四，其下但有天寶户口，無領縣若干字，然數其屬縣實三縣而云四。此下隴西縣云：「漢獂道地，屬天水郡。後漢分武陽，置鄣縣。天授二年，改爲武陽縣。神龍元年，復爲鄣縣。」〔一〕如此而止，所叙沿革殊不明備，疑或有他縣省併入此縣者而誤脱落其文耳。洮州舊領縣二，其下但有天寶户口，無領縣若干字，然數其屬縣實一縣而云二。劍南道成都府舊領縣十六，天寶領縣十，今數屬縣實九縣而云十。以上各條，或有因數目字傳寫易誤遂致舛錯者，或有因天寶以後别有改更而竟不及者，或有明著後改之事而業已概據天寶遂不復言今領縣若干者。

惟河南道泗州舊領縣五，天寶領縣六，而其下又云：「今領縣三，臨淮、漣水、徐城。其虹縣割隸宿州，宿預、下邳隸徐州。」又齊州，舊領縣八，其下言天寶户口，而又云：「今管縣六，併三縣也。」淄州舊領縣五，其下言天寶户口，而又云：「今管縣四，併濟陽入高苑。」河東道河中府舊領縣五，天寶領縣八，而其下又云：「元和領縣十一。」又晉州舊領縣七，天寶領縣九，而其下又云：「元和領縣八。」河北道洺州舊領縣七，天寶領縣十，而其下又云：「今領縣六。」鎮州舊領縣六，天寶領縣九，而其下又云：「今領縣十一。」又易州舊領縣五，天寶領縣八，而其下又云：「今領縣六。」江南東道處州舊領縣四，天寶領縣五，而其下又云：「今縣六。」江南西道宣州舊領縣八，天寶領縣九，而其下又云：「今縣十。」虔州舊領縣四，天寶領縣六，而其下又云：「今縣七。」道州舊領縣三，天寶領縣四，而其下又云：「今領縣五。」以上各條雖詳略不同，皆并言後定地理，則又非槩據天寶，真自亂其例矣。唐有天下三百年，天寶未及其半，安能遂據爲定？自不如《新志》據天祐爲妥，乃《舊志》亦似有據天祐者，如河北道景州，歷叙沿革，叙至景福言領三縣，與現載屬縣正合，卻不言舊領縣若干，天寶領縣若干，而其末則云：「天祐五年領縣六。」按之數却不合。又於弓高下云：「景州興替不常，事在州説中。」然則「領縣六」，「六」字誤也。景福、天祐相連，國已將亡，未必頻改，「六」字誤無疑矣，而體例之亂如此。至河南道鄆州有「今領縣十一」句，按之實九縣，而須昌一縣兩處複載，豈作史者既誤複載，遂於總説中據誤而再誤乎？近本已删去其複，而總説之誤自如也。又有河東道絳州，舊領、天寶領、今領三者皆無，按其沿革，説至武德四年而止，竟是作史者昏忘，遺失一段。又如江南東道湖州舊領縣五，又言天寶領縣五，隴右道河州舊領縣三，其下文言天寶領縣三，劒南道綿州舊領縣九，其下又言天寶領縣九，其數皆合，此則何事重言之？直是草率具稿，不暇淨删衍字。而且又有如江南東道之福州，天寶領縣八，數之果然矣，但其中有永泰縣，係永泰年分置，又有梅青縣，云是新置，凡他處言新置者，皆謂在天寶後，然則此數雖合，而八縣之建置實不盡在天寶之前，此又不可解也。而且又有如河西道之西州中都督府舊領縣五，又言天寶領縣五，而按之實四縣，此又不可解也。而且又有如劍南道之翼州舊領縣三，天寶領縣二，數之實三縣，而其中有新置，若言今領縣三，則反混於舊領矣。此又例之窮而遁者。唐制糾紛，史家本難措筆，而《舊志》疵謬百出，實覺不可枚舉。又有劍南道閬州舊領縣八，户口云云，其下不言天寶，却言今領縣九，其數合，此下即接户口云云，此則誤以天寶爲今領。又河北道幽州大都督府舊領縣十，薊、潞、雍奴、漁陽、良鄉、固安、昌平、范陽、歸義也。天寶縣十，今領縣九，薊、幽都、廣平、潞、武清、永清、安次、良鄉、昌平，實九縣，然則「舊領縣十」，「十」當作「九」，此但誤字耳。

校讀記

[一]「屬天水郡」下，《舊書》原脱「彰」字，「後漢分武陽」至「復爲鄣縣」二十五字叙彰縣沿革。

舊地志郡府户口數

《舊·地志》：「開元二十八年户部計帳，凡郡府二百二十有八，縣千五百七十有三，户八百四十一萬二千八百七十一，口四千八百四十四萬三千六百九，應受田一千四百四十萬三千八百六十二頃一十三畝。」此云開元二十八年，而《通典》則云天寶初，開元終於二十九年，則開元末即天寶初，二說同也。郡府數内「二百」，原本與近本同，《新書》、《通典》

皆作「三百」，當從之。口數内「四十四萬」，原本及《新書》皆作「一十四萬」，近本傳寫誤。田數原本與近本同，《新書》删去零數「一十三畝」四字。

唐地分十五道採訪爲正

志唐地理，自當如《新書》以十五道採訪使爲綱，排列各州郡，方爲得宜。知者，十五道係開元全盛時所置，採訪使正是統轄州郡至要之官，前此武德、貞觀制尚未定，不可爲據，固不待言。若肅代以下，疆域之分割，職官之變更，朝三暮四，棼如亂絲，不可爬梳，馴致懿僖，天下大亂，冰碎瓦裂，若必欲取最後所定者以爲定，則如何紀載，恐愈覺煩瑣不成文義矣。不得已而析其中，故以開元全盛所分爲定，實覺斟酌盡善。此其中有三説，以全盛之制爲標目則可包括前後事，一説也。天寶後既以採訪、節度合爲一，則言採訪即可該節度，二説也。每一道中分爲數個節度，節度雖分而未嘗不可以十五道名之，則《新・地志》所分自屬精當，三説也。李吉甫所分列與《新志》同，但於每道中又分各鎮耳。

《舊・地志》叙首既知貞觀分十道，開元分十五道，所列採訪名目治所皆與《新志》同，乃其排列各州郡處則又以十道爲主，何也？且既標十道矣，而其中山南、江南仍分東西，劍南則又不分東西，進退無據，皆非是。若隴右之後添出河西，注云：「此又從隴右道分出，不在十道之内。」此蓋宣宗大中年間收復，不得不如此附入。又嶺南道分爲五管，故其前標明「南海節度使，領十七州」，以下分標四管，云桂管十五州，在廣州西；邕管十州，在桂府西南；容管十州，在桂管西南；安南府在邕管之西，與各道不同，此乃不得不如此變通。此二條不可以自亂其例譏之。《舊·杜佑傳》：「舊嶺南節度常兼五管經略使，佑獨不兼，五管不屬嶺南自佑始。」佑爲嶺南節度使，係德宗在興元時，云自佑始，則以後皆然，此志中不得不分標。

新志據天祐

《舊·地志》據天寶十一載地理，如京兆府下云：「舊領縣十八，天寶領縣二十三。」《新·地志》不言據何年，則是據最後爲定矣。故京兆府下雖列天寶元年户口數，其領縣二十却非天寶，乃據最後，大約各府各州郡皆然。考此府之屬縣比舊少櫟陽、盩厔、奉先三縣，櫟陽在華州華陰郡下，奉先在同州馮翊郡下，俱注「天祐三年來屬」，盩厔在鳳翔府扶風郡下，注「天復元年來屬」，其據最後甚明。《舊志》既自言唐末亂，不可備書，故據天寶，而《新書》雖往往有意欲與《舊書》乖違，然漢元始王莽擅命而班氏據之，前例可循，則天祐賊臣朱温所建置，正與漢事類，《新志》自可通，惟漢户口亦據元始，《新志》則户口據天寶，建置據天祐爲異。大約昭宗之世，分離乖隔，户口版籍都無足據，史家於此亦有不得已者，然則《新志》之例，叙各道疆域則以開元十五道爲正，叙户口則以天寶爲正，叙州郡建置沿革則以天祐爲正，三者似屬多岐，其實乃苦心參酌所宜而定，大約《新書》諸志表多能補《舊》之缺，而《新·地志》尤遠勝於《舊·地志》。

赤畿望緊上中下輔雄

隋于州于郡于縣，但分上上、上中、上下、中上、中中、中下、下上、下中、下下九等而已，見《隋書·百官志》，至唐制郡縣，有赤、畿、望、緊、上、中、下之差，又有輔有雄，赤有次赤，輔有上輔，又有以赤兼上輔者，又有稱中下者，未能詳考。《新志》每郡每縣下必詳著之，惟爲府者不注，於府下縣下仍有，而《舊志》有此字者甚少，不及十之一，全不注則爲遺漏，有注有不注則例更亂矣。《新志》於關内採訪使所屬之渭州下云：「中和四年置，凡乾元後所置州皆無郡名，及其季世所置，又不列上中下之第。」但言「不列上中下」，不知赤畿等字仍有否，未詳。《新·張九齡傳》：「刺史京輔雄望之郡少擇之。」《新百官志》注云：「文宗世，宰相韋處厚議復置兩輔六雄十望十緊州别駕。」亦見《舊書》一百五十九卷處厚本傳。兩輔六雄十望十緊名義亦皆未詳。李吉甫《元和郡縣志》、王存《元豐九域志》、歐陽忞《輿地廣記》及《宋史》第五十八卷至九十卷《地理志》皆有「赤」、「畿」等字，杜佑《通典州郡》門、欒史《太平寰宇記》皆無之。陸廣微《吴地記》云：「蘇州名標十望，地號六雄。」又歐陽先生詹《文集》第七卷《送常熟許少府之任序》云：「始入仕，一由縣尉，或中或上，或緊銓衡，評才若地而命之。」此類亦當時通俗語，如元人襍劇猶有「赤」、「緊」字，參尋文理，大約似所謂衝、繁、疲、難。

每郡每縣下既注有此等字樣，則其前叙首似應先揭明，乃絶未提及，而忽見於每郡縣下，亦嫌太突。考之他書俱無見，惟宋謝維新《合璧事類》後集第七十九卷《縣官》門《知縣》：「唐制縣有六等之差，赤、畿、望、緊、上、中、下，京都所治爲赤縣，旁邑爲畿縣，其餘則以户口多少地美惡爲差，凡一千五百七十三縣，令各一人。國朝建隆元年，應天下諸縣除赤、畿外有望、緊、上、中、下，四千户爲望，三千户以上爲緊，二千户以上爲上，千户以上爲中，不滿千户爲中下，五百户以下爲下。」「六等」當作「七等」，不言輔與雄者，疑輔即畿，雄即望、緊也。

前代沿革

前代沿革，《舊志》太詳，《新志》惟舉唐之建置，於前代盡去之，又似太略。

每府州下皆有府

《新志》於每一府州之下皆有小字注云有府若干，此則《舊》文之所無而《新書》特增者也。案惟畿輔稱府，京兆府、河南府是也。其餘則都護府乃邊境治民之官，都督府乃總管之改名，今各府州下小字注有府若干，與彼諸府絶無干涉，此是府兵之制中所立營屯隊伍名色。唐制府兵，寓兵於農，無事時耕於野，番上者宿衛京師，有事則命將以出，事解，兵散於府，將歸於朝。其無事時雖與農無異，要必别自爲籍，如後代衛所之制，《新·兵志》惜未詳，而於《地志》中猶存其名目。《兵志》言府兵諸府總曰折衝府，凡天下十道置府六百三十四，今《地志》於京兆郡多至府百三十一者，以其爲京師也。河南郡則三十九稍多，以其爲陪京也。其餘各州郡至多不過一二十府，少至一二府者甚多，然則其爲府兵散隸各州郡，平日無事時别立部籍名色無疑。

羈縻州

羈縻州，《舊志》各綴於每道之下，殊嫌冗贅，《新志》改爲總聚於後，别立一目，較爲明净。

廣陵

《舊唐·地志》：「淮南道揚州大都督府，天寶元年爲廣陵郡，乾元元年復爲揚州。」愚考廣陵國見《漢志》，至唐天寶尚沿此稱，其來久矣。朱先生彝尊《文集》第三卷《謁廣陵侯廟詩序》辨枚乘《七發》「八月之望，觀濤於廣陵之曲江」，世疑廣陵國爲今揚州府治，然曾子固撰《越郡趙公救災記》中有廣陵斗門，合之伍子之山、胥母之場，疑義可析云云。〔一〕又第二十六卷《滿江紅·錢唐觀潮》詞自注亦引《七發》。又第三十一卷《與越辰六書》：「《七發》廣陵之曲江，即浙江，《水經注》浙江『水流兩山間，江川急濬，兼濤水晝夜再來』，是以枚乘曰：『海水上潮，江水逆流。』其詮釋最確。曾鞏《序鑑湖圖》有廣陵斗門，在今山陰縣西六十里，去浙江不遠，而錢唐郭外有廣陵侯廟，今猶存，若江都之更名廣陵在元狩三年，時乘已卒，不應先見之於文，是《七發》之廣陵非江都明矣。世人以『廣陵』二字，遂誣曲江在揚州，可笑也。比見足下榜門書曲江濤字，〔二〕流俗相沿，無足怪，特不宜誤自足下」云云。愚謂先生考證之學，世所共推，而此一事則其所引在《水經注》第四十卷《漸江水》篇，最爲有據，乃先生得意筆，故屢見之，但李善注《七發》，於廣陵引《漢書·地志》廣陵國，屬吴。「淩赤岸」，注引山謙之《南徐州記》曰：「京江，《禹貢》北江。春秋分朔，輒有大濤，至江乘，北激赤岸，尤更迅猛。」山謙之，宋文帝時人。酈道元魏末，當南之梁末人，山在酈前甚遠，况酈北人，説南水每多誤，山南人，記南水似更可信。朱先生既無以駁山謙之爲必非，乃隱其名而曰世疑云云，曰世人遂誣云云，曰流俗相沿云云，何哉？蕭子顯《南齊書·州郡志》云：「南兖州鎮廣陵。漢故王國。有江都浦水，刺史每以秋月出海陵觀濤，與京口對岸，江之壯闊處也。」子顯，齊梁間人，亦在酈前，而生長南方，所言不謬。至廣陵之名，據《吴越春秋》，夫差時已有，非起於元狩，且枚乘淮陰人，爲吴王郎中，正宜就近説觀濤事，恐當仍舊解。

《李白集》第十四卷《送友人尋越中山水》詩：「湖清霜鏡曉，濤白雪山來。八月枚乘筆，三吴張翰盃。」此似足證廣陵濤在錢唐。朱先生未引，但此上文別有《送當塗趙少府赴長蘆》詩：「我來揚都市，送客廻輕舠。因誇吴太子，便覩廣陵濤。仙尉趙家玉，英風凌四豪。維舟至長蘆，目送煙雲高。」王琦注：「唐有二長蘆，一長蘆縣，隸河北道滄州，一長蘆鎮，在淮南道揚州之六合縣南二十五里。」[三]則此詩仍以廣陵濤在淮南矣。

吴曾《能改齋漫録》第八卷《地理》篇因《七發》有「弭節伍子之山」，即胥山，遂謂曲江在蘇州，但蘇州從無廣陵之稱，此説更謬。

[一]按廣陵斗門見曾鞏《元豐類稿》卷十二《越州鑑湖圖序》，而卷十九《越州趙公救災記》則無此語。又《文選》卷三十四枚乘《七發》「弭節伍子之山，通厲骨母之場」，李善注引《史記》有胥母山，《越絶書》有胥母，疑「骨母」爲字之誤，則《七發》原文實爲「胥母」。竹垞所引皆誤，惟卷三十一《與越辰六書》則兩處均不誤，西莊下文已引之。

[二]「曲江濤」，《曝書亭集》作「廣陵濤」。

[三]兩詩均見王琦注本《李太白全集》卷十六。

瓜洲瓜步

《新唐・地志》潤州丹楊郡丹徒注：「開元二十二年，刺史齊澣以州北隔江，舟行繞瓜步，回遠六十里，多風濤，乃於京口埭下直趨渡江二十里，開伊婁河二十五里，渡揚子，立埭，歲利百億，舟不漂溺。」《舊唐・文苑・齊澣傳》叙此事云：「開元二十五年，遷潤州刺史，充江南東道採訪處置使。潤州北界隔吴江，至瓜步沙尾，紆滙六十里，船繞瓜步，多爲風濤之所漂損。澣乃移其漕路，於京口塘下直渡江二十里，又開伊婁河二十五里，即達揚子縣。自是免漂損之災，歲減腳錢數十萬。又立伊婁埭，官收其課，迄今利濟焉。」案此與《新志》略同，而皆不言是瓜洲，其實則瓜洲也。蓋自吴夫差開邗溝通江淮，此與今瓜洲抵揚州淮安之路，不知是一是二，要爲近之，然夫差時此道但可運糧，不勝戰艦，其用兵争霸上國，仍沿江入海，自海泝淮，不由邗溝也。詳《尚書後案》第三卷。《漢志》廣陵國江都縣注：「渠水首受江，北至射陽入湖。」此即夫差邗溝，然漢時大兵大役亦必不以此爲渡江之路，直至隋大業中，大發淮南夫開邗溝，自山陽至揚子入江，江淮始大通，亦詳《尚書後案》第三卷。而汴泗亦通矣，白居易詞云「汴水流，泗水流，流到瓜洲古渡頭」，是也。乾隆元年《江南通志》第二十卷《城池》門云：「瓜洲城在揚州府南四十五里，大江之濱。宋乾道中築。」又第二十六卷《關津》門云：「西津渡在鎮江府丹徒縣西北九里，北與瓜洲對岸，舊名蒜山渡。又瓜洲渡在江都縣南四十五里瓜洲鎮，與江南鎮江相對，江面十餘里。」此正予輩今日南北往來必由之路，若瓜步則在第二十五卷《關津》門云「瓜步鎮在六合縣東南二十五里瓜步山下」是也。自開邗溝，江淮已通，而道猶淺狹，六朝皆都建業，南北往來以瓜步就近爲便，故不取邗溝與京口相對之路。《庾子山集將命使北始渡瓜步江》詩倪璠注：「《隋志》江都六合有瓜步山。《述異記》曰：『水際謂之步。瓜步在吴中，吴人賣瓜於江畔，因以名焉。吴楚之間謂浦爲步，語之訛耳。』鮑照《瓜步山楬文》，其略曰：『鮑子辭吴客楚，指兗歸揚，道出關津，升高問途。北眺氈鄉，高矖炎國。分風代川，揆氣閩澤。』」即此觀之，則南北朝之以瓜步爲通津明矣。隋既大開邗溝，加濬深濶，至唐皆南北混一，無所事於建業，而都在關中，自宜取邗溝路自江入淮，自淮入汴，以泝河渭，乃猶因循瓜步之舊，直至齊澣始改。伊婁之名今不稱，未詳。

澣雖改道，却於京口遥領，至大曆又改。《舊·張延賞傳》：「代宗時爲揚州刺史、淮南節度觀察等使。邊江之瓜洲，舟航湊會，而懸屬江南，延賞奏請以江爲界，人甚爲便。」《新書》本傳亦載此事，而改「瓜洲」爲「瓜步」，《新書》好改《舊》而多謬，此其一也。延賞以瓜洲本在江北，而反屬江南之潤州爲不便，故請改屬江北揚州，此與瓜步何涉？延誤直至今日，尚有謂瓜洲爲瓜步者，若《舊唐·永王璘傳》：「璘窺江左，河北招討判官李銑在廣陵，麾下有騎一百八十，遂率所領屯于揚子，吴郡採訪使李成式使判官評事裴茂以廣陵步卒三千同拒於瓜步洲伊婁埭。」此云瓜步洲，則「步」字乃衍文也。張祜《瓜洲聞曉角》詩：「五更人起煙霜静，一曲殘聲送落潮。」其景色自與在六合者不同。

《史記·秦始皇本紀》：「三十七年，始皇上會稽，還過吴，從江乘渡，並海，北至琅邪。」裴駰曰：「《地理志》：丹楊有江乘縣。」張守節曰：「江乘故縣在潤州句容縣北六十里，本秦舊縣也。」此秦時渡江之路，江乘既在句容，似非瓜步之在六合者。《皇輿表》第三卷江南布政使司江寧府六合縣在秦爲堂邑縣，非江乘。

《三國·魏志·文帝紀》：「黄初五年八月，爲水軍，親御龍舟，循蔡潁浮淮，幸壽春揚州界，九月遂至廣陵。六年八月，以舟師自譙循渦入淮，從陸道幸徐。十月，行幸廣陵故城，臨江觀兵。是歲大寒，水道冰，舟不得入江，乃引還。」曹丕之兩至廣陵，不知何意。孫權起事本在吴，故其後建元，國號吴，建安十六年治秣陵，改名建業，二十五年都鄂，改名武昌，黄龍元年仍還建業。當黄初五年六年，權正在武昌，丕之兩至廣陵，殆以吴實權之根本重地，欲乘虚襲之耶？若果爾，則當親率舟師以取潤、常、蘇一路，計丕愚不至此，況今鎮江江口入吴水道開于赤烏八年詳四十二卷，黄初未有乎？《南齊書·志》云：「廣陵，漢故王國，有江都浦水。魏文帝伐吴出此，見江濤盛壯，嘆曰：『天所以限南北也。』」愚謂《漢志》江都渠水即夫差邗溝，疑亦即今瓜洲，《南齊書》志所云江都浦水亦即夫差邗溝，疑亦即今瓜洲，曹丕不過到此耀兵以讋懼吴人耳。若《魏志》所謂大寒，舟不得入江者，必即指瓜步在今六合者，丕既耀兵，或者從此發想繞瓜步回遠六十里徑渡江窺建業，或有此事，若謂即欲從邗溝問渡，因水冰始引還，則斷無此理，蓋邗溝自隋始開通深闊，然南北濟渡仍不取此路，仍行瓜步，直至齊瀚方改從瓜洲，則曹魏時必不發從此渡江之想。説已見第五十八卷。

《通鑑》第一百二十五卷宋文帝元嘉二十七年，魏太武帝太平真君十一年，魏主引兵南下，使尚書李孝伯來謂張暢曰：「當自帥衆軍，直造瓜步。」胡三省注：「瓜步山，在秦郡尉氏縣界。尉氏，隋改爲六合縣。《南北對境圖》曰：「今桃葉山即瓜步鎮之地。」下文又云：「魏主至瓜步，壞民廬舍爲筏，聲言欲渡江，建康震懼，内外戒嚴。命領軍將軍劉遵考等將兵分守津要，遊邏上接于湖，下至蔡洲，陳艦列營，周亘江濱。自采石至于暨陽，魏主鑿瓜步山爲蟠道，於其上設氈屋。元嘉二十八年正月朔，魏主大會羣臣於瓜步山上，班爵行賞有差，其後以疾疫，乃引歸。」考采石磯在今太平府當塗縣江濱，暨陽，今常州府江陰縣，魏軍在瓜步，而采石在瓜步之上游，暨陽則瓜步之下流，五六百里間如此備禦，方爲完密耳。王新城《漁洋山人精華録·潤州懷古》詩：「黄鵠山頭寒雨暝，佛貍帳外暮濤深。」黄鵠山在鎮江府城西南三里，出句用此，對句若用隔岸瓜洲事作偶始得，斷無用六合縣境語之理，然佛貍，魏太武小字，設帳實在瓜步，王亦誤認瓜步即瓜洲矣。至瓜步既可設帳，大會必在江濱，非江中，山形亦必廣大，鮑照以爲江中眇小山，此言未可泥，鮑託物寓意，借此作感慨，翫全文自明。桃葉山者，《隋書·五行志》云：「陳時，江南盛歌王獻之《桃葉詞》曰：『桃葉復桃葉，渡江不用檝。但渡無所苦，我自迎接汝。』及晉王伐陳，始置營桃葉山下。韓擒虎渡江，大將任蠻奴至新林，導北軍。」晉王營桃葉，與太武駐瓜步情事正同，然則桃葉山即瓜步山也。

劉遵考等分守津要，自采石至暨陽事，沈約《宋書·索虜傳》詳述之云：「遵考與左軍將軍尹弘守横江，少府劉興祖守白下，建威將軍、黄門侍郎蕭元邕守裨州，羽林左監孟宗嗣守新洲上，建武將軍秦容守新洲下，征北中兵參軍事向柳守貴洲，司馬到元度守蒜山。」時魏主在六合瓜步，與南岸采石相對，而横江即采石也。自横江以下六地名皆自采石至今京口幾百里中地名也。如以今瓜洲爲瓜步，則與蒜山相對，其上安得更容六地名哉？

《宋史》第三百八十三卷《虞允文傳》：「紹興三十一年九月，金主亮自將，兵號百萬。十月，自渦口渡淮。十一月壬申，率大軍臨采石，而别以兵争瓜洲。丙子，允文至采石，命諸將列大陣不動，分戈船爲五，部分畢，亮麾數百艘絶江來，薄宋軍。允文率士殊死戰，中流官軍亦以海鰌船衝敵，舟皆沉，敵遁，尾擊，敗之。亮怒，乃趨瓜洲。允文曰：『敵敗於采石，將徼幸於瓜洲。今我精兵聚京口，持重待之，可一戰而勝。』甲申，至京口。敵屯重兵滁河，造三牐儲水，深數尺，塞瓜洲口。時楊存中、成閔、邵宏淵諸軍皆聚京口，不下二十萬，惟海鰌船不滿百，戈船半之。允文謂數少不足用，改修馬船爲戰艦，命張深守滁河口，扼大江之衝，以苗定駐下蜀爲援。庚寅，亮至瓜洲，允文與存中臨江按試，命戰士踏車船中流上下，三周金山，回轉如飛，敵相顧駭愕，一將跪奏：『南軍有備，願駐揚州，徐圖進取。』亮杖之五十。乙未，亮爲其下所殺。丙申，敵退。」此事有蹇駒所作《采石瓜洲斃亮記》述之最詳，蓋自隋以前使命往來及北軍南征者皆出瓜步，唐開元後移之瓜洲，則瓜步之渡廢矣。故亮兵至采石，至瓜洲，無所謂瓜步，時宋高宗在臨安，即今杭州，亮趨瓜洲者，欲直取臨安也。以上各條彙而觀之，瓜洲、瓜步兩地，自明姜氏宸英《湛園未定稿》第五卷《京口義渡瞻産碑》已考此事，予又博證審訂之。

今日行旅渡江，又不復取瓜洲道，從揚州而下，至油閘口即轉而南，别有一小渡口出江，亂流而過，至京口，此路去瓜洲亦不過五六里，然瓜洲渡江與京口緊相對，江面較直截，小渡口反回遠，而人皆取此道者，以瓜洲須穿城過，河狹曲，兩岸民居稠大，船難行故也。

丹楊縣取郡名

《舊唐·地志》江南東道潤州丹楊，漢曲阿縣，屬會稽郡，又改名雲陽，後復爲曲阿，天寶元年改爲丹楊縣，取漢郡名。考丹楊本郡名，非縣名，字从木，不从𠂤，自漢至南北朝，所謂丹楊者，今江寧寧國等府地，唐誤「楊」爲「陽」，既以潤州爲丹楊郡，即今鎮江府，又改曲阿爲丹楊縣，故曰縣取郡名，與自漢至南北朝之丹楊大不同，《舊書》此條極明。《江南通志》第四卷溧陽縣改隸鎮江府議云：「查縣誌，漢時名永安，隸丹楊郡，至隋以後改隸江寧，今丹楊現隸鎮江府，則溧陽原係鎮江府舊屬。」考《漢志》丹楊郡有溧陽，無永安，此誤以唐丹楊爲漢丹楊也。

晉陵武進

《新》《舊志》常州屬縣皆首晉陵，次武進。晉陵爲州治不待言，而《舊志》特於武進云「垂拱二年，置治於州内」，則知二縣並州治，更分明。愚謂地理沿革，非圖表不顯，宋咸淳四年，四明史能之修《毗陵志》三十卷，其卷首圖惜被妄人以明事攙雜，而全書雖有闕，尚可觀，第一卷《郡縣表》詳明確實，最爲當家，蓋建置之糾紛，晉陵、武進爲甚，考之令人目眩，今得此可以無恨，乃知作者苦心良不易也。萬斯同未見此書，而所作表暗與之合，尤徵學識之精，文多不録。二縣自唐歷五代宋元恒爲郡治，元《混一方輿勝覽》卷下江浙等處行中書省江南浙東道肅政廉訪司下常州路縣名列晉陵、武晉者，誤一字耳，不足泥。至明始并晉陵入武進。

故吴城

《舊・地志》：「蘇州，隋吴郡，隋末陷賊。武德四年，平李子通，置蘇州。六年，又陷輔公祏。七年，平公祏，復置蘇州都督，督蘇、湖、杭、暨四州，治於故吴城。九年，罷都督。

天寶元年，改爲吴郡。乾元元年，復爲蘇州。」又云：「吴，春秋時吴都闔閭邑。漢爲吴縣。隋平陳，置蘇州，取州西姑蘇山爲名。」案云「故吴城」，又云「春秋時吴都」云云者，即今府城也。而吴始都不在此，其始築城亦不在此，李吉甫《元和郡縣志》第二十五卷云：「蘇州，吴郡。周時爲吴國。太伯初置城，在今吴縣西北五十里，至闔閭遷都于此。」陸廣微《吴地記》云：「泰伯奔吴爲王，卒葬梅里。至壽夢别築城於平門西北二里。闔閭城，周敬王六年，伍子胥築大城，周回四十二里三十步，小城八里二百六十步，西閶、胥二門，南盤、蛇二門，東婁、匠二門，北齊、平二門。」樂史《太平寰宇記》第九十一卷云：「太伯初適吴，自號勾吴，築城在平門外，自太伯至王僚二十六王都之，今無錫縣有吴城是也。至闔廬西破楚，入郢，北威齊晉，興伯名于諸侯，築大小城都之，今州城是也。」范成大《吴郡志》第三卷《城郭》篇云：「太伯城，週三里二百步，外郭三百餘步，在西北隅，名曰故吴，又曰吴城，在今梅里平墟，人耕其中。闔閭城，吴王闔閭自梅里徙都，即今郡城。」四説大同小異，朱長文《吴郡圖經續記》卷上《封域》篇説亦略同，皆謂故吴城有二，鄭虎臣《吴都文粹》卷一吴均《吴城賦》云「古樹荒煙，吴王所遷」，此則專指《舊唐·志》所謂吴城。

王存等《元豐九域志》第五卷平江府古跡：「羅城，闔閭所築；吴城，伍子胥築。」此則不知如何分别，存疑。

《吴地記》又云：「隋文帝開皇九年，改郡邑，至横山東新立城郭。唐武德七年，移新州，却復舊址。」據此，則隋又别築城於横山東，《吴郡圖經續記》卷上《城邑》篇云：「隋開皇九年平陳，江左亂十一年，楊素帥師平之，以蘇城嘗被圍，非設險之地，奏徙於右城西南横山之東。」范氏《吴郡志》第九卷《古跡》門云：「越公井在治平寺前，當横山艮位。隋開皇十年，越國公楊素築城，創斯井，時屯師孔多，日飲萬人，蓋素既平陳，遷吴郡於山下，至今謂之新郭。」案此又一吴城也。新郭距予居近，予嘗至其地，仍有一聚落。若元至正丁酉築城虎丘，則又一吴城，朱竹垞考之已詳。[一]

校讀記

[一]詳見朱彝尊《曝書亭集》卷四十四《跋虎丘詩集》。

蘇常户口

常州天寶户十萬二千六百三十一，口六十九萬六百七十三，《新》同，惟户「三十一」作「三十三」。蘇州天寶户七萬六千四百二十一，口六十三萬二千六百五十五，《新》同，惟口「五十」下無「五」字。數目字易脱誤，故小異耳。但常州之緐庶未必過蘇州，常州《新》、《舊志》領五縣同，蘇州則《舊志》領六縣，《新志》又多華亭一縣，何以蘇多於常二縣，而户口反少於常至數萬乎？蓋户口之籍，特憑此以出租庸調法，不必覈實，其造此籍，出官吏手，官或檢括嚴密，則户口多，或欲優恤其民，任聽容隱，則户口少，故參差不齊，《新志》於建置雖據天祐，户口仍據天寶，故與《舊志》同也。《元和郡縣志》蘇州開元户六萬八千九十三，與天寶相去無幾，此爲近理。其下又言元和户十萬八百八，籍固隨時而改矣。《新志》既據天寶，故於後改略之。

蘇州華亭縣新有舊無

《舊志》蘇州舊領縣四，天寶領縣六，一吴、二嘉興、三崑山、四常熟、五長洲、六海鹽。《新》則縣七，以長洲居嘉興之前，《舊》以置之先後爲次，《新》以地之遠近爲次，皆可通，但《新》則末多一華亭，注云：「天寶十載，析嘉興置。」《舊志》據天寶十一載地理而不及此縣，《舊志》訛脱舛謬甚多，當從《新》。楊潛《紹熙雲間志》卷上《封域》篇潛官奉議郎，特差知秀州華亭縣主管勸農公事，此書爲華亭一縣作。云：「建安二十四年，封陸遜爲華亭侯，華亭之名始見《吴志》。隋始置蘇州，唐天寶十年，以華亭爲縣，屬蘇州。按《新史》、《寰宇記》以爲本嘉興縣地，《輿地廣志》以爲本崑山縣地，《元和郡國圖志》云：『吴郡大守趙居貞奏割崑山、嘉興、海鹽三縣爲之。』今邑四境與三縣接，《郡國圖志》爲不誣矣。」楊潛所考頗確，《新志》云析嘉興者猶未備，而《舊志》之闕漏顯然。楊氏所引《輿地廣志》文，今在歐陽忞《輿地廣記》第二十三卷，「廣志」即「廣記」。

雄升爲望

赤、畿、望、緊等名，郡與縣皆有之，而郡則就郡別其等，縣則就縣別其等，《新志》蘇州吴郡，雄，其屬縣凡四望二緊一上，歐陽忞《輿地廣記》第二十二卷《兩浙路上》：「望，平江府，唐蘇州吴郡，南唐升中吴軍節度，皇朝太平興國三年改平江軍，政和三年升平江府。」此自雄升爲望也。郡雄縣有望，可見郡縣不相應。

草席䍁

《新志》：「蘇州土貢有草席䍁。」「席」字逗，「䍁」字句。䍁而徒以絲縷麻革爲之，何獨吾吴有之，樂史《太平寰宇記》第九十一卷蘇州土産有席，又有草履，可見席、䍁一物皆以草爲之。今吴出草席不待言，而草䍁獨出嘉定一邑，有黄、黑二色，精雅輕便，最宜暑月，蓋不但製法之妙，此草亦他郡所無，嘉定在唐，崑山地也。

十七史商榷卷八十

新舊唐書十二

新舊地理雜校誤

《舊·地志》：「關内道，皇城之南大街曰朱雀之街，東五十四坊，萬年縣領之；街西五十四坊，長安縣領之。」「東」上當重一「街」字，近本與原本並脱。《新·百官志》云：「左右街使，掌分察六街徼巡。」左右街即街東、街西也。韓昌黎《華山女》詩云：「街東街西講佛經。」李商隱有《街西池館》詩，唐街東街西各坊第宅園館，大略載宋敏求《熙寧長安志》。

《舊·地志》：「京兆府舊領縣十八，户口二十萬七千六百五十，九十二萬三千三百二十。天寶領縣二十三，户三百九十六萬二千九百二十一，口一十六萬七千一百。東京八十八府理京城之光德坊，去八百里。」案原本「舊領縣十八，户二十萬七千六百五十，口九十二萬三千三百二十。天寶領縣二十三，户三十六萬二千九百二十一，口一百九十六萬七千一百八十八。府理京城之光德坊。去東京八百里」，近本誤。

《新·地志》口數「百九十六萬」之下脱「一千」二字。

《新·地志》：「關内道都護府二。」「二」當作「三」，三都護府在卷末。

「京兆府萬年」注：「望春宫東有廣運潭。」當作「廣運潭」。

《舊·地志》：「京兆府三原。貞觀元年，廢三原縣，仍改華池縣屬三原縣。」「屬」，校本作「爲」，原本誤同。

「富平。景雲二年，置中宗房陵於縣界」，「房」，校本作「定」，原本誤同。

「慶州中都督府。樂蟠。義寧元年，分合水縣置。武德六年，分合水置蟠交縣。天寶元年廢，併入合水」，原本「武德」上更有「合水」二字，但其上下應各空一格，原本誤與上下文連寫，近本併此二字去之，則誤之誤矣。

「雲中都督府。管小州五，合利、思壁州、阿史那州、綽部州、白登州」，「合利」，原本作「舍利」，是。「利」下當有「州」字，原本亦脱。

「宥州。露調初，六胡州也」，「露調」當乙。其所屬歸仁上下宜各空一格，近本誤連，原本誤同。

「孟州。會昌三年，割河陰縣孟州，河清還河南府」，「河陰縣」下當脱「屬」字。

「陝州大都督府。天寶元年，改爲陝府。乾元元年，復爲陝郡」，案「陝府」，校本改「陝郡」，「陝郡」改「陝州」。又「天祐初，改爲興德府」，校本改「興唐府」三字，原本皆與近本同。

「汝州襄城，隋舊縣。武德元年，於此置汝州，領襄城、汝墳、郟城三縣。貞觀元年，廢汝州及汝墳、州城二縣，以襄城屬許州。開元二十六年，改屬汝州」，案「襄城」，原本誤作「襄陽」，此改正。「郟城」、「州城」，校本皆改爲「期城」，原本誤皆與近本同。

「陳州宛丘」，依上下文例應提行，近本空一格，誤。

「亳州臨渙。本治經城」，校本改「銍城」，原本亦誤。

「潁州。武德六年，領高唐、永樂、永安三縣」，「領」，校本作「省」，原本亦誤。

《舊·地志》鄆州所屬縣首列須昌，而其下文於鉅野之下又複列須昌一縣，明係重出，其沿革則前甚略，後甚詳，此聞人詮所刻原本，蓋劉昫之誤耳。《新·地志》删去後一段，而以後段沿革注于前段之下，是也。乃近本《舊書》反將前段删去，則誤矣。據彼明云「武德四年，於鄆城置鄆州。貞觀八年，自鄆城移治須昌」，則須昌乃州所治，安得首列壽張縣而須昌反居第三縣鉅野之下乎？又「壽張，隋縣。武德四年，於縣置壽州，領壽張、壽良二縣。五年，廢壽張，省壽良入壽張，屬鄆州」，「廢壽張」誤，當云「廢壽州」。又「須昌，郭下，漢縣，今故城鄆州東南三十二里」，亦誤，當作「故城在今鄆州」云云。凡縣之首列者皆州所治，故各州於首列縣下輒云「郭下」，須昌既云「郭下」矣，乃反居第四，豈唐地理亦可以西漢《地志》爲比，而首列者不必皆郡所治乎？

《新・地志》「須昌」注云：「貞觀八年，省宿城縣入焉。景龍三年，復置宿城縣。貞元四年曰東平。太和四年曰天平，〔二〕六年省入須昌。」案「貞元四年」，《舊書》作「貞觀四年」，誤。

《舊・地志》：「兖州上都督府金鄉，後漢縣。武德四年，於縣置金州，領方輿、金鄉二縣。貞觀十七年，州廢，以金鄉、方輿屬兖州。」「方輿」當作「方與」，《漢志》山陽郡有方與縣，晉灼曰：「音房豫。」

「宿州符離，漢縣。隋治朝解城。貞觀元年，移治行邑城」，「行邑」，校本改「竹邑」。

「齊州歷城，漢縣，屬齊南郡」，「齊南」當作「濟南」。又「亭山，隋縣。元和十五年，併入章丘此亭山」，上下皆當連書，近本誤各空一格，原本誤同，今以意改。又「《舊志》有豐齊縣，古山茌邑」，校本改爲「山茌」，考《説文・艸部》：「茬，艸皃。濟北有茬平縣。」近本校本皆誤。

「河中府永樂，武德元年，分芮縣置，屬芮州。九年，廢芮州，改屬鼎州。貞觀八年，改屬芮州」，案「改屬芮州」，校本作「改屬蒲州」，是。又「龍門縣，漢艾氏縣」，校本作「皮氏」，亦是。

「晉州霍邑，漢彘縣，後漢改爲永安。隋於此置汾州，尋改爲呂州，領霍邑、趙城、汾西、靈石四縣。貞觀十七年，廢呂州，以靈石等三縣來屬。以靈石屬汾州」，案此當云「以霍邑等三縣來屬，以靈石屬汾州」。

「潞州大都督府壺關」，上下應各空一字，近本誤連。

「沁州綿上」，上下應各空一字，近本誤連。

「莫州，本瀛州之鄚縣。景雲二年，於縣置莫州。開元十三年，以『鄚』字類『鄭』字，改爲莫。天寶元年，復爲莫州。管縣六，莫、文安」云云；「莫，漢縣，屬涿郡。貞觀元年，改屬瀛州。景雲三年，割屬莫州」，「清苑，漢樂鄉縣，屬信都國。隋爲清苑。武德四年，屬蒲州。貞觀元年，改屬瀛州。景雲三年，屬莫州」，「任丘，隋縣，後廢。武德五年，分莫縣復置」，「唐興，如意元年，分河間縣置武昌縣，屬瀛州。長安四年，改屬州。其年，還隸瀛州。神龍元年，改屬唐興縣。景雲二年，改屬莫州」，案《漢・地志》，鄚縣屬涿郡，《説文》卷六下《邑部》同，此既言開元十三年以字類「鄭」改，天寶復，則只有開元十三年曾作「莫」，其餘凡諸「莫」字皆當作「鄚」，作「莫」者皆誤也。唐興縣下當言「長安四年改屬鄚州，神龍元年改爲唐興縣」，一脱「鄚」字，一「爲」誤作「屬」。至《新·地志》則云：「莫州文安郡，上。本鄚州。景雲二年，以瀛州之鄚、任邱、文安、清苑、唐興、幽州之歸義置。開元十三年，以『鄚』『鄭』文相類，更名。」其所言建置沿革者如此而止，更無餘説，此則恐係宋人妄筆，不可憑信。何者？據《舊志》明言開元以類「鄭」改爲「莫」，天寶復爲「莫」，則「復爲莫」自當作「復爲鄚」，乃胥史傳鈔之誤，并其上下文各「莫」字皆當作「鄚」，顯然可見，何得以其字迹糾纏竟抹倒天寶復故名一層而直作「莫」？建置沿革乃當時實事，欲求簡明，公然任意改削，宋人妄態往往如此。又如唐興，其始本武昌，《新志》則云本作武興，恐亦以意爲之，蓋地理一種，《舊》不如《新》，而《新》之疵累則又有若此者。

「檀州，後漢奚縣」，當云「傂奚」，脱一字。

嬀州之下既説「領縣一」矣，其所屬懷戎縣既叙畢沿革，乃復空一格書「嬀州」二字，下又空一格，乃云「天寶後析懷戎縣置，今所」，殊不可解，此必有誤。或當去上「嬀州」二字，而云「天寶後析懷戎縣置，今嬀州理所」。

「慎州逢龍，契丹陷營州後南遷，寄治良鄉縣之故都鄉城，爲逢龍縣，州所也」，「所」下脱「理」字，以意增。

沃州屬縣一濱海，其下乃云：「沃州本寄治營州城内，州陷契丹，乃遷於薊縣東南迴城，爲治所。」「濱海」下應空一格，今誤連下文「沃州」云云，「沃州」下又誤空一格，方接「本寄治」云云，皆非是。

「鳳州，領縣四，梁泉」云云，「興州，領縣三，順政」云云，兩處皆應提行，今但皆空一格，皆非是。

「合州石鏡，漢墊江縣，屬巴郡。宋改名石宕渠，宋置東渠郡及石鏡縣」云云，案此節當作「宋改名宕渠，置東宕渠郡」云云。又「新明，武德二年，分鏡置」，「鏡」上當脱「石」字。

「巴州化城，後漢昌縣」，「漢」下當重一「漢」字，脱。

「鄧州，武德三年，置總管，管鄧、淅、酈、宛、溝、新、弘等七州」，「溝」，校本作「湞」。

「郢州，貞觀元年，廢郢州，以長壽屬鄀州」，其下文「長壽縣」之下又云：「貞觀元年，廢郢州，以長壽屬荆州。」校本「鄀州」、「荆州」俱作「鄀州」。

「廬州慎，漢後道縣」，案「後道」當作「浚遒」，《漢志》九江郡有浚遒縣。又「廬江，漢郡名。漢龍舒縣地，屬廬江郡。梁置湖州，隋復舊」，案「湖州」當作「湘州」。

「信州弋陽」上下應各空一格，此誤連。

「蘇州嘉興，漢曲拳縣」，當作「由拳」。

「池州。永泰元年，析置石壞縣」，當作「石埭」。

「虔州贛」下注：「古濫反。」其下應空一格，此誤連。又「安遠，貞元四年八月四日置」，愚謂著其年可矣，言月并言四日，則不成文理，又與他處參錯。

「瓜州下督督府」，上「督」當作「都」。

「伊州。天水，在州北二十里」，「水」當作「山」。

「成都府。至德二年，改蜀郡爲都府」，「都」上脱「成」字。

「綿州巴西，晉置梓郡」，「梓」下脱「潼」字。[二]又「神泉，晉置西園縣」，「園」當作「國」。又「龍安，隋金水縣」，「水」當作「山」。

「梓州永泰，武德四年，分鹽亭、武安二縣置」，「銅山，調露元年，分飛烏二縣置」，案「武安」當作「黄安」，「飛烏」上脱「郪」字。

「閬州閬中，煬帝改爲巴郡」，「巴」下脱「西」字。又「南部，後漢分閬中置充郡國縣，屬巴郡。又分置南充國郡。梁改爲南充郡國，隋改爲南部」，上二「郡」字并衍，下「郡國」二字當乙。

「遂州方義，漢廣縣」，當作「漢廣漢縣」。又「青石，東晉興縣」，當作「東晉晉興縣」。

「陵州始建，漢武置建始鎮」，「武」下脱「陽縣地」三字。

「資州，乾元二年正月，分置昌，尋廢也」，「昌」字上下有脱文。

「滎州，隋資陽郡之牢縣」，校本「牢」上有「大」字。

「簡州平泉，縣之旁池湧泉」，「池」當作「地」。

「雅州滎經，縣界有邛來山、九折，故銅山也」，案「也」當作「地」。

「瀘州安江」，二字當乙。下云「漢陽縣地」，「陽」上脱「江」字。又「合江，漢江符縣地」，「符」上「江」字衍。

「瀘州，都督十州，皆羈縻州」，按實十一州，云「十州」，誤。

「茂州，隋汶山郡。武德元年，改爲會州，領汶山、北山、汶川、左封、通化、翼斜、交州、翼水九縣」，「北山」，校本作「北川」，其「交州」疑當作「交川」。下云「七年，改爲都督府，督南會、翼、向、維、州、窮、炎、徹、笮十州」，校本改「窮」爲「穹」，而其餘當更有誤。

「茂州都督府，羈縻州十」，按之實九州，下文總結亦云九州，「十」字誤。

「戎州，貞觀六年置都督府」，近本以「六年」誤作「六州」。又「羈縻三十六州」，今按之實十六州，其下文總結亦云十六州，而此言「三十六」，「三」字似衍。

「姚州。韋皋鎮蜀，蠻帥異牟尋歸國，遂以韋皋爲雲南安撫大使」，近本「鎮蜀」上脱「韋皋」二字。

「龍州清川，後魏爲盤縣」，「爲」，校本作「馬」。

「當州，本松州之通軌縣。貞觀二十一年，析置當州。天寶元年，改爲油江郡」，「油江」，校本作「江源」。又「通軌，貞觀二十年，松州首領董和那蓬固守松府」云云，校本作「貞觀二十一年」。

「悉州。顯慶元年置，領悉唐、左封、識臼三縣，治唐城」，「治」下當脱「悉」字。

「廣州番禺，秦屬南海郡，江漢置交州」，「江漢」，「江」字衍。又「海水，貞觀元年，省齊州及安樂、宋昌三縣」，「安樂」，校本改「宣樂」。又「湞陽，縣，屬桂陽郡」，「縣」上脱「漢」字。

「韶州，西至郴州五百里，東南至度州七百里」，「郴」當作「柳」，「度」字疑。又「東嶠，漢討南越時，有將軍城於此」，「將軍」下脱「姓庾」二字。

「循州，北至闕州隔山嶺一千六百五十里」，「闕」字疑。

「岡州，武德四年置。貞觀五年廢。其年，又立南州」，「南」當作「岡」。

「恩州杜陵，隋杜縣」，校本作「杜原縣」。

「高州，隋高梁郡。舊治高梁縣。天寶元年，改爲高梁郡」，又「良德，吴置高梁郡」，四「梁」字皆當作「涼」。

「義州，舊安義縣，至德年改」，當作「義安」，「舊」、「縣」二字近本互誤，而「安」下應空一格，又誤連。

「桂州下都督府臨桂，江源多桂，不生新米」，「新米」當作「雜木」。

「全義，新置」，《新志》云：「武德四年析始安置。大曆三年更名。」唐融州刺史莫休符《桂林風土記》云：「靈渠在全義縣灕湘二水分流處。相傳後漢馬援開水急，用斗門遏其勢。又後漢鄭弘奏交趾七郡貢物從東泛海多溺，請開桂嶺靈渠，後御史史祿重闢。」按前漢武帝元鼎五年，伏波將軍路博德等擊南越呂嘉戈船出零陵下灕水，則前漢嶺首已通舟楫，焉得至後漢始開？休符駁。[三] 愚考《新志》載靈渠於理定縣，不於全義縣，《輿表》廣西桂林府臨桂縣本始安縣，唐始改爲臨桂，興安縣本始安地，唐析置全義縣，宋始改爲興安，而理定之沿革則無可考，然《新志》於理定下注云：「本興安，至德二載更名。」然則宋人改名必有所因，興安本是唐之全義，亦即唐之理定，不知何時省併，但史失書耳。故靈渠注於理定，而休符則以爲在全義也。靈渠，《新志》云秦史祿所鑿，而休符云祿，後漢人。斗門，《新志》云唐寶曆初觀察使李渤立，而休符云馬援立，此流俗相傳不足信。

潯州屬縣三，今惟二，脱去大賓一縣，當於敘完下空一格，補此二字。

「象州武德，漢中溜縣地，屬鬱林郡。吴於縣置鬱林郡」，案當云「置桂林郡」。

「邕州宣化，驩水在縣北，本牂柯河，俗呼鬱狀江」，「林」訛作「狀」。

「黨州，領縣四」，今一縣不見，原本同，必是脱落。

「横州寧浦，鬱州所治。漢廣鬱縣地，屬鬱平郡」，案當作「州所治」，「鬱」字衍，「鬱平」當作「鬱林」。又從化、樂山皆云「漢高梁縣地」，皆當作「高涼」。

「嚴州，東北至闞州三百四十里」，「闞」，校本作「柳」。

「山州，領縣二」，今惟龍池一縣，脱也，當空一格，補「盆山」二字。

「羅州石城，宋檀道濟於陵羅江口築石城，因置羅州，屬高涼郡。唐復置羅州於縣」，「因置羅州」當作「羅縣」。

湯州湯泉應提行，近本只空一格，非。

「安南都督府龍編，後漢問尚爲交趾太守」，「問尚」當作「周敞」。又「武平，後漢麋冷縣女子徵側叛」，「麋」當作「麊」，下文「峰州嘉寧麋冷縣地」，同。

「景州朱吾，朱吾人不粒食，依魚資魚爲生。託去朱吾在日南郡，北僑立名也」，案「依魚」疑衍，「託去」疑當作「記云」。

峰州所屬嘉寧縣，叙完下應空一格，接「承化」云云，近本「承化」提行，非。

「崖州，兵則矛、盾、木弓、行矢」，當作「茅、盾、木弓、竹矢」。

校讀記

[一]按「太和」當作「大和」，參見本書卷七十五《滄州刺史》條《校讀記》引李慈銘説。
[二]「字」原作「下」，據文義改。
[三]「駁」下當脱一「文」字。

十七史商榷卷八十一

新舊唐書十三

取士大要有三

《新·選舉志》云：「唐制，取士大要有三，由學館者曰生徒，由州縣者曰鄉貢，皆升于有司而進退之。其科之目，有秀才，有明經，有俊士，有進士，有明法，有明字，有明算，有一史，有三史，有《開元禮》，有道舉，有童子。而明經之别，有五經，有三經，有二經，有學究一經，有三《禮》，有三《傳》，有史科。此歲舉之常選也。其天子自詔者曰制舉，所以待非常之才焉。」愚謂雖大要有三，其實惟二，以其地言，學館、州縣異，以其人言，生徒、鄉貢異，然皆是科目，皆是歲舉常選，與制舉非常相對。唐人入仕之途甚多，就其以言揚者則有此三種耳，科之目共有十二，蓋特備言之。其實若秀才則爲尤異之科，不常舉，若俊士與進士實同名異，若道舉僅玄宗一朝行之，旋廢，若律書、算學雖常行，不見貴，其餘各科不待言。大約終唐世爲常選之最盛者，不過明經、進士兩科而已。王定保《摭言》卷一《會昌五年舉格節文》篇及《兩監》篇載會昌五年正月勑文，《謁先師》篇載開元五年九月詔文，皆專舉明經、進士二科。又如裴庭裕《東觀奏記》卷中一條云：「京兆府進士、明經解送，設殊、次、平等三級，以甄别行實。韋澳爲京兆尹，至解送日榜曰：『朝廷將裨教化，廣設科場，當開元、天寶之間，始專重明經、進士。』」是也。生徒與鄉貢於十二科皆有之，生徒是肄業於學館中人，館惟京師有之，而學則州縣皆有，肄業其中者，州縣試之，送尚書省。若鄉貢則庶人之俊異者，平日不在學中肄業，徑懷牒自列于州縣，州縣試之而送省，玩下文所述，其制自明。

偏重進士立法之弊

雖並重明經、進士，後又偏重進士。《新志》云：「衆科之目，進士尤爲貴。時君篤意，以謂莫此之尚。」《摭言》會昌舉格所送人數，國子監及各道皆明經多進士少，又《述進士》上篇云：「咸亨之後，凡由文學舉于有司者，競集于進士。」又《散序進士》篇云：「進士盛於貞觀、永徽之際，搢紳雖位極人臣，不由進士終不爲美」云云。歐陽詹《文集》第八卷《與鄭伯義書》：「承今冬以前明經赴調罷舉進士。漁者所務唯魚，不必在梁、在笱；弋者所務唯禽，不必在矰、在繳。國家設尊官厚禄，爲人民爲社稷也。在求其人，非與人求；在得其人，非與人得。讀往載，究前言，則曰明經；屬以詞，賦以事，則曰進士，未即以進士賢、明經不賢也。蚩蚩之人，貴此賤彼，是不達國家選士之意，居方寧斯人之徒與？況進士出身，十年、二十年而終於一命者有之，明經諸色入仕，須臾而踐卿相者有之。才如居方，諸科中升乎一科矣，宜存一梁一笱、一矰一繳之義。」觀以上各條，可見進士又在明經之上，且可見彼時明經及第者不肯即求吏部舉選，往往舍去，仍應進士舉，惟歐陽詹所見不然，此皆足以徵唐制也。要之，積重難返，如詹之明達者已少，封演《聞見記》第三卷《貢舉》篇云「代以進士登科爲登龍門，解褐多拜清緊，十數年間擬迹廟堂，輕薄者語曰：『及第進士，俯視中黄郎；落第進士，揖蒲華長馬。』進士張繟落第，兩手奉登科記頂戴之曰『此《千佛名經》也』」云云，此段似有誤，「揖」上疑脱「平」字，「馬」字疑衍。及第進士俯視中書黄門兩省郎官，落第尚可再舉，一得即躐清要，故平揖近畿蒲州、華州之令長也。其立法之弊如此，徒長浮華，終無實用，唐楊綰、李德裕已憂之。

錢希白《南部新書》卷乙云：「太和中，上謂宰臣曰：『明經會義否？』宰臣曰：『明經只念經疏，不會經義。』」觀此則知彼時所以輕明經重進士。

不必登第方名進士

昌黎《上宰相書》自稱鄉貢進士，公貞元八年登第，此書十一年所上。李肇《國史補》云：「得第謂之前進士。」[一]是也。而其實進士乃科中一目，但應此舉者即得稱之，試隨舉一二，如《新·舒元輿傳》：「元和中舉進士，見有司鉤校苛切，既試尚書，水炭脂炬飧具皆人自將，吏一唱名乃得入，列棘圍，席坐廡下，因上書言：『貢士體輕，非下賢意。』俄擢高第，調鄠尉。」舉進士者，貢於州府也；試尚書者，試於禮部也。《新·選舉志》言「試士本由考功員外郎，開元中，以員外望輕，移貢舉於禮部侍郎主之」，是也。其時元輿尚未登第。又《新·令狐綯傳》：「子滈，避嫌不舉進士。綯去宰相，丐滈與羣進士試有司，是歲及第，左拾遺劉蛻言：『滈未嘗舉進士，妄言已解，天下謂無解及第。』」然則不必及第方名進士也。

校讀記

[一]見卷下。

登第未即釋褐

東萊吕氏云：「唐制，得第後不即釋褐，或再應皆中，或爲人論薦，然後釋褐。」[一]此條極爲中肯，如《新書·選舉志》云：「選未滿而試文三篇，謂之宏詞，試判三條，謂之拔萃，中者即授官。」此蓋指登第後未得就選，故曰「選未滿」，中宏詞拔萃即授官，此吕氏所謂「再應皆中，然後釋褐」也。昌黎《上宰相書》云「愈四舉於禮部乃一得，三選於吏部卒無成，九品之位其可望」云云，又云「國家仕進者，必舉於州縣，然後升於禮部，吏部試之以繡繪雕琢之文，考之以聲勢之逆順、章句之短長，中其程式者，然後得從下士之列」云云，昌黎以貞元二年始至京師，八年方及第，故歷四舉三選，則公自得第後於貞元九年十一年凡兩應博學宏詞試，皆被黜，集中《明水賦》登進士第作，《省試不貳過論》則試宏詞作也。餘一選無考，或又應書判，亦不中耳。宏詞是大科，吏部舉之，中書省試之，疑書判亦然，《新·選舉志》云：「進士，甲第，從九品上；乙第，從九品下。」彼時進士初選，大約得校書郎或縣尉，二者皆九品，故公望得九品之位也。禮部試進士，吏部中書試宏詞，皆用詩賦，故云「繡繪雕琢」，而判亦繡繪者，宏詞所業，詳見《玉海》。若進士程文與拔萃判載《文苑英華》甚詳，可考也。觀此文足證吕氏唐制登第不即釋褐，再應皆中，然後釋褐，及《新志》未滿選試宏詞，拔萃即授官之説，若爲人論薦得官，則散見《新》、《舊》各列傳者更多，不可枚舉。公再應皆不中，九品之位、下士之列，信無望矣，乃伏光範門求賈耽、趙憬、盧邁輩，希其論薦得官，三上書皆不報，方去京師，東歸圖幕僚一席，宣武軍節度使董晉辟公，始得試秘書省校書郎，爲觀察推官，晉卒，徐帥張建封又奏爲武寧軍節度推官，試協律郎，府罷，如京師，再從參調，竟無所成，直至貞元十八年方授四門博士。以上參取東雅堂徐氏刻《韓文》注、顧氏嗣立《年譜》、方氏世舉編年諸注。唐時士子登第後得官之艱難若此。又如李義山以開成二年高鍇爲禮部侍郎，知貢舉，登進士第，三年又應宏詞科，不中，《文集·與陶進士書》云：「前年爲吏部上之中書，中書長者抹去之。」是也。四年，以書判拔萃，釋褐爲秘書省校書郎。參馮先生浩《年譜》。此亦足徵唐制。

歐陽詹《文集》第八卷《與鄭相公書》自言「五試於禮部方售，鄉貢進士四試於吏部，始授四門助教」，自注：「詹兩應博學宏詞不售，一平選被駁，又一平選授助教。」「平選」疑即應書判拔萃舉，詹與昌黎同登進士第，其再舉宏詞不中，與昌黎同，其後昌黎蓋一應平選，不中，不再應，惟上書求薦，而詹則以再平選得之。

進士首選爲解頭，禮部登第居首爲狀頭，宏詞居首爲敕頭，是謂三頭，見《南部新書》卷已。

校讀記

[一]《文獻通考》卷三十二引。

制舉科目

歲舉常選，備列其科之目，此定制也。而制舉亦有科名，其見於各傳者，若姚崇舉下筆成章科，張九齡舉道侔伊吕科，解琬舉幽素科，房琯舉任縣令科，楊綰建復古孝弟力田等科，韋處厚舉才識兼茂科，高適舉有道科，王翃舉才兼文武科，馬燧舉孫吴倜儻善兵法科，韋皋之侄正貫舉詳閑吏治科，樊宗師舉軍謀宏遠科，鄭珣瑜舉諷諫主文科，《方技》嚴善思舉銷聲幽藪科，此類不可枚舉，而志中皆不列其目者，此非定制，其名皆隨時而起，志中不能縷述。

得第得官又應制科

有得進士第後又中制科者，如《劉蕡傳》「蕡擢進士第，又舉賢良方正能直言極諫科」，《儒學傳》「馬懷素擢進士第，又中文學優贍科」，《文藝傳》「閻朝隱連中進士、孝悌廉讓科」，《隱逸傳》「賀知章擢進士、超拔羣類科」是也。有得明經第後又中制科者，如歸崇敬擢明經，調國子直講，舉博通墳典科，對策第一，遷四門博士，是也。有得官後又中制科者，如張鷟登進士第，授岐王府參軍，以制舉皆甲科，再調長安尉；殷踐猷爲杭州參軍，舉文儒異等科，是也。不能羅列，隨取幾條以見之。

新舊官志皆據開元六典

《舊書·職官志》總論云：「自高宗之後，官名品秩屢有改易，今録永泰二年官品。其改易品秩者注於官品之下，若改官名及職員有加減者則各附之於本職云。」按唐初官制更易雖亦時有，不過小小更之，龍朔二年爲高宗即位之十三年，始大改官制，普加竄易，舊制幾十不一存，其時高宗寵暱武后，爲所鉗縛，而武氏奸謀已動，本可從舊，而有意革改，以一新天下耳目，迨咸亨元年復舊，而光宅元年武氏僭立後仍復大改，舊制盡廢。神龍元年中宗復位，又復舊可已矣，乃開寶盛之極，即衰之始，玄宗侈心蓋微見於即位之初，開元元年，又大改官名，至德二載十二月勅近日所改百司額及郡名官名，一切依故事，永泰二年上距至德二載十年，蓋自此以後無大改矣。故《舊志》以此爲據，雖則以此爲據，然斯時唐運甫及中世，其後固不能無小更者，故又言「其改易品秩者注於官品之下」云云，今《舊志》中小字注多有大曆、元和、會昌、建中、貞元年中所定者，是也。杜佑《通典》第十九卷《職官》門《官制總序》歷説上古至唐制，而終之云：「至開元二十五年，刊定職次，著爲格令。」注云：「此格皆武德、貞觀之舊制，永徽初已詳定之，至開元二十五年再刪定焉。」據此，則《通典》全以開元二十五年爲定矣。而《舊志》於兵部郎中一條云「凡天下節度使有八」，此開元制也，至至德則天下節度凡三十有五，豈八乎？而永泰不待言矣。然則《舊志》雖言據永泰，其實仍據開元，蓋開元所改，至德至永泰十年之間盡復其舊，所復者官名耳，而禄秩體制職掌仍依開元，何則？《唐會要》稱開元二十七年二月，中書令張九齡等撰《六典》三十卷成，上之。竹垞朱氏謂開元十年始有事，修是書，歷陸堅、張説、徐堅、蕭嵩、韋述、張九齡、陸善經、李林甫、苑咸之手而成，今《六典》卷首列李林甫等注上，而九齡已以二十四年罷知政事，則進書之日似九齡久去官矣。但程大昌《雍録》謂書成于九齡爲相之日，進御當在二十四年，林甫注成或在二十七年，其説良是。竹垞之言如此。〔一〕觀《舊·官志》及《通典》所據者開元二十五年，愈見程説之確，玄宗改易雖見侈心，而官制之明備，莫過於九齡之《六典》，《通典》本之，《舊書》亦本之，則知其均據開元也。《新志》雖不言其所據何時，要《新·官志》皆本《六典》、《通典》，則必亦以開元爲據。

校讀記

〔一〕見《曝書亭集》卷四十五《唐六典跋》。

舊官志叙首

《舊·官志》叙首先説一朝沿革本末，次臚列品秩，又次則説職事官訪擇選授、臨軒册命、出身入仕、區分清濁之法，又次則説文武散官，又次説門資出身，又次説勳官預選，又次説泛階之恩，又次説泛階給禄、不給禄之别，又次説勳官節級之濫，又次説行臺尚書省，又次説王府官，又次説天策上將府官，末總説行臺天策罷廢事。此篇洗眉刷目，提綱挈領，最佳，《六典》、《通典》皆無之，惟見《舊志》，而《新志》一槩删去，非也。

總説沿革一段内「貞觀八年九月，以統軍正四品下，别將正五品上」，「别將」下脱「爲」字。

臚列品秩一段，共四項，一文武職事官，二文武散官，三爵，四勳也。正一品無散官，無勳，説見下。無武者，以天策上將省也。從一品無勳，正二品無職事官者，以尚書令省也。上柱國是正二品勳，而《澤王府主簿梁府君》、《滎德縣丞梁師亮》二墓志，二人俱授上柱國，唐制勳最無定也。從二品全有。正三品無爵，當即用從二品爵。從三品全有，此品中列光禄、衛尉、太僕、大理、鴻臚、司農、太府卿。按此與太常宗正爲九寺，而太常卿、宗正卿已入正三，注云「天寶初昇入正三品」，故此從三品中惟七寺也，乃其下文云「諸衛羽林，入正三品」，千牛龍武將軍以下又歷數諸官至親王傅，乃注云：「已上並職事諸官。衛羽林、千牛龍武將軍爲武，餘並爲文。」「諸官」二字誤倒，當乙。觀此，則知上文「入正三品」四字是衍文，何者？上正三品中列諸衛羽林、千牛龍武等軍大將軍，此從三品，則非大將軍，而將軍也，何得又贅此四字乎？正四品上階全有，此階首列門下侍郎、中書侍郎，注云：「舊正四品下階，《開元令》加入上階也。」但此二官已見上正三品，注云：「舊班正四品上，大曆二年升。」此志雖據永泰，而其後又有改者，固不得不據後定。門下、中書二侍郎宜歸併一條，載入正三品，而正四品上階又複出，殊屬非是。正四品下階無爵、無勳，正四品下階及從四品上階、下階疑皆用正四品上階爵也。無勳者，疑即上階勳也。從四品上階無爵，從四品下階無爵、無勳，疑即上階勳也。正五品上階全有，正五品下階無爵、無勳，當即用上階爵勳也。從五品上階全有，從五品下階無爵、無勳，當即用上階爵勳也。爵止于五品，以下並無之，此一階之中，自大理正至上府果毅都尉，注云「已上職事官，果毅爲武散，餘並爲文」，「散」字衍，以下駙馬都尉、奉車都尉注云「並武散官」，以下朝散大夫注云「文散官」，以下遊擊將軍又注云「武散官」，二都尉不與遊擊將軍同介于職事官、散官之間，別叙以示例，與他階中先文後武不同，觀注又云「駙馬自近代已來，唯尚公主者授之。奉車有唐已來無其人」，則可見。正六品上階「太學博士」注云「《武德令》，從六品已上,貞觀年改」,「已」字衍。此階之中有衛官一項,亦介於職事官、散官之間,以下凡有衛官皆如此,正六品下階無勳,當即用上階勳也。從六品上階内有「鎮軍兵不滿二萬人司馬」一項,提出别敘,不與他職事官同,未詳。從六品下階無勳,當即用上階勳,以下正七品上階,以下正七品下階,以下從七品上階,以下從七品下階,「諸屯監」注云「《神武令》有漆園監」,「神武」當作「神龍」。正七品下、從七品上下皆無勳,當皆用正七上勳。勳止于七品,以下皆無之。以下正八品上階,無武職事,以下正八品下階,以下從八品上階,無武職事,以下從八品下階,以下正九品上階,無武職事,以下正九品下階,以下從九品上階,無武職事,此内自「下府兵曹」以上注云「已上并職事文官」,當作「並文職事官」,以下從九品下階。此上脱誤,宋本已亡,皆以意增改。

唐制多卑官得高階,惟正一品只有太師、太傅、太尉、太保、司徒、司空,此皆三公也,却無階,當時爲三公者借用從一品,開府儀同三司爲階官,尊階反卑,李涪《刊誤》卷上辨之,以爲「漢安帝以車騎將軍鄧騭爲開府儀同三司,謂别開一府,得比三公。皇唐既用開府爲散階,而拜三公者反以開府爲階,得不乖舛。若以疇賞勳伐名數,宜緐秩,至三公何須以階爲盛」,李説是。其又無勳者,疑即借用正二品上柱國爲勳,上柱國乃勳之最高者,唐制勳既無定,有以至卑之官得此勳者,則亦可以至尊之官兼此勳,且階既以尊兼卑,勳似可以此例也。

「職事者，諸統領曹事，供命王命」，上「命」字誤。

「武散官，舊謂之散位」，「武」上脱「文」字。

「朝議郎已下，甚爲猥賤，每當上之時」云云，「上」字之上似當有「番」字。

「民部尚書一人，兼掌刑部、工部」，此下脱「事」字。

臚列品秩非板法

前所云臚列品秩者，既自正第一品起，直至從第九品下階矣，而所臚列者却非板法，勳官最濫，如梁府君等，已見前，《新書·盧坦傳》云：「舊制，官、階、勳俱三品始得立戟，後雖轉四品官，非貶削者戟不奪。坦爲户部侍郎時，階朝議大夫，勳護軍，以嘗任宣州刺史三品，請立戟，許之。時鄭餘慶淹練舊章，以爲非是，爲憲司劾正，詔罰一月俸，奪戟。」即此一事以觀，坦爲正四品下階官，而其階則正五品下階，其勳則從三品，可見所臚列者非板法，大約官自有一定品秩，而階則或以恩澤加之，或以資序加之，或以寵任破格而授之，勳則以著有勞效而得之，是以與官不必相應，其餘爵邑章服想亦如此。

文武職事官，官也；文武散官，階也。其正四品以下，每品分上下階，以官階勳爵槩名曰階，此「階」字乃是借用。

總論新官志

《新書·百官志》首段云：「唐制官司之别，曰省，曰臺，曰寺，曰監，曰衛，曰府，各統其屬，分職定位。其辨貴賤、叙勞能，則有品，有爵，有勳，有階，以時考覈而升降之」云云。品即官也。此段提綱挈領，亦自明析。此下先發明宰相沿革，兼及翰林學士。「宰相之職」云云，以下應提行另起，連寫非。此下則臚列三師、三公，次尚書、門下、中書三省，次秘書省，次司天臺，次殿中、内侍二省，次御史臺。三省長官皆宰相，餘臺省以次列之，然後及御史臺，與漢制以丞相、御史爲兩府者異矣。且漢制三公是太尉、司徒、司空，即宰相之任，魏晉以降，三公備位而已，爵尊而不任事，宰相别有其人，至唐而必同中書門下平章事方爲宰相，侍中、中書令雖真宰相，不輕授人，而必假爲之稱，視漢及魏晉又大異矣。漢有三府，即三公之府，又名三司，亦謂太尉、司徒、司空，儀同三司亦謂此，已見前第五十六卷。至《新·百官志》説御史臺沿革則云：「三司，謂御史大夫、中書、門下也。」《六典》第十三卷《御史大夫》一條注同。與彼三司不同。御史臺之下次太常、光禄、衛尉、宗正、太僕、大理、鴻臚、司農、太府九寺，又次國子、少府、將作、軍器、都水五監，又次則左右衛、左右驍衛、左右武衛、左右威衛、左右領軍衛、左右金吾衛、左右監門衛、左右千牛衛，凡十六衛，又次則左右龍武、左右神武、左右神策六軍府也，又次則東宮官，次王府官、公主邑司官，次外官，自尚書省以上爲一卷，又自内侍省以上爲一卷，又自五監以上爲一卷，又自東宮官以上爲一卷，自王府官以下總爲一卷。愚謂衛府當自爲一卷，東宮官當合王府、公主邑官爲一卷，外官自爲一卷，方覺界畫井然，但圖併省卷數以見其能簡，而眉目不清，不便檢閲，亦一病。

宰相位號

「宰相之職，自漢以來位號不同，而唐世宰相名尤不正」云云，此段剖斷宰相之職與名，頗爲明析，其謂僕射與侍中、中書令爲宰相，品位既崇，不欲輕授人，故常以他官居宰相職而假以他名，此説初唐制也。此下言「僕射李靖以疾，三兩日一至中書門下平章事，平章事之名起於此」，迨其後惟侍中、中書令不輕授，若僕射則雖授亦非相矣。《舊·楊炎傳》歷叙德宗之惡炎，欲誅炎，而其下乃云：「遂罷炎相，爲左僕射。」觀此，炎於罷相之後方言爲僕射，則知僕射非宰相，必同中書門下平章事方爲宰相。錢希白《南部新書》卷甲云：「自武德至長安四年已前，尚書左右僕射並是正宰相。初，豆盧欽望拜左僕射，不言同中書門下三品，不敢參議朝政，數日後始有詔加知軍國重事。至景雲二年，韋安石除僕射，不帶同三品，自後空除僕射不是宰相，遂爲故事。」

「同中書門下平章事，同中書門下三品二名，不專授」，愚謂「專」疑當作「兼」，傳寫誤。「初，三省長官議事於門下省之政事堂，後裴炎遷中書令，乃徙政事堂於中書省」，案此條采自《南部新書》卷甲。

洪邁《容齋隨筆》第十二卷云：「中書、尚書令在西漢時爲少府官屬，與太官、湯官、上林諸令品秩略等，侍中但爲加官，在東漢亦屬少府，而秩稍增，尚書令爲千石，然銅印墨綬，雖居機要，而去公卿甚遠，至或出爲縣令。魏晉以來，浸以華重。唐初遂爲三省長官，居真宰相之任，猶列三品，大曆中乃升正二品。入國朝，其位益尊，叙班至在太師之上，然只以爲親王及使相兼官，無單拜者。」

三省先後序次

三省先後序次，《六典》先尚書，後門下、中書，《新》《舊志》皆宗《六典》者，故與之同。《通典》則先門下、中書，後尚書，《六典》本法《周官》，欲以六部括天下事故耳。其實尚書令因太宗曾爲之，人臣不敢居，遂廢，其後郭子儀亦讓不受，終唐世無爲之者，則遂以僕射爲尚書省之長官。論其品秩，僕射從二品，侍中、中書令正三品，似當以尚書省居先；論其職掌，侍中、中書令是真宰相，見《通典》二十一卷《職官》宰相一條。而僕射特以權代令，則又當居後矣。二者雖各有一義，要之，中書出令，門下審駁，尚書受成，則中書、門下居前，於理爲長。唐制，同中書門下平章事即宰相之職，而尚書省不繫平章銜，則其不合先中書、門下兩省可知。

明慶

《舊志》「左散騎常侍」下注有「明慶二年」，「起居郎」下注有「明慶中」，疑皆當作「顯慶」，避中宗諱改。

司天臺

司天臺，《新》《舊志》同，《六典》及杜氏《通典·職官門》皆作「太史局」，且隸秘書監，不别立一條。所云臺者，惟御史一臺而已，此外無别臺也。蓋《新》《舊志》據後定，故不同。[一]

校讀記

[一]《舊唐書校勘記》卷二十五於此條有詳辨。

大夫中丞

舊制[一]御史臺一條云：「大夫、中丞之職，掌持邦國刑憲典章，以肅正朝廷。中丞爲之貳。」據《六典》，當作「御史大夫之職」云云。

校讀記

[一]「制」當爲「志」字之誤。所引見《舊書》卷四十四《職官志》三。

軍器監

軍器監，《新》《舊志》及《通典》並同，而《六典》不載，未詳。

六軍

六軍，據《新志》以龍武、神武、神策各左右當之，而《舊志》説六軍則數左右羽林，而不數左右神策，《通典》説六軍與《舊志》同，蓋《通典》據開元，神策始于上元中，在其後，《舊志》據永泰，雖在上元後，要之，六軍之名仍取舊制書之，至中晚唐，神策軍兵權最重，故《新志》以後定者言之歟？今未能詳考。

《舊》一百八十四《宦官傳》:「昭宗天復三年,崔胤奏云:『高祖太宗時無内官典軍旅,自天寶以後,宦官寖盛,貞元、元和分羽林衛爲左右神策軍,以便衛從,令宦官主之。自是參掌樞密,内務百司皆歸宦者。』胤與朱全忠盡殺宦官,左右神策軍並停廢。」此段與前七十四卷所引《通鑑》略同,據此則神策即分羽林衛所立。

新舊志外官序次不同

《新·官志》末卷特標「外官」二字提行,自天下兵馬元帥以下至防禦使一條止,皆使持節官,非守土之官,故多以使名者,如元帥、都統、招討總領兵馬,皆爲征伐而設,事平則罷不設,節度以下則有觀察、團練、防禦、經略,凡五等,自西都、東都、北都牧以下則皆有職守者,猶今所謂地方官。敘次甚明析,然《舊·官志》於東宫官屬、王府官屬之後,繼以「州縣官員」四字標題,即詳載三府都督、州縣都護等官,然後載節度、元帥、招討、防禦、團練等使,《新書》不過取而顛倒其前後次第耳,究之如《舊書》叙次,亦何嘗不妥?《新書》往往求異於《舊書》,惟《官志》多同,而此篇則以叙次爲異。

六典外官無節鎮

《新》《舊官志》之所以多同者，以其皆用《六典》爲藍本，而稍增損之故也。《六典》凡三十卷，二十九卷皆京官，惟末卷是外官，然於節鎮竟一槩不載，故其標目云「《大唐六典》三府督護州縣官吏卷第三十」。三府，京兆、河南、太原也。督，都督也。護，都護也。乍觀之，似太疏略，徐思之，都督者即總管之改名，而亦即節度之緣起也，言都督而節度、觀察、團練、防禦、經略皆足該之矣。況《六典》開元時修，情形與肅、代以下大不同，則不載節度等使固宜。

牧刺史一條校誤

《舊志》「京兆河南太原牧及都督、刺史，掌清肅邦畿，考覆官吏」，「覆」，《六典》作「覈」。又「部内有篤疾才學異能聞於鄉閭者，舉而進之」，《六典》無「疾才」二字。又「若獄訟疑議兵甲」云云，《六典》作「獄訟枉疑甲兵徵遣」。又「其孝悌力田，頗有詞學者，率與計偕」，《六典》作「孝悌力田者考使集日具以名聞」，無「頗有」以下九字，皆以彼爲正。「考使集日」者，《新·百官志》：「考功郎中，掌文武百官功過善惡之考法，凡百司之長，歲較其屬功過，差以九等，定考，皆集於尚書省，唱第然後奏。」是也。

過所

《舊志》：「關令，凡行人車馬出入往來，必據過所以勘之。」語本《六典》，《新》作「車馬出入據過所爲往來之節」，改得殊不如《舊》。「過所」猶言路引，亦似今兵部所給勘合火牌，《新志》於司門郎中員外郎一條云「天下關二十六度者，本司給過所」是也。然其制不始于唐，漢已有之，洪邁《容齋四筆》第十卷歷引《刑統》、《衛禁律》、《釋名》、漢文帝十二年張晏注、《魏志》倉慈事、《廷尉決事》、徐鉉《稽神録》以釋「過所」之義，最詳明。

官階勳爵中晚日漸糾紛

《新唐書・陸贄傳》云：「甲令有職事官、有散官、有勳官、有爵號，其賦事受奉者，惟職事一官。勳、散、爵號止於服色資蔭，員外試官與勳、散、爵號同，然突銛鋒、排禍難者，以是酬之。」愚謂唐初官制惟有官、階、勳、爵四項尚屬簡明，中晚以下日漸糾紛，員外試官之多，有增靡已，於是乎一官而變爲數官，權知裏行、檢校判攝，枝岐節贅，不可爬梳。官之外又有正官，正官之外又有職，而勳、散、爵號，更爲冗溢，往往以卑兼尊，與官不相照應，所以然者，何也？突鋒排難者以是酬之故也。顏魯公爲其父惟貞作家廟碑銘此碑載都穆《金薤琳琅》第二十卷，予藏有拓本。署云「第七子光禄大夫、行吏部尚書、充禮儀使、上柱國、魯郡開國公真卿撰」，末附跋云：「建中元年，歲次庚申，秋七月癸亥朔，鐫畢，八月己未，真卿蒙恩遷太子少師，微軀官階勳爵並至二品。」案魯公由正三品官吏部尚書遷從二品官太子少師，而光禄大夫是從二品階，上柱國是正二品勳，開國郡公是正二品爵，故云云也。據《新書》本傳，公爲楊炎所惡，故有此遷。尚書要官，少師則閑官耳，禮儀使是其差遣。炎罷，公尚書使猶如故，而并於官言之，不别言差遣，至其階、勳、爵則前爲湖州刺史，約在廣德中，書《臧懷恪碑》爲撫州刺史，在大曆十二年，書《李元靖碑》，署銜即此階勳爵也。《舊·地志》湖州上，撫州中，而上州刺史從三品，中州刺史正四品上階，乃其後直至尚書，階、勳、爵始終不改，即此足證官與階、勳、爵不必相應。要之，彼時人臣銜名猶不過官、階、勳、爵四項，其後愈覺猥濫，五代尤甚，《舊五代史·馮道傳》道著《長樂老自叙》，階自將仕郎轉朝議郎、朝散大夫、銀青光禄大夫、金紫光禄大夫、特進、開府儀同三司；職自幽州節度巡官、河東節度巡官、掌書記，再爲翰林學士，改授端明殿學士、集賢殿大學士、太微宫使，再爲弘文館大學士，又充諸道鹽鐵轉運使、南郊大禮使、明宗皇帝晉高祖皇帝山陵使，再授定國軍節度、同州管内觀察處置等使，一爲長春宫使，又授武勝軍節度、鄧隨均房等州管内觀察處置等使；官自攝幽府參軍、試大理評事、檢校尚書祠部郎中兼侍御史、檢校吏部郎中兼御史中丞、檢校太尉、同中書門下平章事、檢校太師、兼侍中，又授檢校太師兼中書令，正官自行臺中書舍人，再爲户部侍郎，轉兵部侍郎、中書侍郎，再爲門下侍郎、刑部吏部尚書、右僕射，三爲司空，兩在中書，一守本官，又授司徒、兼侍中，賜私門十六戟，又授太尉、兼侍中，又授戎太傅，又授漢太師；爵，自開國男至開國公、魯國公，再封秦國公、梁國公、燕國公、齊國公，食邑自三百户至一萬一千户，食實封自一百户至一千八百户；勳自柱國至上柱國，功臣名自經邦致理翊贊功臣至守正崇德保邦致理功臣、安時處順守義崇靜功臣、崇仁保德寧邦翊聖功臣。此正分官與職而別言之，又分官與正官而別言之，職與官皆其實任事者，皆似差遣，但猶不言差遣，此種糾紛制度并功臣名號皆起唐末，中世尚未有。

司馬温公論唐宋官制

司馬温公作《百官表》已佚，《文獻通考》第二百二卷《經籍考》采其自序云：「唐初職事官有六省、一臺、九寺、三監、十六衛、十率府之屬，其外又有勳官、散官。勳官以賞戰功，散官以褒勤舊，故必折馘執俘然後賜勳，積資累考然後進階，以其不可妄得，故當時人以爲榮。及高宗東封，武后預政，欲求媚於衆，始有汎階，自是品秩浸訛，朱紫日繁矣。肅宗之後，四方糜沸，兵革不息，財力屈竭，勳官不足以勸武功，府庫不足以募戰士，遂並職事官通用爲賞，不復選材，無所愛吝。將帥出征者皆給空名告身，自開府至郎將，聽臨事注名，後又聽以信牒授人，有至異姓王者，於是金帛重而官爵輕矣，或以大將軍告身，纔易一醉，其濫如此。重以藩方跋扈，朝廷畏之，窮極褒寵，苟求姑息，遂有朝編卒伍，暮擁節旄，夕解褆衣，旦紆公袞者矣。流及五代，等衰益紊。三公端揆之貴，施於軍校；衣紫執象之榮，被於胥吏。名器之亂，無此爲甚。大宋受命，承其餘弊，方綱紀大基，未暇釐正，故臺省寺監衛率之官，止以辨班列之崇卑，制廪禄之厚薄，多無職業。其所謂官者乃古之爵也，所謂差遣者乃古之官也，所謂職者乃古之加官也。自餘功臣檢校官散官階勳爵邑，徒爲煩文，人不復貴，凡朝廷所以鼓舞羣倫、緝熙庶績者，曰官、曰差遣、曰職而已。於三者之中，復有名同實異，交錯難知。」案温公此序最中肯綮，而「官乃古之爵，差遣乃古之官，職乃古之加官」三語尤爲扼要，此沿五代制，并改馮道之所謂官者而名以差遣矣。此表所載乃自宋建隆以下，訖於熙寧，文官自知雜御史以上，武官自閤門使以上，内臣自押班以上，記其遷除黜免，而此序却追溯官制紊亂之所由，然直從唐高宗、肅宗説起，欲以見此弊不但不始於宋，并不自晚唐及五代而始，其來久矣。學者讀史，於《新》《舊唐書》及《宋史》

所最苦者，官名之淆雜累墜，眩瞀心目，試將温公所謂「官乃古之爵」云云者以求之，則唐宋官制乃可考見。明正德戊寅書坊慎獨精舍刻《通考》，脱誤不可據，今用《文集》參校增改。

《杜佑傳》：「佑上議曰：『魏置柱國，當時宿德盛業者居之，貴寵第一，周隋間授受已多，國家以爲勳級，纔得地三十頃耳。』」洪容齋《續筆》第五卷云：「唐自肅代以後，賞人以官爵，久而浸濫，下至州郡胥吏，軍班校伍，一命便帶銀青光禄大夫階，殆與無官者等。明宗長興二年，詔不得薦銀青階爲州縣官，賤之至矣。晉天福中，中書舍人李詳上疏，以爲十年以來，諸道職掌皆許推恩，藩方薦論動踰數百，乃至藏典書吏、優伶奴僕，初命則至銀青階，被服皆紫袍象笏，名器僭濫，貴賤不分，請自今節度州聽奏大將十人，他州止聽奏都押牙、都虞候、〔二〕孔目官。從之。馮拯之父俊，當周太祖時，補安遠鎮將，以銀青光禄檢校太子賓客兼御史大夫。至本朝端拱中，拯登朝，遇郊恩，始贈大理評事。予八世從祖師暢，暢子漢卿，卿子膺圖，在南唐時皆得銀青階，至檢校尚書、祭酒，然樂平縣帖之，全稱姓名，其差徭正與里長等。」愚謂司馬氏言大將軍告身易一醉，此言官之濫；杜氏言柱國值三十頃，此言勳之濫；洪氏言銀青與里長等，此言階之濫。蓋唐官制至五代益亂，宋沿五代之弊，是以官職差遣，化一爲三，不勝其煩，而階勳爵邑之類，徒設空文，皆無實事。

校讀記

[一]「候」字據《容齋續筆》卷五《銀青階》條補。

十七史商榷卷八十二

新舊唐書十四

内樣巾子

《舊·輿服志》:「武德已來,始有巾子。中宗景龍四年三月,因内宴賜宰臣已下内樣巾子。」本紀誤作「甲子」,已見前。宋鳳臺子王得臣彦輔《麈史》卷上《禮儀》篇云:「隋大業中,牛弘請著巾子,以桐木爲之内,外皆漆。唐武德初,置平頭小樣巾子,武后賜百僚絲葛巾子,中宗賜宰相内樣巾子,蓋於裹頭帛下著巾子耳。」錢希白《南部新書》丙同,如王、錢二説,巾子隋時已有,不始唐初,但用桐木,自不如絲葛,著「裹頭帛下」一語,其製可見。

總論新書兵志

《舊書》無《兵志》,《新書》補之甚善,但其首段泛説一朝大意,而終之云:「若乃將卒、營陣、車旗、器械、征防、守衛，凡兵之事不可以悉記，記其廢置、得失、終始、治亂、興滅之迹，以爲後世戒云。」愚謂征防守衛，事之大者，後世所欲考而知者正在乎此，乃謂其不可悉記而略去之，何也？既略去制度不詳，而記廢置治亂何益？且此段之前半截極力提唱摇曳府兵立制之美，又言府兵之所以爲美者，以其能寓兵於農，使人讀之不覺神往，及徐徐讀至下文，實叙府兵制度，而所謂寓兵於農者，仍不可得而詳也。所云「居處、教養、畜材、待事、動作、休息皆有節目，雖不盡合古法，蓋得其大意」者畢竟如何節目，如何不盡合古，如何得其大意，但有空空唱嘆，絶未明叙其制，令人徒增悵悶。夫古今時勢不同，當隋唐而必欲行三代之事，反嫌執泥。府兵不盡合古，得其大意，此正其善於調劑處，何但空説一番乎？此制起於周隋，定於唐初，至天寶而壞，一壞不可再復，然其立法之善，存之足備采取，竊計三百年中兵事頭緒緐多，而提掇唱嘆空句，亦叙事之不可少者，約須二萬言可了，今只七千餘字，宜其不詳，乃《新志》既不詳，而《通典・兵》門但載行伍營陣中事，於府兵全不記載，亦爲可恨。

「武德三年，析關中爲十二軍，軍置將、副一人，以督耕戰。六年，軍置坊主一人，以檢察户口，勸課農桑」，軍將不但督戰，且督耕，又有檢察户口、勸課農桑者，可見府兵平日即農夫也，無不耕而食者，其制美矣。但所耕之田不知在何處，如何給之，如禁軍「以渭北白渠旁民棄腴田分給之」，有此一句，而天下府兵所耕之田則不見。如何督之，如何檢察勸課之，且府兵散在天下，而隸於諸衛折衝都尉府，諸衛府在京師，平日如何統屬，關内道近尚可，若遠者，殊不曉其統屬之法，其平日受治於州刺史縣令，與其所出租庸調與平民同乎、異乎，皆不得知。以意度之，軍將、副、坊主大約似今衛守備耳，下文云：「凡發府兵皆下符契，州刺史與折衝勘契乃發。若全府發則折衝都尉以下皆行，不盡則果毅行，少則別將行。」又云：「府兵居無事時耕於野，其番上者，宿衛京師而已，四方有事，則命將以出，事解輒罷，兵散于府，將歸於朝，故士不失業，而將無握兵之重。」此二段稍見寓兵於農崖略，然於所謂征者略見之矣，而所謂防守衛者則全未之及。

杜牧《樊川文集》第五卷《原十六衛》篇多是議論，亦不見制度，中一段云：「所部之兵散舍諸府，三時耕稼，襏襫耞耒，一時治武，騎劍兵矢，父兄相言，不得業他，籍藏將府，伍散田畝，力解勢破，人人自愛。乃緣部之兵被檄，乃來受命於朝，不見妻子，斧鉞在前，爵賞在後。」此段亦頗見征防守衛之槩。

置府之數各書互異

《新·兵志》云：「諸府總曰折衝府。凡天下十道，置府六百三十四，皆有名號，而關内二百六十有一，皆以隸諸衛。」《文獻通考》一百五十一卷引章氏曰：名俊卿，著《山堂考索》。「《會要》云：『折衝府二百八十，通計舊府六百三十三。』陸贄奏議則以爲太宗置府八百，在關中者五百。杜牧《原十六衛》：『上畜養戎臣，外開折衝果毅府五百七十有四。』其數不同。」愚謂章氏所考數不同者，猶據他書，今觀《新·百官志》「折衝都尉」下注「三輔及近畿州都督府皆置府，凡六百三十三」，與《會要》同，與《兵志》已自相違。又《兵志》言關內二百六十一，而《地理志》關内道所載府凡二百七十五，二者亦不同，何也？《新書》意主簡明，愛惜筆墨甚矣，而此段《百官志》注文與《兵志》多重複，何不歸併一處，而於《官志》但云「詳《兵志》」。又杜牧《原十六衛》篇自注又云：「五百七十四府，凡有四十萬人。」甚分明，不知何以互異如此。

兵志校誤

「每歲季冬，折衝都尉率五校兵馬之在府者」云云一段，説農隙閲武之法，内「二人校之人合譟而進」云云，上「人」字衍，又「左右擊鉦，少却」云云，「右」當作「校」。二字《文獻通考》誤與汲古閣《新·兵志》同，以意改。此在京師教閲訓練也，天下州縣府兵如何訓練則不可考。

彍騎

《新·兵志》:「府兵之法壞,番役更代不以時,衛士稍亡匿,宰相張説請一切募士宿衛。開元十一年,取京兆、蒲、同、岐、華府兵及白丁,益以潞州長從兵,共十二萬,號長從宿衛,歲一番。明年,更號彍騎。十三年,始以彍騎分隸十二衛,總十二衛,爲六番。」案《張説傳》:「衛兵貧弱,番休者亡命略盡,説建請一切募勇彊士,優其科條,簡其色役。不旬日,得勝兵十三萬,分補諸衛,以彊京師,後所謂彍騎者也。」據此,似其初本府兵散居各州郡,番上宿衛,説所募則聚居京師,以十二萬兵聚居京師,勢有不給,故復分隸之,而所分隸亦但在近畿無遠者。《兵志》空發議論多,紀載實制少。《文獻通考》抄撮而已,無所發明,故不能詳悉。

方鎮節度使之兵

《舊書》於《地理志》中説方鎮兵制,《新書》則摭入《兵志》,雖意在移易其篇名,以竄改閲者之耳目,但《舊》無《兵志》,故入《地理》,此等本是兵事,入《兵志》是也。惟其所叙各道之各軍、各守捉、各城、各鎮與《舊·地志》頗多互異,此等皆是實法實事,作者固不便以意妄造欺人，自是各有所據，大約《新書》據後定者，然以《新書》之立意欲求異於《舊書》，則此等互異處，斷不可偏信《新》而廢《舊》。如《舊·地志》平盧二軍，此一軍；又范陽，彼九軍，此十六軍；又河西，彼八軍，此十軍；又隴右，彼九軍，此十八軍；又劍南，彼六軍鎮，此十軍三十八鎮；又嶺南，彼二軍，此六軍。其他數雖同而名亦多異，至於福州經略軍一，曰江南道；平海軍一，東牟、東萊守捉二，蓬萊鎮一，曰河南道，此二段似與《舊·地志》更大不同。考江南道、河南道並非節度道名，彼但云福州刺史、萊州登州刺史領之，恐此《志》據後定者。至於朔方經略、豐安、定遠、新昌、天柱、宥州經略、横塞、天德、天安軍九，三受降、豐寧、保寧、烏延等六城，新泉守捉一，曰關内道。考此九軍六城一守捉，《舊·地志》皆爲朔方節度所管，而此乃以爲關内，蓋其實是朔方節度所管，但在關内道界中耳，似異實同也。

三蒼説文字林

《舊·經籍志》小學類「《三蒼》三卷，李軌等撰，郭璞解」，「李軌」當作「李斯」。又「《三蒼訓詁》二卷，張揖撰。《説文解字》十五卷，許慎撰。《字林》十卷，吕忱撰」，愚案《三蒼》説詳二十二卷，史籀所作《史篇》十五篇，西漢時著於功令，學僮能諷，乃得爲史，建武雖亡其六，殘本尚存，今《唐志》遂不載，則已亡矣。竊疑魏晉南北朝人好古者多，何以致亡？據《漢志》，《三蒼》多取《史篇》文字，然則《史篇》即在《三蒼》中，士子以其不必兩習，故亡耳，然《三蒼》故在也。吕忱晉人，《晉書》無傳，其爵里可考者，《北史》三十四《江式傳》延昌三年式上表，稱晉義陽王典祠令任城吕忱，而《隋書·經籍志》則云弦令。其《字林》卷數，江式云六卷，已與《舊唐志》不同，封演《聞見記》第二卷《文字》篇又作七卷，《新唐·藝文志》又作十卷，《宋史·藝文志》又作五卷。其作書之旨，江式云：「尋其況趣，附託許慎《説文》，而按偶章句，隱别古籀奇惑之字，文得正隸，不差篆意也。」封演云：「吕忱按羣典，搜異字，撰《字林》，亦五百四十部，凡一萬二千八百二十四字，諸部皆依《説文》，《説文》所無者是忱所益。」張參《五經文字》序例云：「許叔重收集籀篆古文諸家之學，就隸爲訓注，謂之《説文》。後有吕忱，又集《説文》之所漏略，著《字林》五篇以補之。《説文》體包古今，先得六書之要，有不備者，求之《字林》。」自注云：「若祧禰逍遥之類，《説文》漏略，今得之於《字林》。」就江式、封演、張參説尋之，規模約略可睹，《新書·選舉志》云：「凡學館諸生，《九經》外讀《説文》、《字林》、《三蒼》。凡書學，石經三體限三歲，《説文》二歲，《字林》一歲。」張參亦云：「今制，國子監置書學博士，立《説文》、石經、《字林》之學，舉其文義，歲登下之。」唐時三書與蔡邕石經並立學課士如此。《宋史·藝文志》雜亂無章，誠難深據，姑就考之，此志已無《三蒼》，則《三蒼》亡於宋，然猶有《字林》，不知何時又亡之，尚幸《説文》巋然特存，若有神物護持，學者未通此書，不得其門而入，不見宗廟之美、百官之富。

蒼頡埤蒼

《漢志》又有《蒼頡篇》，即《三蒼》也，但合之耳。今《舊唐·經籍志》、《新唐·藝文志》皆有《蒼頡訓詁》二卷，杜林撰，似唐尚有此書，《宋志》則亡矣。又曹魏張揖撰《埤蒼》，似是埤益《蒼頡》者，又撰《廣雅》以廣《爾雅》，二書《新》《舊唐·志》亦皆有。《舊》《埤蒼》下注「張揖撰」，誤。隋曹憲注《廣雅》，避諱改《博雅》，《宋志》直言曹憲《博雅》，非也，而無《埤蒼》，則亦亡於宋。今吴琯刻《廣雅》存，陽湖孫星衍采羣書所引《蒼頡篇》，興化任大椿采《字林》，皆成卷帙，雖不全，稍存古人面目。

唐以前音學諸書

小學有二，首文字，次聲音。論其根本，聲音原在文字之前，論其作用，必以文字爲主，聲音反在所緩，蓋二者皆易變亂，但文字實、聲音虚，既從實處捉定，聲音雖變不怕。

唐以前字學書存者尚多，而《説文》之存，尤爲斯文之幸。能通《説文》，得其門而入，可與言學矣。其次則聲音亦宜稍留意，觀《舊唐·經籍》、《新唐·藝文志》，唐以前音學諸書竟無一存者，惟《廣韻》雖宋人所修，尚存唐人規模。

字學書《史籀》已有，音學書魏晉以下方有，今既盡亡，而劉淵《壬子新刊禮部韻略》、陰時夫《韻府羣玉》，併一百六部爲一百六部，變亂舊章者，盛行於流俗，有志之士反而求之《廣韻》，其亦足以知聲音矣乎？曰：否。《廣韻》雖仍存魏晉齊梁及唐人面目，但李登、吕静、沈約諸人作韻書，祇據當時之音爲定而已，不能追考三代以上古音也。宋吴棫才老作《韻補》五卷，雖有意考古音，然實不知古音，濫取漢魏、隋唐之文異於今者，即以爲古，雜亂謬誤。明陳第季立《毛詩古音考》四卷、《屈宋古音義》三卷，稍知求其原本，直至顧絳寧人《音學五書》及《韻補正》出，古音始復存。予深信篤好之，友人戴震、段玉裁議顧氏尚有失，予未能究通，且從顧氏。

寧人宿傅青主家，晨未起，青主呼曰：「汀芒矣。」寧人怪而問之，青主笑曰：「子平日好談古音，今何忽自昧之乎？」寧人亦不覺失笑。古音天呼若汀，明呼若芒，故青主以此戲之。然則古可好，不可泥也。聲音固爾，文字亦然。蓋聲音、文字隨時而變，此勢所必至，聖人亦不能背時而復古。文字雖易變，《説文》不亡，則字學常存，此書殆將與天地無終極，字不虞其變也。聲音雖易變，皆變在未有韻書之前，李登、吕静、沈約諸人過小功大，既有韻書，音亦不虞其變也。蒼頡古文、史籀大篆、李斯小篆不可不知也，如用之，則吾從隸書，吾從衆也。惟於隸書中去其舛謬太甚者，使不違古篆之意，且於唐宋史鑑所無，徐鉉《新附》所無之字，屏而不用，亦足矣。古音不可不知也，如用之，則吾從唐宋，亦吾從衆也。要惟讀周、漢以前書用古音，讀晉、唐以後書用今音，斯可矣。大約學問之道當觀其會通，知今不知古，俗儒之陋也；知古不知今，迂儒之癖也。心存稽古，用乃隨時，並行而不相悖，是謂通儒。

聲音、文字，學之門也，[一]得其門者或寡矣，雖然，苟得其門，又何求焉？終身以之，惟是爲務，其佗槩謝曰我弗知，此高門中一司閽之老蒼頭耳。門户之事孰諳極矣，行立坐卧，不離乎門，其所造詣，鈐下而止，不敢擅自升堂階，況敢窺房奥乎？予於此等姑舍是。因讀《新》《舊唐·志》，附論之。

校讀記

[一]李慈銘曰："可謂通人之論。"

開元禮

唐禮莫著於開元，《舊・經籍志》有《大唐新禮》一百卷，房玄齡等撰，此貞觀禮也，而無《開元禮》，《新・藝文志》則以新禮爲《大唐儀禮》，注云：「長孫無忌、房玄齡、魏徵、李百藥、顔師古、令狐德棻、孔穎達、于志寧等撰，貞觀十一年上。」而又載《永徽五禮》一百三十卷，注云：「長孫無忌、許敬宗、李義府、劉祥道、許圉師、韋琨、蕭楚材、孔志約等撰，顯慶三年上。」又載《開元禮》一百五十卷，注云：「開元中，通事舍人王嵒請改《禮記》，附唐制度，張説引嵒就集賢書院詳議。説奏：『《禮記》，漢代舊文，不可更。請修貞觀永徽禮爲《開元禮》。』命賈登、張烜、施敬本、李鋭、王仲丘、陸善經、洪孝昌撰緝，蕭嵩總之。」《新・選舉志》云：「凡《開元禮》，通大義百條、策三道者，超資與官，義通七十、策通二者及第，散試官能通者與正員。」又云：「貞元二年，詔習《開元禮》者舉同一經例。」然則此書立於學官，以爲科目，課試取士，其重如此。李涪以《開元禮》及第，見《北夢瑣言》第九卷。所以《藝文志》別載《開元禮義鏡》一百卷，《京兆義羅》十卷，《類釋》二十卷，《百問》二卷，皆所以發揮此書之義，其學盛矣。《舊志》之不載，誠爲闕漏。《宋史》二百四卷《藝文志》三儀注類仍有之，并有《百問》、《類釋》，而又有《儀鏡》五卷，韋彤《義釋》二十卷，《義鏡略》十卷，《教林》一卷，是宋代此學猶在，逮及元、明，遂無聞焉，各家書目皆不見，惟朱先生彝尊集中有跋，[一]予從平望汪鳴珂借録，凡一百有八卷，今存。

校讀記

[一]《大唐開元禮跋》，見《曝書亭集》卷四十三。

唐律

夫子稱信而好古，又稱好古敏求。居今日而言古，唐以前書是也。朱先生彝尊《跋石藥爾雅》云：「唐代遺書，傳世者罕矣。」[一]此真一語破的，蓋其生平搜奇訪祕，專務博采，晚乃有見，故能爲此言。竊謂唐人之書如《石藥》固無甚關繫，即《開元禮》亦非至要，獨《唐律》之僅存者乃爲希世之寶。元泰定四年刻，柳贇爲序，附以王元亮釋文者，朱先生亦有跋。[二]以《舊志》所載刑法類中各書考之，不知元刻《唐律》當志中何家。予訪求三十年不獲，近始鈔得。

校讀記

[一]見《曝書亭集》卷四十二。

[二]《唐律疏義跋》，見《曝書亭集》卷五十二。

員半千

《新·藝文志》第五十别集類《員半千集》十卷，董衝《唐書釋音》第五卷音王問切，則當讀若運矣。吴曾《能改齋漫録》第三卷《辨誤》篇謂：「《左傳》伍員，陸德明音云平聲，唐員半千十世祖凝之，仕劉宋，奔元魏，本彭城劉氏，以忠烈自比伍員，改姓員，則員姓正當爲平聲，董音誤。竇苹音訓曰：唐人讀半千姓皆作運，未詳何據。張嘉貞薦苗延嗣、吕太一、員嘉靖、崔訓位清要，當時語曰：『令君四俊，苗、吕、崔、員』。員姓音誤久矣。《前涼録》已有金城員敞，此姓不始凝之。又《芸閣姓苑》云：『員氏，其先楚令尹子文鬬伯比之子，育於鄖公辛，辛生鬬懷，員蓋辛之後，平王時赦爲大夫。』則此姓又不始於敞。鄖音云，則員不當音運。」以上皆吴説。愚謂元黄公紹《韻會》第六卷：「員，于權切。音與元韻元同。《詩》：『聊樂我員』、『員于爾輻』、『景員維河』並音云，行人子員、伍員音亦同，唐員半千，董衝音運。」竇苹書至元而亡，今惟董衝存，此類正如緐欽之緐音若婆，姑仍唐讀，毋庸辨正。吴曾掇拾，徒長蕪蔓，愚所不取。《新唐》列傳第三十七卷半千有傳。

李康

李康《玉臺後集》十卷，晁氏《讀書志》作「李康成」，此脱一字。

唐人文集

《舊志》載唐人文集只百餘家，《新志》約六百餘家，今世宋元集數見不鮮，唐人集則寥寥矣。張天如但采漢魏六朝，不及唐人，予訪求數十年，又有友人張德榮、吴翌鳳相助，所得頗博。王阮亭《居易録》一則云：「朱竹垞言所見唐人文集，自韓、柳、元、白數集外，則張曲江、顔魯公、獨孤及、劉禹錫、元結、李衛公、陸宣公、杜牧、沈亞之、歐陽詹、吕温、李觀、司空圖、皮日休、陸龜蒙、羅隱、皇甫湜、李翱、孫樵、劉蜕、黄滔二十餘家，皆予所及見者，若富嘉謨、吴少微、李華、蕭穎士、賈至、李翰、樊宗師、梁肅、盧肇、馮宿、劉軻之徒，皆不見其全矣。」[一]竹垞、阮亭皆見之二十一家，予少吕温、劉蜕，餘皆有。竹垞見阮亭不見之十一家，予有李華，餘皆無。此外，竹垞、阮亭未舉及而予有者又數家，合人間所習見共約四十家，以《新志》考之，未及十之一。《新志》有詩無文者亦以充數，予則徒詩者不取。明蜀刻《權德輿集》但有詩文，則目録空存，故置不列。

明代諸公創論不讀唐以後書，此輩固不讀唐以後書矣，而亦何嘗讀唐以前書乎？勦其字句，襲其聲調，但以供詩文之用，遂可謂之能讀乎？若果實能讀徧唐以前書，雖未讀唐以後書，吾必謂之學矣。然果實能讀徧唐以前書，其勢亦必須會通宋元，必不能截然自唐而止，畫斷鴻溝矣。經學、史學姑不論，即唐以前文集，七才子所摹擬，大抵不過幾名家、幾大家，且多看選本，少看全集。博觀而約取，去短而集長，惟深心嗜古之士爲能然也。

校讀記

[一]見卷十二。

新食貨加詳

《新·食貨志》較《舊志》加詳，約幾倍之有餘，似勝於《舊》。

庸法新舊不同

《新·食貨志》：「授人以田，取之以租、庸、調之法。用人之力，歲二十日，閏加二日，不役者日爲絹三尺，謂之庸。有事而加役二十五日者免調，二十日者租、調皆免。」《舊書》：「旬有五日免其調，三旬則租、調俱免。」二者既不同，《新》「加役二十五日者」、「二十日者」亦似互誤。

餧

《新·食貨志》：「凶荒潰散，餧死相食。」《説文》卷五下《食部》：「餧，飢也。」俗誤作「餒」，《説文》無此字，已見前六十八卷。

澹

「商賈錢，每緡税二十，竹木茶漆税十之一，以澹常平本錢」，「澹」，舊作「充」，俗作「贍」，在《説文》卷六下《貝部》新附。

鈲

「輓夫繫二鈲于胷而繩多絶」，《説文》十四上《金部》新附：「鈲，裂也。从金、爪。普擊切。」與此文義不合，且董衝《唐書釋音》第五卷音攻乎切，則从瓜不从爪，然此字他書未見有用者，董氏亦但釋其音，不解其義也。詳考之，《新書》此條實采自張鷟《朝野僉載》第二卷，彼詳述楊務廉於陝州三門鑿山燒石，施棧道，牽船運米。蓋小人立苛法，徒病民而無利于國，其害如此。此《新書》之采小説而有益者，《舊書》則無。「釽」乃俗字，張鷟用之而《新書》仍之。

十七史商榷卷八十三

新舊唐書十五

盧承慶參知政事

《新·宰相表》：「顯慶四年五月丙申，度支尚書盧承慶參知政事。」承慶本傳作「同中書門下三品」。

神龍二年應添一句

「神龍二年七月辛未，流暉於嘉州，彦範於瀼州，恕已於環州，元暐於古州，柬之於瀧州」，此下應添一句云「暉、彦範、恕已尋皆被殺」。此後如昭宗朝裴樞、獨孤損、柳璨之類，遺漏其被殺者甚多。此表之例，宰相除拜罷免貶竄誅死皆書，而自亂其例者却不少，今不備及。

論方鎮表

方鎮之建置，分割移徙，最爲糾紛，以唐一代變更不一，竟無定制，所以覽史者苦於眯目。《舊書》無表，《新書》特補《方鎮表》，開卷瞭然，此《新書》之最善者。但《舊·地志》於節度使亦曾分作兩番叙述，前面先列十節度，開元二十一年所置每道用小字注其治所及所管，後面又列四十七使，係至德以後所置，亦每道用小字注其治所及所管。十節度易於明了，如《舊志》所列已足，其四十七使分合更易，緐若亂絲，此非表不能整理，而《舊志》但累歷而舉之，豈能條析乎？且兵自宜别爲志，方鎮自宜别爲表，盡入《地理》，一何喧混，此《新書》體裁所以爲善也。其以十道節度入《兵志》，以四十餘使入《方鎮表》，瓜疇而芋區之，此亦出於不得已。要之，十道者即四十餘使之先聲，四十餘使乃十道之後局也，相爲首尾，不可離析。今《兵志》有其始制，不見後來改更，《方鎮表》但有後事，不見其初來歷，此合之則兩美，離之則兩傷，而作者竟不得不出於此，何也？避重複也。竊謂重複固不可，然宜於《兵志》叙完各道節度所管軍城鎮守捉之下，轉到開寶亂後事，添入醒目之語云：「自肅代以後，增置節度愈多，列鎮相望，星羅棊布，其建置沿革詳見《方鎮表》。」自是天下府兵，昔時隸籍衛府者，皆變爲方鎮之兵，天子不得而調發之矣。」又《方鎮表》叙首云：「高祖、太宗之制，兵列府以居外，將列衛以居内，有事則將以征伐，事已各解而去。兵者，將之事，使得以用，而不得以有之。」數語略見府兵大槩，正與《兵志》中語相髣髴，此下乃直接「及其晚也，土地之廣，人民之衆，城池之固，器甲之利，舉而予之」云云，其下又接「方鎮之患，各專其地，連衡叛上，以力相併」云云，末徑結云：「可不戒哉。」下即編年列表，其冒頭本説府兵法制之善，而下半段直説方鎮爲害，亦不説作表緣起，轉落承接處，眉目全不分曉，宜於「不得以有之」之下接云「此府兵之制，所以爲善也。其後弊壞，睿宗之世始置節度使，開元增置有八，所管守捉軍城鎮，詳見《兵志》，天寶大亂，自是增置諸鎮，凡有數十」，然後接「土地之廣」云云，至末「可不戒哉」之下，宜云「今斷自景云元年，列其疆域建置，作《方鎮表》」，如此方明析。達心則其言略不爲下學之地，此其病也。

方鎮表與他家互異

《新·方鎮表》與《舊·地志》所列至德後四十七使及杜氏《通典·州郡》門皆有互異處，其名稱、其體制、其品秩、其管轄、其職掌，頻經改易，又數數叛服不常，紀載之紛岐，固難畫一也。李吉甫《元和郡縣志》據自序稱四十七鎮，《方鎮表》所列凡四十四鎮，吉甫書進於元和八年，《方鎮表》始景雲，至唐末，其數之不同，今未暇詳考。且吉甫書已闕六卷，就其存者與《新表》、《舊志》參對，三者已各不同，移徙分割，紛亂不可爬梳，不耐更參求矣。

方鎮但表其地未表其人

《新·方鎮表》但表其地，未表其人，亦一恨事。竊謂《宰相世系》舉宰相家之子弟族姓盡陳簡册，方鎮乃一代興亡所繫，較彼尤切，若能取《新》、《舊》各列傳及唐人文集碑刻小説，臚其人而表之，年爲經，地與人爲緯，尤爲史家快舉。[一]予老矣，欲辨此，鉤稽甫始，便覺目眩魂摇，嘗勸友人諸廷槐成之，尚未脱藁。

校讀記

[一]李慈銘曰：「慈銘案：歸安沈炳震東甫著《唐書合鈔》，於《方鎮表》中已添載諸人姓名，以年爲經，地與人爲緯，惟僅據《新》、《舊》兩書紀傳，未及旁證他書，故尚多闕漏。東甫於乾隆丙辰薦舉鴻博報罷，其書至嘉慶末始刻於吴中，王氏故尚未見。沈氏之書既須增補，其板又聞已燬，世間所行不多。予頗有志爲之，而客中苦無書可借，貧悴尤廢，不遑考訂之役，曷勝慨然。」

宰相世系先後之次

《宰相世系表》編次先後，理須立爲義例，而衆姓未便以意爲先後也，故仍依除拜之先後。《宰相年表》首列武德元年六月裴寂拜右僕射、知政事，《世系表》即以裴姓居首，而凡此姓中各房所有宰相，直至唐末俱以類從，叙畢裴姓，即及劉氏者，以劉文静即次裴寂爲納言也。此例甚妥。

世系表與年表例不同

《宰相年表》陳叔達之下即次以涼州總管楊恭仁，遥領納言，但遥領不同真授，故《世系表》不數，越過恭仁而先及封德彝，德彝之下，恭仁即入爲吏部尚書兼中書令，故以楊氏次之。《年表》楊恭仁之下即次以宇文士及，權檢校侍中，檢校亦非真授，故《世系表》越過宇文氏不數，先列高士廉，然則《世表》之例，以遥領、檢校不數，而兼銜者仍數之，與《年表》例不同。

楊氏越公房

《宰相世系表》楊氏越公房自中山相結傳至越恭公鈞，號越公房。其後傳至國子祭酒寧，生四子，汝士、虞卿、漢公、魯士，皆貴。錢希白《南部新書》卷乙同，而此下所叙則不同，《南部新書》：「虞卿生知退，知退生堪，堪生承休，承休生巖，巖生郇，郇生覃。覃，太平興國八年成名，近爲諫議大夫，知廣州，卒。堪爲翰林承旨學士，隨僖皇幸蜀。承休自刑部員外郎使浙右，值多難，水陸相阻，遂不歸。巖侍行，十六矣，我曾祖武肅辟之幕下，先人承襲，巖爲丞相，及叔父西上，巖以圖籍入覲，卒於秀州，年八十餘。巖之第三子曰郾，入京爲員外郎分司，判西臺，卒。郾之子曰蠙、曰蜕。蜕，淳化三年登科。司封員外郎蠙之子曰侃，端拱二年成名，今刑部郎中，直集賢院。」希白是錢鏐之曾孫，元瓘之孫，倧之子，叔父俶納土歸宋，巖爲其丞相，故奉圖籍將入覲而死於路也。《世系表》則以堪爲知退之弟，非其子，郇爲魯士子思實之子，與《南部》以爲虞卿玄孫之子者大不合，且魯士既與汝士、虞卿、漢公嫡兄弟，汝士、虞卿、漢公官位皆顯於文宗之初年，則魯士當不大遠，何以隔百四五十年至宋太宗即位之八年，其孫方得成名？此大可疑，而楊氏既官於吴越，希白於祖父寮屬親與周旋，知之必審，《舊書・虞卿傳》亦以堪爲知退弟，與《世系表》同，而與

《南部》不合，疑《舊書》亦誤，乃又以汝士爲虞卿從兄，非嫡兄，則又與《世系表》不同矣。《世系表》追溯其上世宗派直至秦漢三代者往往附會荒誕，洪邁《容齋隨筆》第六卷已辨之，若其支裔仕唐者，宜皆可信，然猶不免多所抵捂若此。

李元紘衍

李氏除宗室自入《宗室世系表》外，其非宗室而入《宰相世系》者分而爲二，曰隴西、曰趙郡。隴西定著四房，武陽、姑臧、燉煌、丹楊；趙郡定著六房，南祖、東祖、西祖、遼東、江夏、漢中也。丹楊李氏有元紘，是武后宰相昭德之子，而漢騎都尉陵裔李氏又有元紘，相玄宗。「丹楊李氏」下「元紘」二字必是傳寫誤衍，非同姓名者。

觀大沖華

趙郡李氏南祖之下有觀無位，而東祖之下亦有觀，則注云「監察御史」。考朱文公校《昌黎先生集》卷二十四《李元賓墓銘》云：「李觀，字元賓。隴西人」，則非趙郡甚明，其下文又言「觀登進士第，舉弘辭爲太子校書郎」，《新書·文藝傳》皆與之合，則非此南祖東祖之下一無位，一御史，又甚明。乃《文藝傳》先言「李華，趙州贊皇人」，是趙郡矣，其下文言

「從子觀，字元賓」云云，不合一也。《文藝傳》華曾祖太沖，今《世系表》趙郡東祖下太沖雖爲華曾祖一行，而華曾祖自名贊王，太沖曾孫中無華，不合二也。《文藝傳》太沖官祠部郎中，華官右補闕，而《世系表》太沖官雍王友，華無位，不合三也。表、傳牴牾如此。[一]

校讀記

[一]參岑仲勉《金石論叢》頁二百五十六。

兩泌繇

趙郡東祖下有父名泌子名繇者，泌無位，繇懷州録事，而遼東李氏又有泌字長源，相德宗，子繇，和州刺史，已屬可怪。乃一百三十九卷有《李泌傳》，後附其子《繇傳》甚詳明，首言泌爲魏八柱國弼六世孫，《世系表》叙趙郡各房之先人不及弼，且《繇傳》言其歷隋州、亳州二刺史，與《表》和州亦不合，種種齟齬，皆不可解。

元和太和開成間李氏六宰相

《世系表》趙郡李氏，晉司農丞、治書侍御史楷五子，輯、晃稱南祖，芬、勁稱西祖，叡稱東祖。趙璘《因話録》卷二《商部》云：「趙郡李氏，三祖之後，元和初，同時各一人爲相。蕃南祖，吉甫西祖，絳東祖，而皆第三。至太和開成間，又各一人前後在相位，德裕，吉甫之子；固言，蕃再從弟，皆第九；珏亦絳之近從，諸族罕有。」今考《宰相年表》，元和初固有李藩、李吉甫、李絳三人，《因話》作「蕃」者，特傳寫誤。而《世系表》絳出東祖，吉甫出西祖，與《因話》合，至藩則《世系》末段總叙某房宰相若干人數内藩在南祖之列，亦與《因話》合，獨横格内有脱誤，遂似無可考。《世系》德裕爲吉甫子，固不待言，而固言亦列南祖下，云：「字仲樞，相文宗。」再考《舊書·藩傳》，曾祖至遠，天官侍郎、壁州刺史，祖畬，考功郎中，父承，湖南觀察使。《新·世系表》南祖下鄭令休烈生五子，長鵬，字至遠，壁州刺史，鵬子畬，字玉田，考功郎中。畬子承，山南東道節度使，承子潘。《舊》稱鵬爲至遠者，唐人多以字行也。承官與《舊》異，當以《世系表》爲正也。潘即藩，傳寫誤，又脱去「字叔翰，相憲宗」六字也。汲古閣板號精善，而脱誤甚多，未見勝他本，往往如此。至遠之第四弟希遠，希遠子并，并子峴，峴子固言，則固言於藩爲同高祖緦麻弟兄，當云三從弟，《因話》云再從弟，微誤。其珏，《世系》雖列於東祖，但絳是東祖叡之後，此爲嫡支，若珏則别一支，跳行另起，但云東祖之後，又有諤，自諤更五傳至珏，諤於叡，其世次已無考，況珏與絳乎？則《因話》謂珏爲絳近從者，誤。又《世系》南祖有敬元，相高宗，而東祖又有平陽令敬元，按其年數輩行，平陽令實在後，雖服屬已遠，但族中有宰相，竟與同名，無此理，此亦傳寫誤。

李氏宰相世表遺漏

《玉泉子》：「相國李石，河中永樂有宅，庭槐一本，抽三枝，直過屋脊，一枝不及。相國同堂昆弟三人，曰石、曰程皆登宰執，惟福歷七鎮使相而已，蓋一枝稍短爾。」今《世系表》無三人者，《宗室世系表》亦云某房宰相若干人，石、程、福已入彼表故也。惟《宰相年表》會昌二年，尚書左丞兼御史中丞李讓夷爲中書侍郎、同中書門下平章事，《宗室世系表》、《宰相世系表》皆無，疑遺漏，大約他姓遺漏尚多，今未暇詳考。《舊》一百七十六《讓夷傳》隴西人，則非宗室。

鄭氏北祖南祖各房

趙璘《因話録》卷二《商部》云：「司徒鄭真公，與其宗叔太子太傅絪俱住招國，太傅第在南，出自南祖；司徒第在北，出自北祖，時人謂之南鄭相、北鄭相。司徒堂兄文憲公，前後相德宗，亦謂之大鄭相、小鄭相焉。」案「真公」當作「貞公」，傳寫誤，餘慶也。招國，長安坊名，屢見李商隱詩，此種乃小説家閑話，而《新書》於《餘慶傳》遂摭入之，又以「招國」爲

「昭國」，張鷟《朝野僉載》卷一云：「貴主家昭國里。」未知孰是。宗叔者，猶言族叔，蓋雖同宗而疏遠無服，考《宰相世系表》鄭氏後魏建威將軍南陽公華爲北祖，其弟簡爲南祖。華生胤伯，胤伯生幼儒，幼儒生敬德，敬德生撝，撝生弼誠，弼誠生九思，九思生曾，曾生長裕，長裕生慈明，慈明生餘慶，此爲北祖一派；簡生季騶，季騶生宵，宵生伯欽，伯欽生孝紀，孝紀生過庭，過庭生崇業，崇業生杳，杳生羨，羨生絪，此爲南祖一派。絪雖於餘慶爲叔父，然絪之十世祖方與餘慶之十一世祖爲嫡兄弟，故曰宗叔。趙璘與《世系表》合也。《新》於《餘慶傳》乃改爲「從父絪」，從父者，父之同祖弟兄方可稱之，此非是。於《絪傳》云：「餘慶從父行。」添一「行」字便妥。又《新·餘慶》及《絪傳》不載其祖、父之名與官，《舊書》傳則載之，與《世系表》多同，而餘慶父單名慈，則脱下「明」字。文憲公，珣瑜也，《新書·珣瑜傳》作「文獻」，未知孰是。堂兄是同祖弟兄，按《世系表》，餘慶之父慈明與珣瑜之父諒皆許州刺史長裕之子，則趙璘與《世系表》合，璘於末自注云：「其後門内居台席者多矣。」按《世系表》珣瑜之子覃相文宗，朗相宣宗，餘慶之孫從讜相僖宗，故璘云云也。

十七史商榷卷八十四

新舊唐書十六

舊書避唐諱

劉昫以唐爲本朝，故避其諱，而亦有不諱者，此乃後人所改，其諱者則改之未盡耳。如《舊·林士弘傳》「持書侍御史」，「持」本「治」也，而《封倫傳》仍有治書侍御史唐臨；《劉文静傳》「右驍衛大將軍劉弘基」，原本無「基」字，而《長孫順德傳》「劉弘基」，原本仍有「基」字，弘基本傳及《長孫無忌傳》同，此類甚多，不可枚舉，聊一見之。至於一百三十四卷《馬燧》《渾瑊傳》贊云：「再隆基構，克殄昏氛。」連用「隆基」二字，則不可解。[一]

校讀記

［一］陳垣《史諱舉例》卷五引西莊此條，曰：「蓋未注意元和、寶曆故事，高宗、玄宗，主已祧遷，則不諱也。」

宗室諸王

宗室及諸帝子，《舊》皆按其時代而分厠之，《新》改爲總聚於諸臣之前，二者似皆可。[一]

校讀記

[一]李慈銘曰：「《舊書》依《史》、《漢》以來古法，《新書》爲創體，然殊便於檢閱。」

開國名將戰功甚略

尉遲敬德、秦叔寶等皆百戰名將，《新》、《舊書》於其戰功叙述甚略，蓋草昧之初，未立記注，事多湮没。

一事並載各傳文複宜併

《舊書》一事而各傳並見，其文重複者頗多，俱宜歸併一處，如《劉文静傳》文静與劉政會投急變告副留守王威、高君雅反，此事《政會傳》又重出之，宜歸併一處。《李綱傳》巢王元吉授并州總管，宇文歆爲佐，放縱，攘奪百姓，歆上表奏之，坐免，尋又復職，劉武周來攻并州，元吉棄城遁歸，高祖欲斬宇文歆，綱諫止之，後《元吉傳》與《綱傳》重複者凡四五百字，宜歸併一處。《房玄齡傳》貞觀元年，論功行賞，以玄齡等爲第一，皇從父淮安王神通與之争論一段，已載《神通傳》，宜歸併一處。《酷吏·來俊臣傳》脅狄仁傑承反，不肯從，王德壽牽楊執柔，書被頭帛寄子光遠訟冤，俊臣又代爲謝死表，召見，知其僞，得出，此事已見《仁傑傳》，但《俊臣傳》視彼稍詳，宜歸併一處。又李善，曹憲之弟子，而邕之父也，《舊書》於《儒學·曹憲傳》後已附《善傳》，而邕在《文苑傳》，又復詳叙善事，兩處雖稍有詳略不同，然大槩無異，宜歸併一處。又《楊炯傳》載炯所議冕服之制，多與《禮儀志》複出，宜歸併一處。所謂歸併一處者，非謂已見彼傳，此傳可不見也，但宜詳於一傳，而於他傳之互見者則删之極簡，云詳某傳，如此乃爲得體，既令事蹟詳明，又不煩浪費筆墨。

《朱敬則傳》與三從兄同居，財産無異，一傳之中重複叙述，其疏尤甚，更不待言。

《新書》自稱爲文省於《舊》，然如《來濟》、《高智周傳》本係閑談，而兩處複載，此類頗多，已見吴縝《糾謬》第十二卷。又如第百八十二卷《崔遠傳》載其祖母唐乳姑事，已見《柳玭傳》，此尤重出可厭。

舊書各傳無字者多

史家列傳之體，每人輒名字並舉，此常例也。《舊書》各傳亦舉其字，而其無字者則甚多，如宗室襄武王琛、盧江王瑗、温大雅之弟彦博、鄭善果之從兄元璹、李大亮之族孫迥秀、宇文士及、高祖子衛王元霸、虢王鳳、李勣、岑文本兄子長倩之子羲、薛收子元超之從子稷、崔仁師之孫湜湜弟液、太宗子恒山王承乾、庶人祐、楊纂、纂族子弘禮、劉德威子延景、柳亨、于志寧、韓瑗、上官儀、崔敦禮、盧承慶、劉祥道、許敬宗、李義府子湛、張儉、劉仁軌、裴行儉、行儉子光庭、唐臨、張文瓘、裴炎、劉禕之、魏元同、韋思謙子嗣立、蘇瓌子頲、狄仁傑族曾孫兼謨、桓彦範、敬暉、趙彦昭、宗楚客、婁師德、薛訥、李嶠、崔融、姚崇、李元紘、嚴挺之子武、畢構、盧從愿、李朝隱、王丘、韋湊、湊從子虚心、虚心父維、韓思復、辛替否、劉子元子貺餗秩迅、貺子滋、蕭穎士、郭知運子英傑英乂、王君㚟、韋堅、崔圓、杜鴻漸、馮盎、阿史那社尒叔祖蘇尼失、子忠、契苾何力、子明、房琯、張鎬、高適、苗晉卿、裴冕、裴遵慶、元載、第五琦、令狐彰、張鎰、李抱真、李寶臣、李光顏、馮宿、蕭俛從弟倣、馬植、劉瑑、豆盧瑑、竇德明、侄懷貞、長孫敞、敞從父弟操、崔知温、張知謇、歐陽詢、張後允、蕭德言、許叔牙、王紹宗、祝欽明、徐齊聃、杜易簡從祖弟審言、沈佺期、陳子昂、宋之問、閻朝隱、李適、賀知章、王澣、李邕、唐次、李嗣真、吳筠，以上諸人《舊》皆無字，以《新書》考之，則琛字仲寶，瑗字德圭，彥博字大臨，[二]元璹字德芳，廻秀字茂之，士及字仁人，元霸字大德，鳳字秀成，勣字懋功，義字伯華，稷字嗣通，湜字澄瀾，液字潤甫，承乾字高明，祐字贊，纂字續卿，弘禮字履莊，延景字冬日，亨字嘉禮，志寧字仲謐，瑗字伯玉，儀字游韶，敦禮字安上，祥道字同壽，敬宗字延族，湛字興宗，儉字師約，仁軌字正則，行儉字守約，光庭字連城，臨字本德，文瓘字稚圭，炎字子隆，褘之字希美，元同字和初，嗣立字延構，頲字廷碩，兼謨字汝諧，彥範字士則，暉字仲暉，彥昭字奐然，楚客字叔敖，師德字宗仁，訥字慎言，嶠字巨山，融字安成，崇字元之，元紘字大綱，武字季鷹，構字隆擇，從愿字子龔，朝隱字光國。丘字仲山，湊字彥宗，虛心字無逸，維字文紀，思復字紹出，替否字協時，晛字惠卿，餗字鼎卿，秩字祚卿，迅字捷卿，滋字公茂，穎士字茂挺，英傑字孟武，英乂字元武，君奐字威明，堅字子全，圓字有裕，鴻漸字之巽，益字明達，忠字義節，明字若水，琯字次律，鎬字從周，適字達夫，晉卿字元輔，冕字章甫，遵慶字少良，載字公輔，琦字禹珪，彰字伯陽，鎰字季權，一字公度，抱真字太元，寶臣字爲輔，光顔字光遠，宿字拱之，倣字思道，植字存之，瑑字子全，豆盧瑑字希真，懷貞字從一，敞字休明，操字元節，知温字禮仁，知謇字匪躬，詢字信本，後允字嗣宗，德言字文行，叔牙字廷基，紹宗字承烈，欽明字文明，齊聃字將道，審言字必簡，佺期字雲卿，子昂字伯玉，之問字延清，一名少連，朝隱字友倩，適字子至，知章字季真，澣字子羽，邕字太和，次字文編，嗣真字承胄，筠字貞節，《新書》必非妄造，《舊》不如《新》。

又如房喬字玄齡，而《新》云：「玄齡字喬」，本碑同。〔二〕《舊書》于志寧無字，而《新》云「字仲謐」，此見崔敦禮碑，《新》與碑同，碑乃當時所立，而《新》與之同，知其非妄。裴行儉字，張説撰《神道碑》正與《新書》合，見《英華》八百八十三卷。行儉子光庭字，張九齡譔《神道碑》正與《新書》合，光庭卒于開元二十一年，碑立于二十四年。契苾明字，婁師德譔碑，正與《新書》合，碑立于先天元年。李光顏字，李程譔碑正與《新書》合，碑立于開成五年，足見《新書》之確。惟孔穎達《新》、《舊》皆云「字仲達」，而本碑云「字沖遠」，此以字相似而誤也。

此外如尉遲敬德、閻立德、高季輔、蘇定方、徐有功、王方慶、唐休璟、徐彦伯、郭元振、元行沖、張道源、徐文遠、陸德明，《舊》皆無字，而《新》則云「尉遲恭，字敬德，以字行」，「閻讓，字立德，以字行」，「高馮，字季輔，以字行」，「蘇烈，字定方，以字行」，「徐弘敏，字有功，避孝敬皇帝諱，以字行」，「王綝，字方慶，以字顯」，「唐璿，字休璟，以字行」，「徐洪，字彦伯，以字行」，「郭震，字元振，以字顯」，「元澹，字行沖，以字顯」，「張河，字道源，以字顯」，

「徐曠，字文遠，以字行」，「陸元朗，字德明，以字行」，並當以《新》爲正。

若李嗣業、張嘉貞、郭子儀、劉允濟，《舊》皆無字，而《新》云「李嗣業，字嗣業」，「張嘉貞，字嘉貞」，「郭子儀，字子儀」，「劉允濟，字允濟」，此等在今日觀之則殊屬可笑，反不如《舊書》之佳，然考之前史亦自有此等，如《梁書》「劉孝綽，字孝綽」之類。蕃將儘可無字，而云「尚可孤字可孤」則無謂。

至於崔胤字昌遐，而《新》云字垂休，此則二書各有字而不同者。《舊》韋機，《新》作韋宏機；《舊》盧鴻一，《新》作盧鴻，此則并其名亦不同者。《舊》張知謇，蒲州河東人，而《新》云幽州方城人；《舊》李嗣真，滑州匡城人，而《新》云趙州柏人人；《舊》吴筠，魯中儒士，而《新》云華州華陰人，此又鄉貫之不同者。

校讀記

[一]李慈銘曰：「案：彦博兄名大雅，字彦宏，弟名大有，字彦將，則彦博實以字行，大臨乃其名也。子京因其兄弟名字互殊，即以爲字大臨，不過順文言之耳。」

[二]李慈銘曰：「如房玄齡實名喬，而以字行，斷無雙名而單字之理，因其玄齡之稱，世已衆著，故即以喬爲字，碑文及《新書》亦皆順文言之耳。《舊書》云『喬字玄齡』，必不誤也。」

美惡宜別卷

凡作史者，美惡必宜別卷，所以類族辨物，使薰蕕異器，閱者一覽可知。《舊唐書》不然，姚璹邪佞，乃與狄仁傑同傳，王及善、杜景儉、朱敬則皆屬清正，而以楊再思小人與之同卷，亦非其類。《新書》則及善、景佺自與王綝等同卷，朱敬則與狄仁傑、郝處俊同卷，再思改爲與宗楚客、祝欽明等同卷。欽明鄙劣小人，《舊》乃入《儒學傳》，《新》改之，極當。又如僕固懷恩之反，辛雲京釀成之，而《舊》乃與李光弼同卷；李正己背叛，而《舊》乃與薛嵩、令狐彰、田神功同卷；陸扆非小人，《舊》至與柳璨相次，凡此皆以《新書》所改爲允。若劉元佐、董晉、陸長源、劉全諒四人者，情事相連，《舊》合爲一卷尚可，乃將李忠臣、李希烈、吴少誠及弟少陽、子元濟一并攙入同卷，亦爲非類，《新》改忠臣入《叛臣》，希烈入《逆臣》，是也，但元濟不入《叛臣》則又未妥。

段秀實、顔真卿恰好合傳，天造地設，馬燧、渾瑊同傳，秤停而出，搭配極精。宇文融、韋堅、楊慎矜、王鉷皆聚斂小人，自宜類聚，《新書》每事必與《舊書》違異，而於此等處亦不能出其範圍。

前史惟《晉書》中間亦有忠奸同在一卷不拘其類者，此必別有相與類叙之道，其中頗有關涉，不便分析故耳。《舊書》間有可援此爲例者，如第五琦、班宏皆小人，而劉晏無大劣跡，居官頗有可稱，三人亦似不宜同卷，而同卷者或以其皆理財賦，亦可類從。《新書》每多改《舊》，而劉晏以下五人同卷則仍之。田承嗣、田悦等之凶逆，田弘正、田布父子之忠貞，一門之内，善惡判如冰炭，然因事類記，或不得不聚於一卷中，此似亦未可以編次不倫責之。[一]

校讀記

[一]李慈銘曰：「案：弘正父子非悦子姓，忠逆迥殊，自以别傳爲是。」

可以無傳而有傳

趙涓、李紓、鄭雲逵官非要重，又無大功大過，皆可不必立傳。《舊》皆入列傳，殊爲煩冗，《新》既稱爲文省於《舊》，於此等正宜省之，乃仍存之，又取《舊書·忠義》中之庾敬休、《儒學》中之徐岱馮伉、《文苑》中之王仲舒併入，共爲一卷，實皆可以不載者，明知其贅而闕論贊，則更爲非體矣。敬休之祖父不過遇亂逃匿，未嘗有抗節不撓捐軀殉國之事，未可言忠義，至敬休安流平進，乃列爲《忠義》，殆因其祖父而誤入之，《舊書》之謬，于此爲甚，改入列傳，雖稍勝，其實敬休亦可無傳。又《舊·良吏》中如閻濟美者，《新》改爲列傳，此

求異於《舊書》耳，其實此人毫無事蹟，刪去可也。[一]

校讀記

[一]李慈銘曰：「此等皆入附傳可耳。」

當有傳而無傳

裴樞，《舊》附在《裴遵慶傳》，而與樞同死之獨孤損、崔遠、陸扆、王溥、趙崇、王贊，皆并命於白馬驛者，惟扆有傳，餘皆不見有傳，此爲闕事。又《舊・宦官》中無仇士良，此疏漏之甚者，《新書》補之，甚善。此外應載而不載者，兩書皆有之。

美惡不別卷，可無而有，當有而無，《舊書》于此三種弊病已見於吕夏卿《唐書直筆新例》卷末一段中者，今不重出。

王通隋唐二書皆無傳

邵氏遠平曰：「王通擬經，宋儒譏其僭，然正學蓁蕪，通崛起河汾，毅然自任，就其所至，豈出陸德明、顔師古、孔穎達下？乃《隋史》既逸其傳，《唐書》又不補入，殊屬闕然。」[二]愚謂通，隋人，《唐書》本不當有專傳，然《新》《舊・隱逸傳》於通之弟績傳中已附見通事，非全不見也。而《舊書》乃云「通自有傳」，則史之駁文耳。[二]且以通之浮虛無實，原未足比德明諸人，而今所傳《文中子》，在唐已多尊信之者，如陸龜蒙《笠澤叢書》卷乙《送豆盧處士謁宋丞相序》云：「文中子王先生《中說》與《法言》相類，文中子生於隋代，知聖人之道不行，歸河汾間，修先王之業，九年而功就，謂之《王氏六經》，門徒弟子有若鉅鹿魏公、清河房公、京兆杜公、代郡李公，咸北面稱師，受王佐之道。隋亡，文中子没，門人歸於唐，盡發文中子所授之道，左右其治。」皮日休《文藪》第四卷《文中子碑》云：「仲尼刪《詩》、《書》，定禮樂，贊《易》道，修《春秋》。先生則有《禮論》二十五篇，《續詩》三百六十篇，《元經》三十一篇，《易贊》七十篇。孟子之門人有高第者公孫丑、萬章焉，先生則有薛收、李靖、魏徵、李勣、杜如晦、房玄齡。孟子之門人鬱鬱於亂世，先生之門人赫赫於盛時，較其道與孔孟，豈徒然哉。」司空圖《一鳴集》第五卷《文中子碑》云：「仲尼不用於戰國，致其道於孟、荀而傳焉，得於漢，成四百年之祚。亂極於周齊，天生文中子，以致聖人之用，得衆賢而廓之，以俟我唐，亦天命也。故房、衛數公皆爲其徒，恢文武之道，以濟貞觀治平之盛，今三百年矣。」又第九卷《三賢贊》云：「隋大業間，房公、李公、魏公皆師文中子，嘗謂其徒曰：『玄齡也志而密，靖也惠而斷，徵也直而遂，俾其遭時致力，必濟謨庸。』厥後果然。」皮、陸、司空皆未免於誕，至趙宋，妄人阮逸爲《中說》注，又多增竄，非盡出通手也。

假如其説，唐初房、杜輩皆出通門下，平日講道論德，佩服訓言，後得君秉權，位極將相，縱不能表彰先師，備加崇奉，而《隋書》實出諸公手，爲立一傳何難，乃亦靳之，有是理乎？腐頭巾邨學究，牛宫傍教三五兒童，日長渴睡，無以自遣，援筆輒效聖經，開口自任道統，非王通、阮逸輩爲之作俑哉？

校讀記

[一]見《弘簡録》卷首凡例。

[二]孫志祖《讀書脞録續編》卷三云：「史家有虚張傳目而實無傳者，蓋由採自舊史，失於檢照，或作非一手，删改未盡也。中略。《王續傳》云兄通自有傳，而《舊唐書》皆無之。」余嘉錫《四庫提要辨證》卷十《中説》條引孫氏此則，謂孫氏之言蓋得其實。

十七史商榷卷八十五

新舊唐書十七

新書創立體例遠勝舊書

《循吏》、《儒林》、《酷吏》、《遊俠》、《佞幸》、《滑稽》，子長所立品目也。各列傳中固已忠佞並著，愚智兼載矣，而偏美偏惡抽出别題之，後之作者或因或革，隨事爲名，亦無不可。《新唐書》又特變前例，而别爲一體，凡方鎮之守臣節者，既入之列傳矣，其餘桀驁自擅而猶羈縻爲臣者則自名《藩鎮傳》，而聚於《酷吏》以下，蓋此輩皆未至於叛而近於叛者也，故其位置如此。至於惡之甚者爲《姦臣》，敢爲悖亂者爲《叛臣》，稱兵犯上僭竊位號者爲《逆臣》，此皆創前史之所未有。《舊》惟《逆臣》中人總附于末，不與衆傳相混，猶少一李希烈，其餘直與希烈一槩列各傳中，愚謂《新唐書》固遠勝《舊書》，何則？《新書》於《希烈傳》中以希烈與梁崇義、李納、朱滔、田悦謂之五賊，《舊書》於史憲誠等傳論中説河北凶横之狀，謂之魏、鎮、燕三鎮，謂魏博、鎮冀、幽州也。即李寶臣、李懷仙輩皆跋扈無君，《舊書》乃與諸傳平列，毫無分别，可乎？故知《新書》所改是也。

《舊書》之尤可怪者，《安禄山傳》後有高尚、孫孝哲是矣，乃朱泚既與禄山等同列，則姚令言、源休輩助逆醜徒，正當附《泚傳》，此《侯景傳》後附以王偉例也，乃又提令言與休入之前列傳中，此更錯亂之至。《新書・泚傳》中既附令言等事，極是，目録於禄山下小字注高、孫，亦極是，乃《泚傳》下不注姚令言、源休等名，亦係漏去。

新改舊有是有非

《新》於《舊書》，不但增損改易其正文已也，即其標目名號位置先後分合編類，亦移動十之七八。平心而論，有是有非，今未暇覼縷，略舉幾事以明之。陳子昂，《舊》入《文苑》，是也，《新》改列傳，非也。劉蕡，《舊》入《文苑》，非也，《新》改列傳，是也。李巨川，《舊》入《文苑》，非也，《新》改《叛臣》，是也。劉子玄之孫滋，《舊》别爲傳，非也，《新》改附《子玄傳》，是也。嚴挺之之子武，《舊》附挺之，是也，《新》改爲父子各自别傳，非也。陽城大有關繫，當入列傳，《舊》在《隱逸》，固係大謬，《新》改《卓行》，尚嫌偏隘，皆非也。張嘉貞與其子延賞相繼爲宰相，而俱不得爲賢，《舊書》因其事蹟頗多而各傳固宜，《新書》因其皆無大功大罪而合傳，亦通，皆是也。

子孫無大善而别傳，《舊書》此病已見吕夏卿《直筆新例》者，此不重出。

邵氏經邦曰：「《新書》韓愈、柳宗元不居《文學》，段秀實、顔真卿不列《忠義》，李淳風、吕才不歸《方伎》，皆非是。」[一]案史例，其人其事大者著者爲列傳，微而不著者别爲《文學》、《忠義》等傳，韓、柳等入列傳，正史例也。

校讀記

[一]見邵經邦《弘簡録》序。

節鎮治所

《舊・地志》歷叙天下節鎮，凡有四十七使，每使下注明治所，《新・地志》各採訪使、《方鎮表》各節度使皆有治所，更明析矣。讀兩書者，欲讀各傳，則先記明某使治在某地，以此考其行事，而當日情勢如在目前，此因志以通傳也。及讀各傳，即其行事以考，則某治在某地一一可知，此又因傳以證志也。不能饒舌，試隨舉兩則。《舊志》淮南節度使治揚州，今爲府治，江都甘泉屬江南江淮等處布政司，觀《舊書》杜佑、韋元甫等傳則可見。浙西觀察使治潤州，今爲鎮江府治，丹徒屬江南蘇松等處布政司，觀《新書・李德裕傳》則可見。

諸倉

《新唐・李密傳》：「密説翟讓曰：『今羣豪競興，公宜先天下攘除羣凶，若直取興洛倉，發粟以振窮乏，百萬之衆一朝可附，霸王之業成矣。』讓曰：『僕起甽隴，志不及此，須君得倉，更議之。』二月，密以千人出陽城北，踰方山，自羅口拔興洛倉，據之，因襲取黎陽倉。」案興洛倉一名洛口，見《食貨志》，在今河南省河南府鞏縣。黎陽者，《續漢・郡國志》魏郡有黎陽縣，其故城在今衛輝府濬縣東北也。《新・任瓌傳》：「義師起，瓌至龍門，見高祖曰：『瓌在馮翊久，悉其人情，願爲一介使，入關宣布威靈，以收左輔。繇梁山濟河，直趣韓城，逼郃陽，徇[二]朝邑，蕭造文吏，勢當自下，次招諸賊，然後鼓行而前，據永豐積粟，雖未得京師，關中固已定矣。』高祖曰：『是吾心也。』乃授銀青光禄大夫，遣陳演壽、史大奈步騎六千趣梁山，以瓌及薛獻爲招慰大使，高祖謂演壽曰：『閫外事與任瓌籌之。』既而賊孫華、白玄度等果降，且具舟於河以濟師。瓌行説下韓城，與諸將進擊飲馬泉，破之，拜左光禄大夫，留戍永豐倉。」案韓城縣，今屬陝西同州府，在黄河南岸，與北岸山西之滎河縣相對，永豐倉當在此，亦見《食貨志》，隋人積粟處，唐兵自太原渡河即取此倉，世亂民飢，有粟則民來附也。帝都所在，必於近都地築倉貯粟，而轉漕適中便地亦或置之，以爲委輸，洛口倉係隋煬帝所置，穿三千三百窖，窖容八千，共至二千六百餘萬石，事詳《文獻通考》第二十五卷《國用考》。李密據此，故《新·馬周傳》貞觀六年上疏有云「隋貯洛口倉而李密因之」，是也。黎陽倉無考，疑亦隋所置，永豐倉據《任瓌傳》亦隋所置，而唐人因之者，唐人自置倉復數十事，詳《新·食貨志》。《文獻通考》全用其文，又有敖倉，考漢滎陽縣屬河南郡，今屬開封府，故城在縣北，隋析滎陽地置滎澤縣，明移滎澤治於隋故城南五里，今仍之，亦屬開封府。敖山本在滎陽縣西北，山上有城，秦置倉其中，曰敖倉城。此城本在滎澤縣西北十五里，今縣治移，則相去十里矣。此見唐《括地志》，説詳予《尚書後案·禹貢》及《書序》。秦都關中，故於敖置倉以爲泝河入渭地，後楚漢交戰，酈食其勸漢堅守敖倉之粟，見《漢書》本傳。北方土堅燥，掘土爲窖，藏粟至百餘年不壞，而何學士焯云：「聞中州人言秦人因土山窖粟其下，不與今他處倉廩等。」[三]然則此倉本自有異，且西漢都關中，東漢都洛陽，魏晉及北魏皆因之，至隋唐又都關中，敖倉轉輸爲便，所以歷代因之。《新·康承訓傳》「龐勛反，據徐州。或勸西舉汴宋，食敖倉」，則唐末獨存，千餘年矣。宋金元明都徙而諸倉皆不用。

《新·藩鎮·李正己之孫師道傳》：「憲宗討蔡，師道選卒二千，陽言助王師，實欲援蔡。亡命少年爲師道計曰：『河陰者，江淮委輸，河南，帝都，請燒河陰敖庫，募洛壯士刼宮闕，即朝廷救腹心疾，此解蔡一奇也。』師道乃遣客燒河陰漕院錢三十萬緡，米數萬斛，倉百餘區。」敖倉本在滎陽縣，析爲滎澤，唐開元中又析二縣地置河陰縣，故此言河陰。

校讀記

〔一〕「徇」原作「循」，據《新書》卷九十《任瓌傳》改。

〔二〕見《義門讀書記》第十七卷。

分司官

唐都長安，而洛陽爲東都，相去非遠，其宮闕蓋亞於西都，不特人主臨幸頻數，而官於朝者亦多置別業於其中，士自江淮來者，至此則解裝憩息焉。又設爲分司官，不關政事而食其禄，本以處罷黜之人，或既遠黜，復量移于此，而性樂恬退者，亦或反從而求爲之，此其制頗似明南京官，而宋奉祠亦似之。乃《新》《舊·地理志》、《職官志》、《方鎮表》槩未之及，殆因其閑散猥冗故從略，而見於諸傳者則甚多，姑隨舉如干條，以存其制。如《舊書》之《王縉傳》：「授門下侍郎、中書門下平章事，貶括州刺史，移處州，除太子賓客，留司東都。」又《白居易傳》：「太和二年，轉刑部侍郎，封晉陽縣男。三年，稱病東歸，求爲分司官，尋除太子賓客。居易懼以黨人見斥，求致身散地，冀於遠害，凡所居官未嘗終秩，率以病免，固求分務，識者多之。五年，除河南尹。七年，復授太子賓客，分司。」又《劉瞻傳》：「瞻罷相，貶康州刺史，移虢州。入朝爲太子賓客，分司。」又《文苑傳》：「齊澣爲汴州刺史，李林甫惡之，坐贓，廢歸田里。起爲員外少詹事，留司東都。嚴挺之由絳州刺史爲林甫所搆，除員外少詹事，留司東都。與澣皆朝廷舊德，既廢居家巷，每園林行樂，杖履相過，談讌終日。司空圖召拜殿中侍御史，以赴闕遲留，責授光禄寺主簿，分司東都。乾符六年，宰相盧攜罷免，以賓客分司。圖與之遊。」[二]又如《新書》之《皇甫湜傳》：「仕工部郎中，辨急使酒，數忤同舍，求分司東都。」又《舒元輿傳》：「遷刑部員外郎。李宗閔以爲浮躁誕肆，不可用，改著作郎，分司東都。」又《王璠傳》：「左僕射李絳用太子少師，分司東都。」又李固言以右僕射爲太子太傅，分司東都。又康日知孫承訓傳：「以冒功移右武衛大將軍，分司東都。」又李珏由宰相貶昭州刺史，徙郴、舒二州，以太子賓客分司東都。又崔珙以宰相斥恩州司馬，徙商州刺史，以太子賓客分司東都。又起執政，又以不自力避事，下除太子少師，分司東都。又《田弘正傳》：「擢其兄融太子賓客，東都留司。」《杜牧傳》：「以監察御史移疾，分司東都。」據此諸條，則知不論尊卑文武，上自宰相，下訖庶僚，皆可分司，大約宰相多以賓客居之，故《新·李德裕傳》德裕凡三次分司，始以宰相出爲節度，又被讒貶爲太子賓客，分司東都，再貶袁州長史，徙滁州刺史，又以太子賓客分司東都。後相武宗，宣宗即位，罷相，出爲東都留守。白敏中等素仇，斥其陰事，故以太子少保分司東都。至於節鎮亦有分司者，如《通鑑》二百四十二卷：「長慶元年七月，貶盧龍軍節度使張弘靖爲賓客，分司。」胡三省曰：「貶爲太子賓客，分司東都也。」案時軍人呼弘靖爲相公，弘靖亦帶使相銜者，要之，自請移疾而得之者斯爲上矣，遭讒而被放者抑其次乎？

校讀記

［一］以上見《舊書》卷一百九十《文苑》中《齊澣傳》、《文苑》下《司空圖傳》。

十七史商榷卷八十六

新舊唐書十八

后妃鄉貫世系新舊全異

《舊·后妃傳》「高祖太穆皇后竇氏，京兆始平人」，而《新書》則「京兆平陵人」。「太宗文德順聖皇后長孫氏，長安人」，而《新書》則「河南洛陽人」。「肅宗張皇后，本南陽西鄂人，後徙家昭應」，而《新書》則「鄧州南陽人」。「德宗昭德皇后王氏，父遇，官秘書監」，而《新書》則「本仕家，失其譜系」。「德宗韋賢妃，不知氏族所出」，而《新書》則云：「戚里舊族也。祖濯，尚定安公主。」按《韋后傳》載駙馬韋捷、韋濯，分掌左右屯營，似即其人。「憲宗孝明皇后鄭氏，宣宗之母也，蓋内職御女之列，舊史殘缺，未見族姓所出、入宫之由」，而《新書》則云：「丹楊人，或云本爾朱氏。元和初，李錡反，有相者言后當生天子，錡聞，納爲侍人，錡誅，没入掖庭。」「穆宗恭僖皇后王氏，越人」，而《新書》則「越州人」。「昭宗積善皇后何氏，東蜀人」，而《新書》則云「梓州人」。至穆宗宣懿皇后韋氏、武宗王賢妃、宣宗元昭皇后晁氏、懿宗惠安皇后王氏，並注云「事闕」，而《新書》則紀載甚詳明。一代中后妃有傳者僅三十餘人，《舊書》於其里居籍貫、氏族世系，半屬諞舛闕佚，必待《新書》改正補完之，恐非情實。《舊書》據實録國史，况相去之時尚近，乃反諞闕，修《新書》者在其後幾及百年，乃反詳明，似覺難信。若敬宗郭貴妃，《舊書》反居穆宗后蕭氏、韋氏之前，叙次不順，而文宗之后妃竟無傳，僖宗亦無后妃，《新書》乃改敬宗郭妃入穆宗諸后及尚宫宋氏下，爲得其次，其文、僖無后妃仍與《舊書》同。

監門衛大將軍范雲仙

《新·武后本紀》：「長壽二年一月，殺内常侍范雲仙。」《后妃傳》則云「監門衛大將軍范雲仙」。吴縝遂從而糾之，以爲二者未知孰是，必有一誤。[一]按《舊·職官志》内侍省，内常侍六人；左右監門衛，大將軍各一員。二者雖其職不同，然方是時，宦官之兼十六衛將軍名號者多矣，内常侍乃其本職，監門衛大將軍則其兼官也。紀傳雖宜畫一，然互見之亦可，未可便指爲疵病，吴所糾太覺苛碎。

校讀記

[一]卷六《范雲仙等官誤》條。

中宗以祖姑之女爲妃

漢惠帝后，張氏姊之子也。此人倫之極變。《舊傳》：「中宗和思皇后趙氏。父瓌，尚高祖女常樂公主。」按高祖女是中宗之祖姑，以祖姑之女爲妃，雖未至如惠帝，於理亦殊不順。

玄宗后王氏

玄宗廢后王氏，神念裔孫。《新》、《舊書》甚明，李濬《松窗雜録》見平湖陸烜《奇晉齋叢書》。乃云姓何，傳寫誤。

楊貴妃國忠世系

《舊·玄宗楊貴妃傳》：「高祖令本，金州刺史。父玄琰，蜀州司户。妃少孤，養於叔父河南府士曹玄璬。既承禮遇，贈玄琰太尉、齊國公，叔玄珪光禄卿，再從兄銛鴻臚卿，錡侍御史。」後又言妃弟鑑尚公主。又《楊國忠傳》：「本名釗，父珣，以國忠貴贈兵部尚書，則天朝幸臣張易之即國忠之舅也。」其後又云：「貴妃兄銛，拜鴻臚卿。」《新・貴妃傳》云：「隋梁郡通守汪四世孫，而以銛、錡爲妃宗兄。」《國忠傳》則云：「太真妃之從祖兄，而以玄琰爲國忠從父。」考《世系表》，汪之子令本，庫部郎中，令本之長子友諒，昊陵令，友諒之子珣，宣州司士參軍，珣之子即國忠，令本之次子志謙，志謙三子，長玄琰，次玄珪，次國子司業玄璬，銛則玄琰子，錡則元珪子，鑒則元璬子也。據此，令本爲妃曾祖，《舊》云高祖，誤。令本、玄璬官皆與表異，銛是妃嫡兄，錡是妃從兄，而《舊》皆以爲再從兄，亦誤。《新》皆以爲妃宗兄，則似無服之族兄，更誤矣。予得《楊珣墓碑》搨本，玄宗御製，并八分書，太子亨奉敕題額。案其文，珣字仲珣，右相國忠之父，卒於開元五載，二十七載葬於岐陽，天寶十二載，重贈武部尚書，追封鄭國公，碑立於是年。《舊書》天寶十一載正月，改吏部爲文部、兵部爲武部、刑部爲憲部，《通鑑》正月作三月，《唐六典》不載此事，《新唐書》則漏去武部之文，又以憲部爲司憲，亦誤也。以予所見，唐碑之稱文部、武部者，《内侍孫府君墓志銘》「行文部常選」，中堂構撰《多寶塔銘》，武部判官徐浩題額是已。考胡三省引鄭審《天寶故事》，謂國忠本張易之之子，史及《通鑑》皆云國忠爲易之之甥，今此碑云珣夫人中山張氏，與史合，其云：「叔虞翦圭，自周封晉。伯喬食菜，受邑君揚。」案《漢・揚雄傳》：「其先出自有周伯僑者，以支庶初食采於晉之揚，因氏焉。」則伯僑乃雄之祖，其字從手不從木，自雄而外，别無揚氏，今叙珣先世而述揚氏之先，妄矣。昊陵者，武后爲其父墓所立名也。據《世表》，友諒既是珣之父而國忠之祖志謙玄琰之父而妃之祖，則是妃爲國忠之再從妹，正與傳云國忠爲妃從祖兄合，今此碑乃以志謙爲珣父，蓋國忠當日倚恃戚畹，以作威福，引而近之，冒稱與妃同祖，玄宗蔽惑，爲其父製碑，遂據其所稱者書之耳。又《新書》傳及《世表》於汪皆書隋梁郡通守，而碑云國子祭酒、吏部尚書，表於志謙不書官而碑云青城令，恐碑辭皆不足信也。趙明誠信碑疑史，殊屬不確。

懿安皇后郭氏二書大異

《舊書·憲宗懿安皇后郭氏傳》云：「尚父子儀之孫，贈左僕射、駙馬都尉曖之女，母代宗長女昇平公主。憲宗爲廣陵王時，納后爲妃，以母貴，父、祖有大勳於王室，順宗深寵異之。貞元十一年，生穆宗皇帝。元和元年，册爲貴妃。穆宗嗣位，册爲皇太后。敬宗即位，尊爲太皇太后。敬宗被弑，立文宗。文宗孝謹，奉祖母有禮。武宗即位，奉之益隆。既而宣宗繼統，即后之諸子也，恩禮愈異於前朝。大中年崩於興慶宫，謚曰懿安皇太后，祔葬景陵。后歷位七朝，五居太母之尊，人君行子孫之禮，福壽隆貴四十餘年，雖漢之馬、鄧無以加，識者以爲汾陽社稷之功未泯，復鍾慶於懿安焉。」《新書》言穆宗崩，中人謀爲后謀稱制，后怒不許。武宗喜畋，后屬覽諫臣章疏，帝索閱，往往道遊獵，自是畋稀，后之賢如此。《舊書》於二事皆不載，已爲可恨，乃《新書》於傳末一段又云：「宣宗立，於后，諸子也，而母鄭，故[二]侍兒，有曩怨，帝奉養禮薄，后鬱鬱不聊，與一二侍人登勤政樓，將自隕，左右共持之，帝聞不喜，是夕后暴崩。有司上尊謚，葬景陵外園，太常官王皞請后合葬景陵，以主祔憲宗室，帝不悦，令宰相白敏中讓之，皞曰：『后乃憲宗東宮元妃，事順宗爲婦，歷五朝母天下，不容有異論。』俄貶皞句容令。懿宗咸通中，皞還爲禮官，申抗前論，乃詔后主祔廟。」此段與《舊書》更大相矛盾，觀裴庭裕《東觀奏記》卷上各條，見商濬《稗海》、鍾人傑《唐宋叢書》。乃知《新書》傳末一段本裴氏也。裴記於「帝聞不喜」作「上大怒」，「后暴崩」下有「上志也」一句，《新書》删改，蓋以宣宗在位頗多善政，雖載其事，稍爲諱之。後人動訾《新書》好采小説，如此等采之却有益，據裴《記》則宣宗賊害嫡母，惡逆之尤。要之，后本憲宗元妃，以後宫多嬖，不得正位，迨穆爲后子，敬、文、武皆后孫，奉養之隆自不待言，不料武宗崩而所立乃宣宗，當日閹宦横行，立君皆出若輩手，宣宗之立定非后意，其崩縱未必遇弑，幽逼而終，自是真情。《舊書》謂宣宗事后恩禮愈異於前朝，此豈足信？且王皞之爭，事難臆造，《舊書》何得抹去之？斷以《新書》爲勝。

校讀記

［一］「故」原作「顧」，據《新書》卷七十七《后妃》下《憲宗懿安皇后郭氏傳》改。

李訓鄭注惡李德裕

《舊・女學士尚宮宋氏傳》：「李訓、鄭注惡宰相李宗閔、李德裕。」《新書》無「李德裕」，是。

箇小兒

《舊・李密傳》：「爲左親侍，在仗下，煬帝謂宇文述曰：『箇小兒視瞻異常，勿令宿衛。』」《新》作「此兒顧盼不常，無入衛」。此等却以仍《舊》爲佳。《通鑑》第一百八十五卷：「煬帝好效吴語，謂蕭后曰：『外間大有人圖儂。』」胡三省注：「吴人自稱曰儂。」「箇小兒」亦吴語也。

竇建德自言充裔

《舊・竇建德傳》篇首但云「貝州漳南人」，《新書》則云：「自言漢景帝太后父安成侯充之苗裔。」《舊書》叙建德殺宇文化及、遷都洺州之下，乃云：「遣使往灌津，祠竇青之墓。」

「灌」，原本作「觀」，是。「青」，原本同，皆誤，當作「充」。此云「祠充」，則篇首宜如《新書》自言充後爲得，《舊書》無此句，則叙事無根。

李軌傳舊不如新

《舊·李軌傳》先叙安修仁本與胡助軌舉事，其後梁碩勸防察諸胡，碩與修仁由是有隙。「由是」二字，遥應前文，乃其下突接「又軌子仲琰懷恨，形於辭色」，則絶不知其何故。《新書》補之云：「仲琰候碩，不爲起，仲琰憾之。」《舊》不如《新》。

劉黑闥傳脱文

《舊·劉黑闥傳》：「以范願爲左僕射，董康買爲兵部尚書，高雅賢爲右領軍。」《新書》作「以高雅賢爲左領軍，王小胡爲右領軍」，此脱，原本脱同。以後凡脱誤一二字不悉著，多者出之。

陳當世

《舊·輔公祏傳》：「遣其將馮惠亮屯於博望山，陳正通、徐紹宗屯於青林山。」「惠亮」

下脱「陳當世」，原本同。

東郡賊帥

《舊·沈法興傳》：「大業末爲吴興郡守，東郡賊樓世榦舉兵圍郡。」「東郡」當作「東陽」，原本誤同。又「法興尅毗陵，稱梁」，原本作「稱王」，愚謂當從《通鑑紀事本末》作「梁王」爲是。

李子和建元正平

《舊·李子和傳》：「據榆林，自稱永樂王，建元爲正平。」原本同，《新書》及《通鑑》皆作「丑平」，是年大業十三年，歲在丁丑故也，作「正」非。竇建德亦以是年建元丁丑。

長孫順德發疾

《舊·長孫順德傳》：「順德發疾，太宗鄙之，謂房玄齡曰：『順德無慷慨之節，多兒女之情，此疾何足問也？』」《新書》云：「順德喪息女，感疾。」《舊》無此句，則下文語皆無根，《舊》不如《新》。

武士彠應入外戚

《舊·武士彠傳》論云：「士彠首參起義，例封功臣，無戡難之勞，有因人之跡，載窺他傳，過爲褒詞。慮當武后之朝，佞出敬宗之筆，凡涉虚美，削而不書。」愚謂士彠之於高祖，不過舊故承恩澤耳，何足以言功臣？此論可云直筆，但傳中後半截既言「義師起，士彠不預知」，而前半段仍有「陰勸高祖舉兵」、「自進兵書及符瑞」等語，自相矛盾，此正武后朝佞筆，削之未浄者，《新書》不載，極是。且《舊》論既顯斥其本無戡難之勞，乃仍列功臣之次，竟與唐儉等靦顔並列，尚屬過優。《新唐書》退入《外戚》，裁斷最妙，邵經邦《弘簡録》從之，是也。若長孫順德自有功勞，非以后族進，《新書》附入《無忌傳》中可耳，邵氏亦入《外戚》則似過矣。大凡《外戚》一門，必庸碌苟富貴者宜入之，有善可紀者不必入，順德是也，惡著者亦不宜入，楊國忠，《舊書》在列傳，正所以著其惡，而《新書》改入《外戚》，亦非。

任蠻奴

《舊傳》：「任瓌字瑋，陳鎮東大將軍蠻奴弟之子。父七寶，陳定遠太守。」《新書》云：「陳將忠之弟七寶子。」忠即蠻奴也。

許紹授陝州刺史終涼州都督

《舊·許紹傳》：「紹家于安陸，大業末爲夷陵郡通守，率黔安、武陵、澧陽等郡遣使歸國，授陝州刺史，封安陸郡公。」《新書》同。按王得臣《麈史》卷中《碑碣》篇載紹之子智仁墓碑而論之，因引《唐書》云：紹唐初爲峽州刺史。[一]彼時紹雖遣使歸附，尚有王世充，道梗，故遥授峽州。峽州即是夷陵，豈有即爲陝州刺史之理？《新》、《舊書》皆傳寫誤也。《新書》又言「紹卒，子智仁繼守夷陵」，《舊書》則云：「授温州刺史，尋繼其父爲硤州刺史，後歷太僕少卿、涼州都督。」《說文》卷九下《山部》、《石部》皆無「峽」、「硤」二字，并《新附》亦皆無，蓋隋唐人所造之字，而「硤」即「峽」之別體，非有二也。峽爲今湖北宜昌府，陝則在今陝西，相去遠矣。《新》已削去温州太僕不書，而據《麈史》所載碑，智仁又爲冀州刺史，且於儀鳳三年正月薨於汾州之官舍。《新》、《舊書》不但略去冀州不書，并其所書之涼州又當爲汾州之誤。《地志》河東道汾州不言都督，恐又《地志》之闕。

校讀記

［一］按引《麈史》止此。

許紹傳錯亂

《舊·許紹傳》敘紹事屢及其子智仁事，《紹傳》完後乃接云「子欽寂嗣」云云，敘完欽寂事，則接云「欽寂弟欽明」云云，敘完欽明事，却接「紹次子智仁」云云，敘完智仁事，又云「紹少子圉師」云云。原本與近本同。今考《新書》，智仁、圉師二段當在前，「子欽寂」云云二段當在後，欽寂、欽明本皆圉師子也。傳寫之誤，遂致錯亂耳。而「紹次子」三字則又衍文也。

膠東郡公道彦

吴縝《新唐書糾謬》掎摭煩碎，吹毛求疵，如開卷第一篇自序云：「紀、志、表則歐陽公主之，傳則宋公主之。所主既異，不務通知其事，故紀有失而傳不知。」自注云：「如膠東郡公道彦等，紀書降封縣公，而傳乃郡公之類。」案本紀：「武德九年八月，太宗即位。十一月庚寅，降宗室郡王非有功者爵爲縣公。」渾而言之，不顯道彦名，《膠東郡王道彦傳》但言「太宗即位，降封公」，并不言是郡公、縣公，惟是道彦既是郡王，而云降封公，則自是郡公，而紀中僅失落一字，若云郡縣公即得之，吴所糾似太苛。吾所嫌者，《道彦傳》前半篇但云

「高祖初，封義興郡公，例得王」，竟不知所得何王，太欲簡省，愚見當云「以例進膠東郡王」。

温彦博傳

《温彦博傳》，《新》、《舊》大同小異。予得彦博碑搨本，考《金石録》彦博有墓志，無撰人姓名，有碑，則岑文本撰，而書者皆歐陽詢。[一]予所得殘缺甚，而篆額云「唐故特進尚書右僕射虞恭公温公之碑」十六字甚明，則是碑非志。彦博卒於貞觀十一年，碑即是年十月所立，趙崡謂是詢年八十餘所書也。[二]《新》、《舊》但於彦博之兄大雅傳中叙其父君攸，而碑則并及其祖裕，又有云「大業之始，以親喪去官」，當是指大雅。又云「出奔高麗，乘軺南反，銜命蕃境」，則不知何指。叙彦博卒後詔民部尚書莒國公唐儉護喪，給東園祕器，則《新》、《舊》皆不載，此碑以准爲準，以逮爲逮，以啟足爲顔子，皆誤。其《新》、《舊》互異及碑與《新》、《舊》可相參證者，詳金壇王氏澍《虚舟題跋》第三卷。

校讀記

[一]見《金石録》卷三。

[二]見《石墨鐫華》卷二《唐虞公温彦博碑跋》。

謂開元爲今

《舊·竇威傳》末段云："竇氏自武德至今，再爲外戚，一品三人，三品以上三十餘人，尚主者八人，女爲王妃六人。""今"謂開元時也，此沿襲當時實録原文。《唐臨》等傳謂玄宗今上，已見顧氏筆記。[一]

校讀記

[一]説見《日知録》卷二十六《舊唐書》條。

韓王元嘉爲絳州刺史

《舊·高祖二十二子傳》，韓王元嘉不言其有幾子，見者訓、誼、訥三人，《新書》則云六子，訓、誼、諶、譔、訥，其一不見。今有《碧落碑》，尚在絳州龍興宫，無撰書人名，李綽《尚書故實》見陳繼儒《秘笈續函》云是元嘉之第四男，爲其先妃所製，陳惟玉書。趙明誠《金石録》第二十四卷云："其詞黄公譔所述。或云陳遺玉書，或云譔自書，皆莫可知。"觀《新書》譔實元嘉第四男，封黄公，工爲辭章。合之《尚書故實》，爲譔所製文無疑。惟《新書》元嘉垂拱中爲絳州刺史，《舊書》則云歷刺潞、澤、定三州，不言其曾刺絳，疑《舊書》有闕。碑立於咸亨元年，必是其時元嘉刺絳而妃卒，故立之。倘如《新書》云在垂拱中，則當咸亨時元嘉尚未刺絳，碑何以豫立於此？疑《新書》有誤。

元軌事蹟歷官

《新書》於各帝子，惟中宗、睿宗子有論，餘則十一宗子共一論，而高祖、太宗、高宗之子皆無論。或論或否，例既參錯，有叙無斷，成何體式？班范史裁，毅然決裂之，此宋人妄態也。《舊》於《高祖二十二子》論中標元嘉、元軌、元裕、元名、靈夔五人爲賢，王禹偁著論獨推元軌，歷舉其諸善行，見《小畜集》第十五卷。《新》於其事蹟刊削頗甚，并其歷官之年皆去之，而作總撮之筆。若《舊》云高宗者，《新》必改而但稱曰帝，省却一字，使讀者不辨其爲在太宗時、高宗時，《新書》如此等處，往往令人齒冷。

元軌子七人

《舊·元軌傳》：「有子七人。長子緒，垂拱中被殺。神龍初，封諸孫暉爲嗣霍王。」餘無所見，《新書》則六子，而於緒之外又多純事。

房熊字子繹

《舊·房玄齡傳》："祖熊，字子繹，褐州主簿。"原本同，抄宋本作"字子釋褐"云云，"子"字之下應脱一字，而所脱即"繹"字也。熊繹是楚之祖，故熊字子繹，"繹"與"釋"連，相似而致脱誤耳。

房玄齡異文

《舊·房玄齡傳》："貞觀四年，代長孫无忌爲尚書左僕射，封魏國公。十一年，改封梁國公。"《貞觀政要·任賢》篇則云："三年，拜尚書左僕射，封梁國公。"《通鑑》一百九十三卷："玄齡以三年二月戊寅與杜如晦同拜僕射。"《政要》是。又《舊書》玄齡卒年七十，《新書》作"七十一"，疑"一"字衍。

京兆杜陵

《杜如晦傳》："京兆杜陵人。"《新》、《舊書》同。案《舊·地理志》京兆府絶無所謂杜陵縣，但有萬年縣，《貞觀政要·任賢》篇作"京兆萬年人"，是。趙明誠據虞世南所撰碑，謂其祖名徽而《唐書》傳云名果，可據碑以正其失。[一]考《新書》但書其祖果，而《舊書》則具列其高祖名徽，祖名果，明誠但觀《新書》，不考《舊書》，予未見碑，恐係明誠不詳審，輕發此疑，俟再考。

校讀記

[一]説見《金石録》卷二十三。

李靖傳互異

《李靖傳》，《新》、《舊》大同小異，靖陪葬昭陵，予得其碑搨本，斷缺多，不見撰書人名及年月，據《金石録》，許敬宗撰，王知敬書，顯慶三年五月立也。[一]《新》不叙其先世而《舊》云：「祖崇義，後魏殷州刺史，永康公。」碑則云：「曾祖□，魏河和復硤殷五州刺史，永康縣公。」蓋此人都督五州，書法似異實同，但一以爲祖，一以爲曾祖，且碑乃單名，雖漫，的非「崇義」字。《舊》云「初仕隋，長安縣功曹」，與碑合，《新》無。《舊》此下云「後歷駕部員外郎」，《新》則云「殿内直長」，未知孰是。碑二者皆不見，恐在斷缺中。「進兵襲突厥」，《新》云「去其牙七里，頡利乃覺」，何近如此，《舊》作「十五里」爲得。「殺頡利之妻隋義成公主」，《新》删削，直云「殺義成公主」，讀者茫然，知義成爲何人？亦宜仍《舊》。「破突厥歸」，《舊》云「温彦博譖其縱兵掠奇寶」，而《新》改爲蕭瑀所劾，未知孰是。「賜食邑，通前五百户」，《新》、《舊》同，而碑云三千户者，碑言虚數，《新》、《舊》言實封也。靖妻卒，墳象突厥鐵山、吐谷渾積石山者，以靖破此二寇，旌之也，《新》乃删去突厥、吐谷渾字，亦令讀者茫然不曉其故，《新》之妄删改多此類。「封衛國公」，《舊》竟重複兩書之，《舊書》之蕪穢亦甚矣。「卒，贈并州都督」，《新》、《舊》同，碑作「使持節，都督□□箕嵐四州諸軍事，并州刺史」，《新》、《舊》省文也。「給東園祕器」，《新》、《舊》略之，其他《集古録》據碑駁史未當，見《金石録》。[二]明知其非，而於《新書》仍不補正，見《石墨鐫華》。[三]

校讀記

[一]見卷四。

[二]見卷二十四。

[三]見卷二《唐李衛公靖碑跋》。

段志玄新舊碑異同

《段志玄傳》，《新》、《舊》有小異，予得其殘碑，無書撰人名，據《金石録》，立於貞觀十六年。「以功授樂遊府驃騎將軍」，《新》改爲「車騎」，碑正作「驃騎」，《新》非。「與尉遲敬德同誅建成、元吉」，《新》削去。此下碑有「除左虞候，率」，《新》、《舊》皆不載。《新》於太宗即位加封下添出「詔率兵至青海奪吐谷渾牧馬，以逗留免。未幾復職」一節，《舊》無，碑有，但諱逗留，宜從《新》。貞觀十一年，拜右衛大將軍，《新》亦削去，碑結銜正有此，不當削。「卒，贈輔國將軍」，《新》作「大將軍」，碑正作「大」，當從《新》。《新》、《舊》無卒年若干，碑則云「年四十五」，餘見《金石録》、《石墨鐫華》。[一]

校讀記

[一]《金石録》卷三著録《段志玄碑》，跋尾在卷二十三。《石墨鐫華》卷二有《唐褒公段志玄碑跋》。

王珪隱居與房杜善

《舊書·王珪傳》：「季叔頗有人倫之鑒。」「頗」，《通鑑》作「頍」，是。《新書》於傳末贅一段云：「始隱居時，與房玄齡、杜如晦善，母李嘗曰：『而必貴，然未知所與遊者何如人，而試與偕來。』會玄齡等過其家，李闚大驚，敕具酒食，歡盡日，喜曰：『二客公輔才，汝貴不疑。』」《舊書》本傳無此事，吴曾《能改齋漫録》第三卷《辨誤》篇云：「杜子美《送重表姪王砅評事使南海》詩謂王珪微時，房、杜與太宗過其家，妻能識之。蔡絛《西清詩話》：『按史所載，太宗不在坐，子美獨得其詳，史爲疎略。』以予考之，房、杜等舊不與太宗相識，及太宗起兵，然後玄齡杖策謁軍門，乃薦如晦耳，若珪則誅太子建成而後見知。」吴曾此辨是，如曾辨《新書》與杜詩皆非也。洪邁《容齋隨筆》第十二卷謂：「子美以爲珪之妻杜氏，《新書》以爲珪之母李氏，蔡絛又妄引《唐書·列女傳》以爲珪之母盧氏，而其實《唐·列女傳》并無此言，如蔡絛之謬陋狂鄙固宜，其輕信杜詩，誠不足責矣。」洪邁又言：「唐高祖在位日，太子建成與秦王不睦，珪爲太子中允，説建成擊劉黑闥，立功以傾秦王。高祖責珪等構兄弟之怨，流之，太宗即位，乃召還任用。宴近臣殿内，長孫無忌曰：『王珪昔爲仇讎，不謂今日同宴。』上曰：『珪盡心所事，故用之。』然則珪與太宗非素交明矣。」洪此辨甚精，可以折倒杜詩之誣，乃又言杜稱其祖姑，不應不實，殊不知杜甫不過一詩人而已，詩人之言往往無實，即其詩云「我之曾祖姑，爾之高祖母」，則正當呼王砅爲表姪，何云重表姪，一稱謂間乖舛迂謬，所叙述事豈足信哉？至《新唐書》雖列正史，但宋子京好采小説，坐長緐蕪，此等必中晚唐人或宋初人因杜詩自譔出，子京信之，遂成此累。其實珪不但微時未識太宗，亦並未交房、杜，如果於隱居時即與房、杜交善，則志同道合，方其擇主而事，自當相與訂約，共擁戴太宗於潛邸，何以玄齡當太宗初起兵即參帷幄，乃其後薦如晦不薦珪，珪且力爲建成畫策，欲擠陷太宗乎？其水火矛盾如此，《新書》之妄顯然，宜痛削去，一以《舊書》爲正。

魏徵傳新舊詳略互異

魏徵始事元寶藏，繼事李密，降唐高祖，又仕竇建德，復歸隱太子，終事太宗，更六主矣。然夫子許管仲以仁，則徵可以此例。生當亂世，不得不爾，功足晚蓋，可無苛責矣。《新》《舊·徵傳》載其匡輔直諫之事詳略互異，沈氏已考得。[一]愚謂徵諫事，吴兢《貞觀政要》詳載之，然此書猶兼載他人之言，若尚書吏部郎中琅邪王方慶所集《魏鄭公諫録》五卷，《宋史》二百三卷《藝文志》作王綝，即方慶名。則專爲徵作者，所載多至百有餘事，傳中豈能盡入？乃《新》《舊傳》皆云徵諫事前後二百餘則，《諫録》尚未盡也。

校讀記

[一]見沈炳震《唐書合鈔》卷一百二十二《魏徵傳》。

圍川縣

《諫録》第一卷諫科圍川縣官罪事，《舊書》則作漳川縣，《新書》作圍川宫，考《舊·地理志》鳳翔府下云：「武德元年，割雍、陳倉、郿三縣置圍川縣，其年割圍川屬稷州。貞觀元年，廢稷州，以圍川來屬。八年，改圍川爲扶風縣。」此事《諫録》言李靖、王珪奉使至圍川縣，有宫人先舍於令廳，靖等後至，乃移却宫人，安置靖等，太宗怒，令案驗圍川縣官。《舊》作湋川，固無此縣，《新》改爲圍川宫，亦因别見作圍川，據以改《舊》，而又疑其不似縣名，改爲宫名，二者皆誤，當以《諫録》爲正。

魏徵卒年并贈拜官

《舊書》叙徵將卒之事云「貞觀十六年，拜太子太師，其年稱綿惙」，以下即連述徵病篤，帝幸其第等語，以及徵薨，其下却云「年六十四」，乍讀之似卒於十六年矣，《新書》則作十七年，亦無月日，且不言其年若干，《通鑑》第一百九十六卷徵卒於十七年正月戊辰，觀此年月日方分明。徵病已久，《舊書》因於十六年綿惙下連叙徵卒，不復書其年月日，非誤認作十六年卒也，而詞不别白，遂致牽混。《新書》具年差善，不具月日及年若干，亦非。「贈相州都督」，《新》、《舊》同，《諫録》第五卷作「太傅」，當從《新》《舊書》。「太子太師」，《新》同，《諫録》作「相、衛、黎、魏、洺、邢、貝七州諸軍事，相州刺史」，文異實同。

十七史商榷卷八十七

新舊唐書十九

褚亮傳異同

《舊·褚亮傳》叙其曾祖、祖、父三世官位，而云「並著名前史」，《新》盡削其官，但云「皆有名梁陳間」，差可，但舉其曾祖及父，獨删其祖名，則吾不知其成何義例。三人名位略相等，無優劣也。大業中，奏宗廟議，非毁鄭玄，袒護王肅，俗學蔽錮，彼時已然，議九百餘字，《新》删僅存三十餘字，太略，不見其意矣。諫唐高祖獵二百三十餘字，《新》全删去，但云「懇愊致諫」，此等迂談，無關典故，删之差可。予得《亮墓碑》，爲太常博士在隋大業七年，爲秦王文學在唐武德元年，皆見於碑，《舊》皆無年也。《新》則凡年月皆删，必使事不繫年，後人若欲作編年史，事幾無所麗，此《舊》所本無者，不必言矣。「太子入春宫，除太子舍人，遷太子中允。貞觀元年，爲弘文館學士」，《新》盡删去，皆非。「先封陽翟男，後進侯」，《新》删「男」，尚差可。「卒，贈太常卿」，《新》、《舊》同，碑篆額「大唐褚卿之碑」六字，據贈官也。《舊》又載亮二子，「長子遂賢，守雍王友，次子遂良，自有傳」，《金石録》二十四卷有《陽翟侯夫人陸氏墓志》，即遂賢妻，碑云：「子□□，襲封陽翟侯。」名雖漫，要即遂賢也。《新》傳竟削遂賢不載，餘詳《金石録》。

長雛

《舊·薛收傳》：「收與從父兄子元敬及族兄德音齊名，時謂河東三鳳。收爲長雛，德音爲鸑鷟，元敬年最小，爲鵷鶵。」「長雛」當作「長離」，原本亦誤，《新書》誤同。

薛收歷官

《舊·薛收傳》叙收歸唐，授秦王府主簿，判陜東道大行臺金部郎中、天策府記室參軍，封汾陰縣男，兼文學館學士，卒，贈定州刺史，又贈太常卿。《新書》删去「文學館學士」。楊炯[一]《盈川集》第十卷《薛振行狀》叙其父收亦有此一官，《新》删，非。《行狀》於「判陜東」上有「上開府」，「汾陰男」上有「上柱國」，則《新》《舊》皆略去。《行狀》有謚曰獻，《新》、《舊》皆删，非。《新》、《舊》皆云「收子元超」，而《行狀》則云「振字元超」，唐人多以字行，《新》、《舊》遂失書其名，皆非。

校讀記

〔二〕「楊」原誤作「揚」，今改正。

薛元超歷官

薛元超歷官，《新》、《舊書》略同，惟於「拜東臺侍郎」之上，《舊》有「出爲饒州刺史」一節，楊炯作《行狀》亦有之，謂在饒凡六年，始復入，而《新書》删去，非是。又高宗幸洛陽，元超留侍太子監國，《新》、《舊書》皆有，而《行狀》於此又有兼户部尚書，《新》、《舊》皆删，亦非。《新》、《舊》言元超薦人有任希古、高智周、郭正一、王義方、孟利貞、鄭祖元、鄧元挺、崔融，而《行狀》又有顧徹、沈伯儀、賀覬、顔强學，《新》、《舊書》皆删，亦非。

服色

《新・馬周傳》：「品官舊服止黄、紫，周建白三品服紫，四品、五品朱，六品、七品緑，八品、九品青。」《舊・太宗紀》貞觀四年八月丙午詔與此略同，即周所建白也，而「朱」則作「緋」。又《高宗紀》龍朔二年九月，司禮少常伯孫茂道奏八品、九品舊令著青，亂紫，非卑品所服，望令著碧，從之。又上元元年八月，勑文武官三品已上服紫，金玉帶；四品深緋，五品淺緋，並金帶；六品深緑，七品淺緑，並銀帶；八品深青，九品淺青，鍮石帶；庶人服黄，銅鐵帶。《車服志》略同，惟服黄多流外官。流外官者疑即今未入流也。然則上元所定較貞觀之制，諸色各分深淺，而龍朔所云著碧者又不用之矣。又《幽閑鼓吹》見《祕笈普函》。《文獻通考》二百十五卷云：「一卷，唐張固撰，懿僖間人，記唐遺事，二十五篇。」今卷數篇數正同。云：「宣宗與韋澳謀去宦官，澳請勿謀之外廷，即就其中拔有才識者委之，上曰：『此乃末策。朕已行之，初擢其小者，自黄至緑、至緋皆感恩，若紫衣挂身，即一片矣。』」據此則知唐時宦者服色與外廷同也。《説文》十三上《糸部》：「絑，純赤也。从糸，朱聲。」「紅，帛赤白色。」「緋」字則在《新附》，注云：「帛赤色也。」朱固與絑通，其色似即緋無異，但别爲淺緋，是即紅矣。紅，間色也，緑亦間色，而紫之爲間色更不待言，《論語》云：「紅紫不以爲褻服。」又云：「惡紫之奪朱。」褻服尚不可爲，朝祭可知。《詩》刺緑衣黄裳爲其正色，反居下，間色反居上，舊服黄、紫已屬不倫，唐人所定服色恐皆非是。

豆盧褒

《舊·蘇世長傳》：「王世充僭號，署爲太子太保、行臺右僕射，與世充兄子弘烈及將豆盧褒俱鎮襄陽。」《新書》作「豆盧行褒」。

廢濮王泰殺吴王恪

《舊·太宗諸子傳》史臣論曰：「太宗諸子，吴王恪、濮王泰最賢，皆以才高辯悟，爲長孫無忌忌嫉，離間父子，遽爲豺狼，而無忌破家，非陰禍之報歟？」愚謂太宗所以不肯立濮王泰而立高宗治者，以承乾失德，泰樹黨傾之，謂若立泰，則儲位可以圖謀而得，不可爲訓，且以治柔仁，立之則諸子獲全，立泰則恐其害諸子也，孰知治立，反兆武氏大禍，諸子幾無遺種。在彼時固不能逆料，長孫無忌從而贊成其事，似尚差可，迨後太宗又嫌治懦暗，欲廢之而立吴王恪，謂恪英果類我，無忌力尼之而止，太宗曰：「公殆以恪非己甥乎？」此言洞見無忌肺肝，無忌固狥私見，非爲國本地也。更可恨者，永徽中房遺愛之反，無忌因嫌，遂牽恪而殺之，恪竟以無罪死，無忌於此罪不勝誅矣，後爲武氏所殺，不亦宜乎？《舊書》之論最爲痛快，前已見《宗室諸王傳》論，而《新書·無忌傳》贊末數語亦見此意。

秦莊襄王四十八年

《舊·吕才傳》：「才駁禄命書不驗云：《史記》秦莊襄王四十八年，始皇帝生，宋忠注云：『因正月生，乃名政。』依檢襄王四十八年，歲在壬寅，計其崩時不過五十。」考《史記·秦本紀》及《六國表》，秦昭襄王之子爲孝文王，孝文王之子爲莊襄王，莊襄王之子即始皇帝，始皇帝於昭襄王四十八年壬寅生，乙卯即位，在位三十七年，辛卯崩，年五十。此文前云「莊襄」，當作「昭襄」，後云「襄王」，脱一「昭」字，《新》、《舊》誤同。

官數各處不同

《新·百官志》云：「太宗省内外官，定制爲七百三十員。」《曹確傳》確諫懿宗則云：「太宗著令，文武官六百四十三。」吴縝已糾其不同矣。又有《劉祥道傳》：「顯慶中，遷吏部黄門侍郎，知選事，上疏曰：『内外官一品至九品萬三千四百六十五員。』」顯慶比貞觀官數多少相懸至此，尤不可解。吴未舉及。吕夏卿《唐書直筆新例》又云：「文武官數，元和中二千七百八十八員。大中中二千七百九十九員。」與前諸處又各不同。

李敬玄戰敗事

李敬玄率兵禦吐蕃敗歸事，《舊》但言其狼狽却走，不言何地。《新》則言其與吐蕃將論欽陵戰于青海，又戰湟川。《朝野僉載》則云：「至樹墩城。」[一]《舊書》言副之者劉審禮，

《新書》又有黑齒常之，而《僉載》又有將軍王杲、副總管王懷舜。

校讀記

[一]見卷四。

李敬玄子思沖

《舊·李敬玄傳》但有子思沖，《李紳傳》則云：「高祖敬玄，則天朝中書令，自有傳。祖守一，成都郫縣令。父晤，歷金壇、烏程、晉陵三縣令。」《新書》於《敬玄傳》則云：「二子，思沖、守一。」其下叙思沖事畢，乃云守一郫令，孫紳別傳。於《紳傳》則云中書令敬玄曾孫，當以《新書》爲正，《舊書·紳傳》云「高祖敬玄」云云者，「高」當作「曾」。

勳格

《新·姦臣·李義府傳》：「貞觀中，高士廉等修《氏族志》，凡升降，天下允其議，於是州藏副本，以爲長式。時許敬宗以不載武后本望，義府亦恥先世不見叙，更奏删正。委孔志約等定其書，以仕唐官至五品皆昇士流，於是兵卒以軍功進者悉入書限，更號《姓氏録》，縉紳共嗤靳之，號曰勳格案」。勳官之濫已見前第八十一卷，此云云者，非以其據勳爲定而號爲勳格也。當時删正仍據官，不據勳，惟不論其先世貴賤，但在唐至五品者皆昇入，故戲目曰勳格，見其濫如勳之易得。

長名牓

《舊·裴行儉傳》：「總章中，遷司列少常伯。咸亨初，官名復舊，改爲吏部侍郎，與李敬玄爲貳，同時典選十餘年，甚有能名，時人稱爲裴李。行儉始設長名姓歷牓，引銓注等法，又定州縣升降、官資高下，以爲故事。」《新·行儉傳》作「長名榜銓注等法」。又《新·選舉志》云：「初，銓法簡而任重，高宗總章二年，司列少常伯裴行儉始設長名牓，引銓注法，復定州縣升降爲八等，其三京、五府、都護、都督府悉有差次，量官資授之。」《新·姦臣·李林甫傳》：「初，吏部置長名榜，定留放。寧王私謁十人，林甫曰：『願絀一人以示公。』遂榜其一，曰：『坐王所囑，放冬集。』」所謂「長名榜」，言豫爲長榜，具列其名，每遇銓選，據此爲定也。放言去之，不得留也。封演《聞見記》第三卷《銓曹》篇亦云：「高宗龍朔之後，以選人不堪任職者衆，遂出長榜放之冬集，俗謂之『長名』。」張鷟《朝野僉載》第四卷云：「崔湜爲吏部侍郎，父挹受選人錢，湜不知，長名放之。」李商隱登進士第後，又以書判拔萃，《與陶進士書》云：「去年入南場作判，比於江淮選人，正得不憂長名放耳。」謂既中書判，則可得官，長名榜上可以留而不放矣。江淮路遠，人尤患放，故云。「南場」未詳，疑指吏部。[一]錢希白《南部新書》卷乙云：「吏部故事，放長名牓，語曰：『長名以前，選人屬侍郎；長名以後，侍郎屬選人。』[二]未登長名，恐其被放，故屬侍郎；既登長名，即日爲官，侍郎將以公事請託之。

校讀記

[一]馮浩《樊南文集詳注》卷八亦謂：「南場，謂吏部。」

裴行儉論王勃等

《新·裴行儉傳》：「李敬玄稱王勃、楊炯、盧照鄰、駱賓王之才，行儉曰：『勃等雖有才，浮躁衒露，豈享爵禄？炯頗沈默，可至令長，餘皆不得其死。』果如其言，世以行儉爲知人。」予謂非也。勃慕諸葛武侯之功，讀《易》，作《發揮》數篇，其學行卓然如此。照鄰隱居具茨山下，自以爲高宗尚吏，己獨儒，武后尚法，己獨黄老，后封嵩山，屢聘賢士，己獨廢，著《五悲》以自明，其意氣骯髒，不肯詭隨狗俗可知。至炯坐從父弟神讓與徐敬業起兵，謫梓州司法參軍。賓王則與敬業共舉義旗，所爲檄文，至今讀之猶凛凛有生氣。初唐文士如蘇味道之模稜，李嶠之賦金樞詩，頌周功德，杜審言、沈佺期、宋之問皆張易之、武三思家鷹犬耳，雖享爵禄，固不足道。四傑風槩，迥出輩流，何得以浮躁斥之？且論人而徒以其不能安享爵禄爲言，可鄙甚矣。行儉議論如此，宜其家法之醜，子孫遂爲宦官竇文場養子。

裴光庭書名錯誤

《舊》裴行儉之子光庭傳，傳中二十見，書前總目、卷首目並同，而《新書》作「廷」，傳中十三見，并目並同，其《宰相年表》光庭凡四見，仍與《舊》合。《光庭神道碑》，張九齡譔，玄宗御書，據顧寧人《金石文字記》第四卷云在聞喜縣東門外裴、趙二公祠前，其陰刻玄宗賜九齡勑。而寧人以爲賜張説，誤也。此碑載《文苑英華》第八百八十四卷、九齡《曲江集》第十九卷，皆作「光庭」，予又得搨本，每行七十二字，今僅存上截，每行二十五六字，其下截斷壞，亡佚約三之二，「公諱光庭」云云已不見，然碑陰所刻係玄宗令九齡製此文而降以勑云「贈太師光庭」甚明。《集古録跋尾》第六卷載此碑，亦云光庭，而《新書》之謬至此。想宋祁養尊處優，作傳分授門生子弟，己特總其大綱，書成，一任吏胥鈔謄，懶於檢校，於宰相書其名尚舛訛至此，何論其他。吴縝《糾謬》第四卷《自相違舛》、第六卷《姓名謬誤》、第九卷《表傳不相符合》三門内皆遺漏未糾。

光庭傳異同

《舊書》：「行儉父[一]定高，馮翊郡守。」宋板《張九齡文集·光庭神道碑》作「定，周大將軍，馮翊太守」云云，周是代名，「高」字傳寫誤。雖《英華》所載張説譔《行儉神道碑》已作「定高」，予所得九齡撰碑石本，此文已剥落，但宋板甚明，似爲可據。「父仁基」，碑本避諱去「基」字，此碑玄宗御書，凡「上」字、「聖上」字皆不空，而御名仍避。《集古録》云：「《唐書》列傳光庭卒，帝賜謚忠憲，今碑及題額皆爲忠獻。傳云『撰《摇山往則》』，而碑云『往記』，皆以碑爲是。」[二]考《舊書》作「忠獻」，「瑶山」碑文石本同，《英華》與《集》本始誤寫「忠憲」，而「瑶山」仍不誤，《新書》反誤作「忠憲」、「摇山」，歐所指摘之《唐書》反在宋祁，非劉昫矣。公跋此在治平元年，《新書》成已久，知其誤而不改，何也？又光庭之祖謚忠，父謚獻，《新》、《舊書》同，光庭乃合兩謚爲一，此亦無理可笑。謚非封爵，不可傳襲，況又兼二美以上掩前人乎？光庭庸相，一無可取，勅中稱其忠節行能，此彼爲善之耳。碑多虚譽，《舊》亦過優，《新》好删《舊》，此等浮泛者反不删，《舊》載韋述駁贈謚太濫却删去，尤非。《舊》不載其子，《新》添其子稹，碑作「積」，《新》亦誤。

校讀記

［一］「父」，據《舊書》當作「祖」。

［二］見《集古録跋尾》卷六。

懿德太子重潤年

吴縝《新書糾謬》第五卷《年月時世差互》一門内據《懿德太子重潤傳》云：「大足中，或譖重潤竊議，武后杖殺之，年十九。」糾云：「傳首言重潤生，高宗喜甚，乳月滿，爲大赦天下，改元永淳。而是年歲在壬午，大足止有元年，歲在辛丑，則重潤年二十，謂之十九，誤也。」案年十九，《舊書》偶誤，而《新》沿襲之。彼文略云：「重潤，中宗長子。開耀二年，中宗爲皇太子，生於東宫内殿。高宗甚悦，及月滿，大赦，改元永淳。大足元年爲人所構，杖殺，年十九。」開耀二年數至大足元年，實二十，彼乃誤云十九，誠粗疏，《新》既削其所生之年不言，又改「月滿」爲「乳月滿」，豈以兒初生至滿一朞爲乳月滿乎？若然，則生于開耀元年矣。兒生一朞，正當吮乳，何名已滿？文義鄙晦，且使果别有所據，知其生在開耀元年，即當直書之，何以混而不言？其死正是大足元年耳，必改爲大足中，大足只一年，何中之有？總之，有意改竄，動成疣痏，吴縝所糾固佳，惜不將《舊書》一參。

裴炎爲崔詧誣奏

裴炎請還政豫王旦，爲御史崔詧[一]誣奏死，《新》、《舊書》同，其事甚明。孫樵《可之文集》第五卷《孫氏西齋録》云：「崔詧賊殺中書令裴者[二]何？詭諛梯亂，肇殺機也。」「裴」字下注云：「名犯武宗廟諱。」其下又自注云：「裴爲顧命大臣，屢白天后歸政，御史崔詧廷詰裴曰：『若不有異謀，何故白太后歸政。』天后遂發怒，斬裴於都亭驛，故書曰崔詧賊殺中書令裴也。」按武宗諱瀍，孫氏云云，未詳。[三]其書法之妄不必論。

校讀記

[一]「崔詧」原誤作「雀詧」，今改正。

[二]「者」原作「老」，據《四部叢刊》本《孫樵集》改。按《史諱舉例》已謂「者」誤「老」。

[三]李慈銘曰：「慈銘案：武宗會昌六年改名炎，王氏偶忘耳。」輝又按：陳垣《史諱舉例》卷五云：「今考《新》《舊唐書·武宗紀》，開卷即云『帝諱炎』，西莊偶未檢兩書本紀，徒記武宗舊諱，忘其曾改名炎，遂反譏孫氏。」另參《通鑑胡注表微·避諱》。

狄仁傑歷官事蹟二書詳略位置不同

《狄仁傑傳》，《舊書》載其祖、父皆有名位，《新書》删。赴并州法曹參軍任時，親在河陽，登太行山，望雲思親，其下文即繼以同府參軍鄭崇質，母老病，當使絶域，仁傑請代行，《新》、《舊書》同此，則與上段文意矛盾，殊爲可疑。恐是赴參軍任之後，旋丁親憂，服闋仍補是職，方有請代友出使事。此下儀鳳中遷大理丞，授侍御史，《舊書》有奏韋機營恭陵宫殿壯麗太過，機坐免官事，《新書》删，此下《新書》有使岐州，安戢亡卒剽行人者事，《舊書》無，此下加朝散大夫，遷度支郎中，高宗幸汾陽，爲知頓使，轉寧州刺史，《舊書》有御史郭翰巡隴右，入境聞耆老歌德美，薦名事，《新書》删，此下徵爲冬官侍郎，充江南巡撫使，轉文昌右丞，出爲豫州刺史，此下《舊書》叙越王貞反，仁傑原詿誤者罪及拒張光輔縱兵殺降事，反復三百餘字，甚詳明。《新書》所削幾三之一，乃并越王之名貞亦削去，而但書爲越王，爲欲省此一字，必使讀者於越王名思而得之，不能舉目即見，此何意邪？此下左授復州刺史，入爲洛州司馬，天授二年九月丁酉，以地官侍郎、判尚書、同鳳閣鸞臺平章事，此下《新書》有太學生謁急，后報可，仁傑以爲丞簿職，天子不當問事，《舊書》無，此下有爲來俊臣誣搆下獄，使承反，召見得釋事，此事情節曲折甚多，《舊書》亦三百餘字，甚詳明，《新書》削亦三之一，乃并《舊書》中承反之「承」字凡三見，悉改作「臣」，此又何意邪？想宋子京必以改此字自誇古奥，而予則殊不解其妙處也。《舊書》謂武承嗣屢奏請誅仁傑，而《新書》改爲御史霍獻可，則必《舊書》是，《新書》非矣。即欲見獻可名，亦宜先言承嗣奏誅仁傑，然後繼以其黨御史霍獻可叩首苦争，欲必殺仁傑，何得舍首惡但言其支黨乎？此下貶彭澤令，萬歲通天年徵爲魏州刺史，轉幽州都督，此下《新書》有賜紫袍龜帶，后自製金字十二於袍以旌其忠，《舊書》無，而所謂十二字者，吴曾據家傳，金字環繞，五色雙鸞，其文曰「敷政術守清勤昇顯位勵相臣」，見《能改齋漫録》第十四卷《記文》篇。《新書》猶恨其略，此下神功元年入爲鸞臺侍郎，復同鳳閣鸞臺平章事，加銀青光禄大夫，兼納言。此下《新書》有屬張易之勸迎廬陵王，又后欲以武三思爲太子，仁傑請以廬陵王繼統，又后以夢雙陸不勝，問仁傑，仁傑諷其無子，且極言姑姪不如母子至親，后悟，遂復皇嗣一段，凡三百六七十字，《舊書》則以此事提出，叙於仁傑病卒之後，且又先叙明薦桓彦範等，又薦張柬之爲宰相，以表柬之興復中宗，皆由仁傑，然後詳叙其以子母恩情勸導，卒召還中宗。二書之詳叙復嗣事，大同小異，而位置則殊。要之，《新書》之叙此事於再相後者，《通鑑》第二百六卷仁傑以神功元年十月再相，而中宗即以明年聖曆元年三月召還，故按其次第而叙於此也。《舊書》移叙於病卒後者，以此事關繫甚重，尤爲仁傑一生大節，提出另叙方見醒目，況召還雖在聖曆元年，而仁傑之深謀密筭，委曲啟沃實在平日，故又言「仁傑前後匡復奏對，凡數萬言，開元中，北海太守李邕撰《梁公别傳》，備載其辭」，見其不可勝載，當觀《别傳》也。以二者較之，《舊書》爲長。此下檢校納言兼右肅政臺御史大夫。聖曆初，突厥入寇，爲河北道元帥，又爲安撫大使。軍還，授内史。聖曆三年九月，病卒。此下《新書》有「年七十一」句，《舊書》無，此下贈官及謚則《新》、《舊》同。合而論之，《新書》所增者皆有益，所删者當仍存，所改者當依《舊》，如遷擢左授，《舊》皆有紀年，《新》盡削去，獨於其卒留聖曆三年，且并高宗而改爲帝，不知此皆眉目所在，一經删改俱成晦昧。兩次入相並無年，雖宰相别有年表，然傳中削去亦爲不可。其兼銜、其加階俱削去，獨存其職事官，亦嫌草草。《新》務求異於《舊》，凡傳皆然，不能饒舌，特於仁傑詳之。

好漢

《新·張柬之傳》：「武后謂狄仁傑曰：『安得一奇士用之。』仁傑曰：『荆州長史張柬之，宰相才也。』」《舊》入此事《仁傑傳》，「奇士」作「好漢」。《能改齋漫録》第六卷《事實》篇引東坡詩云：「人間一好漢，誰似張長史。」[一]謂男子爲漢，唐已有之。玄宗謂吉温爲不良漢，見《舊書·酷吏·温傳》；「劉蕡爲楊嗣復門生，對策忤時，仇士良謂嗣復曰『奈何以國家科第放此風漢』」，見《玉泉子》；鄭愔駡選人爲癡漢，見張鷟《朝野僉載》第四卷，是也。

校讀記

[一]引《能改齋漫録》止此，見《好漢長史》條。

杜景儉黨李昭德

《舊》杜景儉，《新》作「景佺」，本一人，已見前。《新》又云：「景佺本名元方，垂拱中改今名。」《舊》無此言，此皆本之張鷟《朝野僉載》卷一，見陳繼儒《祕笈普函》。《僉載》又云：「內史李昭德以剛直下獄，景佺廷[一]諍其公清正直，左授溱州刺史。」《新》亦采用其意，此《新》之采小說而佳者，《舊》但云「周允元奏景儉黨李昭德」，語未足，「溱州」作「秦州」，傳寫誤。

校讀記

[一]「廷」原誤作「延」，據廣雅本《商榷》改。

武氏死中宗立皆在洛

五王殺二張，梟首於天津橋南，見《舊·張行成傳》附《易之昌宗傳》。可見武氏之死在洛，後武三思潛使人牓韋后穢行於天津橋南，以激帝怒，見《舊·桓彥範傳》。可見中宗既立，尚在洛，未歸京師，說已見前。三國曹氏始居洛，後遷許，又都鄴，後又歸洛。孫氏始起吳，後遷秣陵，又遷武昌，後又歸秣陵，陳壽一一書之，眉目了然，使讀者開卷自明。《舊唐》於武氏、中宗之由長安之東都，又由東都復還長安，猶具書之，而《新書》槩從删削，凡史文繇簡合宜者少，賴善讀書者從旁見側出而得之。

不誅武氏新舊不同

中宗復位後，《舊書》稱薛季昶勸盡誅武三思之屬，敬暉、張柬之屢陳不可而止，三思得政，暉等受制，柬之嘆曰：「主上昔爲英王時，素稱勇烈，吾留諸武，冀自誅鋤耳，今事勢已去，知復何道。」《新書》則云：「柬之勒兵景運門，將遂夷諸武，桓彦範不欲廣殺，曰：『三思机上肉，留爲天子藉手。』俄三思入宫盜權，彦範曰：『主上昔爲英王，故吾留武氏，使自誅定，今大事已去，得非天乎？』」與《舊》不同，而以柬之之言爲彦範之言，恐當從《舊》。英王是封號，而《舊》以爲英烈之意，亦誤。《文藝·王勃傳》：「勃戲爲文檄英王雞，高宗怒。」《舊·中宗紀》：「儀鳳二年，封英王。」[一]《新》删去。

校讀記

[一]見《舊書》卷五《高宗紀》下，西莊以爲出《中宗紀》者，誤。

阿武子

《新·魏元忠傳》:「安樂公主私請廢太子,求爲皇太女,帝以問元忠,元忠曰:『公主而爲皇太女,駙馬都尉當何名?』主恚,曰:『山東木彊,安知禮?阿母子尚爲天子,我何嫌?』宮中謂武后爲阿母子,故主稱之。元忠固稱不可,自是語塞。」考公主,中宗女,韋后所生,最暱愛,故求廢節愍太子,立已爲皇太女,欲中宗身後傳位于己,但兩「阿母子」皆當作「阿母」,誤衍「子」字。《新》又復載此事於《公主傳》,而稍異其文云:「元忠山東木强,烏足論國事?阿武子尚爲天子,天子女有不可乎?」「阿武子」亦當作「阿武」,衍「子」字也。《舊》無《公主傳》,此事惟見《元忠傳》,《新》既兩處複載,又多譌舛,宋子京牽率已甚。

楚王有社稷大功

《舊·睿宗諸子·讓皇帝憲傳》:「憲本名成器,睿宗踐祚,將建儲貳,以成器嫡長,而玄宗有討平韋氏之功,意久不定。成器辭,諸王公卿亦言楚王有社稷大功,合居儲位。」「楚王」,原本同,《新書》亦作「楚王」,影宋抄本則作「平王」。考《玄宗紀》,生三歲即封楚王,時爲武后垂拱三年,至平韋氏後方封平王,蓋以其平亂,故爲此稱。此時睿宗已即位,議立太子，何得尚仍其舊稱楚王邪？作「平」爲是。

汝陽王璡

《舊·睿宗諸子傳》：「讓皇帝憲十子，璡、嗣莊、琳、璹、珣、瑀、玢、珽、琯、璀等。」《新書》作十九子，《舊書》有闕，又璡封汝陽郡王，《杜甫集》卷七《八哀》詩、卷九《贈王二十韻》詩[一]同，卷一《飲中八仙歌》：「汝陽三斗始朝天。」即其人。《南卓羯鼓録》（見陳繼儒《祕笈廣函》）。作「汝南王」，傳寫誤。

校讀記

[一]按詩題爲《贈特進汝陽王二十韻》。

姚崇十事要説

《新書·姚崇傳》載其以十事要説玄宗，而不見於《舊書》本傳，本紀亦無之，楊慎《丹鉛總録》第十卷乃言《舊唐書》與《新書》同載此一事，而《新》遠不如《舊》，歐爲宋一代文人，劉昫乃五代不以文名者，然《舊書》所傳問答具備首尾，照映千年之下，猶如面語，《新書》所載則翦截晦澀，事既多枉，文又不通，良可嘅也。此下又具載二書之文，據彼所指，以爲《舊唐書》文者，今《舊唐》紀傳皆不見，而所指以爲《新唐書》文者則良是，實爲可怪。繹其詞，《新》不如《舊》，誠然，無如其非《舊書》文，何也？必楊氏偶見他書載之而誤記耳。

先天二年十月，皇帝講武於驪山，時元崇爲馮翊太守，車駕幸三百里内合朝覲，遣中官促元崇赴行在。上方獵於渭濱，而元崇至，上曰：「朕久不見卿，卿可宰相行中行。」元崇猶後，上案轡久之，顧曰：「卿何後？」元崇曰：「臣官疎職卑賤，不合參宰相行。」上曰：「可兵部尚書、同中書門下平章事。」元崇不謝，上頗訝之。至頓，上命宰相坐，元崇乃跪奏曰：「臣三奉作弼之詔，未即謝者，臣以十事上獻，有所不行，臣不敢奉詔。」曰：「卿悉數之，朕當量力而行，然定可否。」元崇對曰：「自垂拱以來，朝廷以刑法治天下，臣請政先仁義，可乎？」上曰：「朕深有望於卿也。」又曰：「聖朝自喪師青海，未有牽復之悔，臣請三數十年不求邊功，可乎？」上曰：「可矣。」又曰：「先朝輕狎大臣，或虧君臣之禮，臣請陛下接之以禮，可乎？」上曰：「誠當，然有何不可？」又曰：「自武氏諸親猥竊權要之地，繼以韋庶人、安樂、太平用事，班序錯雜，臣請國親不任臺省官，凡有斜封、待闕等官，悉請停罷，可乎？」上曰：「是朕素志也。」又曰：「近密佞倖之徒，冒犯憲綱者，皆以寵免，臣請行朝典，可乎？」上曰：「朕切齒久矣。」又曰：「比因侯家戚里，進奉求媚，近及公卿，方鎮亦爲之，臣請除租庸賦税之外，盡杜塞之，可乎？」上曰：「願行之。」又曰：「太宗造福先寺，中宗造聖善寺，上皇造金仙、玉真觀，皆費巨萬，蠹生靈，凡諸寺觀宫殿，請止絶建造，可乎？」上曰：「朕重觀之，即心不安，而況敢爲之者哉？」又曰：「自燕欽融、韋月將獻直得罪，由是諫臣阻絶，臣請凡在官之士皆得觸龍鱗、犯忌諱，可乎？」上曰：「朕非惟容之，亦能行之。」又曰：「太后臨朝以來，喉舌之任，或出於閹人之口，臣請中官不預公事，可乎？」上曰：「懷之久矣。」又曰：「吕氏産、禄幾危西京，馬、鄧、閻、梁交亂東漢，萬古寒心，國朝爲患，臣請書諸史册，永爲商鑒，作萬代師，可乎？」上乃潸然良久，曰：「此事可謂剖肌刻骨者。」元崇再拜曰：「此陛下致仁政之初，是臣千載一遇之日，敢當輔弼之任，天下幸甚。」又再拜舞蹈，稱萬歲者三，從官千萬皆出涕，上曰：「坐卿於燕公下。」燕公不敢坐，問之，説曰：「元崇是先朝舊臣，合當首坐。」元崇曰：「張是紫微宫使臣，外宰相不合首坐。」上曰：「可。」元崇遂居首坐，天下稱賢相焉。以上楊以爲《舊唐書》文。帝曰：「卿宜遂相朕。」崇知帝大度，鋭於治，乃先設事以堅帝意，即陽不謝，帝怪之，崇因跪奏：「臣願以十事聞，陛下度不可行，臣敢辭。」帝曰：「試爲朕言之。」崇曰：「垂拱以來，以峻法繩下，臣願政先仁恕，可乎？朝廷覆師青海，未有牽復之悔，臣願不倖邊功，可乎？比來壬佞冒觸憲綱，皆得以寵自解，臣願法行自近，可乎？后氏臨朝，喉舌之任出閹人之口，臣願宦豎不與政，可乎？戚里進奉以自媚於上，公卿方鎮亦爲之，臣願租賦外一絶之，可乎？外戚貴主，更相用事，班序荒雜，臣請戚屬不任臺省，可乎？先朝褻狎大臣，虧君臣之嚴，臣願陛下接之以禮，可乎？燕欽融、韋月將以忠被罪，自是諍臣沮折，臣願臣皆得批逆鱗、犯忌諱，可乎？武后造福先寺，上皇造金仙、玉真二觀，費鉅百萬，臣請絶道佛營造，可乎？漢以禄、莽、閻、梁亂天下，國家爲甚，臣願推此鑒戒，爲萬代法，可乎？」帝曰：「朕能行之。」崇乃頓首謝，翌日，拜兵部尚書、同中書門下三品。以上《新唐書》文。然《舊傳》不載十事要説而《文苑英華》八百八十四卷張説撰《神道碑》亦無此，若謂《新書》濫采小説不可信，則非，蓋《神道碑》簡略草率之至，事蹟殊覺寥寥，此真不可解不足據也。惟謚文獻，《新》、《舊》同，而碑作「文貞」，則當以碑爲正。[一]

校讀記

[一]參岑仲勉《唐史餘瀋》卷二《姚崇十事》條。

初七至終七設七僧齋

《舊・姚崇傳》：「崇臨終遺令，戒子孫不作佛法，若未能全依正道，須順俗情。從初七至終七，任設七僧齋。」考《北史・外戚傳》：「胡國珍薨，明帝詔自始薨至七七，皆爲設千僧齋，齋令七人出家，百日設萬人齋，二七人出家。」又《恩幸傳》：「閹人孟欒死，七日，靈太后爲設二百僧齋。」《北齊書・儒林傳》：「孫靈暉爲南陽王綽師，綽死後，每至七日及百日，靈暉恒爲請僧設齋，傳經行道。」俗七七之説，蓋自佛法入中土時有之，然昏主孽后，未足多怪，靈暉以儒林中人爲之，亦可愧矣。皇甫湜《持正文集》第六卷《韓文公神道碑》云：「四年十二月丙子，薨靖安里第，遺命喪葬，無不如禮，俗習異教，盡[一]寫浮圖，日以七數之，及拘陰陽，所謂吉凶一無污我。」李翺習之文集第四卷《去佛齋論》自序云：「故温縣令楊垂撰集喪儀，其一篇云：『七七齋，以其日送卒者衣服於佛寺，以申追福。』翺以楊氏喪儀多可行者，獨此一事傷禮，故論而去之。」此文真德秀《文章正宗》第十二卷采之。如韓、李可謂知者不惑，如姚崇未免信道不篤。

校讀記

[一]「盡」原作「書」，據皇甫湜《文集》改。

宋璟無字

《舊》《新·宋璟傳》皆無字，而顏真卿撰《神道碑》，其文載顏《文集》第三卷，又載都穆《金薤琳琅》第十六卷，此碑今在直隸順德府沙河縣北，古吳杜灝《沙河志》第一卷《古蹟》、第二卷《祠祀》《冢墓》等門言縣北食膳舖留客邨西北里許有宋公墓，墓前有祠堂碑，在祠内，撰文書丹篆額皆顏公，名三絶碑，已斷仆。明正德中，知縣方豪出之土中，復立於此。歸震川《文集》有《與沙河令乞碑札》。予藏有拓本。據碑，於「公諱璟」下有「字」字，其下空二格，宋、顏相去時代不遠，且顏作碑，據盧僎《行狀》，必同時人，而竟闕然，蓋唐初人多以字行，宋則直有名無字，尤異事也。里巷小夫，乳臭之子，不但有字，且多别號，聞此亦足媿矣。

自廣平徙

《新》但云「邢州南和人」，《神道碑》同，而《舊》則此下多一句云：「其先自廣平徙焉」，此句却不可少。宋崇寧二年范致君跋謂墓之東别有一碑，乃公之祖贈邢州刺史墓碑，爲居民斧而剥之。此碑予亦得拓本，字皆不可辨，其可辨者第二行有「廣平」字，第三行有「列人」字，《宰相世系表》漢中尉宋昌居西河介休，十二世孫晃，晃三子，恭、畿、洽，徙廣平利人，「利」當作「列」，《漢·地理志》廣平國屬縣也，[二]顔《集》作「烈」，非。璟之先占籍此縣，故璟貴，封廣平公，其後乃徙南和耳。知《舊傳》此句不可少。

校讀記

[二]《新唐書》中華標點本亦謂作「列人」爲是，見卷七十五上《校勘記》。

元撫贈邢州刺史

顔碑歷叙璟之七世祖弁、五世祖欽道、高祖元節、曾祖弘峻、《顔集》作「俊」，非。祖務本、父玄撫，皆與《世系表》合，而碑於欽道獨但言祖，不言幾代，此唐人拙句，元撫己身所歷之官爲衛州司户，碑、表同，表無贈官，而碑言贈户部尚書，《舊傳》言贈邢州刺史，則異。尚書尊，刺史卑，蓋先贈刺史，後贈尚書，當以碑爲正，《舊傳》非。其邢州刺史之嘗爲元撫贈官，則可信。今墓東别碑，在宋已剥，今又隔六七百年，剥落更甚，然篆額「唐贈邢州刺史宋府君神道碑」十二字，標題「唐故贈邢州刺史宋公神」十字皆極明，第十行有「烹雞」字，當即指爲司户，其爲璟父元撫碑無疑，特立碑之時尚未得贈尚書耳。而范致君以爲璟祖，謬也。

楊再思宣勅令璟出

《舊傳》："長安中，張昌宗私引相工李弘泰觀占吉凶，言涉不順，爲飛書所告，璟廷奏請窮究其狀，則天不悅，內史楊再思恐忤旨，遽宣敕令璟出。"《新傳》於此事則傳宣令璟出者爲姚璹，非再思。考《通鑑》第二百七卷長安四年十二月叙此事，正與《舊書》同，而顔公所作《神道碑》於此則云："內史令出。"《新·宰相年表》長安四年七月，左肅政臺御史大夫楊再思守內史，則碑云內史正謂再思，再思黨於張易之、昌宗，媚悅取容，時號"兩脚狐"，姚璹未聞有此，《新書》務改《舊》以求異，不顧事實。

三使皆辭

《新傳》言詔璟按獄揚州，又詔按幽州都督屈突仲翔，又詔副李嶠使隴蜀，三使皆辭，易之冀璟出，劾奏誅之，計不行。此事《舊傳》及《神道碑》皆無，愚謂《新書》此上文已言二張常欲中傷，后知之，得免，則易之雖劾奏，當亦不能害矣，若果能劾奏誅之，何分內外？果有此事，關繫歷官出入，《神道碑》不宜不載，當從《舊書》。

典選一段語未明

《舊·宋璟傳》:「崔湜鄭愔典選,爲權門所制,九流失叙,預用兩年員闕注擬,不足,更置比冬選人,大爲士庶所嘆。」語甚不明,《新書》改爲「至迎用二歲闕,猶不能給,更置比冬選,流品淆」,亦甚費解。

被召不與楊思勗一言

璟爲廣州都督,開元初,徵拜刑部尚書,《新》、《舊書》同,封演《聞見記》第九卷《端慤》篇云:「璟在廣府,玄宗使内侍楊思勗馳馬往追,璟在路,不與思勗交一言。思勗以將軍貴倖殿庭,因訴,玄宗嗟嘆良久,即拜刑部尚書。」此事亦見顔公《神道碑》,而顔公既作此文之外,别掇拾璟軼事如干條爲《碑側記》刻之,予亦得拓本,末段言昭義節度使薛嵩命屯田郎中、權知邢州刺史封演辦立碑事,可見演因摹勒,特摘此事載入所著《聞見記》。宋公剛正,美不勝書,而此事人情所難,亦公風節表著處,乃《新》有《舊》無,此《新》勝《舊》。

事蹟詳略互異可兩通者

《舊》傳：「中宗幸西京。」時居東都久，反謂西京爲幸，言之不順，《新傳》改作「還京師」，是。《舊傳》璟檢校貝州刺史，時河北頻遭水潦，百姓飢餒，三思封邑在貝州，專使徵其租賦，璟拒不與」，《新傳》改云「檢校貝州刺史，時河北水，歲大飢，三思使斂封租」云云，乍觀之，令人茫然不曉，但求文減，不顧義晦。《舊傳》：「遷幽州都督、兼御史大夫，轉廣州都督，爲五府經略使。」《新》省去御史大夫及經略，此差可，「轉京兆尹」，《新》於其上加「以雍州爲京兆府」，然後言「復爲尹」，《新》是。「兼黄門監。明年，官名改易，爲侍中」，《新》删官改一層，直言「兼侍中」，非。《新》載日食陳奏一段，又載抑郝靈佺斬突厥拔曳固功一段，此二事《舊》皆無，《神道碑》亦皆無，《舊》載勒還朝集使、絶改轉僥求及禁斷惡錢一段，此二事《新》皆無，《神道碑》亦皆無，以上各條雖小有得失，然皆尚可兩通。

璟有八子

《舊傳》不言璟有幾子，但載其子事，凡六人，昇、尚、渾、恕、華、衡也。《新書》據之直言璟有六子，而《世系表》則璟八子，昇之上尚有復，華之上尚有延，傳與表不相應也。《神道碑》則云「公有七子」，而其下列八人名，皆與《世系表》合，《碑側記》亦云第三子渾、第八子衡云云，故趙明誠《金石録》第二十八卷謂顔公誤書「八」爲「七」，此説甚確。王氏澍《竹雲題跋》第三卷謂碑明言長子復，先公卒，然後列七子名位，則此非筆誤，乃據存者有七而言之。此説亦通。但此碑筆誤甚多，如「狂豎犯闕，兇渠既戕」，此謂權梁山構逆事，文集甚明，而碑誤作「兇渠既滅」。「乃陟右揆，讜論泱泱」，此謂拜尚書右丞相，而碑乃重二字，誤作「右揆泱泱」。末云「豐碑堅碣，萬古訾相」，碑誤作「豐碑碣豎」，亦皆不詞。全文約一千七百字，皆正書，筆誤自所不免。「七子」之「七」，究以筆誤爲是。至范致君重刻碑及碑側記，與原刻異者皆誤，《文集》則與原刻碑合者居多，與重刻碑殆必不同。都氏未見原刻碑，執重刻碑當之，反據之以駁《文集》爲非。[一]予既得原刻碑矣，未見重刻碑，而得其碑側記，中有二處，小字雙行注云「缺三字」、「缺五字」，其爲重刻極明，碑無注缺處，則爲原刻亦極明。都氏竟不能辨，是其所非，非其所是，誤甚。然《文集》亦多謬者，有一處上下文皆叙中宗睿宗事，忽插一句云「玄宗將幸西蜀」，豈非笑端？且璟卒於開元二十五年，乃見玄宗幸蜀，此真不辨菽麥者所妄改。

校讀記

[一]見都穆《金薤琳琅》卷十六。

姚宋後人賢否懸殊

姚崇、宋璟二人皆賢相，而崇尚權譎，璟惟正直。然璟六子，皆貪淫荒穢，醜聲狼籍，頹其家門，而崇之子孫多賢者。論者遂謂崇近情，故多福；璟谿刻，故無後。但許善心，隋之忠臣，其子敬宗姦邪，敬宗之曾孫遠則又死難者也。盧懷慎清正，子奐亦名宦，奕則殉節，入《忠義傳》，而奕之子杞爲元惡巨憝，乃杞子元輔，《新・忠義傳》又言其「少以清行聞，端静介正，能紹其祖，歷顯劇，而人不以杞之惡爲累」。李義府，姦臣也，而其子湛爲中興功臣，《新書》本傳稱世不以其父惡爲貶。狄仁傑一代純臣，其子景暉居官貪暴，民苦之，共毁其父生祠，不復奉。由此觀之，天道難知，人貴自立耳。《新》贊云：「崇善應變，璟善守文。道不同，同歸於治。」斯平允之論，且崇嘗薦璟自代，則知兩賢心事固有殊塗而同歸者矣。

玄宗初政，能並用姚、宋，心實樂崇之通，惡璟之介。肅宗即位鳳翔，玄宗與裴士淹論，崇在賊不足滅，璟賣直取名。玄宗心于此盡露。見《新・姦臣・李林甫傳》。

十七史商榷卷八十八

新舊唐書二十

崔湜崔義

《舊・劉幽求傳》：「幽求令張暐密奏玄宗曰：『宰相中有崔湜、崔羲。』」原本同，誤也。「崔羲」當爲「岑羲」。

姚崇讒毁魏知古

《舊・魏知古傳》：「知古自睿宗時同平章事，姚崇深忌憚之，陰加譖毁。開元二年，罷知政事。」《新書》但改云「與姚崇不協，罷政」。李德裕《次柳氏舊聞》見《秘笈續函》。則言：「魏知古起諸吏，爲姚崇所引用。及知古拜吏部尚書，知東道選事，崇二子分曹洛邑，知古至，恃恩請託，知古歸，悉以聞。上召崇問其子才否，崇揣知上意，反直言其子之過，上於是明崇不私其子，而薄知古之負崇，遂罷知古。」此事《新書》移入《崇傳》，故於《知古傳》不見，《新書》好采小說，《次柳氏舊聞》一卷，掇拾殆盡，幾無遺者。

崔日用多殺爲功

張鷟《朝野僉載》卷一云：「廣平王誅逆韋，崔日用將兵杜曲，誅諸韋略盡，繃子中嬰孩亦捏殺之，諸杜濫及者非一。」玄宗封平王，「廣」字衍。《新》《舊書·日用傳》皆不載此事。愚謂盡誅諸韋，是也，及諸杜，非也。觀日用之爲人，一片權謀詭道，多殺爲功，是其所長，《新書》好采小説，何以遺之？

張九齡辭起復

張九齡由工部侍郎知制誥，遷中書侍郎，以母喪解，奪哀起復，同中書門下平章事。《新》、《舊書》并《新書·宰相年表》略同，而以母喪解，《舊》作「母喪，歸鄉里」，「平章事」下，《新》多「固辭不許」一句，《新書》是也。予所藏宋刻張子壽《曲江集》第十三卷載其《辭起復表》云「伏奉去年十二月十四日制，復臣中書侍郎、同平章事者，外沮公望，內奪私情」云云，又云「臣比年限役，多闕晨昏。疢疹之際，遽乖救藥；凶諱之日，遠隔追攀。而星霜未周，冠冕載廹；庭闈昔絶，几筵今阻。凡曰名教，實所深哀」云云，末云「實冀哀素有次，喪紀獲終，俯鑒荒迷，乞遂情禮。謹詣朝堂，奉表陳乞以聞。開元二十二年正月二十七日草土臣張九齡上」，表後附御批云：「卿去歲禮闈擢受樞密，實關政本，將倚爲相。頃來升用，是會宿心。雖屬家艱，已踰年序，不有至孝，誰能盡忠？若墨縗之義不行，蒼生之望安在？謂此情難奪，豈成命可移？比日行在佇卿促轡，今既至止，無勞固辭。朕以非常用賢，曷云常禮？哀訴即宜斷，表今日便上。」然則九齡韶州曲江人，以開元二十年聞母訃，道遠未即歸里，身尚留京，未届期年即起復，故固辭。第十五卷又有《赴祥除狀》云：「殃釁殘生，謬承天澤。日月迅速，祥制有期；几筵在遠，追慕不親。伏望察臣罔極，俯遂哀懇，假以傳乘，蹔赴旬月」云云，御批云「不可復見，惟餘孝思。情禮所歸，近遠無别。卿當大任，朝夕謀猷，既從奪禮，安得顧思」云云，此第二次進狀，又不許也。九齡賢相，删此一節便覺減色，《舊》不如《新》。

吴兢貞觀政要

《舊書·吴兢傳》絶不言其作《貞觀政要》，《新書》於其歷官及事蹟大有不同，且《舊》云「天寶八年卒，年八十餘」，而《新》去其「八年」，且但云「年八十」，不云「餘」，今無以核其是非，只可兩存。但《舊傳》三百餘字，《新》則極詳，增至一千八百八十字，而仍不言《貞觀政要》。此書凡十卷，四十篇，元臨川戈直者曾爲集論，刻於至順四年，有吴澄、郭思貞序，明成化元年又重刻之，今世多有之。《新書》魏徵之五世孫《謩傳》亦言「文宗讀《貞觀政要》，思徵賢」云云，不知史於《兢傳》何以不言。

郭虔瓘傳脱句

《舊·郭虔瓘傳》：「虔瓘以破賊之功，拜冠軍大將軍。」此下原本多一句云「行右驍衛大將軍」，近本脱。

郭知運傳互有詳略

《郭知運傳》，《新》、《舊》互有詳略，如以戰功累除左驍衛中郎將、瀚海軍經略使，轉檢校伊州刺史，兼伊吾軍使，《舊》有《新》無。副郭虔瓘破突厥，《舊書》書其時曰開元二年春，《新》删去。以破突厥功，加雲麾將軍，擢右武衛將軍，《新》删「雲麾」，又改「武衛」爲「驍衛」。吐蕃入寇，《新》有彼將名曰坌達延、乞力徐，《舊》無。以敗吐蕃功進階冠軍大將軍，兼臨洮軍使，又以功兼隴右經略使，營柳城，《舊》亦無冠軍大將軍、經略使二官，獨孤及《毗陵集》第六卷《知運謚議》書銜有之，不當删去。卒年五十五，上元中配饗太公廟，永泰初謚曰威，《舊》亦皆無，威之謚即獨孤及所議也。及《集》又附左司員外郎崔夏駁謚議，據禮，賜謚當在葬前，知運承恩詔葬向五十年，追請易名爲非禮。按知運卒於開元九年，至永泰元年凡四十五年，故曰向五十年。及又援引經傳以駁崔夏爲一篇，洋洋六百二三十字，雖近理，頗辭費，而崔夏以爲因知運之子英乂位表端揆，附從者竊不中之禮，作無妄之求，其言却侃直。

王忠嗣兩傳異同

《舊·王忠嗣傳》一千八百三十六字，《新》一千三百三十七字，稍有異同。忠嗣有碑，今在渭南縣，元載撰，王縉書，立於大曆十年四月，予得拓本，雖有剥落，存字尚多。《舊傳》云「太原祁人，家於華州之鄭縣」，《新》則直云「華州鄭人」，而碑云「公本太原祁人。五代祖隨周武帝入關，徙家於鄭，今爲華陰人」者，《舊》《新·地志》華州有鄭縣，又有華陰縣。古人著籍必指定某縣，碑非以忠嗣爲華陰縣人，但《舊志》天寶元年改華州爲華陰郡，碑據忠嗣時制以爲華陰郡之鄭人耳，似異實同也。父海賓，太子右衛率、豐安軍使，兩傳同，碑則以九原太守、領軍使，當以碑爲正。「吐蕃入寇，率兵禦之，及賊於渭州西界武階驛，苦戰勝之，無救，没於陣」，《新》删去「渭州西界」，直云「戰武階」，使觀者不知武階在何處，此《舊》勝《新》。《新》於戰武階下添「追北至壕口」，碑叙此事亦云「終夜追奔，遲明會食，勦歸帥於壕口，戮困獸於建毗」，與《新》合。碑又云：「揉輴之所殘，戈矛之所斃，積屍將崆峒侔厚，漂血與洮河争流。氣盛忘銜橛之虞，戰酣無存變之意。蒼黄顛仆，落於戎手，亦足以暴威武於天下，懵洪稜於蠻貊。玄宗省書廢朝，問故流悼。偉其心而大其節，哀其殁而念其忠。褒贈開府儀同三司、安北大都護使，給事中倪若水乘驛弔祭，命許國公蘇頲爲之文。」兩傳叙事雖同，而所贈官乃左金吾大將軍，與碑全不合，《舊》有安西大都護，非安北，《新》則删去，當皆以碑爲正。弔祭、立碑事，則兩傳皆不載。碑又云：「公之遘閔，年初九歲。詔復朝散大夫、尚輦奉御，特令中貴扶入内殿，意苦而羸形絶地，辭哀而迸血沾衣，左右動容，上亦歔欷，因撫而謂曰：『此去病之孤，吾當壯而將之，萬户侯不足得也。』衣之以朱紱，錫名忠嗣。部曲主家，後宫收視。每隨諸王問安否，獨與肅宗同卧起。至尊以子育，儲后以兄事。」朝散階，《舊》有《新》無，見内殿及帝慰勉語，《新》有《舊》無，《新》采此碑也，餘皆與碑合。《新》於此下叙其初仕爲代州别駕，大猾不敢干法，數輕騎出塞，忠王恐亡之，言於帝，召還。此節《舊》無，《新》亦據碑添入，但碑以别駕爲大同軍戎副，《新》删之，則似忠嗣但爲治民之官，非武臣矣，謬也。此下碑叙忠嗣「以讎耻未雪，激憤逾深，對案忘餐，獨居掩涕。玄宗乃命以中郎將，從徐公蕭嵩出塞，但使通知四夷事，飽習軍陣容，不得先啟行，無令當一隊，且有後命，虞其夭閼。及徐公將入覲京師，改轅張掖，公毋以歸報，不甘心，乃候月乘風，鞭馬深入鬱標川，遇贊普牙官，踐更角武，戈鋋山立，介馬雲屯，將校失色，猶欲引馳。公謂一足未移，追射且盡，無敢妄動，觀吾破之。乃超乘貫羌，陷胷走腹，取白馬於衆中，捨大黃而益振。芟夷之又蘊崇焉，係纍之亦焚燎焉。執訊獲醜，何啻數千？牽羊縶駒，殆將萬計。幕府上功，上益嘆息，御勤政樓，親閱軍實。太常稽憲度，將授執金吾。上亦多元戎，用爲右丞相，仍令圖寫，置於座隅」。愚考此所叙戰事乃忠嗣立功之始，據兩傳，皆並提河西節度、兵部尚書蕭嵩，河東副元帥信安王禕，皆引爲麾下，而碑則惟言從蕭嵩，其從信安王禕抽出另叙在此段之下，且蕭嵩係河西節度，則爲今甘肅之甘涼等處，其信安王據兩傳皆言在河東，則爲今山西太原汾州一路，而碑乃言遼碣，則爲今直隸永平奉天錦州一路，地理亦不合，未詳。且此時忠嗣初立戰功，官職尚卑，《舊》但言爲嵩、禕部曲，轉左領軍衛郎將、河西討擊副使、左威衛將軍，賜紫金魚袋，清源男，兼檢校代州都督，并不言有深入斬獲事，《新》雖據碑採添破贊普鬱標川事，然加官惟將軍、男爵、都督三者與《舊》同，餘并略去。碑乃侈言其得右丞相。[二] 考開元元年，改尚書左右僕射爲左右丞相。唐制，僕射不同平章事不得爲宰相，俗人見丞相字，便誤認作宰相，誠可笑，但忠嗣此時即爲丞相，恐無此事，兩傳皆不取，而元載，忠嗣之婿，記事不宜不實，此當闕疑。《舊》、《新》於此下皆言爲皇甫惟明所陷，貶東陽府左果毅，而碑無此事，即接以總領之筆云「自茲厥後，恒當重任」。此下多漫，略云：「趙承□[二]之敗於怒皆也，隻輪不返，公度桑乾河，虜其全部，復失亡之車重；杜希望之輯鹽泉也，三帥受擒，公獨潰堅圍，護經時之板築。信安王之臨遼碣也，用武於盧龍塞，朝鮮盛刊壘之功；韋光乘之征駱駝峽也，會援於李陵臺，河□[三]受全軍之惠。」以上實排四段，緐而不殺，竟不知四事先後次序如何，據《舊》、《新書》，貶東陽後因杜希望薦，追赴河西立功，方再授左威衛郎將，知行軍司馬，是秋又敗吐蕃，拜左金吾衛將軍，同正員，又兼左羽林軍上將軍、河東節度副使，兼大同軍使。二十八年，以本官兼代州都督，攝御史大夫，兼充河東節度，又加雲麾將軍。二十九年，代韋光乘爲朔方節度使。天寶元年，兼靈州都督。是歲北伐，與奚怒皆戰於桑乾河，敗之，虜其衆。《新書》雖多刪削，大略同，敗怒皆事最後，而碑最在前，杜希望是從貶後奏爲部下，助信安則是初出從軍時事，而碑乃平列於此，至韋光乘則不過是朔方受代之帥，而所云忠嗣援其軍者，史并不見，況奚怒皆則當爲契丹部落，鹽泉則當今寧夏，遼碣當今永平錦州，李陵臺在今大同，其文參互不合。碑文特錯綜之詞，不可據，當以史爲正。碑於此下又作東上起下一段云：「初佐戎關隴，分鎮河湟。一之歲拔新城，走

□[四]布，夷烽壘，燒積聚。二之歲開九曲，奪三橋，梁洪河，泝西海。開元之末，擁旄汾代。天寶之始，南統朔方。」以上一段皆過峽語，前數句是結束上文，後四句是起下文。「佐戎關隴」即指從蕭嵩事，「分鎮河湟」即指杜希望薦追赴河西事，「拔新城」，《舊》同，《新書》作「新羅城」，其下文仍言「新城」，則「羅」字衍，此正追赴河西時事，其餘各功，史不見，碑以偶儷語叙述，事迹轉不明。「南統朔方」，《舊》、《新書》亦開元二十九年事，而碑以爲天寶之始，天寶係正月朔改元，不可與開元混，此事當從碑，碑於此下云：「玁嚚内離，九姓横叛。大單于控弦度漠，聲□[五]□附；拔悉蜜引弓乘後，剋日會師。中使遽聞，帝思掃蕩，受降盡狄，屈指猶遲，亟決急裝，天書百下。公以爲出疆之任，得守便宜。冒頓之强，未當屈折。叛胡畏服，不輕用兵。勢閡言甘，可虞他變。盛師臨木剌，致饟出蘭山。含垢并容，閉壁堅營。無名王大人，到轅門受事；絶單車疋馬，報候吏前期。防密慮周，詐窮情見。果穹廬桀黠，將侵鎬及方，右地郅支，已解仇交質。幾欲圖成大禍，寧唯嚮化未醇。於是設間以散其從，肆諜以離其約。一虜不合，遁逃遠舍。天子使繡衣御史問後將軍畏懦優遊之故，且陳支解戎醜之謀。苟事得其中，如將軍素料，又匈奴何時可滅？公條對不羈之虜，易以計破，難以兵碎。因白逗留未決之狀，備列平戎一十八策。璽書還報，從公所畫。突厥前有畏漢之偪，後有事讎之恐，遭罹瘃墮之患，傍緣諭告之辭。朝不及夕，以傒王師。受□而去者□□王〔六〕，委辯而降者五千帳。明年秋，引軍度磧，定計乘虛，至多羅斯，壞巢焚聚；涉汨昆水，下將降旗，皆倒戟自殘，輿尸請命。斬白眉可汗之首，傳置稾街；繫葛督禄娑匐可敦，獻於闕下。阿波達干，持愛妾宵遁，乘六羸突圍，嘯聚東蕃，廹脅小種，立烏蘇爲名長，自尊任爲賢王，保薩河仞山，據丁零古塞，謂中國有磧鹵之限，官軍無可到之期。按甲休徒，擊鮮高會。思歸故地，平復大名。間歲方暮，嚴冬仲月，公出白道，誓衆北伐，俾僕固懷恩、阿布斯爲覘視，命王思禮、李光弼爲游軍。顧萬里若俄頃，過山川如枕席。夜驅胡馬，暗合戎圍。自丑至辰，頭擒面縛。羈虜全部，永清朔土。三代之盛，玁狁孔熾，方叔、吉甫，驅之而已。雖張愿列三城，衛公擒頡利，纔遏乘冰之勢，但雪涇陽之恥。則自命將以來，肅將天刑，誅而不伐，素定廟勝，陣而不戰，龍荒絶貴種，大漠無王庭，恢武節，振天聲，未有如公之比。公始以馬邑鎮軍，守在代北，外襟帶以自隘，棄奔衝而蹙國。河東乃城大同於雲中，徙清塞橫野，張吾左翼；朔方則并受降爲振武，築静邊雲内，直彼獯虜。巨防周設，崇墉萬堵。開陽閉陰，拓跡變土。藏山掩陸，磅礴遮護。西自五涼，東曁漁陽，南至陰山，北臨大荒，聯烽接守，乘高掎要。塞風揚沙，絶漠起鳥。悉數於瞬息，傳致於晷刻。玄黄不得雜其象，秋毫無以逃其狀。矧襲侵與牧馬，敢淩遽而南向。冰河風壯，車甲鱗萃。誰何彊理，千長百帥。秦將隸於降虜，漢軍羈於戎騎。公乃衡懸華裔，勢分衆寡，由中制外，長御遠駕，恢我朝邊有如彼，圖難於易又如此。」以上一大段叙忠嗣功甚暢，雖用偶儷，又雜以用韻，而情節具見。「葛督禄」，《舊》、《新》作「葛邏禄」，對音無定字。「汩昆水」，《新》但作「昆水」，似脱字，《舊》不如《新》之詳者，《新》采碑故也。而《舊》於此節下又略作貶詞云：「初，忠嗣在河東朔方日久，備諳邊事，得士卒心。及至河隴，頗不習其物情，又以功名富貴自處，望減於往日矣。」按其上下文力表其戰功謀略，此段自相矛盾，《新》删去是。碑於此下云：「當秉鈞之顒國也，巧文傷詆，網密事叢，借公爲資，動摇國本。諷操危法，言酷意誣。雖丞相置辭，猶驚獄吏，而貫高長者，竟出吾王；成公謫居，人無不恨。當逆胡之兆亂也，意并河東，僞築雄武。常山臨代，飛狐扼塞。制夷夏之吭，撫崤函之背。徵鄰請助，邀公赴會。將欲詭遇買歡，冀得兵留鎮廢。公克期應詔，未覯而退。奏論本末之難，指切未然之戒。危辭洩漏，凶黨交害。摘剥排折，俾公終敗。」以上劈分兩段，前段「秉鈞」謂李林甫，「國本」謂肅宗，「貫高」謂哥舒翰，事詳《舊》、《新書》；後段「逆胡」謂禄山，爲禄山所陷事，《舊書》竟不載，而《新》有之，《新》亦采碑也。碑首先有冒頭一大段，既約舉一生功烈，即接以「安禄山保姧伺變，忌公宿名」，其下文漫不成句，有「甫」字，蓋林甫也。[七] 其下云：「嫌公不附，寖營平之奏，沮樂毅之謀。内隳外讒，陰中交訌。卒從吏議，竟羅大獄。雖釗、温肆爪牙之毒，而哥舒有折檻之爭。

黜守沔上，没於漢東，年四十五。」林甫爲内隟，禄山爲外讒，釗當是楊釗，即國忠，温當是吉温。《舊・國忠傳》云：「本名釗，李林甫將不利於皇太子，掎摭陰事以傾之。侍御史楊慎矜承望風旨，誣太子妃兄韋堅與皇甫惟明私謁太子，以國忠怙寵敢言，援之爲黨，以按其事。京兆府法曹吉温舞文巧詆，爲國忠爪牙之用，因深竟堅獄，堅及太子良娣杜氏親屬柳勣、杜昆吾等痛繩其罪，皆國忠發之。林甫方深阻保位，國忠凡所奏劾，涉疑似於太子者，林甫雖不明言以指導之，皆林甫所使，國忠乘而爲邪，得以肆意。」此事中當有忠嗣，彼時國忠尚未與林甫、禄山搆隙，温則正係林甫、禄山之黨，羣奸方合，傾摇國本，以忠嗣少與肅宗同卧起，因以陷之。《舊》《新・國忠》及各傳皆不及忠嗣被陷者，史有所漏，賴碑得見也。碑將此段置在前，已將羣奸譖誣、哥舒翰救之及貶死事揭明，故入正叙完後，但將此事重提一遍，用偶儷語不必出姓名，其下乃反覆唱嘆，以致惋恨云：「公自家移孝，□[八]童被識。策慮奮發，盡瘁事國。信廉仁勇，内和外重。處盛權，不得以非理撓；臨大節，不可以危亡動。道將世逆，器與時屯。折衝厭難之臣，旋踵禍及其身；不淄不磷之堅，挫於刀筆之前。此慷慨義烈之士，所以掩泣而流連。」此下但點明己爲忠嗣婿，製文勒石，而肅宗追加褒贈不及者，亦以碑首冒頭提叙在前，於「年四十五下」云「悲夫，忠邪易地，謫放隳落。人之云亡，邦國殄瘁。狩皇輿於巴蜀，委宫廟於虵虺。今上撫軍，用公舊校。士留殘憤，將有餘雄。謂諸葛之猶生，走仲達而知懼。及肅清東土，正位北宸。傷聞鼓鞞，載感風烈。追贈兵部尚書、太子太師。邊吏增氣，三軍激節。蓋念功悼枉，國之經也」云云，皆與史合，贈太子太師則史略去。「舊校」即李光弼等。忠嗣在唐名將中當居第一等，其老謀成算，體國惠民，尤不易得，横遭冤誣，身頹業喪，使忠嗣得竟其用，不但二邊無擾，亦無禄山之難矣。唐人自壞長城，乃天下之大不幸也。碑文四千餘字，古今談金石文字者，惟趙明誠、趙函、顧絳三家有此碑，明誠、絳無跋，函跋空語無考證，《文苑英華》既不收，而石本流傳又少，予故詳論之，以爲後人考史之助。

校讀記

[一]李慈銘曰：「慈銘案：碑言『上亦多元戎，用爲右丞相』者，此二句指蕭嵩，非指忠嗣也。嵩爲河西帥，故曰元戎，上文言徐公將入覲京師，則嵩由節度使入拜右僕射，蓋碑意言忠嗣既立戰功，帝亦嘉嵩，故有此拜。翫碑文『亦』字，其語自明。忠嗣轉左威衛將軍，故曰將授執金吾，更爲明了。不然，忠嗣方以中郎將從嵩出塞，豈得稱元戎？且亦無超拜僕射之理。王氏偶誤會文義耳。考《新書·宰相表》開元十六年十一月，蕭嵩由河西節度使入守兵部尚書、同中書門下平章事，次年，兼中書令，二十一年十二月，罷爲右丞相。《舊》、《新》兩本紀兩傳皆同，則嵩自河西入朝亦非即拜僕射，碑蓋渾言之，又元載時，僕射已無丞相之稱，其所云入拜右丞相

者，或即指其同平章事，則兼中書言之。唐人文章於官制多通稱，不足異也。」

［二］《金石萃編》卷一百著録此碑，「□」作「先」。

［三］《萃編》「□」作「朔」。

［四］《萃編》「□」作「莽」。

［五］《萃編》「□」作「内」。

［六］《萃編》録此句作「受言而去者什二三」。

［七］《萃編》此句作「李林甫居逼示專」。

［八］《萃編》「□」作「孤」。

高仙芝傳非體

《舊·高仙芝傳》叙至仙芝與封常清至潼關修守具，賊至不能攻，仙芝之力也。此處便住，不及後事。但仙芝之死雖見《常清傳》中，然叙事參變，《史記》體也，《漢書》則已慎覈整齊其文，凡傳俱各自了截，無此不了而以彼見之者，《舊唐書》本用《漢書》體，何忽自亂其例？宜於「力也」之下綴三四句云「語在《常清傳》」，方爲得體。又仙芝、常清二傳脱誤尤多，皆當從原本添改。

楊正道年九十餘致仕[一]

《舊·楊慎矜傳》：「父崇禮，開元初爲太府少卿，擢太府卿，在職二十年，公清如一，年九十餘，授户部尚書，致仕。」案「年九十餘」之上原本空三字，影宋抄本則有「二十一」三字，《新書》直作「任職二十年，年九十餘」云云，愚謂當從宋本作「二十一年」而重一「年」字爲得。觀下文慎矜丁父憂，二十六年服闋，則崇禮卒於開元二十四年，蓋致仕後又三四年而卒，則其致仕必在開元二十一年，其拜太府卿大約在二年，故云在職二十年。

校讀記

[一]李慈銘曰：「慈銘案：崇禮，《新書》作『隆禮』，隆乃玄宗名，楊官開元時，不應不避，當從《舊書》『崇禮』。『正道』當作『崇禮』，正道是崇禮父名。」

監節度兼節度

李林甫爲宰相，專權，監隴右、河西節度使久之，又兼安西大都護、朔方節度使。此二處《舊書》皆作兼領，不云監，似當從《舊》。唐時節度或以親王、宰相兼領，皆居中遥領，不之任，其涖事者副大使也，而其後强藩又無不兼宰相銜，官制亂甚。

紅巾

李林甫病，帝登降聖閣，舉紅巾招之，《新書》改爲「絳巾」，可笑。

崔涣傳語多不可解

《舊·崔涣傳》「乾元中，遷御史大夫，加税地青苗錢物使。時以此錢充給京百官料，涣爲屬吏希中，以下估爲使料，上估爲百官料。其時爲皇城副留守張清發之，詔下有司訊鞫，涣無詞以對，坐貶」云云，原本於「充給京百官料」下作「上估爲百司料，涣爲屬吏希中，以上估爲使料，下估，爲皇城副留守」云云，脱誤殊甚，近本所改不知何據，而尚不可解。《新書》云「以錢給百官，而吏用下直爲使料，上直爲百司料。元載諷皇城副留守張清擿其非」云云，亦未詳。料者，俸料也。就兩文參之，《新書》爲勝。

契苾明官宜從舊

《舊》契苾何力子明，但云「左鷹揚衛大將軍，兼賀蘭都督，襲爵涼國公」，如是而已，《新書》添百數十字。予得明墓碑拓本，婁師德撰，殷元祚書，《新書》所添皆取之碑也。但既欲事增於前，而云「明終於鷹揚衛大將軍」，反省卻兼賀蘭都督，則非。碑首標題其結銜却正與《舊書》合，宜從之。

李光弼掘壕作塹

《舊·李光弼傳》：「賊史思明等攻太原，光弼躬率士卒百姓於城外作掘壕以自固，作塹數十萬。」原本與近本同，校本改爲於「百姓」之下云「外城掘壕以自固，脱塹數十萬」，亦未明妥，愚謂當云：「於城外掘壕以自固，作墼數十萬。」「墼」字在《説文》卷十三下《土部》：「瓴適也。一曰未燒也。」[一]

校讀記

[一]李慈銘曰：「慈銘案：《説文》：『墼，令適也。一曰未燒也。』《玉篇》作『一曰未燒者』，《韻會》作『未燒磚也』。『令適』作『瓴甋』者，後人所加。輝按：『加』疑爲『改』字之誤。《爾雅·釋宮》曰：『瓴甋謂之甓。』郭注：『甗甎也。』未燒者，蓋今之以水和土范合成物者，是墼乃專甴之屬。光弼是時拒賊，倉卒不能燒土作專，若土甴則既不以築城，亦無所用。愚謂傳文當爲『作塹數十重』，『重』字古作『畐』，與『萬』字相似而誤。作塹數十重，使賊不得越壕以攻城也。王氏改『塹』作『墼』，非是。」

李暠

《晉書》列傳第五十七卷有《涼武昭王李元盛傳》云：「王諱暠，字玄盛，此唐之祖也。」而《舊書》第一百十二卷又有《李暠傳》，云是淮安王神通玄孫，則亦宗室矣。殊不可解，俟考。[一]

校讀記

[一]李慈銘曰：「慈銘案：《新書·宗室世系表》大鄭王房有武都郡公、吏部尚書暠，於武昭王爲十世孫，暠弟暈太僕卿。《宗室傳》亦同，又有兄昪。惟『武都郡公』作『武都縣伯』，『太僕卿』作『太僕少卿』。又據《表》，暠是淮安王曾孫、清河王孝節孫，而傳稱孝節曾孫，世次亦參錯。然暠之名字則顯然無誤。暠當玄宗之世，時方尊武昭王爲興聖皇帝，何以直犯其諱不避，真不可解。」

裴冕傳脱文

《舊·裴冕傳》：「太子入靈武，冕與杜鴻漸等勸進，曰：『主上厭勤大位，南幸蜀川，宗社神器須有所歸，天意人事不可少失，況賢智乎？』」原本與近本同，校本添改云：「天意人事不可固違，若逡巡固辭，失億兆之心，則大事去矣。臣等猶知不可，況賢智乎？」校本據宋刻。

郭子儀討周智光

《新・叛臣・周智光傳》：「大曆二年，詔郭子儀密圖之，子儀得詔未行，帳下斬其首來獻。」《舊・智光傳》略同，而本紀云：「二年正月丁巳，密詔子儀討智光。甲子，智光帳下將斬智光首以獻。」此爲得實，獨孤及《毗陵集》第四卷《賀擒周智光表》云：「朝命將帥，夕殲渠魁。」此夸言之，其實相距八日。《新》本紀云：「丁巳，郭子儀討周智光。甲子，周智光伏誅。」此不當言「伏誅」，亦不如《舊》紀。

臧玠殺崔瓘

《新・代宗紀》：「大曆五年四月庚子，湖南兵馬使臧玠殺其團練使崔灌。」《崔瓘傳》：「累官澧州刺史，詔特進五階。大曆中，遷湖南觀察使。別將臧玠殺判官達奚覯，瓘惶懼走，遇害。」吴縝糾云：「紀書團練使崔灌，傳乃觀察使崔瓘，不同如此。」[一] 愚考《舊書》紀傳皆作「瓘」，《新》乃互異，傳寫之訛也。《通鑑》二百二十四卷作「灌」，非是。至《舊紀》書湖南都團練使崔瓘，《新》紀去「都」字，此字恐不可去。《舊・地理志》云：「至德之後，中原用兵，刺史皆治軍戎，遂有防禦、團練、制置之名，要衝大郡皆有節度之額，寇盗稍息，則易以觀察之號。」湖南觀察使，治潭州，管潭、衡、柳、連、道、永、邵等州，湖南不置節度，但置觀察即節度也，而治所在潭州，則潭州刺史即觀察統攝，不别置。至其所屬各州，逐州有刺史，當無不兼防禦、團練、制置等名，故瓘死，所屬道州刺史裴虬、衡州刺史楊濟出軍討玠，其兼團練明矣。然雖兼團練，不可云「都」，惟觀察稱之，故知「都」字不可去也。《舊》於《瓘傳》則云：「由澧州刺史優詔特加五階，至銀青光禄大夫，遷潭州刺史，兼御史中丞，充湖南都團練觀察使。兵馬使臧玠殺判官達奚覯，玠[二]遇害。」所書甚詳明，紀與傳一一相應，蓋紀書都團練，則其以刺史充觀察可知，《新》紀既删「都」字，又於傳盡削他銜，單書觀察，致動吴縝之疑，固屬非是，但縝著書當宋哲宗時，去唐肅代甚近，竟不知唐制，反不如我輩追考於千年以下者，亦太粗疏。

澧州係江南西道荆南節度使所管之下州，下州刺史係正四品下階，而銀青光禄大夫則係從三品之文散官，所差不過兩階，乃云加五階，蓋官與階不必相當，官大階小，瓘雖爲下州刺史，所得階僅止正五品上階，故加五階始至銀青光禄大夫，《新》傳但渾言特進五階，不言所進何階，省文可也。至於紀削去「都」字但言團練，傳削去「都團練」但言觀察，則謬矣。然猶曰善讀書者自能微會其似異實同之故，猶差可，其「兼御史中丞」一句，因唐外官無不兼京銜者，御史中丞亦正五品上階，瓘雖加至從三品階，所帶京銜止此，帶職與階尤可不必相當耳。《新》既一意刪削，即并此句去之，亦或尚可，若乃「遷潭州刺史」一句，則因潭州即湖南觀察治，欲用瓘爲觀察，故即令其以刺潭充，瓘外別無刺史也，此一句則斷不可省，乃一併去之，識暗心粗，膽大手滑，宋人通病。

《舊傳》「兵馬使臧玠」，《新》必改爲「別將」，亦非。

校讀記

[一]見《新唐書糾謬》六《紀書團練使崔灌而傳乃觀察使崔瓘》條。

[二]「玠」當爲「瓘」字之誤。按《舊書》卷一百一十五《崔瓘傳》云：「是夜，臧玠遂搆亂，犯州城，以殺達奚觀爲名。瓘惶遽走，逢玠兵至，遂遇害。」

十七史商榷卷八十九

新舊唐書二十一

李懷光爲部將所殺

《舊·李懷光傳》："懷光叛，朔方部將牛名俊斬其首以降。"《新書》本傳同，而於《韓游瓌傳》乃云："懷光見勢單蹙，乃縊死。"一書中自岐其說。《陸宣公集》制誥第三卷《誅李懷光後原宥河中將吏并招諭淮西詔》敘此事云："渠魁授首，餘衆革心。制勝以謀，兵無血刃。"則知非擒獲伏誅，亦非臨陣斬之，但爲部將所殺，與自縊有別，其事宜核實歸一。詔中論平懷光爲馬燧、渾瑊、駱元光、韓游瓌、唐朝臣五人功，《新》《舊》《懷光》《游瓌傳》皆作"瓌"，陸《集》誤。駱元光，後改賜姓名李元諒，諸人惟唐朝臣《新》《舊》皆無傳。

楊子院

《新書·班宏傳》：「貞元初，宰相竇參爲度支使，宏以尚書副之。楊子院，鹽鐵轉運之委藏也，宏任徐粲主之，以賄聞，參議所以代之，宏不可。二人不相合，參知帝薄己，乃讓使，知張滂與宏交惡，薦滂爲户部侍郎、鹽鐵轉運使，而以宏判度支，分滂關内、河東、劍南、山南西道鹽鐵轉運隸宏，以悦其意。」愚按：唐時天下財賦轉運使掌外，度支使掌内，見《新書·食貨志》第四十一。雖有此分，然此等使名實無定員，其爵秩職掌隨時變易，有以宰相兼領者，有以節度、觀察等使兼領者。楊國忠爲相領四十餘使，《新》、《舊唐》皆不詳載其職，洪邁考得中有度支，見《容齋續筆》第十一。至轉運雖有特遣使者，而中葉後節度、觀察之兼之者尤多，如浙西觀察使李錡領江淮鹽鐵轉運使是也。見《新書·食貨志》第四十三。轉運在外，亦遥隸度支，故楊子院爲轉運委藏，則主之者似宜轉運擇置，而度支使及副使乃從中制之，及班宏爲正使，而關内諸道轉運復隸之，則可見矣。楊子院在廣陵，《舊書·温庭筠傳》：「咸通中，失意歸江東，路由廣陵，乞索於楊子院。」是也。轉運委藏，他無所見，而於楊子特設之，且宰相與尚書争欲以私人主其事，而往來遊客如庭筠者從而乞索之，可見鹽利聚於揚州，委積富厚，甲於他道矣。蓋自漢初吴王濞盜鑄錢，煮海爲鹽，見《漢書》。其時茲地已爲利藪，故鮑照《蕪城賦》云：「孳貨鹽田，鏟利銅山。」唐昭宗謂揚州富庶甲天下，稱揚一益二，見《通鑑》。[一]則知唐時此地景象。

校讀記

[一]《通鑑》卷二百五十九云：「先是，揚州富庶甲天下，時人稱揚一、益二。」非唐昭宗語。

陽劉

《新·藩鎮·淄青李正己之孫師道傳》叙師道叛，諸鎮奉詔討之之事，有云：「魏博節度使田弘正將兵自陽劉濟河，拒鄆四十里而營。『拒』當作『距』。」愚案陽劉當在黄河之南岸，弘正自魏博向南行來，至此濟河，將取鄆也。鄆州，今東平州。亦作「楊劉」，《新五代史·唐莊宗紀》：「天祐十四年冬，梁謝彦章軍於楊劉。十二月，攻楊劉，破之。十五年正月，梁晉相拒於楊劉，彦章決河水以隔晉軍。六月，渡水擊彦章，破其四寨。」《通鑑》第二百七十卷《後梁均王紀》中云：「貞明三年十二月戊辰，晉王畋于朝城，大寒，王視冰已堅，引步騎度，此乃漯川，爲河所行。梁甲士三千戍楊劉城，緣河數十里，列柵相望，晉王急攻，皆陷之。進攻楊劉城，拔之。四年正月，晉兵侵掠，至鄆濮而還。」胡三省注云：「晉拔楊劉，楊劉屬鄆州界，乂[二]西則濮州界。」此「西」字上當脱「東」字。其下又云：「六月壬戌，晉王自魏州勞軍於楊劉，自汜舟，測河水，其深没槍，王謂諸將曰：『梁軍非有戰意，但欲阻水以老我師，當涉水攻之。』甲子，王引親軍先涉，諸軍隨之。是日水落，深纔及膝。北面行營排陳使謝彦章帥衆臨岸拒之，晉兵稍引却，梁兵從之。及中流，鼓譟復進，彦章不能支，稍退，登岸，晉兵乘之，梁兵大敗。是日，晉人遂陷濱河四寨。」《通鑑》所叙與《新五代史》是一事，但晉拔楊劉城，必據有之，斷無退至河北岸之事，既據有河南之城，而梁人亦結寨於此，晉人利速戰，梁人惡其屢來挑戰，故決河水隔之，蓋小支流決之使大，則可隔晉軍，然則晉王汜舟測水，涉水以攻，水落及膝，皆指謝彦章所決，非真黄河，若真黄河，則是時晉兵已據河南，河水豈能陷隔乎？《新五代史》叙事不誤，但其文太簡，觀薛居正《舊五代史》第二十八卷《莊宗紀》叙此甚詳，且云：「謝彦章率衆廹楊劉，築壘自固，又決河水，瀰漫數里，以限帝軍。」則了然矣。《通鑑》不叙彦章決水隔晉軍，大非。朝城，今屬山東曹州府，彼時河奪漯出朝城東情形，與今迥别。梁晉夾河之戰總在楊劉、德勝，蓋欲自東而西，以逼汴梁。

校讀記

［一］「乂」原作「之」，據《通鑑》注改。

蕭復父諱更官名

《新·蕭瑀附復傳》：「進復户部尚書、統軍長史。舊制謂行軍長史，德宗以復父諱更之。」考復父名衡，非行也，此云父諱，乃諱嫌名耳。以人臣家諱嫌名，至爲改官名，無理甚矣。《賈曾傳》：「父言忠，曾擢中書舍人，以父嫌名不拜。」《馮宿傳》：「父子華，宿出爲華州刺史，避諱不拜。」《新五代史·雜傳·劉昫傳》：「唐明宗崩，太常卿崔居儉以故事當爲禮儀使，居儉辭以祖諱蠡。」唐人風氣相沿如此。

南衙北司

夫子以北辰比人君，記曰「南面而聽天下」，然則君位北而南面，臣位南而北面。若宦官居宫掖，稱北司，而以羣臣爲南衙，則惟唐之中葉有之。諸葛亮云：「宫中、府中，當爲一體。」宫中，君所在也；府中，臣所在也。猶元首之於股肱，而宦豎挾君以制羣臣，天下有不亂者乎？《新唐·李揆傳》：「京師多盜，至驂衢殺人，尸溝中，吏褫氣。李輔國方横，請選羽林騎五百，備徼捕，揆曰：『漢以南北軍相統攝，故周勃因南軍入北軍，以安劉氏。本朝置南北衙，文武區別，更相檢伺，今以羽林代金吾，忽有非常，何以制之？』」揆此論切中情事，蓋羽林即唐之北軍，金吾即唐之南軍，當李輔國時，宦官尚未專兵柄，而兆已見，故揆切言之。漢吕后崩，吕氏欲爲亂，吕産爲相國，吕禄爲上將軍，太尉周勃欲入北軍而不得者，以兵柄在禄也，紀通尚符璽，既持節矯内勃北軍，而酈寄復説禄，使歸將軍印，以兵授勃，則諸吕如孤豚矣，李揆所謂「勃因南軍入北軍」也。李輔國則欲以北軍兼奪南軍權者也。唐中葉後，宦官皆吕禄矣，而禄肯去兵，唐宦官不肯，無陳平、周勃，其奈之何哉？

《新·袁恕己傳》：「與誅二張，又從相王統南衙兵，備非常。」五王此時南北兵柄在手，後乃失之耳。又《新·高宗女·太平公主傳》：「主有逆謀，先天二年，與尚書左僕射竇懷貞、侍中岑羲、中書令蕭至忠崔湜、太子少保薛稷、雍州長史李晉、右散騎常侍昭文館學士賈膺福、鴻臚卿唐晙及元楷、慈、慧範等謀廢太子，使元楷、慈舉羽林兵入武德殿，殺太子，懷貞，羲、至忠舉兵南衙爲應。」羽林與南衙相應，則兵柄盡歸之。玄宗之得以平此難，亦危矣。自開元以前，史文稱南北非一，但中人未典禁軍，亂猶易弭，代德兩朝，兵權盡入宦官，故《新·王叔文傳》叔文謀取神策兵，宦人始悟奪其權，《王伾傳》伾請中人起叔文爲宰相，且總北軍，不許。藉令叔文與伾計得行，唐且大治。自憲穆以下，愈不可問，《新·劉蕡傳》：「元和後，權綱弛遷，神策中尉王守澄負弑逆罪，更二帝不能討。文宗思洗宿恥，方宦人握兵，横制海内，號曰北司，外脅羣臣，内侮天子。蕡對策曰：『法宜畫一，官宜正名。

今分外官、中官之員，立南司、北司之局。或犯禁于南則亡命于北，或正刑于外則破律于中，法出多門，人無所措。太宗置府兵，臺省軍衛，文武參掌，閑歲則櫜弓力穡，有事則釋耒荷戈，所以修復古制，不廢舊物。今則不然，夏官不知兵籍，止于奉朝請；六軍不主武事，止于養階勳。軍容合中官之政，戎律附内臣之職。』」蕡對策語，此段最爲扼要，而《新·李訓等傳》贊又云：「李德裕嘗言天下有常勢，北軍是也。訓因王守澄以進，此時出入北軍，若以上意説諸將，易如靡風，而反以臺、府抱關游徼抗中人以搏精兵，其死宜哉。」[一]此贊意尤精，蕡對策時宦官握兵之勢已牢固，然使訓善謀，出以持重，如此贊中云云，事尚可成，且鄭注謀以羣閹送守澄葬誅之，此計亦佳，訓反忌注功成，急欲先發，所謂「以臺、府抱關抗精兵，宜其死」者是也。要而言之，則禍根總在中人得兵。

校讀記

[一]李慈銘曰：「慈銘案：子京此論非也。訓内結韓約用金吾兵，外結王璠、郭行餘用邠寧、河東兩鎮兵，兵力已爲不弱，未嘗專用其臺府之卒，其事不成，則首誤於韓約之流汗，繼誤於王璠之股栗，幕内金吾之兵玩匿而不出，使士良輩得脱逃，而兩鎮兵又不齊至，訓以一身孤處殿上，自不能與中人抗，天實爲之，固非其罪。若謂訓因王守澄以進，出入北軍，可以上意説諸將，則尤不識事勢之言。中人久統兩軍，將校皆已帖伏，惟知有中尉，不知有天子，觀范希朝

之拜神策行營節度使，其時順宗不言王叔文專政，權既較重于訓，宦官之横亦遠不如大和之世，而神策將士，因謁辭中尉時，一言之沮，諸將兵馬遂無肯屬希朝者，雖伾、文之寵，希朝之威名，皆束手不能有所轉移，足見爾時宦寺已中外蟠結，牢不可破，況更三十年，其勢益成，訓雖始因中人進，然是時方已誅王守澄、守涓兄弟，樞密軍漸見戮逐，訓已力與中人爲難，南衙北司仇忌正深，豈復能出入北軍，陰説諸將？要之，訓連結中外，謀非不臧，凶德方熾，竟嬰其毒，殺身湛族，史册蒙寃，深可痛也。」

李泌傳據其家傳

《舊·李泌傳》深貶泌之挾左道，絶無美詞，而《新傳》大有褒許，與《舊》絶異。觀其論贊，則知《新》所據者，其子繁所作《家傳》也。《宋史》第二百三卷《藝文志》：「李繁《鄴侯家傳》十卷。」《新》於《繁傳》中既斥其無行，傾險淫亂，且謂繁之言多浮侈，不可信，而又言掇其近實者著於傳，豈其每事必欲求異於《舊》，不顧虛實邪？錢希白[二]《南部新書》卷一云：[二]「李泌好言神仙鬼道，云與赤松王喬安期羡門遊處，坐此爲人所譏。」今有《鄴侯外傳》一卷，陸楫刻入《説海》者，一派詭怪之談，因泌本好左道，故小説從而附會。《通鑑》自二百十八卷以下，於肅宗時書泌輔導事頗詳，以後歷代德兩朝則略去泌事，司馬君實誠篤之人，殆亦不甚取泌。

校讀記

[一]「白」原誤作「言」。按錢易字希白，見《宋史》卷三百一十七《錢惟演附從弟·易傳》。

[二]引見《南部新書》卷丁。《新書》每卷標題，自甲至癸，以十干爲紀，作「一」者誤。

李抱真傳異同

《李抱真傳》，《新》、《舊書》稍不同，如叙田悦、朱滔、王武俊反，德宗出亡奉天之下，《舊》先言李懷光奔命，馬燧、李艽歸鎮，然後朱泚汙宫闕，李希烈、李納皆反，此下方言帝幸梁州，懷光亦叛，抱真獨於擾攘傾潰中，以山東三州抗羣賊，《新書》因如許節次與抱真無涉，於帝狩奉天下即並書希烈納懷光反，文誠省浄，却不顯抱真之歷盡羣凶，危疑中赤心無貳，一段血誠矣。「興元初，檢校左僕射、平章事」之下，《新書》有「由倪國公進義陽郡王」。《抱真德政碑》，董晉撰，班宏書，今在潞安府城内，予有拓本，其標題可識者有「昭義軍」字，下空，有「支度營田兼澤潞」字，下空，有「邢」字，下空，有「州觀察處置等使光禄大夫檢校司」字，下空，有「同中書門下平章事兼潞州大都督府長史上柱國義陽郡」字，下空，有「公」字，下空，有「銘」字，凡五十字。「軍」下當是「節度」字，「潞」下當是「磁」字，「司」下當是「空」字,「郡」下當是「王」字「李」字,「公」下當是「德政碑」字,據史及趙明誠《金石録》知之,[二]而碑文之首即有「唐元臣義陽郡」云云,其末段總叙有云「公歷官十八政,再爲侍御,中丞尚書常侍,三領郡守,一登亞相,兩踐端揆,封義陽郡王,食封六百户」,然則碑與《新書》合,人臣封王者少,在抱真誠可無愧,《舊書》漏去,非也。「六百户」,《新》同,《舊》作「五百」,亦非。《新》、《舊書》皆言抱真本姓安,武德功臣興貴裔,而碑叙其先世云「某部尚書懷恪之孫,太子太保齊管之子」,皆《新》、《舊書》所無。初入朝,因策僕固懷恩敗,授殿中少監,《新》、《舊書》同,而碑則云:「拜殿中少監,兼御史中丞。」《新》、《舊書》略去兼官,其餘所歷官大約皆與《新》、《舊書》合,前半篇有「肆其猖狂」及「理亂之道」「禍福之門」等語,案羣賊皆反,抱真以數騎入王武俊營,説之曰:「泚、滔等欲陵駕,吾屬足下捨九葉天子而臣反虜乎?」明日,武俊遂從抱真擊破朱滔。「九葉」者,高、太、高、中、睿、玄、肅、代、德也,碑文所叙指此事,其餘褒奬之詞有曰:「威勵霜雪,氣淩雲霓。」又曰:「德及蒼生,忠貫白日。」又曰:「爲國之楨,隱如長城。英風外馳,明謨内融。王度克遵,惠此罷人。以德代刑,廢澆爲淳。恢振皇綱,輔弼天業。帝曰抱真,允文允武。俾登鼎鉉,錫之茅土。名高方召,道冠申甫。」以抱真之忠義勇略,功名政績,碑詞良非過譽,《文苑英華》既不載,石本又漫漶,可讀者止於此,惜哉。碑立於貞元九年,而《舊書》言抱真即以貞元十年卒,《新書》略去卒年，亦謬。

校讀記

［一］《金石録》卷九著録《唐澤潞李抱真德政碑》。

李晟大功舊傳爲詳

《舊·李晟傳》：「吐蕃寇劒南，時節度使崔寧朝京師，三川震恐。」《新》改云：「吐蕃寇劒南，方崔寧未還，蜀土大震。」叙事一也，本無差别，乃必强删改之，突出崔寧，不知何人？混稱「未還」，究在何處？宋祁之妄大率如此。《舊傳》最爲詳贍，共七千餘字，《新》無所增而多所删，只四千二百餘字。《晟神道碑》，裴度撰，柳公權書，立於太和三年，趙崡所見石已泐，今本乃後人重刻者，其文簡略之至，晟純忠大功多所遺落，如破朱泚收京城，功之尤大者，亦甚略，殊不可解。《舊》《新傳》皆言德宗自製紀功碑以賜，立石東渭橋，而《神道碑》云「嗣子聽，以太和元年七月上疏言公之徽烈，則御製碑文于渭川矣。惟丘隴無碑，將刊石式表，乃命臣度」云云，則知度之所以不詳者，避重出也。所載歷官，碑與史不同者凡七條，見《金薤琳瑯》，瑯子之名多少詳略不同者見《金石録》、《石墨鐫華》。［一］

校讀記

[二]見《石薤琳瑯》卷十四、《金石録》卷二十九、《石墨鐫華》卷三。

李愬平蔡功居其半

《舊·李晟傳》史臣論曰：「西平作善遺慶，諸子俱才，元和平賊之功，聽、愬居其半。父子昆弟皆以功名始終，道家所忌，李氏以善勝矣。」又贊云：「愬事章武，誅蔡平齊。凌煙畫圖，父子爲宜。」平齊謂愬于擒吴元濟平淮蔡之後又平淄青李師道也。《舊書》此論甚允，愬既大功臣之子，入蔡功又甚偉，自請櫜鞬見裴度，使蔡人知上下分，事見《舊》本傳，亦載錢希白《南部新書》丙。其公忠不伐如此。韓昌黎《平淮西碑》叙愬之功，實爲太略，羅隱《讒書》第五卷《説石烈士》篇言：「魏人石孝忠事愬爲前驅，蔡平，詔刑部韓侍郎撰碑，孝忠熟視其文，大恚，作力推其碑傾陊，上召見，頓首曰：『吴季琳，蔡奸賊也，愬降之；李祐，蔡驍將也，愬擒之。蔡之爪牙脱落于是矣，及元濟縛，丞相不能先知也。蔡平，刻石紀功，盡歸丞相，愬名反與光顔、重允齒，愬固無言，不幸復有一淮西將略如愬者，復肯爲陛下用乎？』憲宗復詔翰林段學士撰《淮西碑》，一如孝忠語。」《唐文粹》第五十九卷録段文昌作，不及韓作，《文苑英華》第八百七十二卷雖采韓作，而仍並列段作，其有見於此與？

渾瑊傳宜從新改

《舊·渾瑊傳》叙德宗至奉天，爲朱泚所圍，杜希全、戴休顏、常春合兵六千人赴難，將至，議其所向，盧杞以漢谷路爲便，瑊曰：「漢谷險隘，必爲賊所邀，不若取乾陵北過，附柏城而行，便取城東北雞子堆下營，與城中犄角相應。」原本於「取乾陵北過」之下作「附使城守固而行，便取城東北雞子堆下，與城中犄角」云云，語多艱晦，不如近本之確。自一百二十卷起至一百四十五卷共二十六卷，宋刻本及影宋鈔本並亡，故校本皆闕，《新》改者雖不知其何據，然近理者當從之。奉天，縣名，睿宗置，今爲陝西乾州。乾陵，高宗、武后合葬陵名，在今州城西北五里，見《陝西通志》七十一卷《陵墓》門。諸節度赴難奉天取乾陵路事，散見休顏及韓遊瓌等傳中。觀下文杞與瑊辨論，杞慮驚陵寢，而瑊云：「賊斬伐柏城，驚動已多。」則柏城應即陵上松柏環列如城者，故欲令附之而行，下亦別有「雞子堆下營」語，則「營」字不可少，知《新》改皆近理。

戰多

「渾瑊父釋之，積戰功遷開府儀同三司」，《新》改爲「積戰多」，《新》於《契苾明傳》、《張守珪之子獻誠傳》、《叛臣·李懷光傳》皆用此語。又如《王忠嗣傳》叙其拔吐蕃新羅城則云「忠嗣録多」，若《段志元傳》則并省文，直云「多矣」，此直文理不通耳。假令觀者偶不記《周禮》有戰功曰多之文，則安知所謂多者爲何等語乎？又如《舊·酷吏·吉温傳》：「中官納其外甥武敬一女爲盛王妃。」《新》則用《左傳》改爲「納其出武敬一女」云云，宋人説經，於三代古言不通，便以漢注爲誤，奮筆改之，若宋祁之修史，喜掉書袋，動輒改抹。《舊唐書》而用三代語以叙唐事，亦覺可厭。

陸贄論裴延齡

裴延齡，聚斂之臣，讒諂面諛之人也。陸贄《論延齡姦蠹書》載文集奏議第七卷，長至五千九百餘字，《舊書·延齡傳》雖删節，所存猶不下一千三百字。此不獨關唐代興衰，實可備千秋鑑戒，載之豈嫌太鲦乎？《新書》乃盡削去，僅存數語，非是。《舊》於延齡死後書「贈太子少保」，《新》作「太子太傅」，恐當從《新》。《新》并及永貞初，度支言延齡列别庫分藏正物無益，而有吏文之煩，改歸左藏。又元和中，有司追謚曰繆。此能補《舊書》之缺，亦佳。

王叔文謀奪内官兵柄

《舊·王叔文傳》：「叔文謀奪内官兵柄，乃以故將范希朝統京西北諸鎮行營兵馬使，韓泰副之。初，中人尚未悟，會邊上諸將各以狀辭中尉，且言方屬希朝，中人始悟兵柄爲叔文所奪，中尉乃止諸鎮無以兵馬入。希朝、韓泰已至奉天，諸將不至，乃還。」此事又見《宦官》竇文場、霍仙鳴、俱文珍等傳。《新·叔文傳》云「叔文謀取神策兵，制天下之命」云云，又云「宦人悟奪其權，大怒曰『吾屬必死其手』」云云，語雖小異，意則同。作史者既知此，則叔文之忠於謀國顯然矣，乃論贊又云：「叔文沾沾小人，竊天下柄，與陽虎取大弓，《春秋》書爲盜無異。」何宋祁之但以成敗論人乎？叔文所引用者皆賢，無論劉禹錫、柳宗元，才絶等倫，即韓華亦有俊才，陳諫警敏，一閲簿籍，終身不忘，凌準有史學，韓泰有籌畫，能決大事，程異居鄉稱孝，精吏治，厲己竭節，矯革積弊，没無留貲，歷歷見《新傳》，豈小人乎？何又斥其「傳匪人，規權遂私」乎？至於用范希朝，則《新書》於《兵志》已表其欲奪宦者權而不克，於希朝本傳更盛稱其治軍整毅，當世比之趙充國，且歷叙其安民禦虜保塞之功，與《舊·韓遊瓌傳》所云「大將范希朝善將兵，名聞軍中」者正合，然則叔文之用希朝，舉賢爲國，可謂忠矣，斥爲小人，直是自相矛盾，何以服叔文於地下。

常熟陳司業祖范文集

第一卷《昌黎集跋》二篇正與予意合。[二]

《新·宦者傳》：「肅代庸弱，倚中人爲扞衛，故輔國以尚父顯，元振以援立奮，朝恩以軍容重，然猶未得常主兵也。德宗懲艾泚賊，故以左右神策、天威等軍委宦者主之，置護軍中尉、中護軍，分提禁兵，是以威柄下遷，政在宦人，舉手伸縮，便有輕重。至慓士奇材則養以爲子，巨鎮彊藩則争出我門，小人之情，猥險無顧藉，又日夕侍天子，狎則無威，習則不疑，故昏君蔽於所昵，英主禍生所忽。玄宗以遷崩，憲敬以弑殞，文以憂憤，至昭而天下亡矣。禍始開元，極於天祐。凶愎參會，黨類殲滅，王室從而潰喪，譬猶灼火攻蠹，蠹盡木焚，詎不哀哉？」此一段極論宦官典兵之害，其言絶深痛，乃反以謀奪宦官兵柄者爲沾沾小人，與竊盜無異，其亦不思而已矣。《宦官·程元振傳》詳載柳伉諫德宗疏，亦極言任宦豎之害，請斬元振首，持神策兵付大臣。

《舊唐書》亦狥衆論，以叔文與諸姦同卷，而就中於白志貞及叔文數人，獨于其傳首稱爲某人者，添一「者」字，賤而忽之之詞。志貞以其出身之微，叔文以其進用之驟，而資望之淺也，但論中極論姦邪誤國，而於叔文獨云「乘時多僻，欲斡運六合」云云，足見叔文迹雖狂妄，心實公忠，就《舊書》紬繹之，尚可平反此獄。若《新書》於本紀盡删叔文所行善政，并斥其名不見，而於其本傳亦因芟削改竄，使後人無可據以理叔文之冤矣。《舊書》之不亡，唐人之幸也。

《容齋續筆》第四卷謂：「柳子厚、劉夢得皆坐王叔文黨廢黜，劉頗飾非解謗，柳獨不然，其《答許孟容書》云：『與負罪者親善，奇其能，謂可共立仁義，裨教化。暴起領事，人所不信，射利求進者，百不一得，一旦快意，更恣怨讟，詆訶萬狀，盡爲敵讎。』見《柳先生集》三十卷。及爲叔文母劉夫人墓銘，極其稱頌，謂叔文『堅明直亮，有文武之用。待詔禁中，遇合儲后。獻可替否，有康弼調護之勤；訏謨定命，有扶翼經緯之績；將明出納，有彌綸通變之勞。內贊謨畫，不廢其位。利安之道，將施于人。而夫人終於堂，知道之士爲蒼生惜焉』。見《柳先生集》十三卷。」容齋意固不以叔文爲善，而所舉子厚自叙之詞特爲具眼，子厚非怙過也，道其實耳。若禹錫《子劉子自傳》，則其於叔文竟黜其邪佞，并若自悔其依附之謬矣。見《中山外集》第九卷。

校讀記

[一]章士釗《柳文指要》卷十五《雜録》二《記昌黎集後條》云：「吾查閱王氏鳴盛《十七史商榷》，而知陳氏祖範集中有《記昌黎集後》一文，因覓得李氏慈銘所藏陳集，李並用朱筆批記於後，詞雖簡略，足見八司馬事在吾國影響之鉅，甚爲歡躍。兹録陳文於下：『予讀韓退之《順宗實録》及《永貞行》，歎劉、柳輩八司馬之冤，意退之之罪狀王、韋，實有私心，而其罪固不至此也。夫

順宗在位，纔五月耳，《實録》所紀，如罷宫市、止月進、停鹽鐵使、禁五坊小兒、出後宫女教坊妓、黜李實、罷陰陽醫卜待詔翰林者、追還陸贄、陽城、鄭餘慶，皆平明之治也。至于謀奪宦官兵柄，尤爲救時第一要策，若其計成，則劉蕡不必叫天而對策，文宗不恨受制于家奴，内豎不擅廢立之權，而唐祚可更延也。不幸宦官覺悟，計不得行，未幾而太子監國，伾、文旋竄逐死矣。斯舉宜爲有識所痛惜，乃《永貞行》云：「北軍百萬虎與貔，天子自將非他師。一朝奪印付私黨，懍懍朝士何能爲？」以宦官典兵爲天子自將，領以朝臣爲付私黨，是得爲公論深識或與？退之于貞元十九年上疏貶陽山令時，伾、文已用事，其徙掾江陵也，在順宗即位之二月。退之《寄三學士》詩云：「適會除御史，誠當得言秋。拜疏移閤門，司空歡綢繆。謂言即施設，乃反遷炎州。同官盡才俊，偏善柳與劉。或慮語言洩，傳之落冤仇。二子不宜爾，將疑斷還不。」所謂冤仇者，伾、文、執誼也。《憶昨行》云：「伾、文未揃崖州熾，雖得赦宥常嫌猜。近者三姦悉破碎，羽窟無底幽黄能。眼中了了見鄉國，知有歸日眉方開。」退之於伾、文、執誼有宿憾，于同官劉、柳有疑猜，進退禍福，彼此有不兩行之勢，而伾、文輩又速敗，于是奮其筆舌，詆斥無忌，雖其事之美者反以爲惡，而劉、柳諸人朋邪比周之名成矣。史家以成敗論人，又有韓公之言爲質的，而不詳其言之過當，蓋有所自，予故表而出焉，非以劉、柳文章之士而回護之也。』越縵評於後云：『卓識不可易，經生家所難。八司馬事，范文正公略爲昭雪，至國朝而田氏雯、馮氏景、全氏祖望、王氏鳴盛皆力申之，王氏之言尤痛切，足破自來迂儒之陋。』語雖簡略，而意深切著明，越縵向於評騭前賢，詞嚴義正，絲毫不肯假藉，而論八司馬事，尤於昌黎峻責不少貸，其憑借中清諸賢以申罪致討，可謂假他人酒杯，澆自己塊壘者已。越縵向於經生無好感，平昔詆諆無所不至，今於陳亦韓輝按：陳祖範字亦韓。標曰『經生家所難』，可云特筆。」

竇參傳當從新改

《舊·竇參傳》：「遷奉先尉。縣人曹芬名隸北軍，芬素兇暴，因醉毆其女弟，其父救之不得，遂投井死。參捕理芬當死，衆官請俟免喪，參曰：『父由子死，若以喪延罪，是殺父不坐也。』正其罪，杖殺之。」「其父」，原本作「族人」，按其文義，自當作「其父」，近本改是。

盧邁賈耽皆陸贄所薦

《舊·盧邁傳》云：「九年，以本官同中書門下平章事。」九年者，貞元九年也，而其上文不言貞元，此駁文。又《賈耽傳》亦書貞元九年徵爲右僕射、同中書門下平章事，考《新書·宰相年表》，二人同時入相，《舊》兩傳皆與《年表》合。李觀《元賓文集》第四卷有《上陸相公書》，陸贄也，中有云「相國立身已來不二十年，興乎諸生，踐乎三公。昨者盧、賈二公同升台鼎，天下謂賢，相公薦賢，莫不欣欣」云云，據此則盧、賈皆贄所薦，而《舊傳》皆不言,《新》於二人傳亦無此語。二人相業雖不甚著,然皆清正,以贄之賢,所薦自必端人,《新》、《舊書》於二人傳苦事蹟寥寥,宜各添「陸贄薦之」一句。

李賀不就進士試爲協律郎

《舊・李賀傳》:「父名晉肅,以是不應進士,韓愈爲作《諱辨》,賀竟不就試。」《新書》同。案康駢《劇談録》:「賀與元稹有隙,後當要路,因議賀父名晉肅,不合應進士舉。」王定保《摭言》亦云:「賀舉進士,或謗賀不避家諱,文公特著《諱辨》一篇。」[一]進士乃科中一目,州縣鄉貢但可謂之應進士舉,不可謂之就進士試。賀因人言,雖應舉,仍不赴禮部,故云不就試。史文非有誤也。故明有科無目,必待及第方成進士,其餘但呼舉人,與唐宋異矣。又云:「補太常寺協律郎,卒時年二十四。」考《職官志》,太常之屬有奉禮二人,從九品上,協律郎二人,正八品上。李商隱作《賀小傳》云:「生二十七年,位不過奉禮太常。」《賀集》有《始爲奉禮憶昌谷山居》詩,賀未及第,大約不過以恩澤得官,豈能遽正八品上階,當作「奉禮」爲是,《新書》亦作「協律」,誤與《舊》同,改爲「卒年二十七」則是也。

校讀記

[一]見《唐摭言》卷十。

賈耽地理學

《舊·賈耽傳》叙其地理之學，凡一千三百餘字，備載其各種著述大略及《進書表》二篇，大約係全文。耽書已亡，而讀此可見梗概，殊爲可喜。《新傳》於此事删削只存二百餘字，誠簡浄，然無以攄懷舊之蓄念，發思古之幽情矣。《陸宣公集》第八卷《賈耽東都留守制》有云："賈耽豁達貞方，識通大體。明九域山川之要，究五方風俗之宜。"即一命官制詞亦必及之，可知耽地學爲當時所重，而鄭餘慶所撰《耽神道碑》述之亦詳，約不下三百字，見《文苑英華》第八百八十七卷。

姜公輔策朱泚反

姜公輔，宰相也，而《舊書》本傳云："不知何許人。"《新書》傳則云："愛州日南人。"自當有據，但《世系表》於天水姜氏叙述頗詳，九真姜氏但云"本出天水"而已，槩不能言其宗派所自。公輔之上但有祖、父，旁但有一弟，其下子姓無一人，則以生於天末，終歸茫昧也。朱滔以涇原兵亂長安，德宗出奔，時朱泚在京，公輔請取以從，或殺之，無爲羣凶所得，不從。及出，帝欲幸鳳翔，公輔勸幸奉天，從之。帝至奉天，人言泚反，盧杞尚以百口保不反。二書於《公輔傳》所載略同，而蘇鶚《杜陽雜編》上卷商濬《稗海》刻本記此事，其時其地參錯齟齬，皆當以正史爲據，《雜編》不可信也。公輔之策泚反，與張九齡識禄山反無異，德宗以直諫棄之，宜乎亂終不弭，厥後順宗復起吉州刺史，亦王叔文起之耳。可見叔文能引賢，所相爲異者惟鄭珣瑜輩而已，豈朋邪害正者乎？

十七史商榷卷九十

新舊唐書二十二

韋臯紀功碑

《新·韋臯傳》臯爲劍南西川節度使，歷叙臯戰功，進檢校司徒兼中書令、南康郡王，帝製紀功碑褒賜之。順宗立，又檢校太尉。《舊書》不載賜碑事，歐陽氏《集古録》，予未見全目，但有跋尾，不載此碑，趙氏《金石録》有之，云：「德宗撰，皇太子誦正書，立於貞元二十年十二月。」而王象之作《輿地碑目》，於成都府列唐韋南康碑二，注云：「並在大慈寺殿中。」今《紀功碑》尚存成都，家觀察鳳儀搨以寄予，剥落殊甚，殆不可讀。首行標題可辨者有「川節度大使檢校中書令上柱國南康郡王韋臯紀碑銘」二十二字，末行可辨者有「和三年四月廿五日勒」九字，則立碑之年月也。據史，碑文乃德宗御製紀功以褒賜之，若然，則「川」上闕者「劍南西」三字，「紀」下闕者「功」字，而「檢校」下闕者當爲「司徒兼」三字，然則立碑當在貞元時，今「和」字極明，其上一字雖漫漶，卻的係「元」字，乃其前「檢校」下一字雖亦漫漶，而的係「司」字，非「太」字，皋死於永貞元年，則位終檢校司徒，未嘗加太尉，史言順宗進太尉爲非，抑德宗製文以賜者，決無不即勒石直遲至元和三年之理。今趙《録》固明言貞元二十年十二月立矣，王象之既言韋有兩碑，則予所得乃後碑，而趙所録乃前碑恐已亡矣。前碑當貞元，後碑則當元和，而亦出憲宗御製，故標題直書名不稱韋公，其題首當更有「御製」二字。

皋遣劉闢謁王叔文

史言王叔文干政，皋遣劉闢來京師謁叔文曰：「公使私於君，請盡領劒南，則惟君之報。不然，惟君之怨。」叔文怒，欲斬闢，闢遁去。皋知叔文多釁，又自以大臣可與國大議，即上表請皇太子監國。又上牋太子，暴叔文、伾之姦，且勸進。會大臣繼請，太子遂受禪，因投殛姦黨。〔叔文欲斬闢，亦見《南部新書》卷丙。〕愚謂皋雖有功，位已極矣，地已廣矣，又欲盡領劒南，何其貪也。始知叔文專權則私請之，鄙甚；後知其孤立，爲中人所惡，則乘間傾之，險甚。表請監國，豈爲國乎？憾其不許闢請耳。皋以闢爲腹心，闢之亂，皋實啟之，惜叔文之先見，而其計不行也。憲宗讐視其父所任用之人，而隱德皋之首請太子監國，且上牋勸進，故於其死後追思不已，曲加褒美。碑中「宣翼贊之力，著恢復之勳」、「禦大災，清大難」等語，此謂皋不受朱泚僞命，歸附德宗於奉天猶可，至「謀猷杖忠義之臣，得鎮撫之宜」及「輸賝委贄」等語，此謂皋通雲南、破吐蕃，亦猶可，乃又屢稱爲純臣、爲忠良則非。《新》、《舊書》言劉闢厲階，實皋所爲，在蜀侈橫，斂財以事月進，幕僚皆奏署屬郡刺史，又務私其民以市恩，其於叔文，干請擠陷，反覆傾危，真小人之尤，豈純臣耶？《新書》一百八十卷《李德裕傳》言皋在蜀啟戎資盜，養成癰疽，則功固未足以償其罪也。

韋聿避父嫌名

《新·韋皋傳》末附皋兄聿：「遷秘書郎，以父嫌名换太子司議郎。」《舊書》無此言，《新書》所添也。但《舊書》不言皋與聿之父何名，《新書》既欲載此事，而其前亦並無父名，令人不曉其何謂。權德輿《南康郡王家廟碑》：「皋父名賁，與秘同音。」見《唐文粹》第六十卷。

唐以河北爲山東

《新·藩鎮·魏博傳》首論肅代以下瓜分河北地以付叛將，杜牧以山東王不得不王，霸不得不霸，賊得之，故天下不安。愚謂唐以河北、魏博、鎮冀諸鎮爲山東，前於《後漢·

鄧禹傳》論山東、山西與此亦略同，至今之山東則大不同，《潛丘劄記》第三册言今山東本宋之京東東路、京東西路，金以都不在汴，改「京」爲「山」，而「山」字無著矣。愚謂今之山東，若指爲陝山以東亦可，未必遂無著，如《史記》云「山東豪傑竝起亡秦」是，要與河北之山東大異。《通鑑》第二百七十一卷《後梁均王紀》下龍德二年「晉王李存勗率兵至新城南，候騎白契丹前鋒宿新樂，涉沙河而南，諸將勸擊之，晉王亦自負云『帝王之興，自有天命，契丹如我何？吾以數萬之衆平定山東』」云云，胡三省注云：「河北之北在太行常山之東。」此下「北」字誤，當作「地」。觀此，則河北之爲山東自明。

王莽河

《舊書》一百四十一卷田承嗣之姪《悦傳》「悦叛，馬燧討之，李懷光率禁軍助討。王武俊救悦，懷光軍敗，武俊決河水入王莽故河，以隔官軍，水深三尺，糧餉路絶」云云，《新書》二百十卷田承嗣之子《緒傳》「緒殺悦，自爲留後。朱滔令將馬寔率兵討之。進攻魏州，寔瀕王莽河壁，南距河，東抵博州」云云，又二百十一卷《王武俊傳》叙武俊救田悦，決河斷王師餉路，與《舊書・悦傳》所叙是一事，而稱爲王莽渠。考悦、緒據魏博，而唐魏州即今直隸大名府。《史記・河渠書》云：「禹道河至大伾，以爲河所從來者高，水湍悍，難行平地，乃厮二渠以引其河。」二渠之解有二，孟康曰：「其一出貝丘西南南折，其一漯川。」「南折」二字有誤，不如酈道元解：「一則漯川，則今所流也。一則北瀆，王莽時空，故世名是瀆爲王莽河也。」二渠皆自長壽津以引其河，長壽津在今濬縣滑縣之間。《河渠書》又云：「元光中，河決瓠子，注鉅野，通淮泗，天子發卒塞瓠子，導河北行二渠，復禹舊迹。」據此，司馬遷以武帝塞決爲復禹迹，則其意以西漢見行之河即禹河，所謂北瀆，一名大河故瀆者也。其實此乃周定王五年河所徙，非禹河，至《漢志》魏郡鄴縣故大河在東北入海，此漳水與河經流徙駭相亂，尤非禹河，據鄭康成注《禹貢》，以屯氏河爲禹河也。自王莽時北瀆又空，河奪漯以行，自朝城東出矣。悦、緒傳云云，猶是後漢所行，酈道元所見之道，彼時在代德間，王莽河已涸不待言，故決水入之而僅得三尺，抑雖涸而河形猶在，故瀕河置壁也。《唐史》少及河事，聊一考之。

歸卒於魏州

《舊·田弘正傳》：「弘正由魏博節度使移鎮冀，以與鎮冀有怨，以魏兵二千爲衛從，朝廷不許。明年七月，歸卒於魏州。」文義滯拙，忽稱兵，忽稱卒，殊不分明，當云：「明年七月，弘正不得已，乃歸其兵於魏州。」

朱滔王武俊將救田悦

《舊·張孝忠傳》：「朱滔、王武俊謀叛，將救田悦於魏州。」原本作「詔田悦救於魏州」。案田悦乃承嗣姪，世濟其惡，與朱滔、王武俊同逆，時馬燧等率王師討悦，故滔、武俊欲救之，閩人詮原本大謬，近本改是。

李寶臣傳異同

李寶臣本安史逆黨，其後來降，《新》、《舊》二傳頗多異，今有《寶臣紀功載政頌碑》，尚在真定府察院故址，予得其拓本，殘缺甚，就可辨者與二書亦有異。始名張忠志，降後賜姓名，二書同。今碑第一段有云：「我亞相張公忠志。」又云：「公越在東土，受制宇下。」此即叙其從禄山事，與史合，其拒安慶緒而降，《舊》但言爲恒州刺史，而《新》則添封密雲郡公，今碑第二段有「授恒州刺史，封密雲郡」云云，正與《新》合。史思明反，寶臣又叛從之，思明敗，不受朝義命而降，《舊》所叙只如此，《新》則添叙寶臣爲賊固守，與賊黨辛萬寶相掎角，思明死，殺萬寶。今碑第三段先云：「歸於朝，朝廷嘉茂功，錫禮部尚書兼御史大夫、成德軍節度使、清河郡王，賜姓李。率寧全趙，開復東土。是用苴白茅，昭崇武功。」史不言御史大夫，省文。史言封隴西郡王，在大曆末，碑説拒史朝義初來降事，故封清河，此碑立於永泰二年，隴西乃後來改封也。碑於此段下追叙其功有云：「慶緒奔鄴，修好於公。」又云：「思明外公，以其黨辛萬寶。」又云：「夏四月，戮萬寶。」又云：「朝義播亡，係命於公。自公歸朝，是翦厥翼。翌日，公會王師於趙郊，恭行天用勦焉。」亦與史合，但碑多飾詞耳。史言寶臣拒朝義降，即有恒、定、易、趙、深、冀六州，而碑叙此事則云：「克諧五州，允奉如一。虜不我制，公用哆然。」又云：「戎性沓貪，南自相魏邢貝，東至滄德瀛鄚，疋夫疋婦，蕩在草莽，越踐公境，宣服公威，惕惕瞿瞿，攝進成序，若公在首，五州之人無荒，寧風行於冀，冀人熙熙。」此止言五州，與史不同，未詳。碑又云「惟九年冬，帝念[一]宗臣，特拜右僕射」，其碑首標題亦有「右僕射」字，而史作「左僕射」，疑亦後來所轉。但碑立於永泰，此必非大曆之九年，而天寶末至永泰紀年無九年，此亦未詳。碑又稱：「公德載於人，人以蕃殖。翼贊三主，鋪敦四凶。聖咨乃賢，神被乃禄。惟公牧恒，爾有君臣。公正爾有，父子公保。爾有灾厲，公奠爾有。稼穡公成，微公疇依。昭茂德，崇豐碑，皁成於文，庶永於世。克建樂石，昜揚頌聲。」頌曰：「惟君配天，惟臣配君。蟜蟜我公，爲君武臣。翼贊皇家，奄有世勳。」其誇美如此，三主，玄、肅、代也；四凶，禄山、慶緒、思明、朝義也。寶臣玄宗時爲射生子弟，叛從禄山，降而復叛，叛而再降，凶狡悖逆，罪不勝誅，何翼贊之有？陸贊《論關中事宜狀》曰：「往歲爲天下所患，咸謂除之則可致升平者，李正己、李寶臣、梁崇義、田悦。」是也。碑，支度判官王佑文，推勾官王士則書，皆其幕僚，大書深刻，欲欺天下後世，然是非千載炳然，小人姦言則何益矣。

校讀記

［一］「念」原作「命」，陳文和校據《全唐文》改，今從之。

王武俊傳脱誤

《舊・王武俊傳》：「趙州刺史康日知遣人謂武俊曰：『惟岳孱微而無謀，何足同反？我城堅衆一，未可以歲月下。且惟岳恃田悦爲援，前歲悦之丁勇甲卒塗地于邢州城下，猶不能陷，況此城乎？』復給僞手詔招武俊，信之，遂倒兵入恒州，率數百騎入衙門，使謂惟岳曰：『大夫舉兵與魏齊同惡，今田尚書已喪敗，李尚書爲趙州所間，軍士自束鹿之役，傷痛軫心。朱僕射强兵宿境内，張尚書已授定州，三軍俱懼殞首喪家。聞有詔徵大夫，宜亟赴命。』」案「勇」，原本作「男」，是。「招武俊」之下宜重「武俊」二字，原本、近本皆脱，今以意添。「魏齊」，原本作「魏帥」，魏帥即田承嗣也，但上文並稱承嗣與李正己，下文亦並舉田尚書、李尚書，此處不應專言魏帥，齊即正己也，當從近本所改。朱僕射，滔也；張尚書，孝忠也。「授」，原本作「援」，是。

王鎔傳未了

《新·藩鎮·鎮冀王鎔傳》末叙鎔事未了，闋然便止。古來紀述家無此體裁，當贅一句云：「後事入梁，在《五代史》。」

李元諒傳互異

《舊·李元諒傳》與《新傳》詳略互異，元諒由潼關節度移鎮隴右。貞元五年十月，華州吏民爲立楙功昭德碑，張濛撰，韓秀弼八分書。顧寧人云：「今在州治大門内。」[一]予得搨本尚可讀。《舊書》元諒始爲鎮國軍副使，領州事，在潼關領軍，《新》但言鎮國副，餘皆省去，以守華州拒朱泚功，加御史中丞，又省去，似尚可，及遷華州刺史、兼御史大夫、潼關防禦、鎮國軍節度使，加檢校工部尚書，《新書》乃但書其爲鎮國節度，其餘盡削去，則非也。觀碑首標題因元諒已遷隴右，而碑立於華，故連累書之，曰「潼關鎮國軍隴右節度使」，其御史大夫、華州刺史亦具書之，可見《新書》删削之非。其後又加檢校尚書右僕射，實封七百户，《新》改爲左僕射，五百户，而碑正作「右僕射」。碑叙戰功皆與《舊》合，其同李晟收京後出屯章敬佛寺，正與碑合，而《新》改爲出屯近郊，恐皆以《舊》爲正。至於未收京之先，《新》添出李希烈師出關，朱泚使劉忠孝召還，元諒斬之，所召兵不得入一節，斬徐庭光，馬燧怒，將殺元諒，《新》添出韓游瓌救解一節，與渾瑊禦吐蕃，《新》添出涇原節度李觀與元諒相表裏一節，皆碑所無，其前兩節《新書》或别有據，至李觀與元諒相爲表裏，《舊書》已詳《觀傳》，故於《元諒傳》不複出，《新書》乃取《舊·觀傳》中語入之《元諒傳》，而於《觀傳》又不便竟削去，乃但云：「平涼之盟，吐蕃不得志。」「不得志」者，何語也？明是有意改移，竄易閲者之耳目。宋祁用心如此，予所不解。《傳》曰：「仍舊貫，何必改作。」此之謂矣，餘見《石墨鐫華》。[二]

校讀記

[一]見《金石文字記》卷四。

[二]見卷三。

吴少誠應誅而反賞陳仙奇應有傳而無傳

李希烈功少於李懷光，而罪則什倍於懷光，親將陳仙奇殺之，其功甚偉，朝廷即授仙奇淮西節度，此舉甚當，乃仙奇無端俄爲吴少誠所殺，少誠本希烈黨，爲希烈報讐，是即逆人也，應加誅討，乃亦以授仙奇者授之，可乎？彼時兵連禍結，苟且圖寧，不顧其後，《陸宣公集》第三卷有《誅李希烈後原淮西將士并授陳仙奇節度詔》，又有《重原宥淮西將士詔》云：「希烈亂常，阻兵竊號。惟茲一軍，代著忠節。果殲元惡，不替舊勳。詢於衆情，就拜戎帥。旋乖䘏下之方，重致喪身之禍。猶賴將校士旅，秉其誠心，邦人不驚，軍部無撓。以茲節效，良有可嘉，所宜慰安，俾洽寬澤。應將士吏人承前所有諸過犯罪，無輕重一切釋放，曠然昭洗，咸與惟新。」殺希烈，仙奇一人之力，而曰「一軍」，仙奇有功無罪，而曰「乖䘏下」，少誠擅殺，朝廷命帥，而曰「有可嘉」，皆遷就曲詞，以宣公之明達忠誠，豈不知之？姑息出於不得已也。然特赦之耳。集中無授少誠節度制詞，此則宣公所不肯草。《新書·希烈傳》附希烈彊取竇良女，女與仙奇謀殺希烈一家，奇女子可人，傳末於仙奇被殺下云「竇亦死」，蓋亦爲少誠所殺，尤爲恨事。此種大約采之小説，要非妄造，[二]《舊書》無之，此《新》勝《舊》。仙奇當有專傳，且與盡忠死王事者同卷方是。《舊》僅於《希烈傳》後提一筆云「陳仙奇者」云云，凡兩三行，已恨輕率，《新》并無特提之筆，更覺闕然，想仙奇鄉貫履歷及入官本末，史家已佚去，故以聊爾附見了之。愚見以爲起首可云：「陳仙奇，不知何許人。爲李希烈親將。」以下只須取希烈叛逆，仙奇殺希烈事詳敘入，於《希烈傳》則以二三句了之，而云「事詳《仙奇傳》」，再取宣公詔詞入之，并入竇良女事，如此已可得洋洋一大篇。

校讀記

［一］李慈銘曰：「此本杜牧之集中《竇桂娘傳》。」

尊韓非宋祁筆

韓子在唐雖名高，及唐末已少問津者，直至歐陽公方表章推重。宋祁手筆與歐公迥不同，《李蔚傳》末論贊痛闢佛教，此歐陽公筆也。［一］宋有爲長吉上人書《般若經》，刻石台州大固山嘉祐院，見《台州志》。此等恐非宋筆，乃歐所改。至作《藩鎮·吴元濟傳》，竟全載《平淮西碑》，尊韓如此，恐亦歐改，要非史體。末段以元濟平由裴度，語意軒輊，抑李愬功，以改碑爲非，説已見前。

校讀記

［一］李慈銘曰：「慈銘案：此等未免武斷。」

杜佑作通典

左補闕李翰撰杜佑《通典》序云：「淮南元戎之佐曰尚書主客郎京兆杜公君卿，以大曆之始，實纂斯典，累年而成。」案《舊書·佑傳》：「佑以蔭入仕，補濟南府參軍、剡縣丞。潤州刺史韋元甫奏爲司法參軍。元甫爲浙西觀察、淮南節度，皆辟爲從事，深所委信。累官至檢校主客員外郎。」此檢校主客即元甫所奏署者，其時尚在元甫幕下，故翰稱爲「淮南元戎之佐」，《舊書》於此下乃云「入爲工部郎中，充江西青苗使，轉撫州刺史。改御史中丞，充容管經略使。楊炎入相，徵入朝，歷工部、金部二郎中，並充水陸轉運使，改度支郎中，兼和糴等使。時方軍興，饋運悉委於佑，遷户部侍郎、判度支。爲盧杞所惡，出爲蘇州刺史。佑母在，蘇州憂闕，换饒州刺史。未幾，兼御史大夫，充嶺南節度使。貞元三年，徵爲尚書左丞，又出爲陝州觀察使，遷檢校禮部尚書、揚州大都督府長史，充淮南節度使。丁母憂，特詔起復，累轉刑部尚書、檢校右僕射。十六〔二〕年，徐州節度使張建封卒，其子愔爲三軍所立，詔佑以淮南節制檢校左僕射、同平章事，兼徐泗節度使，委以討伐。及詔以徐州授愔，而加佑兼濠泗等州觀察使，在揚州開設營壘」云云，「十九年入朝，拜檢校司空、同平章事，充太清宫使。德宗崩，佑攝冢宰，進檢校司徒，充度支鹽鐵等使，依前平章事，旋又加弘文館大學士。順宗崩，復攝冢宰。元和元年，册拜司徒、同平章事，封岐國公。元和七年，光禄大夫、守太保，致仕。十一月，薨，年七十八」，此下總論佑生平爲人，因及作《通典》事，則云「貞元十七年，自淮南使人詣闕獻之」，并載其《進表》云「自頃纘修，年踰三紀」云云。考佑以大曆之始纂斯典，大曆元年，佑年三十二，貞元十七年進書，佑年六十七，相距恰三十六年，故云「三紀」。翰作序之時，佑爲淮南幕僚，及書成上進，則自爲淮南主帥矣，實更三紀，而但云「累年而成」者，其實官使府時但粗就初稿而已，尚未成也。佑入仕雖蚤，亦當弱冠，歷佐倅兩處，方入元甫幕，佐幕之初，大約已近三十，時方草創此書，在幕閱數任方爲主客，而初稿乃成，故云「累年而成」。翰天寶中已以進士知名，代宗初年爲侍御史，見《舊書·文苑傳》。於佑爲先達，佑欲藉皇甫士安重其《三都》，故以初稿急求爲序，厥後改潤，大約屢易稿方定。

《舊·韋元甫傳》：「大曆初，由浙西觀察入爲尚書右丞，會淮南節度使缺，授揚州長史、兼御史、淮南節度觀察等使。在揚州三年，大曆六年八月，卒於位。」然則元甫之出鎮淮南以大曆四年，而佑之歷主客亦在六年以前也。入爲工部郎中，是佑居京職之始，後又出歷三官，楊炎入相方徵入朝，《新書·宰相表》炎相係大曆十四年，佑時年四十五。軍興治饋運，係朱滔、李希烈、朱泚等亂，約俱在德宗建中三四年間事，而盧杞於四年貶，則佑之出爲刺史在建中四年以前也，貞元三年又入，時佑年五十三，其節度淮南大約在貞元七八年，或十餘年，自此以後，在淮南甚久，合兼濠泗觀察共有十餘年，進書在此年中，直至貞元十九年方復入爲宰相，自是不復出矣。約計佑歷事六朝玄、肅、代、德、順、憲，仕宦五十年，出入將相，屢遇戎寇紛紜，爲權臣所引而不爲所累，爲奸臣所忌而不爲所害，以功名始終，貴極富溢，而壽躋大耋，未嘗以纖毫挫辱。幼則生長閥閲之門，老則目睹昆弟諸子並登顯位，且著述擅名，傳至今千餘年，部帙如新，裒然爲册府之弁冕，孫牧又以才稱，能世其家學，如佑誠可云全福，自古文人罕見其比。

李翰稱《通典》凡有八門，《舊傳》云：「開元末，劉秩採經史百家之言，取《周禮》六官所職，撰分門書三十五卷，號曰《政典》。佑得其書，以爲條目未盡，因而廣之，加以開元禮樂書，號曰《通典》。」《獻書表》曰「書凡九門，計貳伯卷」，似分門有異，或疑翰作序時門類未定，後復廣之，故先後不同者，非也。觀佑自序，以兵刑爲一，皆稱爲刑，與班史同，所謂大刑用甲兵，其次五刑，故翰序言八門，今其細目兵刑仍分爲二者，合之中又自分也。一食貨，二選舉，三職官，四禮，五樂，六兵，七刑，八州郡，九邊防。

九門中禮居其一，然禮共一百卷，自四十一卷起至一百五卷止，既已歷叙吉、嘉、賓、軍、凶五禮矣，而於一百六卷以下至一百四十卷共三十五卷，俱撮取《大唐開元禮》之文鈔謄入之，仍以吉、嘉、賓、軍、凶爲次，何其緐複乎？[二] 既以劉秩書爲藍本，乃自序中隻字不及，復襲取官書攘爲己有，以佑之事力，撰集非難，而又取之他人者若是之多，則此書之成亦可云易也。

《獻書表》云：「《孝經》、《尚書》、《毛詩》、《周易》、三《傳》，如日月之下臨，天地之大德，百王是式，終古攸遵。然多記言，罕存法制。愚管窺測，莫達高深，輒肆荒虚，誠爲億度。」佑意以經學但可明道，非法制所垂，惟典禮爲關法制，欲撇去經學，以伸己之《通典》，且深譏世之説經者多疵病也。[三]然此書中偶涉經處，每駁去古義，别創新説，所云「輒肆荒虚，誠爲億度」者，佑每自蹈之，蓋唐中葉經學已亂，故佑多狥俗，今不暇毛舉，姑就予《尚書後案》所辨數條，如大陸、九河、流沙、昆侖、河源、嶓冢、漢源等考之則可見。

校讀記

[一]「六」原誤作「三」，據《舊書》改正。

[二]李慈銘曰：「慈銘案：杜氏意以本朝典禮别出之，所以尊國制，而《開元禮》折衷今古，偁爲精要，其文又繁備，故更爲次敍，此正見其斟酌盡善處，何得反詆之乎？」

[三]李慈銘曰：「慈銘案：杜氏正以禮可貫串諸經，非詆經學也。王氏不知此等識議。」

憂闕

「蘇州憂闕」，似難分曉，故《新》改云：「前刺史母喪解，佑母在，辭不行。」語似明了。考錢希白《南部新書》辛卷云：「三銓之士，具慶之下多避憂闕，除則皆不受，對易於他人。」

然則此乃唐人語，不宜改。

不譏佑母喪不去官

杜佑妻死而以妾爲正，究屬小失，佑之大節有虧在母喪不去官耳，《新》、《舊書》皆於此無譏，而但疵其寵妾，何見之陋。

新佑傳與舊異者

《新》於《佑傳》中添入父希望事極詳，《舊》無，傳末云：「爲人平易遜順，人愛之，方漢胡廣，然練達文采不及也。」「方漢胡廣」一句，《舊》無，寓貶於褒，甚佳。然云「練達文采不及」，則不確。佑練達何必不如廣，而廣亦不作詩文，何云文采不及乎？其下云「朱坡樊川，頗治亭觀林芿，鑿山股泉」，《舊》但云「城南樊川有佳林亭，卉木幽邃」，仍其語可也，必改之而入以「芿」字？《說文》卷一下《艸部》云：「艿，艸也。从艸，乃聲。如乘切。」無「芿」字。此字實屬杜撰，《新書》好用「林艿」字，如《盧簡求傳》亦云「治園沼林艿，置酒自娛」是也，而忽加人傍則非。又考《瀛奎律髓》載宋子京《春宴行樂家園》七言律詩，首句云「園芿初乾小雨泥」，自注：「芿，人去聲。」[二] 竊謂即以「芿」代「艿」，亦宜依《說文》讀平聲，乃讀去聲，則不知何據。子京每好妄作，董衝於《簡求傳》音「如乘切」，於《佑傳》則云：「而證切。草不翦。」一若分而爲二者，如董衝本無知識，以盲証盲，所謂謬種流傳也。「股泉」字亦琱巧無理。

校讀記

［一］見卷八。

杜悰常延接寒素

《舊·杜悰傳》：「悰無他才，常延接寒素，甘食竊位而已。」原本同。桐鄉馮先生浩注李義山詩，據説家以駁《舊書》此條之誤，甚精。《新書》則云：「悰才不周用，出入將相，厚自奉養，未嘗薦進幽隱。」爲得其實，《舊》不如《新》。

李吉甫作元和郡國圖

《舊·李吉甫傳》：「吉甫嘗分天下諸鎮，紀其山川險易故事，各寫其圖於篇首，爲五十四卷，號爲《元和郡國圖》，又與史官等録當時户賦兵籍，號爲《國計簿》，凡十卷，皆奏上之。」今此書鈔本流傳尚多，而名爲《元和郡縣圖志》，竊以唐與漢不同，當稱郡縣，不當稱郡國，且今書圖已亡，獨志尚在，不得省「志」字單稱「圖」，《舊傳》所載殆其初成書時未定之名也。自序即係《進書表》，中云「伏惟睿聖文武皇帝陛下」云云，此尊號據《舊・憲宗紀》，元和三年正月癸未朔所上也。又云：「天寶之季，王途蹔艱。墜綱解而不紐，强侯傲而未肅。逮至興運，盡爲驅除，蜀有阻隘之夫，吳有憑江之卒，莫不手足裂而異處，封疆一乎四海。」蜀謂劉闢，吳謂李錡，平蜀在元和元年，平吳在二年，表中但舉此兩事，餘平叛皆不及，進書時淮蔡未平故也。又云「臣吉甫當元聖撫運之初，從内廷視艸之列，尋備衮職，久塵台階」云云，《舊傳》：「憲宗即位，召入翰林爲學士，轉中書舍人。二年春，擢中書侍郎、平章事。」本紀則在元和二年正月己卯，是也。又云：「每自循省，赧然收汗。久而伏思，方得所効，以爲成當今之務，樹將來之勢，莫若版圖地理爲切。所以前上《元和國計簿》，審户口之豐耗；續撰《元和郡縣圖志》，辨州域之疆理。起京兆府，盡隴右道，凡四十七鎮，成四十卷。每鎮皆圖在篇首，冠於叙事之前，并目録兩卷，總四十二卷。」案《舊傳》不言進書何年，然先言《郡國圖》，後言《國計簿》，《憲宗紀》則云：「元和二年十二月己卯，史官李吉甫撰《元和國計簿》。八年二月辛卯，宰相李吉甫進所撰《元和郡國圖》三十卷。又爲《十道州郡圖》五十四卷。」據此則《國計簿》在前，《郡縣圖志》在後，與《進書表》合，但彼文之上文二年春正月吉甫已入相，即十二月之甲寅，亦書宰相李吉甫封贊皇公矣，不應於進書忽改稱史官，此非是。又《州郡圖》當即《郡國圖》，非有二，重言之亦非。若其卷數，或云三十，或云五十四，皆與《進書表》不合，未詳。是年進書，明年冬，吉甫卒矣，亦見《舊傳》。

杜佑《通典・州郡》門序目云：「凡言地理者多矣，在辯區域，徵因革，知要害，察風土。纖介畢書，樹石無漏，動盈百軸，豈所謂撮機要者乎？如誕而不經，偏記雜説，何暇徧舉。或覽之者，不責其略焉。」自注云：「謂辛氏《三秦記》、常璩《華陽國志》、羅含《湘中記》、盛宏之《荆州記》之類，皆述鄉國靈怪、人賢物盛，參以實證，則多紕謬。既非通論，不暇取之矣。」吉甫《進書表》亦云：「古今言地理者凡數十家，尚古遠者或搜古而略今，採謠俗者多傳疑而失實，飾州邦而敘人物，因丘墓而徵鬼神，流于異端，莫切根要。至于丘壤山川，攻守利害，本于地理者，皆略而不書，將何以佐明王扼天下之吭，制羣生之命，收地保勢勝之利，示形束壤制之端，此微臣之所以精研，聖后之所宜周覽也。」此二段議論實獲我心，二公皆唐中葉良臣，學行名位並高，固宜辭尚體要，若合符節，抑豈獨談地理者當如是，凡天下一切學問，皆應以根據切實，詳簡合宜，内關倫紀，外繫治亂，方足傳後。掇拾嵬瑣，騰架空虚，欲以譁世取名，有識者厭薄之。杜、李兩家書佳處只在體段規模，其學之狥俗則限於時代，又開趙宋氣習，地理沿革冗亂，本易差訛，再加以後人好改前人舊説，則治絲而棼之矣。前論杜佑之謬，而吉甫亦所不免，觀予《禹貢後案》所駁諸條自明。

《元和志》世無刻本，傳鈔者缺第十八卷第十一葉以下及第十九、第二十、第二十三、第二十四、第三十五、第三十六六卷，「河南府河南縣中橋，咸通三年造」，咸通是懿宗號，三年上距吉甫之卒已四十九年，則此書後人附益者多，[一]別見予所著《蛾術編・説録門》。

自唐以前，除偏方紀載外，其通天下地理書，如京相璠《土地名》、闞駰《十三州志》、魏王泰《括地志》之類，皆無存者，有之，自《元和志》爲始，宋樂史《太平寰宇記》、王存《元豐九域志》、歐陽忞《輿地廣記》、祝穆《方輿勝覽》、元無名氏《混一方輿勝覽》皆可參取，要不及《元和志》。

校讀記

[一]岑仲勉《唐史餘瀋》卷一《咸通》條云：「余按局本《元和志》五作『咸亨三年造』，蓋已經後人迴改，王氏所見殆吉甫原文，爲肅宗而諱者。」又云：「當由唐肅宗諱亨，唐人借作通。中略。初時諱改者，固不防後來懿宗取咸通爲號也。」

李藩王鍔二傳自相違

《新》百六十九《李藩傳》云：「河東節度使王鍔賂權近求兼宰相，密詔中書門下曰：『鍔可兼宰相。』藩遽取筆滅『宰相』字，署其左曰：『不可。』還奏之，宰相權德輿失色，曰：『有不可，應別爲奏，可以筆塗詔邪？』藩曰：『勢迫矣，出今日便不可止。』既而事得寢。」此事《舊》一百四十八《藩傳》亦有，然考《新》一百七十《王鍔傳》，則知兼宰相之事未嘗寢，二傳自相矛盾矣。鍔事既未得寢，則藩之執争爲徒然，《藩傳》并此事可以不叙，又《鍔傳》李絳欲阻之，亦不能。

沈既濟論武后不當入紀

《新·沈既濟傳》載既濟論武后不宜作本紀，宜入列傳，而以中宗表年，紀武后事。此本采之《舊書》，然則作《舊書》者固早知有此段議論矣，而仍以武后爲本紀，作《新書》者其意蓋深有取於既濟之論，則竟從之可也，乃仍作《武后紀》，且又入之《后妃傳》，一人之身，既列本紀，又爲列傳，進退無據，彼此兩歧，反不如《舊書》專歸於紀者猶差穩愜，殆因紀中不便顯著其惡故邪？宋修《唐史》有何嫌忌，而當諱邪？《舊書·朱敬則等傳》中醜穢之語，《新》皆删，却是何意見。竊又怪既濟以《春秋》「公在乾侯」書法自居，笑《史》、《漢》紀吕后之陋，此尚可也，乃又有云：「仲尼有言：『必也正名。』故夏殷二代爲帝者三十世矣，而周人通名之曰王，吴楚越之君爲王者百餘年，而《春秋》書之爲子。」夏殷爲帝，周名之曰王，此是何語？詭妄不經，大可駭詫。《新書》既有取於既濟，因藏其短，爲之删去，論贊中痛詈《舊史》云：「猥釀不綱，淺則入俚，簡則及漏。因淺仍俗，不足於文。」宋祁亦太輕《舊史》矣，其實互有短長，彼我易觀，得無更相笑乎？

《舊》作《沈傳師傳》，以傳師標首，而附見其父既濟，然既濟事約一千四百字，詳載其奏議，傳師只百餘字，但有官銜，絶無事蹟，於體裁大不合，此則不如《新》以既濟標題而附傳師爲妥，所增傳師事亦參倍之。

十七史商榷卷九十一

新舊唐書二十三

羼名

《新·薛存誠傳》:「瓊林庫廣籍工徒,存誠曰:『此姦人羼名以避征役,不可許。』」董衝《釋音》第十七卷云:「羼,初限切。《説文》曰:『羊相厠。』」案在《説文》卷四上《羴部》。

還制

《新書·許孟容傳》:「浙東觀察使裴肅諉判官齊總暴斂以厚獻,厭天子所欲。會肅卒,帝擢總自大理評事兼監察御史爲衢州刺史。衢,大州也。孟容還制曰:『方用兵處,有不待次而擢者。今衢不他虞,總無功越進超授,羣議謂何?』」唐宋有祖宗家法,故給事、補闕皆得還制執争。

武平一當附元衡

《舊·武元衡傳》：「曾祖德載，天后從父弟。」考《外戚·武承嗣傳》，當作「載德」，此誤。「祖平一，事在《逸人傳》」，而《舊》無《逸人傳》，有《隱逸傳》，其中亦無平一，此謬之甚。《新書》遂爲平一特補一專傳，本無事蹟，而敷衍浮詞至千一百餘字，有意增多，求異於《舊》，實則但當附見《元衡傳》。

二子孔

《新·武平一傳》：「《春秋》鄭穆公十一子，子然及二子孔三族亡，子羽不爲卿，故稱七穆。」二子孔謂子孔及士子孔，衍一「子」字。

阿跌

《舊·李光進與其弟光顔合傳》云「本河曲部落稽阿跌之族也」，令狐楚譔《光進墓碑》云「公之先本阿跌氏」，與《舊書》合，温飛卿《醉歌》云：「阿䟫光顔不識字，指揮豪雋如驅羊。」「跌」作「䟫」者，但取對音，無定字。考《新·回鶻傳》，其部落有十五種，阿跌其一，又云：「阿趺，亦曰訶咥，或爲跌趺。跌趺思泰來降。後光進、光顔以戰功至大官，賜李氏。」

李光進戰功

光進、光顔，《新》、《舊》皆合傳，而《舊》述其父良臣爲雞田州刺史，隸朔方軍，《新》則削去良臣名，非也。三人墓碑，朱錫鬯云：「並在今榆次縣趙邨。」[一]前人録此者惟趙明誠，有良臣一通而已，無餘二碑，此外各家則二碑皆無也，直至錫鬯與顧寧人始並著之。[二]予亦全得三碑拓本。光進碑無立碑之年，錢大昕考得立於元和十五年，[三]令狐楚撰，嗣子季元書。良臣碑立於長慶二年，李宗閔撰，楊正書。光顔碑立於開成五年，李程撰，郭虔書。按《舊・光進傳》當肅宗在靈武，即從郭子儀破賊收兩京有功。上元初，又從子儀討范陽、河北殘寇，而其下叙至元和四年則云「王承宗、范希朝引師救易定，表光進爲步都虞候，戰於木刀溝，光進有功」，其下叙至元和八年遷靈武節度使之下，乃又接云「光進嘗從馬燧救臨洺，戰洹水，收河中，皆有功」云云，此段舛謬之至，何則？《舊書》各傳挨年順叙者多，《新》嫌其平直，往往削去年月，固爲可恨，乃《舊》此傳既挨年順叙矣，從郭子儀破賊者，破安禄山、慶緒也，討范陽、河北殘寇者，亦謂慶緒及史思明也，此下正宜接從馬燧戰事。救臨洺者，德宗建中二年，田悦圍邢州，次臨洺，燧救之，悦敗走也。戰洹水者，三年，悦又合散卒壁洹水，燧又破之也。收河中者，貞元元年，燧討李懷光，賊將斬懷光降，河中平也。何不順叙，乃越過元和而另叙於後，亂其次乎？王承宗自爲留後，伐易定張茂昭即義武節度使，朝廷命河東節度使范希朝討承宗，救易定，與承宗戰於木刀溝，事見《新書・憲宗紀》及《希朝茂昭》并《沙陀》各傳，又見《通鑑》第二百三十八卷，此乃云云，荒誕已極。[四]乍讀之，疑傳寫錯誤，作《舊書》者不至此，觀《新・光進傳》亦然，則非傳寫之誤矣。《新》、《舊》皆云是戰光進、光顔皆在軍中，而《沙陀傳》亦言從希朝者有光顔，此戰正爲討叛逆之承宗，光進助戰有功，何言承宗、希朝奏光進爲將，豈非白日説夢？而宋、歐鉅公，亦竟承訛至此。再考《舊傳》於元和八年光進遷靈武下書「十年七月，卒，年六十五」，《新》但於徙靈武下書「卒年六十五」，而削去「元和十年」，墓碑則言「安定郡王光進節制靈武之三年，歲在乙未，季夏六月，寢疾於理所，旬有八日，考終厥命，享年五十七矣」，其文甚明，而乙未正是元和十年，當以碑爲正。逆數之，光進生於肅宗乾元二年，當子儀破賊收京，光進尚未生，即上元初亦尚在襁褓，乃云從子儀戰有功，誠可發一大笑。《良臣碑》云：「安禄山反，肅宗立靈武，良臣率所部馳詣行在，戰有功。」《舊書》因良臣事附會爲光進事也。《光進碑》叙光進戰功云：「發跡雲中，策名太原。始以勇敢，從北平王燧戰于蒲。」此指臨洺洹水之戰。又云：「范司徒之東討常山也，軍旅之事，悉以咨之。或塹水以絶其歸，或斷橋以防其走。開綱竟從於朝旨，改轅無失於戎律。」此指木刀溝之戰，碑獨有此戰功，其餘《舊書》諸亂道皆無。宋、歐未見碑，乃亦獨存此三戰，餘皆削去，暗與碑合，似有識矣，乃於王承宗事之大謬者，仍不能改正，吴縝亦未糾，掩卷茫然，恨千古少善讀書人。

校讀記

[一]見朱彝尊《曝書亭集》卷五十《榆次縣三唐碑跋》。

[二]《金石録》卷九著録《唐贈太保李良臣碑》，跋尾見卷二十九。顧炎武《金石文字記》卷四著録《太保李良臣碑》，卷五著録《安定郡王李光進碑》，卷六著録《朔方节度使李光進碑》，《光進碑》條云：「余友朱錫鬯過榆次趙村，搨得此碑，以副本遺余，故得而録之。」

[三]錢大昕《潛研堂金石文字跋尾》卷八《安定郡王李光進碑》條據《宰相表》考得立碑年月为元和十五年。

[四]李慈銘曰：「慈銘案：此不過于王承宗下脱一『叛』字耳，至兩書皆同者，必後之校者不學，據一誤本以改不誤之本耳。此等大節目，作史者何至茫然？王氏詆諆太過。」按中華本據岑氏《校勘記》，於「王承宗」下補「反」字。

光進充振武節度使

「元和六年，拜光進銀青光禄大夫、檢校工部尚書，充單于大都護、振武節度使」，《憲宗本紀》光進爲單于大都護、振武節度在元和五年十一月庚戌。

趙崇絢《雞肋·見《百川學海》。唐有兩李光進》：「其先皆蕃部人，皆爲名將，建節鉞，一乃光弼之弟，一乃光顔之兄。」《集古録》所收係光弼弟。

光顔傳添馬燧贈刀

《光顔傳》，《新》、《舊》略同，《新》添入馬燧褒奬其美、解贈佩刀事，此事今見李程所譔碑，《集古録》於三碑皆無有，宋祁亦恐未見，蓋别有所采。

崔雍坐迎龐勛死事

《新·崔戎傳》云：「子雍，爲和州刺史。龐勛刼烏江，雍持牛酒勞之，賜死。」載高彦休參寥子《唐闕史》卷上，見顧嗣立《閭丘辨囿》。[二]《舊·戎傳》無雍，《新》蓋取《闕史》，《闕史》但云「時宰寘之法」，而《新》實以路巖，則又别有據。

校讀記

〔一〕按當作《閆丘辯囿》。

洪氏妄駁盧知猷傳

《舊書》一百六十三《盧簡辭傳》附其兄簡能「爲鳳翔節度鄭注判官。注誅，簡能爲監軍所害。簡能子知猷」云云，「知猷子文度」云云，《新書》一百七十七《簡辭傳》云：「兄簡能，事見《鄭注傳》，其子知猷，字子蓍」云云，「知猷子文度」云云，二書合也。《宰相世系表》亦與《舊書》及《新書》列傳合，司空圖《一鳴集》第五卷《太子太師致仕盧公神道碑》題下注「名渥」，文則云：「諱某，字子章，位終檢校司徒。子膺，刑部侍郎。」《世系表》亦有其人，所載亦與《神道碑》合，《新》、《舊書》渥無傳也。洪邁《容齋續筆》第十四卷誤以司空圖《神道碑》爲盧知猷撰，因據碑以駁《新舊·知猷傳》爲誤。碑凡二千餘字，予以碑與二傳參對，書諱某而不著其名，唐宋人恒有之，而子章固非子蓍，至父諱某，官州刺史，非鳳翔判官，而叙其一生之官爵出處、履歷事蹟、卒年贈官及子之名與官無一同者，則碑爲渥撰，不爲知猷撰，洪以張甲魂魄附李乙形體，豈非笑端？

禮部户部同省

《新·楊嗣復傳》:「遷禮部員外郎,父於陵爲户部侍郎,嗣復避同省,换他官,有詔:『同司,親大功以上,非聯判句檢官長,皆勿避。官同職異,雖父子兄弟無嫌。』」案「同省」者,謂同在尚書省也。唐時尚書有都省,令與僕射方爲長官,而尚書非長官,故部雖分,省則同,後世無省名,六部各自治其事,無相統攝者,與唐不同。

外郎

《新·柳玭傳》:「玉工貨釵直七十萬錢,後釵爲馮球外郎妻首飾。」「外郎」當即「員外郎」。[一]

校讀記

[一]李慈銘曰:「案:《唐闕史》言:『許道敏隨鄉薦,有張希復員外結昏于丞相奇章公,親迎之夕,道敏爲儐贊,垂二十載,方擢上科。有同年張侍郎讀,年才十九,乃道敏儐導外郎,鵲橋之夕牛夫人所出也。』此可爲員外郎稱外郎之證。」

柳公度傳有脱

《舊·柳公綽傳》附公度傳：「公度善攝生，年八十餘，步履輕便，或祈其術，曰：『吾初無術，但未嘗以元氣佐喜怒，氣海常温耳。』」愚謂《大學》言忿懥好樂恐懼憂患，《中庸》言喜怒哀樂，《禮運》言喜懼哀樂愛惡欲，此但舉喜怒，蓋舉以例其餘。至於「喜怒」之下，必有脱句，蓋氣海之不温，則在于受寒濕及啖生冷，非喜怒所致，今其文不完，故知有脱。《宋景文筆記》云：「攝生不可不知，毋以吾胃熟生物，暖冷物，毋以吾氣贊喜怒。」[一]此正本之公度者，片言居要，善攝生者宜揭之坐右。

校讀記

[一]見卷下《雜説》。

翰林學士行宰相事

《新·李訓傳》：「太和[二]八年，由四門助教遷《周易》博士，兼翰林侍講學士。明年，進翰林學士、兵部郎中、知制誥，居中倚重，實行宰相事。」翰林學士之設始于玄宗，其權甚重，已見前論《順紀》王叔文事。李訓以翰林學士行宰相事，與叔文正同。

校讀記

[一]「太和」當作「大和」，説已見前。

李訓傳多疵

《新》於《訓傳》小疵頗多，如云「坐武昭獄，流象州」。武昭死寶曆元年，見《舊·敬宗紀》，《新》紀既不載此事，此處突如其來，令人不解所謂。「訓、元輿奏言甘露」云云，此上舒元輿絶未一見，而突出元輿，不言姓，非也，當云「訓及舒元輿奏言」云云。「涯曰『上將開延英邪』」亦突出無根，[一]元輿、涯皆宰相，雖有不署名之例，爲符牒章疏則然耳，若紀事固當連姓，況又突出邪？

校讀記

[一]李慈銘曰：「慈銘案：涯曰：『上將開延英耶』云云，事本不足信，此《舊書》所無，涯雖不豫李訓之謀，然是時文宗御含元殿，宰相諸官皆在，訓召王璠、郭行餘受勑誅宦官，涯等豈不聞見？至後仇士良等從金吾右仗院還，舉軟輿奉帝入内，訓攀輿號呼，且令金吾衛士上殿縱擊，涯等此時方歸中書省，變生不測，内外皇擾，而尚云『上將開延英召對，且在中書省會食』，豈非夢語夢境耶？蓋當時作史者，欲著涯與賈餗之昏瞶取禍，飾爲此辭耳，非實事也。」

「訓敗，走終南山，依浮屠宗密」云云，宗密即圭峰定慧禪師，作《圓覺經大疏》，裴休爲序者。死後，休又作《傳法碑》，并書，柳公權篆額，見《蛾術編·説碑》。

宗密

訓注皆奇士

李愬目鄭注爲奇士，其實訓、注皆奇士，特奇功不成耳。訓本因注進，又媢功先發，是其罪也。若用注策，因羣閹會送王守澄葬，以鎮兵擒誅之，何難？後人反惜訓而惡注，何哉？然訓殺守澄及陳弘志、楊承和、韋元素、王踐言，剖崔潭峻棺，鞭其尸，元和逆黨幾盡，見本傳及《宦者·守澄傳》。功亦大矣。《訓傳》言訓本挾奇進，及權在己，鋭意去惡，欲先誅宦豎，乃復河湟，攘却回鶻、吐蕃，歸河朔諸鎮，志大如此，非奇士乎？《注傳》言日日議論帝前，謀鉏翦中官，亦忠於爲國者。即使本欲攬權，假公濟私，脱令其功得成，亂本拔矣。天不祚唐，俾王叔文一不成，訓、注再不成，以至於不可救，而訓、注固未可深責。傳中譏其詭譎貪沓，皆空詆無指實，指實處僅榷茶税、興曲江工役二事。茶者末業妨農，榷之未爲過；曲江小役耳，士大夫尚有别墅，天子一葺池亭，奚不可？注爲節度，請復舊儀，戎服謁兵部，寧自卑以存禮，則其用心尚公平，詆譏之詞，安知非沿當日史官曲筆？千載而下讀史者，於訓、注但當惜之，不當復惡之。至於王涯、賈餗，本不與謀，横被慘戮，尤爲可痛。又云涯女爲竇紃妻，以痼病免。然則已嫁之女皆見殺，傷哉！

訓遣宦官六人按邊，既行，爲詔賜六道殺之，會敗不果。觀其所殺，監軍有王踐言，而踐言監軍劒南西川，言悉怛謀不宜拒，則似有可取，訓所殺或不無枉濫。要之，内官爲監軍，有益國家者千百之一二，僨事者十九，《德裕傳》末一段即詳言其害，而《新》、《舊》各傳中所載宦官監軍誤國事不可枚舉，則固未可以偶有過當而爲此輩恕也。且《新傳》上文歷叙訓所殺諸閹，下文總云「元和逆黨」，則踐言亦與聞憲宗之弒者，而可赦乎？

光啟雪王涯等詔

甘露之變，宦豎横行，朝臣糜爛，非常之亂，亘古所少，讀者至今有餘恨焉。僖宗光啟四年正月，下詔昭雪王涯以下十七家，詔曰：「太和元年，故宰相王涯以下十七家並見陷逆名，本承密旨，遂令忠憤，終被冤誣。六十餘年，幽枉無訴。宜沾霈澤，用慰泉扃。並宜洗雪，各復官爵。兼訪其子孫與官，使銜冤之衆魄，亦信眉于九原矣。」此詔見王明清《玉照新志》，《舊》紀傳皆不載，《新》於《涯傳》末云：「昭宗天復初，大赦，明涯、訓之冤，追復爵位，官其後裔。」而於《劉蕡傳》末亦載：「昭宗誅韓全誨等之後，左拾遺羅衮上言，蕡當太和時，宦官始熾，因直言策請奪其爵土，復掃除之役，遂罹譴逐，身死異土，六十餘年。今天地反正，枉魄憤惜，有望陛下。帝贈蕡右諫議大夫。」恐是誤記。天復雪劉蕡，遂以雪涯等亦天復，其實則是光啟，當從《玉照》。又蕡對策在太和二年，誅韓全誨在天復三年，相去七十六年，而云六十餘年者，蕡對策但不第，猶未貶逐，故《新傳》言蕡對後七年有甘露之難，令狐楚、牛僧孺節度山南東西道，皆表蕡幕府，授祕書郎，然後其下言「宦人深嫉蕡，誣以罪，貶柳州司户參軍，卒」，則貶死已在對策之後數年，故衮云六十餘年，至甘露之難至光啟四年僅五十四年，而詔文亦云六十餘年者，傳寫之誤，當作五十餘年。但《新書》絶不載詔令，王明清既見此詔，則所載大略當無虚也。

牛僧孺新舊互異

《舊·牛僧孺傳》：「父幼簡。」《文苑英華》第八百八十八卷李珏撰《僧孺神道碑》、杜牧《樊川集》第七卷《僧孺墓志銘》皆作「幼聞」。長慶三年三月，以户部侍郎同平章事，敬宗即位，加中書侍郎、銀青光禄大夫，封奇章子，邑五百户。十二月，加金紫階，進封郡公，集賢殿大學士、監修國史。《新書》則惟郡公爲敬宗封，而中書侍郎仍穆宗遷也，其餘皆略去不書，《神道碑》一槩略去，《墓志》則與《新書》合，而銀青、集賢、監修亦皆在穆宗時，當以《新書》及《墓志》爲是。穆宗因得其辭韓弘賂，自喜知人之明，屢加優異，與敬宗無涉。《舊書》太和五年但言幽州軍亂，逐其帥李載義，下文「僧孺言今志誠亦由前載義也」，「由」當作「猶」，而其上無所謂「志誠」者，則二字突出，聞人本作「今日誠亦由前也」，更欠通。《新書》則先言楊志誠逐李載義，後言「今志誠繇向載義也」，此是，而「繇」字用古體，則甚可厭。《神道碑》及《墓志》皆不言其卒後有謚，《舊書》則云「謚文貞」，《新書》「謚文簡」，未知孰是。[一]《舊傳》於僧孺大加褒美，其惡無一及，交結劉稹事，《神道碑》及《墓志》尚皆爲之辨，《新傳》則直書之，而《舊傳》隱而不言。《舊》論贊不甚貶僧孺，《新》論則極其貶黜，《新》是《舊》非。

校讀記

[一]李慈銘曰：「慈銘案：《文苑英華》載有白敏輝按：當作白敏中。《請追謚刑部尚書白居易贈太尉牛僧孺表》，中云：『屬先帝憂勤之際，贈典未行；遇陛下聖明之初，謚法宜頒。』則思黯賜謚，當在懿宗咸通初也。」

李紳拒李錡書幣

《舊·李紳傳》於拒李錡事，但云：「觀察使李錡愛其才，辟爲從事，紳以錡所爲專恣，不受其書幣，錡怒，將殺紳，遁而獲免。錡誅，朝廷嘉之，召拜右拾遺。」如是而已。《新傳》則云：「李錡辟掌書記。錡寖不法，賓客莫敢言，紳數諫不入，欲去不許，會使者召錡，稱疾，留後王澮爲具行，錡怒，陰教士臠食之，即脅使者爲衆奏天子，幸得留。錡召紳作疏，坐錡前，紳陽怖栗，至不能爲字，下筆輒塗去，盡數紙，錡怒罵曰：『何敢爾，不憚死邪？』對曰：『生未嘗見金革，今得死爲幸。』即注以刃，令易紙，復然。或言許縱能軍中書，紳不足用，召縱至，操書如所欲，即因紳獄中，錡誅乃免。或欲以聞，謝曰：『本激于義，非市名也。』乃止。」較《舊傳》不但詳略互異，情事絕不同。觀沈亞之《下賢文集》第四卷《李紳傳》，乃知《新書》全取彼文，蓋其作書之旨務求異於《舊》，掇拾小說、文集，見異於《舊》者必取之，亞之稱紳臨大節不可奪，恐有增飾溢美，未足信，《舊書》則據國史實録，似宜仍《舊》。

紳死後削官

李紳以淮南節度使於會昌元年入相武宗，四年，復出爲淮南節度，六年，卒。卒後，李宗閔、崔鉉等摭其在淮南殺吴湘事，削紳三官。《新》《舊書》略同，其事甚明。《南部新書》卷丁乃云：「以吴湘[一]獄仰藥而死。」小説家言不可盡信如此，《新》《舊書》皆言湘之坐贓乃羣小欲傾紳以及李德裕，而孫光憲《北夢瑣言》第六卷則謂紳鎮淮南，湘爲江都尉，有零落衣冠顔氏女寄寓廣陵，有容色，紳欲納之，湘强委禽焉。紳大怒，因其婚娶聘財甚豐，乃羅織執勘，准其俸料之外有陳設之具，皆以爲贜，奏而殺之。[二]紳本狂暴，[三]此説恐當得情，紳罪甚大，得良死爲幸，《新》、《舊書》皆以湘實受贜，紳殺之非枉者，恐皆非實録。[四]

校讀記

[一]「湘」原誤作「緗」，據《南部新書》改正。

[二]《吴湘事》條。

[三]李慈銘曰：「慈銘案：李公垂立身本末可觀，王氏何故以狂暴詆之？且前條言紳忤李錡事，以《新書》采之《沈下賢集》，謂小説、文集不足據，此所據《北夢瑣言》獨非小説乎？亞之與紳時代相接，且盛有文名，文集紀載宜得其實。光憲生五代之末，僻處荆南，《瑣言》所載，俗謬爲

多。謂紳欲納顏氏女者，蓋誣善之辭也。范攄《雲溪友議》亦痛詆公垂，皆不足深據。」

[四]岑仲勉《唐史餘瀋》卷三《辨北夢瑣言之李紳》條引西莊此條，云：「按吴湘之獄，余曾詳引宣宗諭旨，爲李德裕申辨《會昌伐叛集編證序》，王氏於此詔蓋未嘗細覽也。詔明言揚州都虞候劉羣擬收阿顏爲妻，吴湘取之，何嘗是李紳欲納？詔又言湘有取受，罪不至死，則坐贓是實，使紳果欲自納，詔斷不止謂『李紳起此冤訴，本由不真』矣。紳曾拒李錡書幣，尚非狂暴者流，王氏遽加此惡稱，竊所不解。尋紳傳文，或即因其曾與韓愈争臺參一事也，愈之節操固非無可議者，况臺參事屬黨争，吾人更不應遽爲左右袒，《商榷》固屢言小説不可信，前一條《李紳拒李錡書幣》，且並《下賢文集》之《李紳傳》而疑之，何此條忽盲信『多有虚誕』《商榷》同卷語。之《北夢瑣言》而排《舊》、《新》列傳，且置宣宗詔旨於不考也？凡人論事，最忌先挾成見，王氏此條即坐其弊。」

李珏傳新書多取東觀奏記

裴庭裕《東觀奏記》上卷載李珏事最詳，自注云：「庭裕親外叔祖。」外叔祖疑必是外祖之弟母之叔父也。二傳叙其歷官階次出處本末大同小異，與裴《記》亦大同小異，但《舊書》所無而《新書》增入者多取《東觀奏記》。若《舊書》太和九年出爲江州刺史，係因李宗閔得罪，珏正是宗閔死黨，《舊書》當得實，而裴《記》謂由李訓、鄭注交譖，《新書》雖更易其詞，以掩好采小説之迹，而意則同，訓、注以國難湛其族，冤慘可憐，而彼時舉世目爲奸邪，庭裕既是玨之戚昵，欲文飾其守正孤直，恐不可信。玨生平雖無甚劣跡，然君子羣而不黨，玨專務植黨，豈得爲君子？武宗即位之初，《舊書》但言其與楊嗣復俱罷相，則其因植黨而罷顯然。裴《記》乃謂因文宗以猶子陳王成美當璧爲託，故貶，《新書》遂據而演之，以爲玨争立陳王，果爾，則玨守故君之遺命，不從宦官之擁立，大節尤覺卓卓，然愚謂恐是裴庭裕之緣飾也。惟裴云「貶昭州刺史」，《新書》從之，而《舊》作「桂州刺史、桂管觀察使」，則似當從裴。

李德裕主議殺郭誼

《新唐・李德裕傳》：「郭誼持劉稹首降，帝問何以處誼，德裕曰：『稹豎子，安知反？職誼爲之。今三州已降，而稹窮蹙，又販其族以邀富貴，不誅，後無以懲惡。』帝曰：『朕意亦爾。』因詔石雄入潞，盡取誼等及嘗爲稹用者，誅之。」案此段載德裕之主議殺郭誼，最爲明確，《通鑑》第二百四十八卷：「會昌四年八月，郭誼殺劉稹，又殺張谷、陳揚庭、李仲京、郭台、王羽、韓茂章、茂實、王渥、賈庠等十二家，并其子姪甥婿無遺。仲京，訓之兄；台，行餘之子；羽，涯之從孫；茂章、茂實，約之子；渥，璠之子；庠，餗之子也。甘露之亂，仲京等亡歸從諫，從諫撫養之。誼函積首降，李德裕曰：『宜及諸軍在境，并誼等誅之。』乃詔石雄將七千人入潞，執誼等送京師，皆斬之。王羽、賈庠等已爲誼所殺，李德裕復下詔稱逆賊王涯、賈餗等，已就昭義誅其子孫，宣告中外。」司馬君實既評德裕不當殺誼，胡三省又譏德裕不當呼王、賈爲逆，皆非也。王氏懋竑謂誼殺王羽等，欲以悦宦官，取節鉞，德裕心實痛羽等冤死，假爲此詔，使羽等之死似出朝廷意，則誼不得居其功，然後誼始可得而殺。此論最精，可云卓識，見《白田存稿》第四卷。

李義山詩：「明神司過豈令冤，暗室從來有禍門。莫爲無人欺一物，他時須慮石能言。」馮先生浩謂爲此事作。[一]

吴興韓敬求仲刻李德裕《會昌一品集》，其中爲討昭義劉氏事所作文最多，而《誅張谷等告示中外敕》在第九卷，篇首先揭明劉從諫與李訓、鄭注結謀，則宦官已自不疑，前半篇歷數張谷、陳揚庭等罪惡，未嘗及王涯、賈餗等罪也，但於篇末綴及其子姪等名而已，德裕雖不喜訓、注，於王、賈則必無嫌，而且深哀其死，但其子姪業已爲誼所殺矣，今殺誼反似爲王、賈報仇，漫詭言之以釋宦官之恨，此正德裕之權用耳。韓敬刻乃俗本，多訛脱，但唐人文集難得，聊復據之。孫之翰亦詆德裕，聲涯、餗罪以快忿，見《唐史論斷》下卷，胡三省之誤正與之同。

校讀記

［一］李商隱《明神》詩。馮説見《玉谿生詩詳注》卷一。

李德裕貶死年月

會昌六年三月武宗崩，四月宣宗立，明年改元大中，故《舊書·李德裕傳》：「宣宗即位，罷相，出爲東都留守。大中元年秋，以太子少保分司東都，再貶潮州司馬。明年冬，又貶潮州司户。二年，自洛陽水路經江淮赴潮州。其年冬，至潮陽，又貶崖州司户。三年正月，達珠崖郡。十二月卒，年六十三。」所謂「明年」者，大中二年也，其下文「二年」當作「三年」，「三年」當作「四年」，「年六十三」當作「六十四」，皆傳寫誤也。《新書》本傳「元年，貶潮州司馬」之下删去「潮州司户」一節，即書「明年貶崖州司户，明年卒，年六十三」云云，則似真以二年貶崖州，三年卒，而《舊書》非傳寫之誤矣。此因删之不當，又據誤本以成誤者，《南部新書》卷戊云：「以二年正月貶潮州司馬，其年十月再貶崖州司户，三年十二月卒於貶所，年六十四。」所書貶官年月亦與《舊史》參錯不合，而年六十四却是。考《李衛公别集》第七卷《祭韋相執誼文》「維大中四年月日，趙郡李德裕謹以蔬禮之奠，致祭故相韋公之靈。公遘讒投荒，某亦竄跡南陬，從公舊丘」云云，末句云：「其心若水，其死若休。臨風敬弔，願與神遊。」蓋德裕將終之語，執誼亦由宰相貶崖州司户，故云然，則爲大中四年甚明，爲誤此一年，故以年六十四爲六十三，《舊書》不過數目字誤，《南部新書》乃傳聞失實，而《新書》則武斷已甚。

《容齋續筆》卷一載德裕手帖云：「閏十一月二十日，從表兄崖州司户參軍同正李德裕狀。」此正是大中四年之閏十一月，發此書後至十二月而卒矣。洪邁亦因史文而誤以爲三年。[一]

校讀記

[一]此條非是，陳寅恪《李德裕貶死年月及歸葬傳説辨證》有詳辨，見《金明館叢稿二編》，本書《整理弁言》已略爲摘録。

仇士良譖殺安王溶

《新唐書·楊嗣復傳》：「帝崩，中尉仇士良廢遺詔，立武宗。帝之立，非宰相意，故内薄執政臣，不加禮，自用李德裕，而罷嗣復爲吏部尚書，出爲湖南觀察使。會誅薛季稜、劉弘逸，中人多言嘗附[二]嗣復、李珏，不利于陛下。帝剛急，即詔中使分道誅嗣復等，德裕與崔鄲、崔珙等詣延英言：『故事，大臣非惡狀明白，未有誅死者。昔太宗、玄宗、德宗三帝皆常用重刑，後無不悔，願徐思其宜，使天下知盛德有所容，不欲人以爲冤。』帝曰：『朕纘嗣之際，宰相何嘗比數。且珏等各有附會，若珏、季稜屬陳王，猶是先帝意。如嗣復、弘逸屬安王，乃内爲楊妃謀。且其所詒書曰：「姑何不斅天后？」』德裕曰：『飛語難辨。』帝曰：『妃昔有疾，先帝許其弟入侍，得通其謀，禁中證左尤具，我不欲暴于外。使安王立，肯容我邪？』言畢戚然，乃曰：『爲卿赦之。』因追使者還。」愚謂甘露之事本出文宗，仇士良輩切齒怨恨，即帝有子，閹人亦將害之，乃帝既無子，而其所立爲太子之陳王成美亦爲士良易去，而立文宗之弟武宗。成美者，敬宗子，文宗姪也。唐本傳子不傳弟，立成美爲順，士良恨文宗，故廢其所立而立武宗。武宗既立，遽勸令殺成美，至於安王溶則亦文宗弟，雖非士良所深忌，然以文宗所寵之楊賢妃嘗欲立安王，故并譖妃及溶而俱殺之。考《新書·十一宗諸子傳》，穆宗五子，敬宗、文宗、武宗皆有母位號，而餘二王則亡其母之氏位。二王者，漳王、安王也。漳王先薨，而《安王溶傳》則云：「楊賢妃得寵於文宗，晚稍多疾。妃陰請以王爲嗣，爲自安地，帝與宰相李珏謀，珏不可乃止。帝崩，仇士良立武宗，擿溶嘗欲爲太子事，殺之。」又文宗之子《莊恪太子永傳》云：「母愛弛，楊賢妃方幸，數譖之，帝怒，廢之。」以上各段所叙皆明析，參之《舊·文宗》、《武宗紀》略同，乃《舊·安王溶傳》則云：「穆宗第八子，母楊賢妃。」乍觀之，竟若賢妃爲穆宗妃者，文宗后妃，《新》、《舊書》皆無傳，然楊賢妃爲文宗妃無疑，《舊書》此條似因賢妃欲以安王爲嗣，遂率爾云云，此其大紕繆者，觀《新·嗣復傳》情事益明。

校讀記

[一]「附」原作「輔」，據《新唐書》改。又下文「皆常用重刑」，「常」當作「嘗」。

魏謩世系

《舊》魏謩專傳，《新》則附其五世祖《徵傳》，與《舊》略同。《新》添中尉仇士良捕妖民賀蘭進興，具反狀，謩諫宜付府縣有司，惟此一事《舊》無。予得《魏公先廟碑》拓本，大中六年崔璵撰，柳公權書，趙明誠作崔絢撰，誤。此碑係謩建家廟而璵爲記之，已殘缺，碑首言特進、侍中、贈太尉、鄭國文貞公魏氏家廟在昌樂里，而其後又言葺故廟於舊宅永興里，蓋魏徵家廟在昌樂，謩所葺則在永興也。《舊書·徵傳》言徵有四子，叔玉、叔琬、叔璘、叔瑜，而其下言叔玉襲開國公，官至光禄少卿，叔瑜潞州刺史，叔璘禮部侍郎，叔玉子膺繼封公，叔瑜子華太子右庶子，獨不言叔琬官。《謩傳》云：「五代祖徵，宰相。曾祖殷，汝陽令。祖明，亦縣令。父馮，獻陵臺令。」《新·徵傳》叙徵四子，與《舊》同，惟「潞州」傳寫誤作「豫州」，而《謩傳》則不及其曾祖、祖、父三代，合《新》、《舊傳》無謩高祖名，則不知叔玉等四人何人爲謩所出，《宰相世系表》於館陶魏氏敘謩之曾祖、祖、父，雖與《舊》合，但明爲監察御史，非縣令，於徵四子則叔瑜職方郎中，非刺史，亦不足論。可怪者，叔玉等四人下皆無殷至謩一支，而殷之上空格另起，此尤舛謬。《家廟碑》雖漫漶，然敘謩先世有云「四廿孫曰釗」者，此魏長賢之祖，徵之曾祖也。其下又云：「懷忠亂朝，直封詆政。侵轢姦佞，不容於時。出長屯留，或有致誚者，方激發愾吒，志氣横厲。遭時濁昏，卧勦西東。懷奇含耀，濡足需晦。」此謂長賢，徵之父也。俱詳《北史》。其下又云：「竟逢大晨，龍攄鳳鳴，爲祥輔昌。」又云「爲臣克配於□享，爲祖不遷於家祀，雖童子婦人亦云云，此謂徵也。此下缺數字，即云「府君諱□琬」，此下缺一二十字，即云「濬於廿次爲顯考」，然則謩之曾祖殷當爲叔琬子。廿者，避太宗諱闕筆，而謩父名濬不名憑也。此下有云潁川府君河西府君者，有爲邑南陽，當希烈猖獗之餘者，有召拜大理司直者，有吏部府君者，有以大理評事兼監察殿中侍御者。考之《世系表》，館陶魏氏皆無，此不知何指。此下言「鄭公終始一德，命求昆裔，期肖前人」，此則指文宗思徵賢，詔訪其後，楊汝士薦右拾遺。下云「會昌中，權倖惡忌，擠之外郡」，指武宗立，謩坐李珏、楊嗣復黨出爲汾州刺史，下云「兼領邦憲，間歲進陟公台」，則指宣宗嗣位，召授給事中，遷御史中丞，頃之同中書門下平章事也。

九宫神

崔元略、崔龜從，《舊書》各專傳，二人不過皆姓崔耳，本非一族，全無干涉，《新》於《元略傳》强附龜從，欠妥之至。彼傳云：「太和初，遷太常博士。定九宫皆列星，不容爲大祠。詔可其議，九宫遂爲中祠。」吴縝《糾謬》第十四卷詆其書中全不載九宫貴神，使後學罔然不知所本。按九宫詳見《舊書·志》，與《河圖》、《洛書》相發明，《新書》盡删去，使祀典没不見，但《龜從傳》一條之外，亦曾於《肅宗紀》乾元二年正月書祠九宫貴神，祠九宫必不止此一次，而獨於此書之，本紀之去取誠爲率爾。要之，《禮志》既不載，紀傳所書愈覺突出無謂，反不如并此去之矣。李德裕《會昌一品集》第十一卷有《論九宫神壇狀》及《論九宫神合是大祠狀》，述九宫甚詳，此乃漢人經學，歐陽氏最不喜，故痛削之。

楊收入相之官罷相之年

《新·楊收傳》書懿宗時入相，至罷免貶死，但屢書明年，其上文不見有年，史家往往如此，殊嫌牽混，何不直書某號某年乎？《舊書》本傳書其爲中書侍郎、同平章事無年，下文書「八年十月，罷爲宣歙觀察使」，下文又書「明年八月，貶爲端州司馬，尋盡削官爵，長流驩州。又令内養郭全穆齎詔賜死」，下文又書「九年三月十五日，全穆追及，宣詔」云云。考《新·宰相表》，收於咸通四年以翰林學士承旨兵部侍郎、同中書門下平章事，五年爲門下侍郎兼刑部尚書，六年爲尚書右僕射兼門下侍郎，七年十月壬申檢校工部尚書、宣歙池觀察使，是收由兵部侍郎入相，而始終未嘗爲中書侍郎，《舊書》誤。又罷相在七年十月，非八年，此《舊書》傳寫之誤，惟其爲七年也，故其下言明年則是八年，其下言九年三月死亦順，若以八年十月罷，則明年八月即是九年之八月，其下不合又書九年三月矣。内養必宦官名色，《新》於九年追及事盡削，又削郭全穆名，但云「俄詔内養追賜死」，其實留此一名，則内養之義望文可知，今削此一名，文義晦矣。《新》、《舊書》書收置鎮南軍節度於豫章事皆無年，而吴曾《能改齋漫録》第一卷《事始》篇以爲咸通六年，《新·方鎮表》正同，《舊》本傳韋保衡訐收以嚴譔爲江西節度，納賂，殆亦六年事。

劉瑑畢諴

劉瑑、畢諴輩出將入相，而庸碌伴食，《東觀奏記》所載皆宣宗一朝事，於瑑稍有所稱述，亦不過言其受知，而《舊書》不采小説，《瑑傳》但有官銜而已。《諴傳》則云：「鄆州須昌人。伯祖構，高宗時吏部尚書。構弟栩，鄴王府司馬，生凌。凌爲汾州長史，生匀，爲協律郎。勻生誠。」《東觀記》乃云：「本估客子，昇甲乙科。杜琮爲淮南節度，置幕中，始落鹽籍。」《舊傳》言大中末爲翰林學士、中書舍人，遷刑部侍郎。其爲邠寧、昭義、河東等處節度，皆因受知懿宗，爲所特簡。而《東觀記》則以爲令狐綯恐其入相，忌而出之。又載誠欲結綯，購美妾獻之。果爾，則誠真小人，不但庸人矣。裴庭裕唐末人，恩讐之口不盡可從，而《新書》遂盡摭入，宜再考。

李蔚節度淮南之年

《舊·李蔚傳》：「咸通十四年，轉揚州大都督府長史、淮南節度副大使，知節度事。」高彦休《唐闕史》卷下云：「丞相隴西公蔚建大旆於廣陵，時咸通十二年也。泗州狀言女僧二人，至普光王寺，云後二年國有變，此寺大聖和尚當履寶位，至十四年懿皇晏駕，今上即位，是爲普王。」小説好言鬼怪不足道，然據此則十四年當作十二年。

崔彦昭事與闕史不合

《唐闕史》卷下云：「丞相蘭陵崔公儉德，時所推服，嘗統戎番禺，有酌泉投香之譽。今上誕聖於壬午，龍飛於癸巳，皇算十有二歲矣。思命耆德，左右大化，乃自奉常卿起公爲上相，時年八十有三。居台席數載，薨於位，廢常朝三日，册贈有加美焉。」《闕史》所言今上皆僖宗，此今上亦僖宗也。考《舊·僖宗紀》咸通三年生，歲在壬午，咸通十四年即位，歲在癸巳，時年十二，皆合。再考《新·宰相年表》，僖宗即位之明年改元乾符，時入爲宰相而崔姓者惟彦昭，此外惟有一崔沆，直至五年五月方入相，歲在戊戌，非龍飛之初，而沆至廣明元年歲在庚子爲黄巢所殺，不得云薨於位，則《闕史》所記爲彦昭明矣。但《新》《舊·彦昭傳》「清河人」，非蘭陵，其爲節度在河陽河東，非嶺南，由吏部侍郎《新》作「兵部」，亦異。入相，非由奉常，居相位四年，固可云數載，但《新》、《舊》皆無卒年若干，而大中三年方擢進士第，釋褐諸侯府，至乾符初入相，不過二十餘年，年已八十三，亦可疑。種種不合，稗官之言殊難盡信。[一]

校讀記

[一]岑仲勉《唐史餘瀋》卷三《宰相蕭倣》條云：「余按蘭陵非崔姓郡望，彦昭又未節度嶺南，依此求之，『崔』實『蕭』之訛而王氏爲誤猜也。」

盧攜無拒王景崇事

觀《舊·盧攜傳》，舉人不當，致賊充斥，及再相，以私憾盡易王鐸、鄭畋所任帥，内倚田令孜，外援高駢，高下在心，貨賄公行，賊陷潼關，皆攜所致。《唐闕史》乃盛稱其美，又載王廷湊之孫景崇爲弟景儒請鎮易定，樞密使欲許之，攜拒而不許，遂止。此事必係虚浮，《新》《舊·景崇傳》皆不載，可見《新書》雖好采小説，尚稍有裁斷，未至極濫也。

蕭遘舊太詳新太略

僖宗出亡於蜀，蕭遘不過隨從而已，實無功績，孫樵《可之文集》第四卷《蕭相國真讚》云：「錦浦宸游，傅巖夢説。再安宗祏，蕩掃氛孽。黄道回日，翠華歸闕。粃糠魏丙，肩袂稷契。」樵時亦爲從臣，與相款曲，故有此飾詞。及朱玫立襄王煴，遘雖罷相，仍署太子太保，則已污僞命，遭時不幸，其心可諒，賜死誠可憐，然《舊傳》長至一千五六百字，且褒之不容口，未免太過，《新》竟無傳，則又太略。

張濬依楊復恭

《舊·張濬傳》：「乾符中，宦官楊復恭自處士薦爲太常博士，轉度支員外郎。直至僖宗再幸山南，復恭失勢，乃依田令孜。」其事甚明。孫光憲《北夢瑣言》第五卷乃謂濬爲處士，令孜薦爲起居郎。薦者非復恭，官亦非博士也。[二]令孜，《閹人傳》無字，而光憲稱爲子方者，取田子方姓呼之。此書多有虚誕，五代人記唐末事尚如此，況宋人小説乎？

校讀記

［一］《瑣言》卷五《張濬樂朋龜與田軍容中外事》條云：「張濬相自處士除起居郎，亦出子方之門。」傅增湘校改「子方」爲「令孜」，據西莊此説，則作「子方」亦有理。

超躐宰相

唐世命相不論官資，但同兩省平章即爲相，已見前第七十四卷。《新・姦臣》：「柳璨以諫議大夫同中書門下平章事。起布衣，至是不四歲。」超躐若此。若同時朱朴以《毛詩》博士，亦擢諫議大夫、同兩省平章，此雖末世事不足據，然亦可見唐制。

羅威

《舊書》於魏博節度使羅弘信傳附其子威傳，考之《新書・藩鎮傳》及《新》《舊五代史》、《資治通鑑》，弘信之子承襲其父，殺牙軍八千家，而稱臣於朱梁者名紹威，孫光憲《北夢瑣言》及范祖禹《唐鑑》並同，此乃作「威」，誤也。然此卷中稱「威」者凡十六見，則非傳寫之訛，再考。《舊》於昭、哀本紀仍作「紹威」。

偷江東

《新·藩鎮·紹威傳》:「江東羅隱工爲詩,紹威厚幣結之,通譜系昭穆,因目己所爲詩爲《偷江東集》云。」《舊書》:「羅隱有詩名,號江東生。威遣使賂遺,隱亦集其詩寄之。」《新書》删去「隱號江東生,以詩寄紹威」,則「偷江東」語突然無根。

王重榮父縱兄重盈

《舊·王重榮傳》但云「父縱,鹽州刺史,咸通中有邊功」,《新傳》則云:「父縱,太和末爲河中騎將,從石雄破回鶻,終鹽州刺史。」司空圖《一鳴集》第六卷《王縱追述碑》云「欲紹家聲,遂參戎右。會昌二年,回紇扇酷,蒲帥石公雄總戎出塞,公爲都知兵馬使,出從間道,已繼捷書」云云,與《新書》合,碑末言公有五子,長重章,次重簡,次重盈,次重榮,次重益,亦與《新》《舊傳》合,重榮爲河中節度使,死後重盈繼之,重盈前已歷汾州刺史、陝虢觀察使,遷檢校尚書右僕射,拜節度使,同中書門下平章事,進太傅、兼中書令,封琅邪郡王,此《新書》所載,《一鳴集》第五卷又有《重盈河中生祠碑》,載重盈官位與《新書》亦同,但據碑,重盈又加太尉,而史無之。又碑言重盈以大順二年爲河中節度,而《新書》則以爲在僖宗時，此大不合，碑立於景福元年，當以碑爲正。

衹袨

《新・李罕之傳》：「初爲浮屠，行匄市，窮日無得，抵鉢褫衹袨去。」董衝《釋音》第二十卷：「衹，巨支切。袨，章移切。胡衣。」而薛居正《五代史》第十五卷《罕之傳》但云「擲鉢于地，毁棄僧衣，亡命爲盜」，歐陽氏《五代史》第四十二卷略同，即此見宋祁之務改舊文，炫其奥博，細思之，殊覺無謂。

呼妻兄弟爲舅

《新・朱延壽傳》：「事楊行密。田頵之附全忠，延壽陰約曰：『公有所爲，我願執鞭。』頵喜，二人謀絶行密。行密憂甚，紿病目，行觸柱僵。妻，延壽姊也，掖之，行密泣曰：『吾喪明，諸子幼，得舅代我，無憂矣。』」《通鑑》二百六十四卷作「軍府事當悉以授三舅」，胡三省注：「延壽第三。」呼妻之兄弟爲舅，始見於此，而《新五代史・吴世家》叙此事但稱延壽，不稱舅。

十七史商榷卷九十二

新舊唐書二十四

武承嗣傳太雜

武氏一家，親黨子姓俱係貪暴邪淫、姦狡悖逆之徒，戾氣交遘，凶德參會，以禍天下，天爲之乎，人爲之乎？不可得而知矣。然其中亦間有彼善於此者，攸緒、平一是也。而平一之孫元衡爲宰相，頗著誠款，爲悍藩刺殺，尤可憫。元衡固當入列傳，平一當附元衡，説已見前矣。攸緒稍賢，雖可入《外戚》，當專傳。《舊》附武承嗣，嫌賢否混淆，《新》入《隱逸》則又太優，且《舊》既以承嗣標首，遂將武姓并外姻共數十人一槩攙入，太覺猥雜，不成體裁。竊謂武氏宗支戚屬誠不可無提挈眉目處，《舊》既以士彠入列傳，無所統領，不得已於《承嗣傳》作提綱一段，遂順手將諸人悉附承嗣，《新》以士彠入《外戚》，諸武皆附，較《舊》則勝矣。然愚意但當以《士彠傳》作提綱，其餘若三思、若懿宗皆元惡大憝，罪不容於死，若攸暨事蹟亦著，皆宜各自爲傳，臚列以表其罪狀，惟延秀當附承嗣，而崇訓則當附三思耳，《新書》猶恨昧没也。又公主，史家例得立傳，況唐家公主醜逆相踵，雖於主婿延秀輩傳中見之，而公主固宜别自有傳，今皆附承嗣一傳中，喧鬧已甚，此則《新》得之。至薛懷義、沈南璆宜别爲嬖倖，《舊》亦附承嗣，更爲可笑，《新》無傳，亦非。

鄭克殺武三思

張鷟《朝野僉載》第一卷云：「神龍初，武三思改封德靖王。有窺鼎之志，被鄭克等斬之。」考《舊書·外戚傳》作「德静郡王」，疑當從《僉載》。《新傳》略去，非是。節愍太子率李多祚等殺三思，《新》《舊傳》甚明，此云鄭克者，以當日揮刃之人言之。

寶曆當作大曆

《舊·吴溆傳》：「寶曆二年，代宗始封拜外族。」「寶曆」，敬宗號，此當是「大曆」，乃傳寫之誤。[一]

校讀記

[一]按中華書局標點本《校勘記》疑「寶曆」爲「寶應」之誤，其説與西莊不同。

吴湊傳改非

《新書·吴湊傳》：「湊候帝間，極諍不避。或勸論事宜簡約，不爾，爲上厭苦，湊曰：『反復啟寤，幸一聽之，則民受賜爲不少。撟舌阿旨固善，有如窮民上訴，叵云罪，何以能。』」《舊書》云「如窮民上訴，罪在何人」，《新》之改《舊》，詞艱意晦。〔一〕

校讀記

〔一〕按中華本「以能」屬下句，讀作「叵云罪何？以能，進兼兵部尚書」。

鄭顥

《舊書》無公主傳，《新書》增入，《宣宗萬壽公主傳》云：「下嫁鄭顥。」據唐張固《幽閑鼓吹》作「鄭尚書之弟顥」，考《宰相世系表》，德宗宰相鄭絪之子祇德，兵部尚書，祇德長子顒，駙馬都尉，而顥則顒之弟也。《幽閑》誤以子爲弟，顒爲顥。

宦官傳原本脱文

《舊·宦官傳》首總叙云：「五局，掖廷局掌宫人簿籍，宫闈局掌宫内門禁，其屬有掌扇、給使等員，奚官局掌宮人疾病死喪，内僕局掌宮中供帳燈燭，内府局主中藏給納。」原本無「内府局」句八字，則五局少其一，非也。但不知近本何據補入。

高力士爲高延福假子

《舊·高力士傳》，其出甚微，但云「潘州人，本姓馮。少閹，爲嶺南討擊使李千里進入宫，則天因小過逐之，内官高延福收爲假子，延福出武三思家，力士往來三思第，得復入」，如是而已。初不言其本爲何人之後，而《新書》以爲馮盎曾孫，予得《力士碑》搨本，大曆十二年五月建，雖亡其下半截，存字尚多。首云「初有適越者，請觀南方之樂，主人爲之歌馮，賓曰：遠矣。衰而復起，一飛沖天，自北而南，以至於盎。五嶺之表推爲」，下缺，又云「子智戣，高州刺史；智戴，恩州刺史；智彧，潘州刺史」，下缺，又云「襲位象賢，主祀守封」，則叙盎之孫語而其下雖漫，有云「天子廣錫類之恩，覽先賢之狀。初贈潘州刺史，又贈廣州大都督」，據《盎傳》，盎三十子，智戴春州刺史，非恩州，後入朝，終左武衛將軍，而碑不言，智彧東合州刺史，亦非潘州，盎乃北燕馮弘之裔，自晉宋至隋唐，世爲王侯君長，盎爲高州都督，封越國公，貴盛無比。據碑，智戣，盎長子，襲位云云，是指智戣之子襲盎都督國公官爵，即力士父，而「錫類贈官」云云，則指力士貴，贈其父也。據《新》、《舊書》言嶺南節度使送力士本母麥氏至京，贈力士父廣州大都督，麥氏越國夫人，正與碑合，然力士父特一嶺南人姓馮耳，必非盎之孫也。試思上公之嫡長孫主祀守封，何以其子少即閹割爲長吏市之以進乎？碑乃文人代力士附會爲此説，其間當更有增飾入宫緣由，石缺文滅，故不見耳。銘云「公本南海，家傳擁旄。有馮之後，遂育于高要」，爲不可信，《新書》據碑添入甚謬，從《舊》爲是。予又得内侍高福字延福墓誌，開元十二年正月孫翌撰，有「君之寵嗣曰力士」云云，與《新》、《舊》合，而爲馮盎曾孫則非。兩碑從未著録，録者《力士碑》自顧絳《金石文字記》始，《延福誌》自錢大昕《潛研堂金石跋尾》始，《新》、《舊》皆言力士陪葬泰陵，而顧云《力士碑》在今蒲城縣，宋敏求《長安志》云：「玄宗泰陵在蒲城縣東北三十里金粟山，陪葬者惟一高力士。」然則碑即立於陵側。

魚朝恩傳新舊互異

宦者魚朝恩恣横之狀，《新書》描摹曲盡，大半皆《舊書》所無，至如朝廷裁決，或不預，輒怒曰：「天下事有不由我乎？」養息令徽尚幼，服緑，與同列争，朝恩見帝，請得金紫，帝未答，有司已奉紫服于前，令徽稱謝。此皆出蘇鶚《杜陽雜編》卷上。見商濬《稗海》。《新書》好采小説，如此種采之却甚有益，《舊書》不采，使朝恩惡不著，固可恨。若其死也，《新》言

「帝與元載密謀，結其党周皓，寒食内宴，朝恩乘小車入宫，皓與左右擒而縊殺之」，情事如繪，必得其實。《舊書》寥寥數語，但云「寒食宴罷，詔留之，朝恩言頗悖慢，上不之責，朝恩還第，自經卒」。彼時朝恩聲勢尚張，既不之責，縱使還第，安肯遽自經？此全非情理，《舊》不如《新》。[一]

校讀記

[一]李慈銘《讀書簡端記》有説。

韓日華

《舊·宦官·倶文珍傳》有韓日華，一字分二，其例不知始何時，王叔文、王伾等傳中仍未改，宜畫一。

王守澄傳新舊互異

《舊書·宦官傳》云：「王守澄，元和末宦者。憲宗疾大漸，内官陳弘慶等弑逆，守澄與中尉馬進潭、梁守謙、劉承偕、韋元素定册立穆宗皇帝。」《新書·宦者傳》則云：「憲宗不豫，元和十五年罷元會。是夜，守澄與内常侍陳弘志弑帝於中和殿，以暴崩告天下，乃與梁守謙、韋元素等定册立穆宗。俄知樞密事。文宗嗣位，守澄有助力，進拜驃騎大將軍。帝疾元和逆罪久不討，故以宋申錫爲宰相，謀因事除之，不克，更因其黨鄭注、李訓乘其罅，於是流楊承和於驩州、韋元素象州，遣中人劉忠諒追殺元素于武昌，承和次公安賜死。訓乃脅守澄以軍容使就第，使内養齎酖賜死。」愚謂「陳弘志」，《舊》作「弘慶」，定册四人，二人亦不同，雖未知孰是，但如《舊書》，則守澄於弒逆無涉，且有定策立穆宗大功，而文宗之立又出其力，後來文宗何爲討而誅之乎？自不如《新書》爲得實，《舊書》記事既虚謬，則弘慶之爲誤筆亦可知。《舊・守澄傳》叙其死云：「太和元年，帝令内養李好古賫酖賜守澄死。」《新》删其年及李好古名，此《新》之謬，而《舊》「元年」，原本作「九年」，是當從之。至梁守謙者，二書皆無傳，予所藏《邠國公功德碑》，立於長慶二年，即楊承和撰文，邠國公即守謙，文中推重甚至，想必倩人代作，而其情甚爲可惡。此輩大約俱系逆黨，朋比爲奸，與聞弒事者，文宗討誅不及守謙，當因其前死耳。

魚弘志等

甘露之變，殺李訓等者，仇士良、魚弘志也見《新・李訓》及《士良傳》，而其前弒憲宗者已有陳弘志，見《王守澄傳》。相距未遠而同名，據吴縝，當作「魚志弘」，已見前第七十五卷。但其前順宗朝立憲宗者有俱文珍，而同時又有薛文珍，見《文珍傳》。則意者若輩同名不足異，至於弑敬宗者又有魚志弘，見《劉克明傳》。相去亦甚近，不知與殺李訓之魚弘志是一是二，未詳。

澧朗忠硤

《舊·良吏·吕諲傳》：「上元元年七月，授諲荆州大都督府長史、兼御史大夫，充澧朗忠硤五州節度觀察處置等使。」「澧朗忠硤」，原本作「澧荆忠硤」，愚謂既云五州，則似當云「荆澧朗忠硤」爲合，然以《新書·方鎮表》考之，至德二載置荆南節度，領荆、澧、朗、郢、復、夔、峽、忠、萬、歸十州，治荆州，升夔州防禦爲夔峽節度使，乾元元年廢夔峽節度使，二年置澧朗溆都團練使，治澧州，以夔、峽、忠、歸、萬五州隸夔州，上元元年，廢澧朗溆都團練使、荆南節度使，兼江南尹，「江南」似當作「江陵」。復領澧、朗、忠、峽四州。今此傳云云之下，言「諲至治所，請於江陵置南都，勅改荆州爲江陵府」，則諲之爲荆南節度可知，荆州其所治，傳「澧朗」之上必是脱「荆」字，但荆南節度所領實不止此五州，尚有郢、復，何以不舉，而此外又别無他節度領此二州者，此則當闕其疑。

韋丹何易于

《舊書·良吏》中無韋丹、何易于，而《新書》補之，丹事則采杜牧牧之《樊川文集》第七卷《江西觀察使武陽公韋公遺愛碑》，此文亦見《文苑英華》八百七十卷。易于事則采孫樵《可之文集》第三卷《書何易于》。

酷吏吉頊新書減其惡增其美

吉頊，《舊書》入《酷吏傳》，而《新書》升爲列傳。頊本係險惡小人，陰賊狠戾，據《舊書》云：「萬歲通天二年，有箕州疑當作「冀州」。刺史劉思禮，自云學於張憬藏，善相，云洛州録事參軍綦連耀應圖識，有『兩角騏驎兒』之符命。頊告之，則天付武懿宗與頊對訊。懿宗與頊誘思禮，令廣引朝士，必全其命。思禮乃引鳳閣侍郎李元素、夏官侍郎孫元通、天官侍郎劉奇石抱忠、鳳閣舍人王處來庭、[一]主簿柳璆、給事中周潘、涇州刺史王勔、監察御史王助、司議郎路敬淳、司門員外郎劉慎之、右司員外郎宇文全志等三十六家，微有忤意者，必構之，楚毒百端，以成其獄，皆海内賢士名家，天下冤之，親故連累竄逐者千餘人。頊由是擢拜右肅政臺中丞。」按此事見張鷟《僉載》第一卷，[二]《舊書》以王助爲頊誘思禮引出之一，而《僉載》則謂「項與助同宿，助以親故爲説綦連耀男大覺、小覺云：『應兩角麒麟也。耀字光翟，言光宅天下也。』項明日遂録狀付來俊臣」，然則王助知情不舉，爲項所告，即當坐，不待思禮引之也。當從《僉載》。《新書》欲寬項罪，於此事痛删削，只存四五十字，且直書劉思禮謀反，若無《舊書》，幾令讀者疑思禮實反，非以口語被誣矣。項黨張易之、昌宗，勸二人請立廬陵相王，此其一節之善，《舊書》有之，《新書》乃又添出召見泣請，太子已立，勿並封外家諸王。其時武氏諸王具在，此言何補，《新書》減其惡而曲增其美，何哉？

《新書》云「父名哲，易州刺史」，而《朝野僉載》云「父名樕，爲冀州長史」，二者不同。《新書》云「突厥陷趙定，授相州刺史，募兵制虜，項辭不知」，殊不成語，[三]《舊書》云「項以素不習武爲辭」，較明白。又《新書》云「貶琰川尉，徙始豐尉，客江都，卒」，《舊書》則云「貶琰川尉，改安固尉，尋卒」，而《朝野僉載》云「出爲温州司馬，卒」，三者不同。

項弟琚、子温，酷吏中之至狠戾無恥者，玄宗謂爲酷吏子姪，可見温之酷係項之家法，玄宗猶知之，作《新書》者乃爲平反乎？

校讀記

[一]李慈銘曰：「慈案：『處』當作『勴』，勴與勔並王勃之兄，助則勃之弟也。」

〔二〕按事見該書卷二。

〔三〕按《新書》云：「項辭不知武，后曰：『賊方走，藉卿坐鎮耳。』」西莊誤以「武」字屬下讀，遂謂其不成語，誤矣。

舊周利貞傳太略

《舊·酷吏·周利貞傳》：「玄宗正位，利貞與薛季泉、宋之問同賜死於桂州驛。」「桂州」，《新書》作「梧州」。此傳《舊書》太略，而《新書》則甚詳備，描摹小人素行之醜，及其枉殺諸功臣冤慘情狀，無不曲盡，實遠勝於《舊書》。

王同皎傳新改舊非

《新·王同皎傳》叙其與張仲之、祖延慶、周憬、李悛、冉祖雍謀殺武三思，後因仲之、延慶漏泄其謀，爲三思所覺，其下即言「三思遣悛上急變告同皎，帝怒，斬同皎，仲之、延慶皆死，憬自剄」，其下則言「睿宗立，復同皎官，謚忠壯。誅祖雍、悛等」，此事就使所書果實，而紀載之體已屬大亂，殊令讀者茫然，何則？悛、祖雍本與同皎同謀者也，乃三思即遣悛告之，則悛已背同皎而從三思，此處須提明一句方醒目，豈可平平叙述，一若其上文並無同謀之説者？至祖雍一人獨不見下落，睿宗之誅悛，則以其背同皎從三思也，而亦誅祖雍，然則祖雍亦背同皎從三思者，乃其上文絶未提明，突出「誅祖雍、悛等」一句，尤爲蒙混，今以《舊書》勘之，復與《新》大相刺謬，始與同皎同謀者，但有冉祖雍、周憬，無仲之、延慶及悛。[一]如仲之、延慶及悛，或者傳聞異詞，在《新書》别有所據。若祖雍，據《舊書》本同謀，後反以其計密告三思，小人傾險，與崔湜之善桓彦範等，同謀去三思，後反以告三思正同，《新書》反不著其始同謀後又噬之狀，恐非是。

校讀記

[一]李慈銘曰：「慈銘案：《舊書・酷吏・姚紹之傳》云：『王同皎、張仲之、祖延慶謀衣袖中發調弩射三思，爲宋之遜子量所發。』故《同皎傳》不更及。但《紹之傳》云『紹之興右臺大夫李承嘉按問仲之、延慶』，後但言『紹之殺仲之』，不及延慶，叙事亦多脱略。又《宋之問傳》云：『洛陽人張仲之與駙馬都尉王同皎等謀殺武三思，之問令兄子發其事。』」

盧奕贈官謚議

《舊・忠義・盧奕傳》：「奕爲賊所害，玄宗聞而愍之，贈兵部尚書。」《新傳》則云「肅宗詔贈禮部尚書」，未知孰是。《舊》詳載獨孤及所作謚議，約五百字，《新》刪削僅存一百餘字，誠爲簡净，然此等表彰忠義語載之，却不厭其詳，此文見及《毗陵集》第六卷。

舊祝欽明傳脱誤

《舊·儒學·祝欽明傳》：「爵人職云：『大祭祀，與量人授舉斝之卒爵。』尸與斝皆宗廟之事，則宗廟亦稱大祭祀。」原本並與近本同，此《周禮·春官·鬱人》職，訛「鬱」爲「爵」，已不可解。又「卒爵」下脱「而飲之」三字，遂不成句。「尸與斝」仍有誤。又「祀大神，祭大祇，享大鬼，帥執事而卜日宿，視滌濯，涖玉鬯，省牲鑊，奉玉齍，制大號，理其大禮，制相王之大禮」，原本作「帥執事而卜宿，視滌濯，涖玉鬯，省牲鑊，奉王齊，制大號，理其禮，制相天王之大禮」，近本改正已多，而尚不能無誤，末三句當作「詔大號，治其大禮，詔相王之大禮」。又「王后無助祭於天地之服」，「之服」二字原本脱去，近本補正。又「宗廟有裸。天地大神，至尊不裸，圜丘之祭與宗廟不同」，原本作「拾同」，「拾」蓋「袷」字之誤，觀《禮記·郊特牲》疏自明，而改作「不同」，尤非。

新啖助傳誤

《新·儒學·啖助傳》：「助愛《公》、《穀》二家，以左氏解義多謬，其書乃出於孔氏門人。且《論語》孔子所引率前世人，老彭、伯夷等，類非同時，而言『左丘明恥之，丘亦恥之』。丘明者，蓋如史佚、遲任者。左氏集諸國史以釋《春秋》，後人謂左氏，便傅著丘明，非也。助之鑿意多此類。」案陸質《纂例》云：「啖氏依舊說，以左氏爲丘明，受經于仲尼。今觀左氏解經，淺于《公》、《穀》，誣謬實繁，若丘明才實過人，豈宜若此？推類而言，皆孔門後之門人，且夫子自比皆引往人，故曰：『竊比于我老彭。』丘明者，蓋夫子以前賢人，如史佚、遲任之流，見稱于當時」云云。是則陸質之意，以丘明爲夫子以前賢人，非作傳者，而作傳者別是一人，乃孔門後之門人，蓋親受業者爲弟子，受業於弟子爲門人也。若啖助之意，則直以左氏即丘明，親受經于仲尼者耳。宋祁不考，以質說爲助語，失之。且以左丘明爲古史，本孔安國《論語注》，其說誤。劉歆則以爲丘明親受經於仲尼，說《左氏》當以劉歆、賈逵、服虔爲正，此條未見服說，且當從歆。啖與歆合，頗是。若質以丘明與左氏非一人，左氏爲孔門後門人，丘明爲夫子以前賢人，二說皆大謬，而祁之譏助尤非。惟贊云：「左氏與孔子同時，以《魯史》附《春秋》作《傳》，而公羊高、穀梁赤皆出子夏門人。三家言經各有回舛，然猶悉本之聖人，其得與失蓋十五，義或繆誤，先儒畏聖人，不敢輒改也。啖助在唐，名治《春秋》，摭訕[二]三家，不本所承，自用名學，憑私臆決，尊之曰孔子意也，趙陸從而唱之，遂顯于時。嗚呼，孔子没乃數千年，助所推著果其意乎？其未可必也。以未可必而必之，則固；持一己之固而倡茲世，則誣。誣與固，君子所不取，助果謂可乎？徒令後生穿鑿詭辨，詬前人，捨成説，而自謂[二]紛紛，助所階已。」此段論斷則甚確切，中若輩病痛。[三]

校讀記

[一]「詘」，《新書》作「詘」。

[二]「謂」，《新書》作「爲」。

[三]錢大昕亦極推重宋祁此論，見《養新録》卷六《宋景文公識見勝於歐公》條。

替

《新・文藝・杜審言傳》：「審言病甚，宋之問省候，曰：『吾在，久壓公等。今死，但恨不見替人。』」杜甫詩：「故著浮查替入舟。」李商隱詩：「月没教星替。」皆以替爲代。《説文》卷十下《竝部》云：「替，廢一偏下也。」本無相代之義，然《北史・隋・李德林傳》：「文帝以逆人王謙宅賜之，尋改賜崔謙，令德林自選一好宅作替。」則此語隋已有之。

司空圖不懌而疾卒

司空圖，《舊書》在《文苑傳》，《新書》改入《卓行》，云：「哀帝被弑，圖聞，不食而卒，年七十二。」近時編唐詩作小傳者皆從之。《舊書》則云：「唐祚亡之明年，聞輝王遇弑於濟陰，不懌而疾，數日卒。」不食而卒，不懌而疾卒，二者相去絶遠，不知《新書》何據？成人之美，誠君子之心，然史貴紀實，不可飾僞也。王禹偁《五代史闕文》因《梁史》舊文語多污蠛，力爲辨誣，且推重圖之大節甚備，然亦不過云「梁祖受禪，以禮部尚書徵，辭以老疾，卒時年八十餘」。[一]禹偁登第授官在宋，歐陽之前約五十年，其見聞豈反不確而遽改之乎？《闕文》云「年八十餘」，而《新書》云「年七十二」，亦當以《闕文》爲正。禹偁所辨《梁史》舊文者，謂《梁實録》也。《梁實録》是梁末帝均王友貞所修，以圖義不仕梁，故多貶斥語，薛居正《五代史·梁書》中無圖傳，極是。

校讀記

[一]見《梁史三篇·司空圖》條。

孫思邈年

《舊·方伎·孫思邈傳》：「周宣帝時隱居太白山，隋文帝輔政徵爲國子博士，稱疾不起。太宗即位，召詣京師，授以爵位，不受。顯慶四年，高宗召見，拜諫議大夫，又不受。上元元年，辭疾請歸，特賜良馬，及鄱陽公主邑司以居。盧照鄰師事焉。思邈嘗從幸九成宫，照鄰留在其宅，爲序曰：[一]『癸酉之歲，余卧疾長安光德坊之官舍，父老云是鄱陽公主邑司。昔公主未嫁而卒，故其邑廢。時有孫思邈處士居之。』思邈自云開皇辛酉歲生，至今年九十三矣，詢之鄉里，咸云數百歲人，話周齊間事，歷歷如眼見，以此參之，不啻百歲人矣。」上文明云「周宣帝時隱太白山，隋文帝輔政徵爲博士」，此何以云「開皇辛酉歲生」？開皇辛酉，隋文帝在位之二十一年，是年改元仁壽，至照鄰作序之年癸酉，是唐高宗在位之二十四年咸亨四年，當云年七十三，思邈蓋不欲以長生不死驚駭世人，故自隱其年，而詭詞云開皇辛酉生，故云「以此參之，不啻百歲人矣」，非自相矛盾也。但七十三而云九十三者，此傳刻之誤耳，原本亦誤。《舊》於傳末直云「永淳元年卒」，更不言年若干，蓋的年實無可考，而以上文歷叙者參詳之，則自是百餘歲人，不言可知矣。《新》則改云「永淳初卒」，而又添一句云「年百餘歲」，永淳之號本只二年，初與元年有何分別，何必改作？而所添之句則反成贅疣。凡宋祁之務欲自炫其長而實則無加于《舊》者多如此。

校讀記

[一]此處節略過甚，以致文意不屬，茲引於下：「思邈嘗從幸九成宮，照鄰留在其宅。時庭前有病梨樹，照鄰爲之賦，其序曰云云。」

西域記

《舊·方伎傳》：「僧玄奘，貞觀初，隨商人往游西域，在西域十七年，經百餘國，採其山川謡俗土地所有，撰《西域記》十二卷。貞觀十九年，歸至京師，太宗詔將梵本六百五十七部於弘福寺翻譯。顯慶元年，高宗又令于志寧等助加翻譯，凡成七十五部，奏上之。後以京城人衆競來禮謁，奏請逐静，勅移於宜君山故玉華宫。六年，卒。」考石刻太宗御製《聖教序》及高宗爲太子時製《述聖記》，弘福寺沙門懷仁集王羲之書，并錢希白《南部新書》辛卷所載與《舊書》略同，《玉海》第十六卷云：「《唐西域記》十二卷，玄奘譯，辨機撰。」今《佛藏》有此卷，首並列二僧名，據《舊書》云云，則玄奘所譯乃佛經，此書玄奘自撰，何譯之有？辨機惡僧，豈能著書？《玉海》非是。藏本承其誤耳。錢希白又言著作郎敬播爲之序。今本有二序，一署張説，一無名，當即敬播作。六百五十七部西域所得，譯成者七十五，則舉其要矣，而《聖教序》末又附刻《般若波羅密多心經》，此則要中之要也。「宜君」，錢作「坊郡」，「坊」是州名，「宜君」其縣名。

新隱逸叙首

《新·隱逸》叙首云：「古之隱者大抵有三槩，上焉者，身藏而德不晦，故自放草野，而名[一]往從之，雖萬乘之貴，猶尋軌而委聘也；其次，挈治世具弗得伸，或持峭行不可屈于俗，雖有所應，其于爵禄也，汎然受，悠然辭，使人君常有所慕企，怊然如不足，其可貴也；

末焉者，資稿薄，樂山林，内審其材，終不可當世取捨，故逃丘園而不返，使人常高其風而不敢加訾焉。」愚謂上者爲末，末者爲上，宋子京不知隱逸。

校讀記

［一］「名」原作「各」，據《新書》改。

王績絳州龍門人

寫本王績《東皋子集》三卷，河東吕才君英序，《舊書·隱逸傳》於《績傳》即采此序爲之，但序云「太原祁人」，而《隱逸傳》則云「絳州龍門人」，《新·隱逸傳》同，序但追溯其上世之族望言之，傳則據其身實籍言之。《舊·地志》河東道河中府龍門縣，貞觀十七年屬絳州，是也。傳末云：「兄通，字仲淹。隋大業中名儒，號文中子。」今文中子《中説》第一卷《王道》篇：「子曰：吾家銅川六世矣。」阮逸注云：「上黨有銅堤縣。」又：「董常曰：『夫子自秦歸晉，宅居汾陽。』」《中説》未可盡信，所言鄉里雖與絳州龍門相近，却非一地。序云「與李播、陳永、吕才爲莫逆交」，傳删去「陳永」，非。

召還陽城

《新・卓行・陽城傳》：「順宗立，召還城，而城已卒。」《舊・順紀》但有贈城左散騎常侍，無召還事，此善政皆王叔文所施設。

三垂薄海

《新・突厥傳》：「其地三垂薄海，南抵大漠。」愚謂西北兩面似不應薄海，何至如此之遠，殊難信。

高祖稱臣於突厥

《新・突厥・頡利傳》，其上文既言高祖待突厥用敵國禮，其下文敘至貞觀元年，帝謂羣臣曰：「往國家初定，太上皇以百姓故，奉突厥，詭而臣之。」二文自相矛盾，蓋高祖起事之時，倚仗突厥，屈體稱臣，乃其實也。李靖擒頡利，太宗語羣臣云「可雪太上皇稱臣于頡利之恥」，見《貞觀政要》第二卷《任賢》篇及《舊書・李靖傳》。薛居正《舊五代史》第八十九卷《晉・桑維翰傳》維翰上高祖書云：「神堯武略，尚稱臣於可汗。」謂此事。[一]

校讀記

［一］陳寅恪《論唐高祖稱臣於突厥事》有詳考，見《寒柳堂集》。

阿史那忠

《新書·諸夷蕃將列傳》第三十五阿史那忠，《突厥列傳》第一百四十上阿史那泥熟，本一人，前既有《忠傳》，則後不必別立《泥熟傳》也。前傳略云：「阿史那忠，字義節，蘇尼失子。以功擢左屯衛將軍，尚宗室女定襄縣主。會立阿史那思摩爲突厥可汗，以忠爲左賢王。及出塞，不樂，見使者必泣，請入侍，許焉。封薛國公，擢右驍衛大將軍。宿衛四十八年，卒，贈鎮軍大將軍，謚曰貞，陪葬昭陵。」後傳云：「右賢王阿史那泥熟，蘇尼失子。始歸國，妻以宗女，賜名忠。及從思摩出塞，思慕中國，見使者必流涕求入侍，許之。」愚謂凡外國應居諸傳之後，而外國人入仕中土者，則與中土人並列爲傳而無別，此史家舊例也。《新書》亦用此例，忠宿衛四十八年，卒于中朝，故與朝臣並列爲傳，而突厥等國則列在最後，居《藩鎮》之次，於例合矣。但《突厥傳》篇首先總叙突厥來歷，其余每一可汗輒提行另起，各爲之傳，今於《思摩傳》中牽及阿史那忠，因於叙畢思摩下即提行另起特叙忠事，不與前傳犯複乎？且其上文《思摩傳》中牽叙處竟誤認忠與泥熟爲二人，及徐讀至下文，方知忠即泥熟，並非二人，豈非謬中之謬乎？前《忠傳》與後《泥熟傳》相隔一百餘卷，不相審照，或尚可，《思摩傳》與《泥熟》緊相承而自相矛盾，不太可笑乎？吳縝糾《新書》，謂：「紀、志、表歐陽公主之，傳宋公主之，所主既異，不務通知其事，紀有失而傳不知，傳有誤而紀不見。」[一]夫紀傳不相通已屬粗疏，傳與傳重複而矛盾，則甚矣。然以忠與泥熟爲二，此本《舊書》之失，《新書》襲之，一人而前後兩傳，則《新書》之謬也。當於前《蕃將傳》「阿史那忠字義節」下補一句云：「本名泥熟。」又於「定襄縣主」下補一句云：「賜名忠。」《思摩傳》牽及阿史那忠之下接云：「阿史那忠者，本名泥熟，自有傳。」下接「薛延陀聞突厥之北」云云，以終思摩事，其下「右賢王阿史那泥熟」云云一段刪去，徑接「思摩既不能國」云云一段，以終思摩入朝後，其故地爲車鼻盜有之事。如思摩輩入官中朝，卒於京師，陪葬昭陵，當與忠同入來降蕃將傳中，而今乃入《突厥傳》，似若自亂其例者，然此乃介於兩可，苟不重出，不必苛求。

校讀記

[一]見吳氏《新唐書糾謬序》。

十瞼

《新・南蠻傳・南詔》：「有十瞼，夷語瞼若州。」董衝《釋音》第二十四卷云：「瞼，九儉切。」明洪武間，桐鄉程本立爲雲南馬龍他郎甸長官司吏目，有《晚至晉寧州》詩云：「青山蒙氏瞼，緑樹僰人家。」見《巽隱集》，朱氏彝尊改爲「蒙氏險」，非。金檀刻《巽隱集》，於《白崖關》詩注引《新傳》，是。

南詔蒙舍

《舊·南蠻傳》云：「南詔蠻，姓蒙氏。蠻謂王爲詔，代居蒙舍州爲渠帥，在漢永昌故郡東，姚州之西。其先渠帥有六，號六詔。國初有蒙舍龍，生迦獨龐。迦獨生細奴邏，高宗時來朝。細奴邏生邏盛，武后時來朝。」此下叙至開元中邏盛之孫歸義合六詔爲一，愈强盛，此下歷叙章仇兼瓊、鮮于仲通、張虔陁、楊國忠與南詔構釁征戰，南詔叛臣於吐蕃，後復歸唐等事，叙至開成、會昌而止，後事闕。《新書》所叙與《舊》略同，文則倍詳，且直叙至唐末，較《舊》爲周匝。予藏《駱賓王集》三本，一宋板十卷，郗雲卿序；一顔文選注四卷，湯賓尹序；一虞九章、陸宏祚、童昌祚注六卷，汪道昆序。集有《姚州道破逆賊諸没弄楊虔柳露布》，文中叙蒙儉、和舍等作亂，臣遣左二軍子總管、寧遠將軍劉玄暕等率兵追討，生擒數千人，斬首數千級，斬諸没弄、楊虔柳等，蒙儉、和舍遁走。又有《破設蒙儉露布》，蓋即前次遁走者，今又破之而作，文中叙遣副總管李大志等往討，斬七千餘級，獲馬五千餘疋，蒙儉仍遁。虞九章曰：「姚州，今雲南姚安府。」顏文選曰：「姚州，今爲大理府。」按今姚州屬楚雄府。賓王所叙，《新》、《舊書》傳皆無之，其主帥究不知何人，且《新》《舊》皆以蒙舍爲地名，露布中蒙儉、和舍是人名字，却相涉，與《舊書》蒙舍龍又似相涉，蠻語固難考。要之，賓王死于武后光宅元年，露布中所叙必是高宗時事，而史不載，此史之闕漏也。高宗時來朝之細奴邏，其蒙儉之臣子邪？蒙儉敗走，故懼而來朝邪？不可知矣。

日本尚文

《舊唐·日本傳》：「日本國者，倭國之別種，以在日邊，故以日本爲名。長安三年，其大臣朝臣真人來貢方物。朝臣真人者，猶中國户部尚書，冠進德冠，其頂爲花，分而四散，身服紫袍，以帛爲腰帶。真人好讀經史，解屬文，容止温雅，則天宴之於麟德殿，授司膳卿，放還本國。開元初，又遣使來朝，因請儒士授經，詔四門助教趙玄默就鴻臚寺教之，乃遺玄默闊幅布以爲束脩之禮，題云『白龜元年調布』，所得錫賚盡市文籍，泛海而還。其偏使朝臣仲滿慕中國之風，因留不去，改姓名爲朝衡，仕歷左補闕、儀王友。衡留京師五十年，好書籍，放歸鄉，逗留不去。天寶十二年，又遣使貢。上元中，擢爲左散騎常侍、鎮南都護。貞元二十年，遣使來朝，留學生橘免勢、學問僧空海。元和元年，日本國使判官高階真人上言：『前件學生藝業稍成，願歸本國，便請與臣同歸。』從之。」《新唐・張薦傳》：「祖鶩，早惠絶倫，新羅、日本使至，必出金寶購其文。」又《文藝》中《蕭穎士傳》：「倭國遣使入朝，自陳國人願得蕭夫子爲師。」觀此三條，日本之尚文可見。鄭若曾《籌海圖編》第二卷亦云：「日本重儒書，多中國典籍。」朱氏《經義考》第七十三卷云：「歐陽永叔《日本刀歌》：『傳聞其國居大海，土壤沃饒風俗好。前朝貢獻屢往來，士人往往工詞藻。徐福行時書未焚，逸《書》百篇今尚存。令嚴不許傳中國，舉世無人識古文。』永叔雖有是説，而葉少藴、馬翔仲皆疑之，鄭麟趾《高麗史》宣宗八年五月，李資義還自宋，奏云帝聞吾國書籍多好本，命館伴書所求書目授之，且曰雖有卷第不足者，亦須傳寫附來。目録首開百篇《尚書》，而高麗未之有也。宣宗八年者，宋元祐六年。先是，咸平中日本僧奝然以鄭康成注《孝經》來獻，不言有《尚書》。王惲《中堂事紀》載中統二年，高麗世子禃來朝，宴於中書省，問曰：『傳聞汝邦有古文《尚書》。』答曰：『與中國不殊。』[二]然則百篇《尚書》高麗且無之，況日本乎？乃萬曆初，尚書郎葉春及請命封倭使臣多方索之以歸，無異癡人説夢矣。」朱意以日本不及高麗，近日從彼土傳入中國者有孔安國《古文孝經傳》、皇侃《論語義疏》，皆中國所無，而彼土又有王段吉備諸氏所得唐宋古本《五經》及《論語》《孝經》《孟子正義》，有山井鼎爲作《考文》，以訂近本之訛，又有物觀等爲作《補遺》。然則日本尚文勝於他國，脅然所獻，因趙宋人不好古仍致亡佚，而永叔之言非無因，葉春及亦未必癡，證以《新》、《舊唐書》諸條，知日本文學自唐已然，至今不改。

校讀記

［一］朱氏所引，見王惲《秋澗集》卷八十二《中堂事紀》卷下。

李克用入沙陀傳

李克用一生事蹟皆在唐，本唐臣也。薛氏《舊五代史》援操、懿例，稱爲武皇，入本紀，作《舊唐書》者不欲登之本紀，然又以爲究未便夷之列傳之中，故竟不及。雖覺闕然，亦差可。《新書》既欲爲立傳，則當念其勤王大功，入于列傳，與田弘正輩並列，亦無愧，即或因其跡頗跋扈，要當在《藩鎮傳》，顧乃别爲《沙陀列傳》，位置大不妥。《五代史》出歐陽公，而《新書》修成上進之時，亦歐一手裁定，《五代》已以克用入《後唐·莊宗紀》，《新書》何不直云「事在《五代史》」而又必爲之傳乎？又傳末述「天復三年，克用攻晉州，聞帝自鳳翔還京，乃去」云云，其下又述「帝東遷，詔至太原」云云，又「克用與阿保機期冬大舉度河，會昭宗弑而止」，此一段皆天復四年，亦即天祐元年之事，乃竟失書其年，又其下則云「四年，王建等約克用大舉，建兵敗，唐亡」云云，末結之云「是歲，克用有疾」，此一段則是天祐四年之事，乃混書四年，絶未出天祐號，此下直云「明年卒」，明年者，《五代史·後唐·莊宗紀》據後唐人之言稱爲天祐五年，即梁太祖之開平二年也。《新書》牽混糾纏，全不分明。

黄巢傳二書詳略甚遠

《黄巢傳》，《新書》幾及六千字，而《舊書》只一千六百餘字，詳略相去甚遠。《舊》又全載閹人楊復光破賊收復京師露布，約七八百字，而《新書》但以「楊復光獻捷行在」一句了之。《舊書》遺漏巢事多矣。《新》於已斬王仙芝，餘黨潰歸巢，推巢爲主之下，叙巢掠淮南，敗于申州，又破考城，取濮州，掠襄邑、雍丘，寇葉、陽翟，窺東都，連敗，詣天平軍乞降，又叛去，轉寇浙東，破虔、吉、饒、信等州，趨建州，圍福州，然後陷桂管，寇廣州。然則巢未入廣州之前有如許曲折，《舊》乃盡略去，直云「南陷湖、湘，遂據交、廣」。其自廣疫死十三四而北歸踰嶺也，所寇掠之地亦甚多節次曲折，凡有數層，方及陷東都，而《舊》亦盡略去，但言犯湖、湘、江、浙，逼廣陵，渡淮，陷洛陽，破潼關，入京師矣。即此以觀，則《舊書》遺漏之多可知。宋無名氏《平巢事蹟考》一卷，見陸烜《奇晉齋叢書》。載巢事頗詳，撰者當係宋初人，《新書》大半采之，《事蹟考》所無則又別有據。

磔當作縳

《舊・秦宗權傳》「以組練磔之」，當作「縳之」，字稍相似而誤。

唐亡無義士

西漢亡，義士不如東漢亡之多，西漢重勢利，東漢重名節也。宋亡有文信國，唐亡無一人，宋崇道學，唐尚文詞也。

舊唐載俗字

《舊唐・史思明傳》：「思明將死，駡曹將軍曰：『這胡誤我。』」「這」字特見于此。《宦官・楊復恭傳》：「劉季述廢昭宗，手持銀撾，數上罪云：『某事，你不從我言。』」「你」字《北史》第六十卷《李密傳》、第八十三卷《許善心傳》已有，而又見于此。

唐書直筆新例

《唐書直筆新例》一册，宋呂夏卿譔。[一]夏卿與宋、歐等同修《新唐書》，而此書所述體例與《新唐》多不合，俱屬自出意見，不知是同修之時夏卿建議如此，宋、歐不用其言邪，抑書成後夏卿不服，别作此例邪？觀其卷尾一段，糾《舊書》之謬而云：「《唐書》著於五代幅裂之際，成篇匆遽，殊未詳悉，故有詔纂輯，十餘年矣」云云，則其爲同修之時夏卿建議如此，而其後不用可知，觀其條例棼煩，正是宋人氣習。夏卿，《宋史》第三百三十一卷有傳。

校讀記

［一］周中孚《鄭堂讀書記》卷三十五著録《唐書直筆新例》四卷，嘉定王氏藏舊鈔本，首尾兩葉俱有王西沚私印二，知爲其家藏本。

唐史論斷

《唐史論斷》，宋朝散大夫、尚書刑部郎中、充天章閣待制兼侍讀、上輕車都尉、賜紫金魚袋孫甫之翰撰。甫以仁宗天聖五年同學究出身，八年再舉登進士第，除秘閣校理，擢至今官。其人正與宋、歐同時，而於修史事却不與，别自作《唐史記》七十五卷，今已亡，而此則其論斷也。凡九十二首，分上、中、下三卷。觀其自序，欲效《春秋》書法，以褒貶予奪示勸戒，以制度爲不必具載，不作志。幸其書亡，若存，徒汩亂學者耳目。論斷雖多平正，皆空論，亦不足傳。大抵作史者宜直叙其事，不必弄文法、寓予奪；讀史者宜詳考其實，不必憑意見、發議論。宋人略通文義，便想著作傳世，一涉史事，便欲法聖人筆削，此一時習氣，有名公大儒爲之渠帥，而此風益盛，名公大儒予不敢議，聊借甫以發之。

唐鑑

司馬光修《通鑑》，漢屬劉攽，三國、南北朝屬劉恕，唐屬范祖禹，各因其長，見胡三省《通鑑注》自序。而祖禹别自作《唐鑑》，采唐事可爲法戒者，作論凡三百六篇。自序篇首云「臣祖禹受詔與臣光修《資治通鑑》，臣祖禹分職唐史，得以考其興廢治亂」是也。元祐元年二月二十八日承議郎行祕書省著作佐郎騎都尉賜緋魚袋某上表并上太皇太后表俱言分十二卷，今本分二十四卷，吕祖謙注。大約卷數即祖謙所分。此書純是議論，於考證無益，議論佳者已俱采入《通鑑》。

十七史商榷卷九十三

新舊五代史一

開寶五年薛居正監修

《宋史》第二百六十四卷《薛居正傳》：「太祖開寶五年，自吏部侍郎參知政事，兼淮南、湖南、嶺南等道都提舉三司水陸發運使，又兼門下侍郎，監修國史，又兼修《五代史》，踰年畢，錫以器幣。」其下乃云「六年，拜門下侍郎、平章事」云云。第二百十卷《宰輔年表》則於五年書「居正加參知政事兼提點三司淮南、荆湖、嶺南諸州水陸轉運使事」，於六年四月戊申書「居正自參知政事加監修《五代史》」，九月「書居正自吏部侍郎、參知政事加門下侍郎、同平章事，仍兼都提點湖南等路轉運使事、兼修國史」。如傳則似居正之監修國史、《五代史》皆在五年矣。竊謂傳文有誤，而表又有傳寫之誤，何則？《玉海》第四十六卷《藝文》門引《中興書目》云：「開寶六年四月二十五日戊申，詔梁、後唐、晉、漢、周五代史宜令參政薛居正監修，盧多遜、扈蒙、張澹、李穆、李昉等同修。七年閏十月甲子，書成，凡百五十卷，目録二卷，賜器帛有差。其事凡記十四帝五十三年，爲紀六十一、志十二、傳七十七。」此與《年表》所書之日俱合，可以無疑。監修必係六年，非五年，至居正之門下侍郎，據傳，五年但爲兼銜，六年方真拜，而其參政則於乾德二年已爲之，《年表》五年「加」字之下「參知政事」四字衍，「兼」字下應添「門下侍郎又兼提點」云云。

薛係官書歐係私撰

《玉海》又引《中興書目》云：「《五代史記》，歐陽修撰，徐無黨注。紀十二、傳四十五、考三、世家及年譜十一、四夷附録三，總七十四卷。修没後，熙寧五年八月十一日，詔其家上之。十年五月庚申，詔藏秘閣。」[一]考歐公文集附《年譜》，但言其修《唐書》，不及《五代史》，而淳熙間所進《四朝國史本傳》云：「奉詔修《唐書》紀、志、表，自撰《五代史記》。」然則薛所監修者係官書，歐則私撰也。不料其後私書獨行，官書遂廢。近於乙未年館閣諸臣從《永樂大典》中抄出薛史殘闕者，取他書所引補之，尚未鏤板，抄本今存，其書事迹頗爲詳備，識見斷制則薛不及歐。

校讀記

〔一〕見卷四十六。

五代史纂誤

吴縝《五代史纂誤》，所以正歐史之失，已亡佚久矣。近丁酉年，館閣諸臣從《永樂大典》抄出，釐爲三卷，約得原書十之五六，今存。

斷代爲史錯綜非是

史家自班、范斷代爲史，體裁已定，準情酌理，百世不可易也。陳氏志三國，逐國各斷，未嘗并合，則《南》、《北史》亦宜逐朝各斷，而李延壽乃合之，紀爲一類，傳爲一類，已屬非是，又於傳之中取各朝后妃總叙在前，餘仍以各朝爲分限，間又於其中以一家兄弟子姓分仕各朝者彙聚一處，此兩種新例尤謬中之謬。延壽勦襲各書，直同鈔胥，未嘗自吐一語，聊以穿聯撮合見長，其實南北諸朝各自爲代，何可合也？薛居正《五代史》力矯延壽之失，梁、唐、晉、漢、周仍各自爲一書，極是。乃歐陽永叔《五代史記》又大反故轍，各帝紀總叙在前，次將各代后妃、皇子類叙爲《家人傳》，次將專仕於一代者類叙爲《梁臣》、《唐臣》、《晉臣》、《漢臣》、《周臣傳》，次《死節傳》，次《死事傳》，次《一行傳》，次《唐六臣傳》，次《義兒傳》，次《伶官傳》，次《宦者傳》，然後將歷事累朝者臚列爲《雜傳》，又其次爲《司天》、《職方》二考，又其次爲《世家》，又其次爲《世家年譜》，又其次爲《四夷附録》。乍觀之，壁壘一新，五花八門。徐思之，五代各自爲代，乃錯綜紀載若合爲一代者然，此何説乎？即如晉臣止三人，周臣止三人，太覺寂寥，已爲可笑，況彼時天下大亂，易君如置棊，安所得純臣而傳之？晉三人中，桑維翰唐同光中已登進士第，景延廣梁開平中已在行間，而吴巒唐長興中爲大同軍節度判官，又爲唐守城，已非純晉，況周王樸漢乾祐中擢第解褐，授校書郎，非曾仕漢者乎？婦人屢嫁，以末後之夫爲定，援此爲例，則薛《史》以馮道入《周書》極妥，反嫌他傳未能如此畫一耳，何必別題作《雜傳》？若以其失節而別題之，則似各代之臣爲賢於《雜傳》中人，而其實專仕一朝者，其中姦佞亦多，歐公已自言之，豈不進退無據？且唐明宗不但與莊宗非一家，并即是莊宗之叛臣，廢帝別姓王氏，又係弑愍帝自立者，而其臣歷事各主者槩入《唐臣》，則與名爲雜者何異哉？[二]

其所以錯綜紀載，豈非欲效《史記》乎？《史記》意在行文，不在記事，況上下數千年，貫串數十代，自不能斷代爲之，若五代仍薛《史》舊規可矣，何必改作？梅舜俞云：「歐九自欲作韓愈，却將我比孟郊。」愚謂自欲作《史記》，却將五代比黃帝訖太初。

校讀記

[一]李慈銘曰：「慈銘案：周臣如李穀者，《新》、《舊五代史》皆不爲立傳，穀立功柴氏，世宗倚畀，與王朴相亞，世宗未崩，穀已致仕，恭帝立，即歸洛陽，宋受禪之元年卒。是穀爲《周臣傳》中必不可少者，歐公不爲之立傳，殊失限斷。《宋史》有傳，固以補歐缺歟。」

歐法春秋

歐不但學《史記》，并往往自負法《春秋》。建安陳師錫序云：「五代距今百餘年，故老垂絶，無能道説者。史官秉筆之士，文采不足以耀無窮，道學不足以繼述作，使五十餘年間廢興存亡之迹、奸臣賊子之罪、忠臣義士之節，不傳於後世，來者無所考焉。惟廬陵歐陽公慨然以自任，潛心累年而後成。其事迹實録詳於舊記，而褒貶義例仰師《春秋》，由遷、固而來未之有也。」《文集》附《四朝國史本傳》亦稱其法嚴詞約，多取《春秋》遺旨，殆與《史》、《漢》相上下。愚謂歐公手筆誠高，學《春秋》却正是一病。《春秋》出聖人手，義例精深，後人去聖久遠，莫能窺測，豈可妄效？且意主褒貶，將事實壹意删削，若非《舊史》復出，幾嘆無徵。師錫反謂《舊史》使事迹不傳，來者無考，而推歐《史》爲詳於《舊》，語太偏曲，又何足信哉？

薛應旂《宋元通鑑·義例》云：「《春秋》諸侯而或書其名，大夫而或書其字，或生而書其爵，或卒而去其官，論者以爲夫子之褒貶於是焉在也。夫《春秋》大義炳如日星，而其微詞變例，美惡不嫌同辭，則有非淺近之所能推測者，後人修史輒從而擬之，不失之迂妄，則失之鄙陋。愚觀諸古，周公稱召公爲君奭，子思稱聖祖爲仲尼，《左氏》書『孔丘卒』而不及其嘗爲司寇，則名字與官又曷足爲重輕哉？」薛氏此論是。

帝紀書名

向來帝紀創業者當起事之初，守成者在籓邸之日即稱帝，此定例也。然則《梁本紀》第一「太祖神武元聖孝皇帝，姓朱氏」之下當云「諱晃。初名温，降唐，賜名全忠，即位改今名」，然後繼以某處人，而歐《史》則於此直接云：「宋州碭山午溝里人也。其父誠，以《五經》教授鄉里，生三子，曰全昱、存、温。」徐無黨注云：「變諱某書名，義在稱王注中。」其下俱稱名，叙至光啟二年十二月封吴興郡王，其下云：「黄巢死，秦宗權攻汴，王顧兵少，不敢出。」徐注云：「始而稱名，既而稱爵，既而稱帝，漸也。爵至王而後稱，著其逼者。」而薛《史》則稱帝不稱名。竊謂朱温之惡亘古所少，特立此例以示貶，誠善，唐、晉、漢、周之立，與唐取隋殆無大愧，[二]而槩從此例書名，甚至以周世宗之賢亦然，一書中例不可屢變，强抑以就温亦差可，惟是既惡温而變例，則温子友珪殺温當入本紀，乃仍奪其帝號，又於《梁家人傳》論巧説以爲欲伸末帝討賊之志，正友珪爲賊，則是實予温矣，何其出入紛紛乎？紀末書：「六月，郢王友珪反。戊寅，皇帝崩。」徐注云：「不書崩處，以異於得其終者。乾化二年十一月，友珪葬之伊闕，號宣陵。以不得其死，故不書葬。」此篇弑昭宗、弑濟陰王皆直書，於此又爲諱，不言弑而言崩，後各帝不善終者亦皆書崩，何義例之緐曲也。宜盡去諸例，據事直書某人反，弑帝於某處，下書帝年若干，某帝某年上尊謚曰某皇帝，廟號某，葬某陵。

《玉海》引《中興書目》稱薛《史》紀十四帝，似連友珪數之，歐《史》則十三帝，據《五代會要》載周廣順中張昭修實録，以友珪篡弑居位，奏請依《宋書》劉劭例，書爲「元凶友珪」，今《永樂大典》抄出者仍歸列傳。

校讀記

[一]李慈銘曰：「案：石、郭之纂逆與朱温無大異，何得比唐之取隋。」

歐史喜采小説薛史多本實録

何義門謂歐公《五代史》亦多取小説。[一]何説確甚。薛《史》則本之實録者居多，陳振孫《書録解題》載後唐莊宗、明宗、廢帝、晉高祖、少帝、漢高祖、隱帝、周太祖、世宗凡八主皆有實録，[二]惟無梁，然王禹偁《五代史闕文》記朱全忠爲唐昭宗繫轘事，而云梁祖在位正六年，均帝朝詔史臣修梁祖實録，繫轘事恥而不書。然則梁太祖實録，禹偁固見之，薛居正又在禹偁之前，五代實録蓋盡見之。均帝者，即梁末帝均王友貞也。今薛《史・梁紀》亦無繫轘事，可見其據實録矣。歐采此事于《敬翔傳》。均王討賊而立，方欲頌揚其父，實録中必多虚美，而各實録亦多係五代之人所修，粉飾附會必多，今薛《史》以温爲舜司徒虎之後，令人失笑，又言生時廬舍有赤氣，熟寐化爲赤蛇，居然以劉季等話頭作裝綴，他所載禨祥圖讖頗繁，非得之實録者乎？歐陽子盡削去，真爲快事，大約實録與小説互有短長，去取之際，貴考核斟酌，不可偏執。如歐《史》温兄全昱傳，載其飲博，取骰子擊盆呼曰「朱三，爾碭山一百姓，滅唐三百年社稷，將見汝赤族」云云，據禹偁謂《梁史・全昱傳》但言其朴野，常呼帝爲三，諱博戲事。所謂《梁史》者，正指梁太祖實録。今薛《史・全昱傳》亦不載博戲詆斥之語，歐公采小説補入最妙，然則采小説未必皆非，依實録未必皆是。

薛《史・張全義傳》譽之不容口，而歐《史》采王禹偁《闕文》，備言其醜惡，歐爲得之。洪邁《容齋隨筆》載張文定公《搢紳舊聞》數百言，[三]極贊全義治洛，勸民務農善政，《三筆》又言之。觀薛《史》褒獎如此之至，而叙此亦頗略，則張説未必皆真，即有之，亦意在殖穀積財以助亂逆，何得狥實録曲加推譽。《玉海》引胡旦語，謂薛《史》褒貶失實，[四]誠有之，張世南《遊宧紀聞》第十卷載楊凝式頌全義云：「洛陽風景實堪哀，昔日曾爲瓦子堆。不是我公重葺理，至今猶自一窩灰。」全義辟凝式幕僚，故以獻諛。此小説之不足采者。歐《史·葨從簡傳》載其好食人肉，所至潛捕小兒爲食。此等當出小説所載，其事必真。薛《史》無之，蓋五代諸實録皆無識者所爲，不但爲尊者諱，即臣子亦多諱飾，當因從簡以功名善終，故諱之也。薛《史》誤據而不暇旁采以補闕。

亦有各實録互異，薛《史》擇善從之，而歐亦同於薛《史》者，如唐愍帝出亡，遇晉高祖，從官沙守榮等欲刺高祖，高祖親將陳暉扞之，見歐《史·王弘贇傳》，薛《史·閔帝本紀》同，《通鑑》第二百七十九卷亦同，而《考異》謂從《閔帝實録》，其蘇逢吉等所撰《漢高祖實録》，則扞晉高祖者石敢，非陳暉也。

校讀記

［一］見《義門讀書記》第二十九卷。

［二］八主，據文及《解題》應作「九主」。

［三］引洪説，見《容齋隨筆》卷十四《張全義治洛》條。書名當作「搢紳舊聞記」。

［四］見卷四十六。

十七史商榷卷九十四

新舊五代史二

不及哀帝之立非是

歐《史·梁祖紀》上書「弑昭宗」，[一]下書「天子賜王迎鑾紀功碑」，中間不及哀帝之立隻字，然則天子爲何人乎？非是。

校讀記

[一]按紀云：「遣朱友恭、氏叔琮、蔣玄暉等行弑，昭宗崩。」西莊截取「弑昭宗」三字，失句。

梁有兩都

歐《史·紀》：「開平元年四月，升汴州爲開封府，建爲東都，以唐東都爲西都，廢京兆府爲雍州。」薛《史》同，但此下多一句云：「以爲佑國軍節度使。」于慎行《穀山筆麈》第十二卷《形勢》篇云：「漢唐以長安爲西京、洛陽爲東京，五代及宋以洛陽爲西京、汴梁爲東京。」宋王存等《元豐九域志》卷一首列東京開封府，即今府河南省城，次列西京河南府，即今府屬河南，古洛陽也。愚謂自漢及唐爲都之地甚多，著者莫如關中，次洛陽，其次金陵，即僭僞割據，從無都汴者，不意朱梁凶醜，忽創都于此，[一]汴本非可都之地，而晉、漢、周皆因之不改，惟後唐都洛陽，至石晉仍遷於汴。而趙宋且運臻三百，流俗口傳動輒稱爲汴梁，猶是凶醜之遺，亦可異矣。

朱温自以金德代唐土德，於汴起金祥殿。《唐六臣傳》：「天祐四年三月，唐遜位于梁。四月，册禮使同平章事張文蔚等奉册寶，朝梁于金祥殿。」《漢臣・蘇逢吉傳》：「逢吉夜宿金祥殿東閣。」

校讀記

［一］《陔餘叢考》卷十八《汴京始末》條引西莊此則，又有詳考。

追尊四代

歐《史・梁祖紀》篇首但言其父誠，及即位則突叙追尊四代事，言外見本係微賤羣盜，高、曾之名恐皆是貴後白撰出，用筆超妙之至。且其叙事則云「高祖黯，謚曰宣元，廟號肅祖，祖妣范氏，謚曰宣僖」云云，「宣元」之下省去「皇帝」兩字，「宣僖」之下去「皇后」兩字，其例亦歐陽公所特創，當是惡温而立此例，故爲簡忽之詞，乃復抑唐莊宗明宗、晉高祖、漢高祖、周太祖之追尊其祖父者，皆用此例。若薛《史》則於紀首先實叙四代之名「高祖黯」以下云云，及即位叙追尊四代，則云「高祖嬀州府君，上謚曰宣元皇帝，廟號肅祖，太廟第一室，陵號興極陵，祖妣高平縣君范氏，追謚宣僖皇后」云云，用筆呆鈍，全無作意，誠爲不及歐公。「嬀州」當是在唐所贈，黯爲嬀州刺史，高平縣君亦然，其曾祖稱宣惠，王祖稱武元，王父稱文明，王祖妣皆某國夫人，此皆唐所追謚追贈，而母獨稱晉國太夫人，多一「太」字者，疑因温貴，獨母尚在故耳。其不稱名而稱爵稱謚，乃實録體，薛《史》沿襲實録元文，歐公則并其陵名等盡削之。

王溥《五代會要》第十四卷《尚書省·司封》門内俱説母妻叙封事例，一條云：「乾祐元年七月，中書帖吏部廢置司令，具新舊敕例。父在母叙封進封合加『太』字事。例申上吏部廢置司，以前後格敕内凡母皆加『太』字，在殁並同。即不説父在不加『太』字。」此下又引近例有晉天福五年中書舍人艾穎、八年尚書司門郎中尹倔，皆父在母封縣君，不加『太』字。此下即奉敕父在母封合加「太」字與不，雖有艾穎等例，宜令尚書省集議奏聞云云。所引晉時近例，恐即是唐末以來相沿成例，觀温高曾祖母無「太」字，母獨有「太」字，則可知。予未見《唐會要》，但五代襲唐制居多。

茂林

「追尊曾祖茂林」云云，薛《史》作「茂琳」，王溥等《五代會要》卷一亦作「琳」。

改戊爲武

歐《史·梁紀》：「開平二年三月戊寅，封鴻臚卿李崧介[一]國公。」徐無黨注云：「梁嘗更『戊』曰『武』，而舊史悉復爲『戊』。」按凡有改制，史當因而書之，以著其實。梁既更「戊」曰「武」，史何以仍復爲「戊」乎？此非是。予得《重修牆隍神廟兼奏進封崇福侯碑》搨本，碑末書「大梁開平二年歲在武辰，吴越王鏐記」，顧寧人《金石文字記》謂以「城」爲「牆」，以「戊」爲「武」者，全忠父名誠，曾祖名茂琳，城，誠之嫌名，戊，茂之嫌名。此說是矣。又謂鄭樵謂十辰十二日皆爲假借，甲本戈甲，乙本魚腸，丙本魚尾，丁本蠆尾，戊本武，己本几。[二]又據後漢《執金吾丞武榮碑》、白居易「有木名櫻桃」詩，以證「茂」可讀武，「戊」可與露、去等字爲韻。[三]此說則非也。盜賊篡竊之朝，何知學問？彼欲避嫌名，强改「戊」爲「武」耳。鄭樵妄談本不足援引。語轉可通，理雖有之，要豈朱梁所計及哉？「牆」從牀省聲，不从土，亂世不識字，亦不足責。

校讀記

[一]「介」，據《新五代史·梁本紀》，當作「萊」。

[二]見《通志》卷三十四《六書略》四。

[三]見《金石文字記》卷五。按白居易《有木》詩八首，其第二首開篇云：「有木名櫻桃，得地早滋茂。」見《白氏長慶集》卷二。

一歲兩祀南郊正祀又在正月

歐《史·梁紀》二：「開平三年正月辛卯，有事于南郊。」徐注：「祀天于南郊，書曰『有事』，録當時語。」案此爲篡唐之三年，始郊見上帝，何其緩也，豈温清夜捫心，亦有所懼，不敢遽行此大禮乎？然唐明宗即位，五年乃郊，周世宗在位六年，未一郊，則此不足異。其下文「十一月甲午，日南至，告謝于南郊」，徐注：「南至不必書，因其以至日告謝而書。告謝主用至日，故書之。不曰有事於南郊，亦從其本語。蓋比南郊禮差簡。」案尹洙《五代春秋》書此事則云：「正月辛卯，帝祀上帝於圜丘。十一月甲午，帝告謝於圜丘。」考之薛《史》第四卷，所書與尹正同，則此爲歐公所改。正月祀感生帝於南郊，冬至祀昊天上帝於圜丘，一年兩次祀天，此三代以上則然，漢唐以下無郊、丘之别，何必改「丘」爲「郊」？即此見歐公之好改《舊》。據薛《史》，爲北征犬羊，西下鄜、翟，掃蕩左馮，討除峴首，而行告謝，非行夏正南郊、冬至圜丘之禮而有一歲兩祀。所異者，正郊不在冬至而在正月，與漢唐以來大不同。又「有事」云云者，《春秋》宣八年：「有事于太廟。」昭十五年：「有事于武宫。」歐欲摹仿聖經筆法，故特改薛《史》舊文，此正歐公之病，徐無黨乃以爲「録當時語」，不知五代本無此語也。無黨空疏，并《春秋》亦未讀乎？

《五代會要》載五代行郊禮共只五次，梁祖二郊之外，則唐莊宗同光二年二月一日、明宗長興元年二月二十一日、周太祖顯德元年正月一日也，皆以春行之。

文明殿

「乾化元年九月辛巳朔，御文明殿入閤」，蓋文明是當時正衙，朔望御此見羣臣，名爲「入閤」，詳第五十四卷《雜・李琪傳》。又《唐家人傳》：「同光二年四月己卯，皇帝御文明殿，册皇后劉氏。」則爲正衙無疑。又考《新唐書・楊嗣復傳》：「故事，正衙，起居注在前；便坐，無所紀録。」今觀《琪傳》，唐制本每日御殿見羣臣，朔望御便殿曰「入閤」。唐末不能日見羣臣，以入閤爲重，故御殿猶謂之「入閤」。愚謂不能日見惟有便坐，則政事廢而記注亦廢，故以二者爲一，使得紀録，非必以入閤爲重。觀《舊唐》昭、哀兩本紀，極亂之世，紀録猶詳贍乃爾，則可見記注之益。

入閤事又見《契丹附録》第一篇。

各帝年數

《梁祖紀》末小字注「年六十一」，按薛《史》温以唐宣宗大中六年生，數之適符。至《末帝紀》之末云「皇帝崩，年三十六」，此汲古板也，而南雍本則「年三十六」四字用小字旁注，此恐是歐公自注。然則梁祖「年六十一」四字亦自注，因下有徐注，無界畫，故不可别。觀唐莊宗、明宗、廢帝、晉高祖、漢高祖、隱帝、周太祖、世宗年皆旁注則可知。

唐莊宗注「年四十三」，考薛《史·莊宗紀》同，却於紀首言莊宗生於唐光啟元年，歲在乙巳，冬十月二十二日癸亥，數至莊宗崩於同光四年，實年四十二，則兩書皆以傳寫誤「二」作「三」。明宗注「年六十七」，考薛《史·明宗紀》同，而於紀首言明宗生於唐咸通丁亥歲九月九日丁亥，乃懿宗咸通八年，數之適符，乃《通鑑》第二百七十八卷言明宗殂下注「年六十七」，而胡三省又注云：「下文云登極之年已踰六十，則是年年六十八。」歐《史·明宗紀》論但云「即位春秋已高」，至《通鑑》此段略本王禹偁《五代史闕文》，但《闕文》作「即位之歲年已六旬」，被《通鑑》竄改此八字，致令三省執泥生疑。又歐《史》論云：「在位十年，於五代之君，最爲長世。」則明宗即位實八年，非十年，歐又誤也。《馮道傳》：「道相明宗十餘年。」其誤同。　廢帝注「年五十三」，考薛《史》本紀同，却於紀首言帝與莊宗同以唐光啟元年生，數至清泰三年自焚死，實五十二歲，則兩書亦皆以傳寫誤「二」作「三」。《晉高祖紀》注「年五十二」，考薛《史》作「五十一」，於紀首言以唐景福元年生，數至天福七年崩，正五十一，歐《史》傳寫誤。　周世宗年二十九，薛史作「三十九」，歐亦傳寫誤。

薛《史》每帝皆有生年月日，及崩則又著其年數，歐《史》則但於崩下注年數，歐《史》意主簡淨也。　晉出帝，薛《史》無崩年，於歐不待言矣。　若唐愍帝則薛《史》生年月日并崩年年數皆具，而歐《史》不載。　歐於《愍帝紀》末叙事不了，其崩別見《廢帝紀》，因以略之，但正史與編年不同，正史自當於每帝備書首尾以符體裁，若《通鑑》則專以編年爲主，而逐年年號以後改爲定，廢帝清泰元年即是愍帝應順元年，既以清泰爲主，愍帝不復標題其事，但見於長興四年，其死亦見於《愍帝紀》下，《通鑑》作潞王，第二百七十九卷。　然猶注其年數，歐《史》既爲愍帝作紀，而體獨不備，叙事不了，不詳年數，特異於他紀，殊爲自亂其例。

周恭帝，薛《史》有生年月日，紀末又備書「皇朝開寶六年春，崩於房陵」，無月日而但言春，蓋亦頗有曖昧不明者。其下不言年若干，數之則二十一歲也。而歐《史》既列恭帝於紀，紀末但書「遜於位，宋興」，竟不誌其崩葬贈謚，亦屬非是。

梁紀晉唐互書非是

歐《史·梁末帝紀》龍德三年，上書「李繼韜叛于晉，來附」，下書「唐人取鄆州」，唐即晉也，而一行之中上下異稱，可乎？自應如薛《史》第十卷先書「晉王即唐帝位于魏州」云云，然後繼以「唐軍襲鄆州，陷之」云云，方是。徐無黨乃附會歐《史》爲説云：「晉未即位，已與梁爲敵國，至其建號于梁無所利害，故不書。唐建號而書『唐人』者，因事而見爾。」夫既以梁爲本紀，凡天下事之大者皆不可不書，況晉與梁爲世讐，晉垂欲滅梁矣，而其建號何得謂於梁無利害乎？歐陽氏之師心自用，無黨之阿私所好，按之史法，其失不小。

四彦章

梁將王彦章最有名，而謝彦章屢與王同戰晉兵，吴又有彭彦章，楚有姚彦章，同時爲將者凡四彦章。

李克用救王處存

前言《新唐書》不應以李克用入《沙陀傳》，然叙事尚詳，約四千一二百字，薛《史》遂以克用入本紀，更詳贍，約一萬一百餘字，歐《史》附叙於《莊宗紀》，約不過三千字，删去者幾四之三，如「光啟元年，幽鎮李可舉伐易定王處存，克用救之」，今定州曲陽縣北嶽廟内有克用題名，平州黄華蕃作《恒山石墨考》，所載凡三十一種，深澤王灼摹搨，贈予十餘通。即克用親率兵過此，與處存同禱於廟而題者。顧寧人、朱錫鬯各有考證，[一]皆確切。此事雖非甚要，然處存固與克用共敗黄巢扶王室者，可舉因河朔諸鎮同惡相濟，惟易定爲朝廷所有，忌而欲滅之，則克用此事亦爲忠義，而歐《史》不載，其餘削去者，薛《史》復出，學者自能參觀，未暇備陳。

校讀記

[一]見《金石文字記》卷五、《曝書亭集》卷五十。

唐有四都

歐《史·唐紀》：「同光元年四月，即皇帝位。國號唐，以魏州爲東京、太原爲西京、鎮州爲北都。十月，滅梁。十一月乙巳，復北都爲鎮州，太原爲北都。丙辰，復汴州爲宣武軍。辛酉，復永平軍爲西都。甲子，如洛京。十二月庚午朔，至自汴州。三年正月庚子，如東京。三月庚申，至自東京。辛酉，改東京爲鄴都，以洛京爲東都。」據此，唐有四都，《職方考》一一書之，東都、西都、北都、鄴都也。考薛《史·唐紀》云：「升魏州爲東京興唐府，改元城縣爲興唐縣。」府名不宜删去，改縣名本可入《地理志》，不必入紀，然歐《史》不志地理，但爲《職方考》，既簡極，紀又略去，則建置沿革幾于無徵，况此乃都邑，非他州縣比，歐公平生閑文浪語亦多矣，於典實何吝惜筆墨如此。「至自汴州」，法《春秋》也。《春秋》於魯君出至他所而返國則書公至自某地，如桓二年「公至自唐」是。莊宗一生不識洛陽門，此初到，因其都於此，故效此書法。要之，當據實書至洛京可耳。薛《史》作「車駕至西京」，此當作「洛京」，傳寫誤。復西都事，歐書於十一月辛酉，時尚在汴也。薛則書於十二月戊寅，至洛已九日矣。二者不同，未知孰是。而薛《史》云「改僞梁永平軍大安府復爲西京京兆府，汴州開封府復爲宣武軍」，亦較詳。其餘各州軍亦具書之。改東都事，薛《史》云：「詔本朝以雍州爲西京、洛州爲東都、并州爲北都，近以魏州爲東京，宜依舊以洛京爲東都、魏州改爲鄴都，與北都並爲次府。」亦較詳。于慎行《穀山筆麈·形勢》篇云：「五代以大名爲鄴都，李氏得之，改其府曰興唐，石氏得之，改其府曰廣晉，而其軍曰天雄，總之故魏州也。」[二]于説是。此鄴都與曹魏鄴都不同，彼鄴都則今彰德府，晉仍其稱，見歐《桑維翰傳》。大名府，今仍屬直隸布政司。

歐《史》紀又書同光二年正月丁卯，七廟神主至自太原，祔于太廟。薛《紀》又有停北都宗廟事，而《郡縣志》又云：「長興三年四月，中書門下奏據十道圖，本朝都長安，以關内道爲上。今宗廟宫闕皆在洛陽，請以河南道爲上。」明宗以叛將入汴，聞莊宗遇弑，入洛即位，仍以洛爲都也。

校讀記

[二]見該書卷十二。

新史意在别立體裁

李克用似未便與曹孟德一例，故薛《史》雖作本紀，稱爲武皇，削一「帝」字，稍示别異，陶岳、王禹偁皆有此稱，《宋史》第二百五十二卷《郭從義傳》猶仍此名，大約當時人語如此。歐《史》則以其事入《莊宗紀》，但題爲莊宗，而盡一卷皆叙克用事，實所未安。凡論贊不云論曰、贊曰或史臣曰，而以「嗚呼」領之，已爲可怪，乃梁末帝竟無論贊，意以末帝無大劣跡，蒙父餘孽，爲强敵所滅，故置不論，然即以此意論斷亦可，何以闕之，使史體欹側偏枯。克用事叙畢，既用「嗚呼」唱嘆，乃忽考沙陀種族原委，克用功罪槩置不論，唐莊宗、晉高祖、周太祖亦無論贊，則更不可解。唐愍帝、廢帝共一紀，而論贊獨論安重誨之死與愍帝之見弒，若廢帝之得失不及一語，亦失體。《晉·出帝紀》論贊痛詆其封父敬儒爲王，稱爲皇伯事。愚謂滿腹是議濮王一種見識，故有此論衝口而出，皆觸著平生藴蓄，但濮議多謬，而執此以譏出帝之絶其本生，未爲不是，予所未喻者，一篇本紀綴以論贊，自當詳説其政事得失與致亡之由，乃獨摘一事論之，其餘皆置不道，何哉？漢高祖、隱帝共一紀，而論贊獨論高祖黜開運號一事，隱帝則隻字不提，亦非。《唐·愍帝紀》末但云「戊辰，如衛州」，便闋然而終，徐注云：「不書帝崩者，當於《廢帝紀》書弒鄂王也。」注雖如此曲説，其實應并後事書之，使首尾完具，不當作此不了之筆，即不然，亦宜接一句云「後事在《廢帝紀》」，今懸空縮住，全無結構，成何體製？總而言之，歐公以薛《史》爲平鈍，欲法《史記》，意在別立體裁，決破藩籬，致此紛紛，聊於紀論之，餘不具。

甲子歐薛與通鑑日録異

薛《史》：「同光元年冬十月辛未朔，日有蝕之。」歐《史》不書，非也。薛于此下書「壬申，帝自楊劉濟河。癸酉，至鄆州」，歐《史》云：「冬十月壬申，如鄆州以襲梁。」不言朔，則亦以辛未爲朔，此下所書，二史詳略懸殊而大判則同。薛《史》書十月事至庚子止，當爲三十日，下書「十一月辛丑朔」，又書「丁未日南至」，則七日也。計是月當小盡，何則？下文「甲子，車駕發汴州。十二月庚午朔，至西京」，則甲子是十一月二十四日，己巳是二十九日矣。歐《史》亦言「十二月庚午朔，至洛」，必與薛合，《通鑑目録》是年十一月庚子朔，八日冬至，與歐、薛不同。十七史似此者似非一處，偶摘此條。

尊號删削

「同光二年二月癸酉，羣臣上尊號曰昭文睿武光孝皇帝」，薛《史》「睿武」下多「至德」二字，此當時實事也。歐公乃加删削，則何以傳信乎？大約歐《史》此類非一，不能枚舉。

東京王莽河

歐《史》：「同光三年正月，如東京。射鴈於王莽河。」[二]東京即魏州，今大名。此事薛《史》亦載。前九十二卷據《新》、《舊唐書》考王莽河在唐代德間尚微有河形，至莊宗又一百六七十年，河身更涸，大約僅存洲渚，要與滑縣之河不相通矣。予嘗行大名城外，投宿旅店，一望斷塹荒岡，并塘濼涓流渺不可見，蓋金元以降，汲胙之流已絶，滑且無河，矧此地邪？

校讀記

［一］如東京在正月庚子，射鴈於王莽河在二月乙亥，西莊引文省略過甚。

閔帝改愍

唐閔帝，明宗之子，據薛《史》，乃晉高祖即位後所補謚。本紀内此字凡數見，甚明析，而《末帝紀》中又屢見之，確然無疑，而歐《史》改爲「愍帝」，原歐意，當因唐莊宗謚爲光聖神閔孝皇帝，嫌複「閔」字，遂率意改之，但《説文》卷十下《心部》：「愍，痛也。从心，敃聲。」卷十二上《門部》：「閔，弔者在門也。从門，文聲。」二字判然不同，何得輒改，改之則失實矣。《通鑑》雖不爲閔帝作紀，但附見其事，然亦作「閔」。王溥《五代會要》第一卷《帝號》同。至後唐廢帝，薛《史》本作「末帝」，《五代會要》同。考陳振孫《書録解題》有張昭等撰《後唐廢帝實録》十七卷，係周世宗時所修，若果彼時已稱廢帝，則後來王溥、薛居正何苦必改爲末帝，反使其與梁末帝相混？王溥、薛居正一輩人誠實謙退，必無此事，必是歐公所改。陳振孫係宋南渡後微末小儒，震駭大名，反改張昭原稱「末帝」者以就歐稱「廢帝」耳。至《宋史》出元季陋儒手，《藝文志》作「愍帝」、「廢帝」，更無怪矣。晉出帝，薛《史》作

「少帝」，《五代會要》同。歐以其爲契丹所虜，援周衛輒及魯哀公號出公之例改之。[一]《通鑑》於被弒或失國者輒降稱王公，如劉宋少帝改稱營陽王，後廢帝改稱蒼梧王，陳廢帝改稱臨海王，後主改稱長城公之類，此等本是帝，何以降爲王公？又如五代梁末帝則仍稱均王，後唐廢帝則仍稱潞王，晉少帝則仍稱齊王，皆復其初封之王號，恐皆非是。《通鑑》第二百七十九卷《考異》引《閔帝實録》作「閔」，又引竇貞固《晉高祖實録》、蘇逢吉《漢高祖實録》，則又稱爲少帝。要之，《閔帝實録》最在前，當從之。

校讀記

[一]李慈銘曰：「慈銘案：《魏書》亦稱孝武爲出帝，是援衛輒、秦出子之例，以國未亡而君出，故以號之。出之云者，本國臣子之辭也，若石晉則已亡矣，重貴是虜而非出，此歐公之謬也。廢帝亦國未亡之稱，晉之海西、宋之前後廢帝、魏之節閔及安定王郎，《魏書》亦稱前後廢帝，廢者對興爲文，皆本國臣子媚其後君之辭，若潞王則唐亡矣，誰從而廢之？此亦歐公之謬也。稱唐末帝、晉少帝者是也。若以爲石敬瑭追廢潞王爲庶人，則唐莊宗不嘗廢朱温、朱友貞爲庶人乎？敬瑭篡賊，較之莊宗正名討賊者奚啻天壤，何以反從之乎？」

周世宗大毁佛寺

歐《周世宗紀》：「顯德二年夏五月甲戌，大毁佛寺，禁民親無侍養而爲僧尼及私自度者。」薛《史》全録詔文八百餘字，歐公括爲十九字，誠簡浄，然此乃當時實政，今薛《史》復出，讀之殊不厭其緐也。詔文有云：「近年私度僧尼，日增猥雜。漏網背軍之輩，苟剃削以逃刑；行奸爲盗之徒，託住持而隱惡。將隆教法，須辨否臧。諸道州府縣鎮應有勑額寺院一切仍舊，其無勑額者並仰停廢」云云。予得澤州陽城縣《龍泉禪院記》拓本，守澤州司法參軍徐綸撰，末題「大周開基之二載，歲直壬子，三月壬申記」，是周太祖廣順二年也。又有鄉貢進士王獻可撰後記一篇，末題「顯德三年歲次丙辰九月丙申記」，則當世宗時。前記言主僧愍公請于郡牧，因飛牋奏于唐乾寧元年十月降勑額爲龍泉禪院，後記則云：「大周皇帝承祧之二祀，震雄風，匡霸業，從諫諍，遂賢良。外則以四夷未王，尚征伐而執戎事；内則以百揆方序，興禮樂而敷文德。皇綱既已大矣，儒風又已亨矣。乃有釋教，爰疢宸衷，慮真俗而相參，遂鼎革而垂制。凡曰梵宇，悉去無名。九州四海之中，設像棲真之所並掃地矣。是院以有唐乾寧元年所賜勑額，時雖綿遠，名仍顯著。徵其驗而斯在，詢其由而匪虚。遂免雷同，得安雲構。蓋存舊制，式叶新規。得非澄汰合宜，隆替有時乎？」此皆與歐、薛二史合。

十七史商榷卷九十五

新舊五代史三

家人傳首語自相違

《家人傳》首叙引極言女色能敗人國，與後《宦者傳》論言女色之惑，捽而去之之易，語自相違。

各紀傳冗文宜歸併

《梁家人傳》太祖之母事叙畢，又叙追尊，與紀複。《雜傳·和凝傳》叙晉高祖幸鄴，凝慮安從進反，請豫爲宣敕，命將以待之，與《從進傳》複。又《雜傳·王晏球傳》叙其與契丹戰事，與《附録契丹傳》互有詳略。歐節字縮句，惜墨如金，偏有此冗文，宜歸併一處詳之，而於他傳互見者則云詳某處。吴縝《五代史纂誤》所摘文複各條，兹不載。

骰子

《廣王全昱傳》有骰子，又董昌臨民訟，擲骰子以決勝負，見《吴越錢鏐世家》。案《廣韻》：「骰子，博陸采具。出《聲譜》。」[一]案其意當爲从骨，投省聲。《説文》卷四下《骨部》本無此字，《新附》亦無，而温庭筠詩：「玲瓏骰子抛紅豆，入骨相思知不知。」[二]則此物以骨爲之。

校讀記

[一]下平聲十九《侯韻》文。

[二]《新添聲楊柳枝辭》二首之二，見《温飛卿詩集箋注》卷九。

梁諸王互有詳略

歐公《梁家人傳》與薛《史・宗室諸王傳》互有詳略，然太祖八子，其封號事蹟頗有歐詳而薛史反略者，如第三子友璋，歐叙其初爲壽州團練使，直至末帝時爲武寧節度使，頗備，薛《史》於本傳及《末帝紀》中皆不載。今有末帝貞明三年十一月辛丑滎陽鄭義造佛頂尊勝陁羅尼石幢記，在河南許州龍興寺，亡友錢唐周天度讓谷知州事，搨以寄予。[一]記言

「義爲武寧軍親王元從，家寄瑕丘，主當許下」，武寧親王即友璋，與歐合。瑕丘，今山東兖州。許下，今河南許州。主者，府主，而武寧，徐州軍名，義寄家於兖而已身則從友璋於許也。蓋友璋本由陳許一鎮徙武寧軍，雖徙，未赴徐時猶在許，義尚從在許，故造此幢。

校讀記

［一］錢大昕《佛頂尊勝陁羅尼幢跋云》：「乾隆己卯，錢塘周君西隒以户部主事出知許州，拓其文遺予。西隒下世又將十年矣。」見《潛研堂金石文字跋尾》卷十。

博王友文傳未了

《博王友文傳》叙至友文留守東京之下便止，其事未了，與前《唐愍帝紀》末同，其下却接「庶人友珪者」云云，當於「東京」之下添一句云「後事在《友珪傳》」，「庶人友珪」宜提行另起。

溺涎液斗餘

《唐明宗家人秦王從榮傳》：「明宗病溺涎液斗餘。」《通鑑》注：「薛《史》作『便溺升餘』。」［一］案此見今本《舊五代史》第四十四卷《明宗紀》。

校讀記

［一］見《通鑑》卷二百七十八，胡三省注：「當改『斗』字从『升』字。」

劉延皓事未了

《唐廢帝家人傳》廢帝后劉氏之弟延皓事，叙至爲天雄軍節度使，被張令昭逐走，帝但削延皓官爵而已便止，此處尚不見延皓下落，如何住得？薛史則延皓自有傳，此下言晉高祖入洛，延皓逃匿龍門廣化寺，自經死，但不甚吝惜筆墨，只須多叙兩句十七字則首尾完具矣。前代皆别有《外戚傳》，今附見后傳中，又作此不了之語，壹意鏟削，毋乃太簡？《通鑑考異》引《唐實録》，以延皓爲劉后姪，薛《史》作弟，歐從薛。

重貴降表出亡事

薛《史》於《晉少帝紀》載其上契丹主降表，太煩非體，歐改入《晉家人高祖皇后李氏傳》爲得之。且薛《史》只有帝降表，而歐并全載李后降表，亦爲可喜，《契丹國志》所載與歐同。又歐目少帝爲出帝，於紀末只用「契丹滅晉」一句結束，其出亡以後事亦别見於《高祖皇后李氏》之下，裁翦頗工。薛《史·少帝紀》末歷叙出亡以後緐猥事，殊爲失體，不如歐《史》。薛《史》末段言「周顯德初，入自塞北至者，言帝無恙」，歐用之而添一句云「後不知所終」，亦覺比薛語氣爲完備。

馮后事叙述不明

歐叙出帝后馮氏本重胤妻，既不言姓，似是宗室，而絶不言重允何人，重允死而出帝娶之，其下突言契丹責帝納叔母，讀者疑重胤與重貴同行，何以稱叔？及讀至下文，别一篇叙高祖之叔父兄弟子孫，方知重每胤本高祖弟，養以爲子，故與其諸子之名排行。叙事如此，太求省筆，殊眩人目，應於前先揭明。

郭崇韜安重誨皆樞密兼節度

樞密使之名始于唐，以宦者爲之，至朱梁、後唐則以朝臣充之，自是遂奪宰相之權，而宰相反擁虚名矣。說見《容齋三筆》第四卷。歐《史·唐臣郭崇韜傳》：「莊宗即位，拜兵部尚書、樞密使。滅梁，拜侍中、成德軍節度使，依前樞密使。」薛《史》則云：「莊宗即位，加檢校太保、守兵部尚書，充樞密使。誅梁氏，至汴州，宰相豆盧革在魏州，令崇韜權行中書事，俄拜侍中兼樞密使。郊禮畢，以崇韜兼領鎮冀州節度使。」檢校太保係加銜，歐《史》删之差可，不曰守曰充，而以拜統之，未妥。至拜侍中，雖已爲真宰相，然唐宰相制度已詳第七十四、第七十六、第八十一、第九十二等卷矣，而至此時則其制又變，蓋唐時侍中、中書令不輕授，而同三品、同平章事即爲宰相，若五代則又必以兼樞密者方爲有相權，如豆盧革輩但有相名耳。自當如薛《史》先言以侍中兼樞密，次及兼鎮爲是。成德即鎮冀，宰相兼節鎮始於唐，如李林甫、楊國忠皆然，但居京師遥領，不赴鎮，此莊宗以寵崇韜也。又歐《史·安重誨傳》：「明宗即位，以爲左領軍衛大將軍、樞密使，兼領山南東道節度使。固辭不拜，改兵部尚書，使如故。在位六年，累加侍中兼中書令。」案固辭者，辭大將軍也；改尚書者，由大將軍改也；使如故者，樞密使如故也。郭崇韜、安重誨皆忠於謀國而誣枉見殺，作合傳，配搭頗精，若論贊中言兩人皆爲樞密，因專論樞密奪宰相權，餘皆不及，此論贊之變體。惟是薛《史·重誨傳》已殘缺，據王溥《五代會要》所載唐莊宗宰相五人、使相三十一人，兩處内皆有崇韜，此可見遥領者亦爲使相矣，何也？崇韜未嘗出鎮也。乃明宗使相三十八人中有重誨，以重誨實曾爲河中節度也，而宰相十人中反無重誨，則大不可解，豈歐《史》云加侍中、中書令皆失實乎？樞密雖有權，究非相乎？此當闕疑。篇首云：「其父福遷，爲晉將。晉救朱宣，福遷戰死。」而薛《史》則云：「重誨，其先本北部豪長。父福，遷於河東，將兵救兗、鄆而没。」[二]重誨之父單名福，而「遷」字則連下文讀，《新史》訛弁，令人噴飯滿案，其所書恐多不可信。

三省長官皆宰相，而唐偏以同平章事充之，後又移其權於翰林學士，五代又移其權於樞密使，唐宦官之所以擅國者，樞密出納王命，神策掌握禁軍也。五代則鑒其弊，樞密以大臣爲之，改左右神策爲侍衛親軍，其都指揮使亦以大臣充之，官制隨時不同如此。

校讀記

［一］此從西莊意讀，《通鑑》卷二百六十九胡注引薛《史》曰：「父福遷，爲河東將，救兗、鄆而没。」可知「於」當爲「爲」字之誤，中華書局標點本《舊五代史》已改正。西莊不知所據本之誤，反痛詆新史，可謂以不訛爲訛矣。

守魏固楊劉自鄆襲汴

「崇韜曰：『願陛下分兵守魏，固楊劉，而自鄆長驅，擣其巢穴，不出半月，天下定矣。』莊宗即日下令軍中歸其家屬於魏，夜渡楊劉，從鄆州入襲汴州，八日而滅梁」，案「汴州」之「州」，南雍本作「用」，「用」字佳。歐《史》此段乃梁、晉興亡大關目，所叙亦差簡明，但薛《史》載崇韜説莊宗之言，則云「聞汴人決河，自滑今滑縣，屬河南衛輝府。至鄆，今東平州，屬山東泰安府，皆在河南岸。非舟不能濟。又聞精兵盡在段凝麾下，段凝時駐守滑州。王彦章日寇鄆境，彼既以大軍臨我南鄙，又憑恃決河，謂我不能南渡。志在收復汶陽，本作「汝陽」，以意改。此汴人之謀也。臣謂段凝保據河壖，苟欲持我，臣但請留兵守鄴，今直隸大名府，當時名曰鄴，即魏州。保固楊劉，見下文。陛下親御大軍，倍道直指大梁今河南開封府」云云，此段於情事尤詳析，若歐《史》則未免删改太多。向來史家動稱梁晉夾河之戰，此戰蓋相持數年方得滅梁，大約東起楊劉，西至濬滑，沿河皆戰壘也。《通鑑》第二百七十二卷胡三省注楊劉，引《九域志》在鄆州東阿縣，極精確，其間扼要處爲德勝，夾河兩岸皆有城，號南城、北城。見《新·唐臣·符存審》《王建及》二傳。又有楊邨，有潘張，有麻家口，《新·唐臣周德威傳》作「麻家渡」。有景店，有馬家口，有鄒家口，有清兵驛，有王邨，有高陵津，此皆河津夾寨，梁、晉戰地。胡注亦不能一一鑿指，薛《史》以決河自滑至鄆一句括之，甚妙，大約諸地名總在此一句中。《通鑑》叙此事作「梁主命於滑州決河，東注曹今山東曹州府、濮今濮州，屬曹州府。及鄆，以限唐兵」，尤明。此水乃梁人所稱護駕水也。其時莊宗以魏爲都，故須固守，而楊劉則極東河南岸旁所築城，亦須固守，方可從此而南，自鄆襲汴也。前第八十九卷楊劉一條已考此事，今再將諸河津地名考之，則當日戰地情形益可見。又觀此則自滑至鄆爲決河所行之道，而經流亦相去不遠，今則桑麻徧野，一望皆成平地，曾無涓滴河流，試就梁晉事尋之，猶可想其遺跡，《禹貢錐指》除解經再商外，其於後世事則詳明可取，卷首有《唐大河圖》，考之則五代河形亦自了然矣。

觀第六卷《唐明宗紀》第四十四卷《康延孝傳》并《崇韜傳》，勸莊宗自鄆襲汴，三人所見如一，莊宗又果鋭，梁安得不滅？若從鄴渡河而來，則段凝重兵駐守滑臺，其勢必來争戰，未便長驅而南，故必迂道從楊劉夜渡，自鄆入汴，凝本怯懦持兩端，即使覺之亦必觀望不前，梁若未遽滅，則諉言未及覺知，故不急赴救，梁一滅則旋踵降唐矣。唐人早已料破，定計之妙如此，是以所向無敵。

所以必守魏者，莊宗爲欲滅梁，從太原遷此根本之地，隔河對岸即滑，梁重兵在焉，故也。《通鑑》一百十九卷《宋高祖武皇帝紀》：「永初三年五月，帝崩。九月，魏人入寇。奚斤等率步騎二萬濟河，營於滑臺之東。」又一百二十五卷宋文帝欲伐魏，帝策軍勢，先言乘夏水浩汗，河道流通，汎舟北下，先取碻磝、滑臺二城，并虎牢、洛陽，然後下文言「比及冬初，城守相接，虜過河即成擒」。彼時魏都平城，即今山西大同府，尚未遷洛也。觀此二條，則知南北朝時滑在河南。唐沈亞之《下賢文集》第三卷《魏滑分河録》云：「元和八年秋，水大至滑，河南瓠子隄溢，將及城，居民震駭，帥恐，出視水，迎流西南行，欲救其患，聞故有分河之事，其水嘗導出黎陽傍，其功尚可跡，於是遣其賓裴引泰請於魏曰：『河東滑最大，自洛以西，百流皆集於滑，而隄防不固，竊以黎陽西南廻壖拒流，以生衝激之力，誠願決一派於斯，幸分其威耳。今秋雨連久，洛滑以西，雄川峻谷暴發之水，争怒以走會，河勢日益壯，恐一旦城郭無類，謹聽命於將軍。』魏帥許之，其將卒吏民請曰：『滑得水禍於天久矣，魏何戚，乃許移於己哉？』帥曰：『黎陽與滑俱帝土，人有不幸，凡見其苦即爲舉手，寧皆有戚者。夫全大以棄細，理也。且滑壁卒數萬人，民不安生，未知其賴，吾安敢以河鄙咫尺地爲惜乎？顧桑麻五穀之出，不能賑百户。假如水能盡敗，黎陽尚不足愛，況其無有？民何患無土以食。』因召吏，趣籍民地所當奪者，盡以他地與之籍。奏天子，天子嘉其意而可之。明年春，滑鑿河北黎陽西南，役卒萬人，間流二十里，復會於河，其壖田凡七百頃，皆歸屬河南。夏六月，魏使楊茂卿授地。」按《新唐·方鎮表》肅宗上元元年置滑衛節度使，號永平軍改義成。治滑州，即今河南衛輝府滑縣，在黄河之南岸，廣德元年置魏博節度使，號天雄軍。即今直隸大名府，治元城縣，在黄河之北岸，今則禾麻徧野，廬舍相望，撫兹日之桑田，何知昔時之滄海乎？觀亞之所録，則唐時大勢尚可想像得之，《南》《北》各書、《新》《舊唐書》皆無《河渠志》，河事須旁考而得也。趙彦衛《雲麓漫鈔》第一卷載東京至女真御寨行程云「東京四十五里至封丘縣，皆望北行，四十五里至胙城縣腰頓，四十五里至渡河沙店，四十五里至滑州館」云云，彦衛此書當宋光寧間，其時河已徙陽武而南，汲胙之流已斷，滑反在河之北，今則視彼時徙而愈南，河壖去滑遠矣。當梁晉夾河戰争時，河形大約與唐元和不異，魏、滑南北對峙，而魏乃晉都，滑對岸最近，梁人防晉切要處也。梁人決河以限晉兵者，若是專指大河，則彼時之河即奪漯出朝城者，是其流必大，似無待於決，且晉人之渡河而軍者多矣，河南之地晉兵充斥，但恃經流，未足限隔晉兵，故予前於八十九卷以爲此恐别是小支流，蓋多爲之阻，使不得便耳。其如晉人之勇鋭，竟長驅入汴，何哉？

晉兵之神速，不但以段凝怯懦觀望而已也，梁既於滑州決河東注曹、濮及鄆以限晉兵，當晉之自鄆襲汴也，已渡河而南矣，而段凝精兵在滑，若欲赴救，反在決河之北岸，曩所恃以限晉兵者，今反自限隔。《通鑑》載李嗣源之策云：「段凝即發救兵，直路則阻決河，須自白馬南渡，數萬之衆，舟楫亦難猝辦。此去大梁至近，段凝未離河上，友貞已爲吾擒。」又敬翔謂梁主曰：「今唐兵且至，段凝限於水北，不能赴救。」胡三省注云：「言凝欲還救大梁，爲決河所限，其道回遠。」此二節叙事，情狀如繪。決河爲害，見於史鑑，纍纍不絶書，想趙宋横隴之決尚是朱梁貽禍生民，餘毒數百年。

史匡翰尚高祖女

歐《史·史匡翰傳》：「尚晉高祖女，是爲魯國長公主。」薛《史》則云：「長公主，高祖之妹。」予得《匡翰神道碑》拓本，朝議郎、尚書吏部員外郎、知制誥陶穀撰，待詔、朝散大夫、太府卿，賜紫金魚袋閻光遠書。碑云：「尚魯國大長公主。」二史皆省「大」字，然據碑，則惟其爲帝之妹，故加「大」字以别之。若帝女，則但稱「長公主」矣。《五代會要》第二卷載諸帝女，晉高祖長女降楊承祚，非匡翰，封秦國公主，又封梁國長公主，非魯國，故知薛《史》是也。歐《史》書其官略，薛《史》則詳，終於檢校司徒、義成軍節度、滑濮等州觀察處置、管内河隄等使，丁母憂，起復本鎮，卒，皆與碑合。惟碑有起復冠軍大將軍、右金吾衛大將軍、員外置同正員并兼御史大夫、駙馬都尉及贈太保，則薛《史》亦省。

孟漢瓊宋令詢歐皆無傳

歐《史·朱弘昭》《馮贇傳》：「明宗病，孟漢瓊、王淑妃用事，弘昭及贇並掌機務於中，大事皆決此四人。及殺秦王而立愍帝，益自以爲功。是時，弘昭、贇遣漢瓊至魏，召愍帝入立，而留漢瓊權知後事。明年正月，漢瓊請入朝，弘昭、贇乃議徙成德范延光代漢瓊，北京留守石敬瑭代延光，鳳翔潞王從珂代敬瑭。三人者皆唐大臣，以漢瓊故，輕易其地，又不降制書，第遣使者監其上道，從珂由此遂反。」愚謂從珂之反，皆爲朱馮欲召漢瓊入，輒易三帥，故反，而愍帝被弑矣。漢瓊罪首禍魁也。薛《史》有傳，并載殺秦王從榮，皆出其謀。從榮雖當誅，然漢瓊設心乘亂倖功，已爲可惡，乃從珂纔反，即單騎馳至澠池謁見，自預從臣之列，傾險若此，歐竟不立傳以垂炯戒，可乎？柳開《河東集》門人張景編。第十四卷載其仲父承昫墓誌銘：「長興時，誅秦王從榮，宣徽使孟漢瓊馳傳就鄴宮，召宋王從厚，仲父爲有司主牋奏，告王元從都押衙宋令詢曰：『竊聞帝疾彌亟，秦王夷戮。今一單使徵王，王即挺身往，未爲利也。大臣奸豪，賡相結附，但苟其身，不顧于國。王至孤坐宮中，但名曰君。天下安危未易知。[一]不如盡率府兵，步騎齊發，按甲徐行，若必迎嗣君，命禮來之，[二]我兵在衛，强者縶之，亂者翦之，而後遵上先旨，不爲失耳。不納。王即去。』令詢至洛，果出磁州刺史，王之屬臣悉爲馮贇、朱弘昭輩遠之，不復邇帝也。後鳳翔兵起，帝遇禍衛州。」歐不但不作《漢瓊傳》，并附見《弘昭傳》者亦不能帶補漢瓊數語，以見其始末，并「宣徽使」三字亦削之，且使柳承昫之計行，翦除權姦，愍帝位固矣。歐、薛皆不載，蓋未能搜補，此差可，而薛《史》却有《令詢傳》，叙其被擯，正與柳開合。又言其始終只事一君，知書樂善，動必由禮，聞愍帝遇害，大慟半日，自經而卒。此五代完人，應入《死節傳》，歐乃删落，隻字不存，又不可解。

校讀記

[一]按墓誌云：「大臣奸豪，賡相結附，但苟其身，不顧于國，王如是至，必孤坐宮中，但能爲名曰

君，而實爲臣于諸權也，與公事王，復何得見王面乎？將天下安危未易知耳。」西莊删改多不當。

［二］按墓誌云：「若必迎嗣君，命禮來之，王至未晚，彼若動非其禮」，然後接「吾兵在衛」云云，西莊删之亦不當。

桑維翰子孫

歐《史》於桑維翰其謀議删削過甚，亦不見其子，而薛《史》甚詳。維翰實一時英傑，二子皆有名位，并載維翰爲子讓官事。王禹偁《小畜集》第四卷《懷賢》詩於維翰推許甚至，末云：「子孫亦不振，天道難致詰。」此謂其後人入宋者。

死節死事

歐公作《王彦章畫像記》，褒之不遺餘力，而《五代史》又爲特立一《死節》之目，共只三人，彦章冠之，在彦章差不愧，而待朱梁則過優。史建瑭與父敬思皆捐軀盡忠，應入《死節》，否亦宜在《死事》，而歐《史》但入《唐臣》。匡翰仕唐，又仕晉，應入《雜傳》，乃薛《史》各傳，而歐附《建瑭傳》，則又亂矣。即元行欽、桑維翰亦《死事》也，而但爲《唐臣》、《晉臣》，立例太多，則不能不亂。王得中爲北漢使契丹，被獲於周，不以情告，世宗殺之，卓然死節，詳見《通鑑》，而二史皆遺之，何哉？

若黄震《日抄》第四十九卷謂：「王師範飾治以儒，謀殺朱全忠，雖不遂，其忠於唐可知。至全忠既帝天下而族之，則置酒行禮，少長以次就戮，其與結纓之勇何異？惟其力屈降梁，歐公併辱之《雜傳》，惜哉，何不以其死爲守節而死邪？」[一]愚謂如震言，直欲以師範入《死節》矣。既降梁，難入《死節》，入《雜傳》又實太屈，總因多立名目，又將五代打和，故多不穩，若如《舊史》之逐代各斷，名目不繇，則無此失。

校讀記

[一]見《日抄雜傳》條，末句作「何不以其死於臨刑者爲唐守節而死耶」。

楊涉父子互有詳略

楊涉凝式父子，歐、薛互有詳略。歐本尚簡，而以涉入《唐六臣傳》，叙其家世歷官本末，一百三四十字，頗完備。薛《史》於《凝式傳》附父涉，但云「唐末梁初再登台席，罷相，守左僕射，卒」，只十五字。凝式，歐附《涉傳》，只二十九字，而薛《史》則四百餘字，叙其自唐昭宗時登進士第，授官，歷事六代九姓，至周世宗顯德中死，甚詳，張世南《游宦紀聞》第十卷載凝式事，皆與薛《史》合。《紀聞》云「爲張全義留守巡官」，薛《史》作「張宗奭」，宗奭即梁太祖賜全義改名。惟《紀聞》「唐明宗時歷工、禮、户三侍郎」，薛《史》作「工、户二侍郎」，《紀聞》「字景度」，薛無。《紀聞》「年八十二」，薛云「八十五」爲小異。凝式諫其父勿爲押傳國寶使，《紀聞》與陶岳《五代史補》皆有，但如凝式之爲人，世南譽以節義，得毋可笑。

義兒不當别目

歐公既以純乎一朝者爲《梁臣》、《唐臣》、《晉臣》、《漢臣》、《周臣傳》，仕各朝者爲《雜傳》，乃李嗣昭等八人别目爲《義兒》，作一卷，多立名色，體例糾紛。其實嗣昭等本可入《唐臣傳》，而五代養子甚多，不獨唐有，何爲標異之？

山東

《義兒·李存孝傳》：「晉已得澤、潞，歲出山東，與孟方立争邢、洺、磁。」《死事·張源德傳》：「晉已先下全燕，而鎮、定皆附于晉，自河以北、山以東皆歸晉。」此「山東」謂太行山之東，即以河北爲山東也，説已見第三十五及第九十等卷。

李斥威

吴縝《五代史纂誤》卷中舉《李存孝傳》「求救于幽州李斥威，斥威兵至」，而駁之云：「按《王鎔傳》，乃是李匡威，作『斥』則非也。」今汲古閣正作「匡」，歐公避宋太祖諱闕筆耳，縝之駁妄矣。予嘗購得宋板《春秋繁露》，解《洪範》「爲天下王」，采其《深察名號》篇云：「深察王號大意，中有五科，皇科、方科、斥科、黄科、往科。」[一]獨「斥」字積疑莫釋，質之盧學士文弨，以爲「匡」字闕筆，予爲拊掌稱快。學士當千載下能識宋事，縝生長北宋乃不知廟諱邪？

又如《新唐書·藩鎮傳》李匡威與弟匡籌并《新五代史·梁太祖紀》趙匡凝，《唐臣傳》史匡翰，《職方考》匡國軍、匡義軍之類，皆不闕筆，此皆後人所改，在當時本闕筆作「匡」，久之而傳寫之誤，遂變爲「斥」，朱子注《論語》稱趙匡之字曰伯循，宋人避諱本無定例。

校讀記

[一]詳見西莊《尚書後案》卷十二。

李存進互異

歐《史·李存進傳》與薛《史》尤多異，予得存進墓碑搨本，立於同光二年，判官呂夢奇撰，參軍梁邕書并篆額。顧寧人云：「今在太原縣。」[一]錢大昕辨歐《史》「存進本姓孫名重進，當太祖即克用攻破朔州得之，即賜姓名，養爲子」，碑則存進從克用破黃巢，直至景福二年始賜姓名，補右廂義兒第一院軍使，上距破朔州甚遠。歐《史》存進歷慈、沁二州刺史，碑則太祖時權知汾、石二州，莊宗時真授石州刺史，再知汾州，又授慈州刺史，又權知沁州，實未真授沁州刺史。《通鑑》載存進爲天雄都巡按使，碑則爲天雄軍都部署巡檢使。又碑言存進字光嗣，年六十八。歐《史》失之。[二]予考薛《史》載賜姓名之年正與碑合，與《通鑑》不同者，薛誤亦與《通鑑》同。「字光嗣」，薛《史》亦漏，「年六十八」，薛《史》作「六十六」。要之，薛《史》叙事詳明，大略則與碑同。

校讀記

[一]見《金石文記》卷五。

[二]錢説止此，見《潛研堂金石文跋尾》卷十。

李茂貞改封秦王

《雜傳・李茂貞傳》叙唐昭宗出居華州，後加拜茂貞尚書令，封岐王，又叙至梁太祖即位，諸侯强者相次稱帝，獨茂貞但稱岐王云云。其下文又叙至唐莊宗破梁，茂貞稱岐王，上牋以季父行自處，及聞入洛，乃上表稱臣，莊宗以其耆老，改封秦王云云。以上各段皆有誤，薛《史》第一百三十二卷《世襲傳》與歐《史》略同，改「封」作「進封」，皆非是。《通鑑》第二百六十六卷：「梁太祖開平元年三月，下制削奪李克用官爵。是時惟河東、鳳翔、淮南稱天祐，西川稱天復年號，餘皆稟梁正朔。」河東即克用，鳳翔即茂貞，淮南楊渥，西川王建也。又第二百七十三卷：「唐莊宗同光二年二月，進岐王爵爲秦王。」《考異》曰：「李茂貞改封秦王，薛《史》無的確年月。《實録》同光元年十一月已稱秦王茂貞遣使賀收復，自後皆稱秦王，至二年制秦王李茂貞可封秦王，豈有秦王封秦王之理？必是至是時始自岐王封秦王也。」《通鑑》此二處亦皆有誤。考《大唐秦王重修法門寺塔廟記》，薛昌序撰，王仁恭正書。秦王即茂貞，此碑予現藏有搨本，稱碑立於天祐十九年二月。天祐十九年者，歲在壬午，梁末帝龍德二年也。據此，則是時已稱秦王矣。再考《舊唐書・昭宗本紀》，景福二年十一月，制以鳳翔節度使李茂貞守中書令，進封秦王。是年歲在癸丑，茂貞稱秦王始於此。曰進封，則自此以前蓋爲岐王矣。岐惟鳳翔，而秦則大名，故云進也。若昭宗出居華州，則在乾寧三年，歲在丙辰，歐《史》乃於丙辰之後方書封岐王，豈不謬哉？《通鑑》則書封岐王於天復元年，歲在辛酉，皆大誤也。歐并於梁太祖唐莊宗之世言茂貞稱岐王，豈知茂貞封秦，下距莊宗入洛歲在癸未已三十餘年矣。《實録》本無誤，莊宗特因其舊封，錫以新命，非改亦非進。司馬君實反以《實録》爲誤而强改之，以碑爲證，乃得其實。茂貞，唐之叛臣，唐不得已加之大封，而逼唐愈甚，屢屢稱兵犯闕，如史所書罪惡，轉不甚顯白矣。顧氏絳以碑中秦王係茂貞所自稱，[一]尤非。又天復年號止于四年三月，四月即改天祐元年，今碑述前事，有天復十九年、二十年，至壬午歲乃改稱天祐，然則《通鑑》云梁篡後鳳翔仍稱天祐，亦不確，蓋惟河東、淮南稱天祐，而茂貞與西川仍稱天復，至壬午歲晉王李存勗未建尊號，而有指日滅梁之勢，茂貞不敢自異，故改稱之。歐《李彦威傳》云：「晉人、蜀人以爲天祐之號非唐所建，不復稱之，但稱天復。」「晉」字乃「岐」字之誤，萬氏斯同《紀元彙考》岐於梁篡後歷稱天祐，亦誤也。

校讀記

[一]見《金石文字記》卷五。

韓建德政碑

歐《史·韓建傳》敘其初起至入蜀，從僖宗還長安，爲潼關防禦使、華州刺史以下，頗美其政績。薛《史》則建之入蜀，乃田令孜啗以厚利誘之，非建自欲扈從也。歐《史》此下書大順元年從張濬伐晉，此事薛《史》無之。此下歐《史》歷著其逆節，結王行瑜、李茂貞犯京師，殺宰相，謀廢昭宗，晉兵至乃還，此二年事。又書乾寧三年請昭宗幸華，遂以兵刼昭宗，殺親將李筠，逐散衛兵，又圍十六宅，殺諸王，昭宗無如何，爲建立德政碑以慰安之。光化元年，昭宗還長安，封建潁川郡王，建辭，乃封許國公云云。薛《史》載建政績頗與歐同。又云俄遷華商節度使，加檢校太尉平章事，而不言立碑事，餘則略與歐同。歐史失書節度使及太尉固非是，而昭宗爲建立德政碑，其文司空圖譔，載《一鳴集》第六卷，係乾寧元年，歐書於三年殺諸王下，尤誤也。文中稱華商節度使、太尉、潁川郡王而題則云「華帥許國公」者，讓王封受公爵故也。敘其封王事則言本郡王者，建，許州長社人，潁川則本郡也。敘讓封事則言「誠在求能，形於崇讓，自加相印太保及今封拜，瀝懇數十上」，則是時又加太保，而歐、薛皆遺之。文約二千三百字，諛詞夸飾，極盡褒揚，若其時昭宗已至華，斷無不頌其迎奉忠勤，乃隻字不及，且乾寧三年建凶燄益張，刻刻欲謀廢君弒君，見金張建撰《濟安侯廟碑》，予亦藏有拓本。但力未至耳，豈徒立碑所能慰安乎？則歐書於三年誠誤矣。封王公乃元年事，歐、薛書於光化元年，又皆大誤矣。建之悖逆，罪不勝誅，司空圖《卓行傳》中人，乃如此獻媚，但乾寧元年建惡尚未彰露，則圖猶可恕，倘作於三年，豈得爲有人心者乎？張濬敗歸，狼狽逃竄，僅以身免，碑乃云「擒戮五六千衆，收奪堡寨七所」，真堪一笑。厥後建父子同時爲亂軍所殺，薛《史》頗詳，讀史者至此稍快意，歐乃删去其子見殺事，何哉？

盧光稠等傳

第四十一卷盧光稠等傳，皆薛氏《舊史》所闕而歐補之者。

朱宣誘汴亡卒

《朱宣傳》叙宣救梁太祖，破秦宗權，後太祖欲并吞諸鎮，即馳檄言宣誘其軍卒亡以東，因攻滅之。此所謂欲加之罪，何患無詞，以德爲怨而反噬之者也。薛《史》則竟實叙宣誘汴卒，以爲果有其事，薛《史》不如歐《史》遠甚。薛《史》稱梁爲我，又爲王師，皆本《梁實録》，故多曲筆。

歐《史》於此事先見《梁本紀》云：「朱宣、朱瑾兵助汴，已破宗權東歸。王移檄兗、鄆，誣其誘汴亡卒以東，乃發兵攻之。」尤爲明顯。[一]

校讀記

[一]《通鑑考異》卷二十五引高若拙《後史補》云：「梁太祖皇帝到梁園，深有大志，然兵力不足，常欲外掠，又虞四方之難，每有鬱然之狀。時有薦敬秀才於門下，乃白梁祖曰：『明公方欲圖大事，輜重必爲四境所侵，但令麾下將士詐爲叛者而逃，明公即奏於主上及告四隣，以自襲叛徒爲名。』梁祖曰：『天降奇人，以佐於吾。』初從其議，一出而致衆十倍。」邵晉涵《舊五代史考異》卷一云：「今案高若拙所紀，深得敬翔與梁祖陰謀情狀。薛《史》止據《梁實録》原辭，未及改正。歐《史》作『移檄兗、鄆，誣其誘汴亡卒以東』，亦未詳考。」

惕隱

《雜・王晏球傳》：「王都反，契丹遣惕隱以七千騎益都。」惕隱，典族屬官，見《遼史》第一百十六卷《國語解》。此事見《附録契丹傳》，而彼作「惕隱赫邈」，赫邈其名，而《晏球傳》屢單稱「惕隱」，似誤認爲人名。

王殷冤死

歐《史·王殷傳》：「爲天雄節度使。廣順三年九月，求入爲壽，太祖懼其疑也，止之。明年，太祖有事于南郊，是冬，殷來朝。時太祖卧疾，疑殷有異志，力疾御滋德殿，殷入，即命執之，已而殺之。」曰明年，則四年也。考《通鑑》二百九十一卷廣順三年十二月丁未朔，殷之見殺在壬申月之二十六日也，本紀同，是月小盡，明年正月丙子朔，改元顯德，十七日壬辰崩矣，距殷死二十日耳。歐公本不誤，但「有事」上必須加一「將」字，無此字，則下文「是冬」爲何年之冬乎？殊混目矣。《通鑑》力表殷之被誣冤死，極是。歐公於紀傳皆未見其冤，而薛《史》本傳更多周内文致語，柳開作仲父承昫墓志云：「廣順高祖時，仲父爲有司主兵騎，外女弟劉爲留守王殷妾，殷視我姻家也。及禮圜丘，詔殷入覲，殷典衛兵，權勢動主，深惑去就，私問仲父以決其謀曰：『上召吾，往可也，不往可也？』不答。殷曰：『汝不言，是吾往可也。』殷即闕，高祖殺之。仲父嘆曰：『鄴自唐莊宗後歷變叛非一，生民破散，今主上英武，不類晉漢，殷將不行，必須作亂。戈甲一臨，城潰族滅，非惟連我之家，其惟動國興戎，擾撓中夏。殷去即止，殷不利耳，吾豈以苟殷一身而反爲國害乎？所以吾不答殷，以安國家也。』」[一]此説則恐係開欲飾仲父忠智，附會爲之，其實殷有何罪？

校讀記

［一］見《河東先生集》卷十四《宋故贈大理評事柳公墓誌銘》，前已引。

兩王景崇

《新五代史》第五十三卷《雜傳》有《王景崇傳》，死於周隱帝時，《新唐書》第二百二十四卷《藩鎮·鎮冀傳》有王景崇，乃王鎔之父，死於唐末中和二年，同姓名，非一人。

馮道自叙

方氏苞《望溪集·書王莽傳後》云：「馮道事四姓十君，竊位於篡弒武人之朝，其醜行穢言必多矣，歐公無一及焉，而轉載其直言美行，當時士無賢愚皆喜爲稱譽，至擬之於孔子，是謂妙遠而不測也。」歐公之思深，望溪之悟微，洵兩得之。抑諸傳無論贊者多，有者少，獨《道傳》之前先空發議論一段，斷定其無廉恥，歐公固豫爲癡人不識文章者地，揭明宗旨，不待鉅眼乃能識破。又用王凝妻李氏相形，見道巾幗之不如，尤爲刻毒。昔孔子黜鄉願爲德之賊，却不説鄉願如何，至孟子始曲意描繪，先代鄉願口吻，刺譏狂狷，然後一語斷之云：「閹然媚于世者，是鄉願也。」又申説之云：「非之無舉，刺之無刺，同乎流俗，合乎汙世，居之似忠信，行之似廉潔，衆皆悦之，自以爲是。」孟子宛然爲道畫出小影矣。要之，五代之際，國如傳舍，君如弈棊，如道之所爲者甚多，只因道偏好自矜衒，又浪得美名，齒德位望兼優，反令後世笑駡不已。正如無鹽、嫫母，若過自韜斂，亦復何與人事？反欲爭妍出相，搔首弄姿，婢媵輩又復爲之塗澤粉黛，遂令觀者作惡不可耐矣。道雖智，其《自叙》不甚愚邪？

歐公謂道無恥。愚謂道不知命。命者，不可知者也，知命者，以不知知之。蓋善餘慶，惡餘殃，此儒者所據之理；利必趨，害必避，此小人自全之術。若以命言，二者皆不足恃，道周旋危亂，卒以富貴壽考終，此道之命也。道竟自謂有術焉以致此，此之謂不知命。

或云：「道著《長樂老自叙》，云『余世家宗族，本始平、長樂二郡』，長樂乃標其郡望，非謂長自取樂。」[二]愚謂篇中誇張其顯榮貴盛，雄暢快適，滿紙淋漓，自詡忠孝兩全，結尾兩句云：「老而自樂，何樂如之。」明明點出胸懷本趣，彼愛道者，尚欲曲爲回護，豈能解其穢乎？遺詩云：「窮達皆由命，何勞發嘆聲。但知行好事，莫要問前程。冬去冰須泮，春來草自生。請君觀此理，天道甚分明。」其知命如此，而吾以爲不知命，正在此。道意明明自負能行好事，故有美報，試問古來聖賢，無端蒙難者甚多，道之行好事，遂能操券責報於天乎？又云：「莫爲危時便愴神，前程往往有期因。須知海嶽歸明主，未必乾坤陷吉人。道德幾時曾去世，舟車何處不通津。但教方寸無諸惡，狼虎叢中也立身。」道能於狼虎叢中取其富貴，故誇張如此，閱之令人嗢噱，又令人嘔噦。

薛《史》第一百二十六卷《道傳》獨爲一卷，首尾幾四千字，似呆鈍板重，然亦詳明可喜。論言道履行有古人之風，宇量得大臣之體，惟歷事四朝，比于女之屢嫁。其立意精當，措詞嚴冷，固未嘗不妙。

後《李琪傳》言琪在唐爲霍彦威作神道碑，叙彦威在梁事，不目梁爲僞，爲道所駁。道歷事劉守光及唐、晉、漢、周，獨未仕朱梁，宜於此明目張膽言之，真覺問心無愧，理直氣壯，讀之又不禁捧腹絶倒。

校讀記

［一］按何焯云：「初疑《急就篇》云『長樂無極老復丁』，道之自號蓋本于此，非也。長樂乃馮氏之望，封長樂者不一人，歐公亦微誤，蓋以其有『老而自樂，何樂如之』之語，遂以爲自號耳。」見《義門讀書記》卷二十九卷，即謂「長樂老」之「長樂」系取郡望。

道有子吉

傳末綴以「道有子吉」一句，案薛《史》道《自叙》，道有六子，惟一早亡，餘五子皆通顯，歐公獨舉一吉，似以吉爲有可述而及之，乃又不加一語，毫無收殺，恐屬非體。吉於晉天福中已貴，入宋建隆四年而死，亦歷事四朝者，可謂肖子矣。其事蹟皆在五代，自宜略叙幾句，至《宋史》第四百三十九卷《文苑傳》有《吉傳》，稱其滑稽佻薄，無操行，好彈琵琶侑酒，如伶官狀，而《五代史補》又言吉於周世宗御前彈琵琶，世宗號其琵琶爲繞殿雷。吉之無恥似甚於道。道方且以端方厚重率其子，豈知道即吉之本色而吉乃道之化身，家風勿替，正所謂異曲同工者乎？如吉者，入之列傳却無不可，乃入《文苑》，《宋史》若此等處殊爲舛謬，此書無怪不慊人意。

劉昫無字

歐《史》各傳或舉其字，或無字，皆無定例。若劉昫，宰相也，既爲之傳，自應有字，故《舊史》第八十九卷「昫字耀遠」，元戈直注《貞觀政要》同，而歐《史》偏去其字，不可解。尤異者，吕夏卿《唐書直筆新例》卷首第一條云：「漢高祖以劉季稱，光武以文叔稱。帝之有字，尚矣。唐高祖字叔德，劉敬[一]之書不載，史之闕文也。今《新書》高祖字叔德，昫《舊書》無之。」然則昫字敬之，又與薛《史》不同。

校讀記

〔二〕按「敬」疑爲「昫」字之誤，敬之非昫字。

吏部三銓

《雜・姚顗傳》：「唐制，吏部分爲三銓，尚書一人曰尚書銓，侍郎二人曰中銓、東銓，每歲集以孟冬三旬，而選盡季春之月。天成中，馮道爲相，建言：『天下未一，選人歲纔數百，而吏部三銓分注，雖曰故事，其實徒繇而無益。』始詔三銓合爲一，而尚書、侍郎共行選事。」考《新唐書・崔珸傳》以尚書左丞判兵部西銓、吏部東銓，六部同在一省，但分曹耳。吏與兵既分東西，故吏部侍郎但分東、中，不言西，恐與兵部混也。

劉岳譏馮道

《雜・劉岳傳》：「馮道行反顧，岳譏其遺下《兔園册》。《兔園册》，鄉校俚儒教田夫牧子所誦也。道大怒。」薛史此事在《道傳》中，以爲語出任贊，亦不云大怒，歐陽公别有所據也。《北夢瑣言》第十九卷云：「北中邨墅多以《兔園册》教童蒙。」意與歐同。道之厚重皆僞爲之，實非有大度能容物者，岳累世爲公卿，譏道寒鄙，切中其陋態，一時不能忍，遂露本相，不覺大怒，歐是。

書儀

《雜·劉岳傳》:「鄭餘慶嘗採唐士庶吉凶書疏之式,雜以常[一]時家人之禮,爲《書儀》兩卷。唐明宗詔岳增損其書,公卿家頗遵用之。」案古爲《書儀》者甚多,若唐瑾、鮑行卿、裴矩諸家,見《舊唐書·經籍志》,今諸家與岳書皆亡,司馬温公《書儀》正是吉凶書疏家人之禮,疑以岳爲藍本。[二]

校讀記

[一]「常」,《新五代史》卷五十五作「當」。

[二]按《困學紀聞》卷十四已謂司馬公《書儀》本於劉岳。

中華古今注

歐《史·馬縞傳》,因縞稱知禮,爲禮官,摭一時集議典制事盡入之,幾八百字。薛《史》殘闕,僅存約二百字。今有《中華古今注》三卷,載吴琯《古今逸史》,所言多典禮,題曰「太學博士馬縞集」,而歐、薛二史皆未之及。

十七史商榷卷九十六

新舊五代史四

五代土地梁最小唐最大

五代土地，梁爲最小，晉、漢差大，周又大，而唐爲最大。梁只有一片中原，四邊皆屬他人，北有燕、晉，西有岐與蜀，東有吴與吴越及閩，南有荆南與楚及南漢，故爲最小。唐起鴈門，鎮河東，至莊宗既滅燕劉守光，天祐十二年取魏博，據魏臨河，以爲攻取計，自後遂盡取梁河北地，然後滅梁，又并吞岐與蜀，雖後蜀復起，而地尚最大。晉、漢承之，山後十六州入於遼，故又小。周則河東雖爲北漢割據，世宗屢與漢遼戰，河北山前州郡恢廓者多，而南唐江北、淮南盡爲所取，故小於唐而大於晉、漢也。觀歐《職方考》自明，此考雖簡略，然提綱挈領，洗眉刷目，此則歐公筆力非薛《史》所能及。

梁晉争澤潞

梁晉之争也，河北諸鎮忽梁忽晉，殊難考矣。即以澤潞軍名昭義，晉改安義，梁又改匡義，晉滅梁，又復名安義。言之，此鎮梁晉所必争，據歐《史·唐紀》，晉王李克用於中和三年初破黄巢，爲河東節度，即攻昭義孟方立，取澤、潞二州，大順中，梁將葛從周取潞，言潞則澤歸梁可知。光化二年，克用將李嗣昭又取澤、潞。天復元年，梁將氏叔琮又取澤、潞。天祐初，克用子存勗曰：「今天下勢歸梁者十七八，趙今真定府、魏今大名府、中山今定州莫不聽命，自河以北無爲梁患者，所憚惟我與燕劉仁恭」云云。時晉又攻取潞，遂以李嗣昭爲節度，則此軍長爲晉有矣。克用卒之年，梁人復攻潞，而莊宗於新喪中又破梁軍於上黨，置酒三垂岡，囊矢告廟，則澤、潞長屬晉矣，故歐《史》於天祐十八年臚列諸節度勸王即帝位中有昭義也。同光元年四月，書即帝位，而下文八月又書「梁人克澤州，守將裴約死之」，徐無黨云：「唐末澤、潞皆屬晉，梁初已得澤州，至此又屬晉，而梁克之，中間不見晉得澤州年月，蓋舊史闕不書。」愚謂上卷歐《史》具書梁晉澤潞得失，無黨乃爲此言，其憒憒幾如不辨菽麥者，乃靦顔注史乎？歐《史》於此下書「十月壬申，如鄆州襲梁」，己卯即滅梁矣。用八日滅梁，迅速如此，蓋自滑、衛渡河，此自北而南直取之，自鄆襲梁，繞東而行曲取之也。梁有澤、潞約兩月耳。是年春爲晉之天祐二十年，稱帝改元在是年四月，滅梁在十月，而梁人之暫有澤、潞即在是年之八九月間。考是年歲在癸未，即梁龍德三年，薛《史》於三月言潞州留後李繼韜叛降梁，莊宗謂李嗣源曰「昭義阻命，梁將董璋攻迫澤州，梁志在澤、潞」云云，而《通鑑目録》第二十七卷《梁均王紀》於龍德三年言晉李繼韜以潞州來附，裴約據澤州，不從，遣董璋攻之。又云：「帝召王彦章助董璋攻澤州。璋拔澤州，殺裴約。」《通鑑》第二百七十二卷《唐莊宗紀》於同光元年春載「李繼韜受晉命爲安義即昭義留後，而欲自託於梁，使弟繼遠詣大梁，請以澤、潞爲梁臣。梁更安義軍曰匡義，以繼韜爲節度使。安義舊將裴約戍澤州，泣諭其衆曰：『余事故使二紀胡三省曰：「故使，繼韜父嗣昭也。」見其志滅仇讎，捐館未葬，郎君遽背其親，吾不能從也。』遂據州自守。梁以董璋爲澤州刺史，將兵攻之。」又於秋七月後載「裴約遣使告急於帝，帝曰：『吾兄生此梟獍胡三省曰：「李嗣昭於帝爲兄。」裴約能知逆順。』顧李紹斌曰：『澤州彈丸地，朕無所用，胡三省曰：「自并、潞窺懷、洛，則澤州爲要，志在自東平取大梁，故云然。」胡注此條甚妙，觀此可知晉所以争澤、潞之故矣。卿爲我取裴約以來。』八月壬申，紹斌將甲士五千救之，未至，城已陷，約死。」此下書十月辛未朔，又書壬申，帝自楊劉濟河，至鄆州。己卯，滅梁。與歐《紀》略同。考《目録》是年八月壬申朔，十月辛未朔，俱合，則八、九兩月，一月大、一月小，裴約之死必在八月初，而莊宗入汴、梁主見殺在十月八日，則梁人之有澤、潞只兩月可知。周廣順二年《澤州龍泉禪院碑》言其先主僧懲公以天祐十九年示寂，顧寧人遂謂此地本屬梁，碑乃追削梁號而稱天祐。[一]案薛《史·梁末帝紀》貞明二年云：「是歲河北諸州悉入於晉。」此年乃晉稱天祐十三年，此時河北已悉入晉，況十九年乎？却因明年天祐二十年即同光元年，正當滅梁之歲，而梁人反有暫取澤、潞一事，寧人記憶不審，誤以爲十九年，遂率爾有此論，其實碑文據實以書，非追削梁號也。寧人考古本極精核，此乃偶失之。

校讀記

［一］見《金石文字記》卷五。

職方考中有表

歐公改志作考，而《職方考》每行分六格，横列之即表也。第一行第一格書州字，下五格書五代名。第二行以下第一格皆州名，下五格每代有者書「有」，無者空，始置者書「有」，而小字注某帝置，爲都者書「都」，在他國者書他國名，本有而後入他國者先書「有」，而又書他國名，先有而後廢者，先書「有」而小字注罷，軍罷州存者注罷軍，都罷者注罷都，軍名改易者「有」字下注軍名，梁之州多有先書「有」又書唐者，若澤、潞直書唐不曰有，以其有之甚暫，不足以爲有也。觀此益見顧寧人之誤。

《通鑑》同光元年四月，即帝位，下云：「時唐國所有凡十三節度、五十州。」《通鑑》此文采自薛《史》。胡三省注云：「十三節度，天雄、成德、義武、横海、盧龍、大同、振武、鴈門、河東、護國、晉絳、安國、昭義。五十州，魏、博、貝、澶、相、鄆、洺、磁、鎮、冀、深、趙、易、祁、定、滄、景、德、瀛、莫、幽、涿、檀、薊、順、營、平、蔚、朔、雲、應、新、嬀、儒、武、忻、代、嵐、石、憲、麟、府、并、汾、慈、隰、澤、潞、沁、遼，凡五十州。而昭義領澤、潞二州，已附於梁，止有十二節度、四十八州耳。」胡雖云云，其實此時潞州雖附梁，澤州仍爲唐守。

職方與馬令合與戚光異

陸遊《南唐書》後附戚光《音釋》，列州軍之名，自注凡三十八，數之止三十七，此或傳寫之誤。就其三十七州軍中有一處但作空格，旁注一「攝」字，不可解，餘三十六州軍則似的然者。馬令《南唐書》第三十卷《建國譜》列州凡三十五，數其下文所列之州，其目相符。今以二者校之，除兩處皆有之三十三州不論外，戚有而馬無者，一雄州，二通州，三雄遠軍，四南州。考馬令《譜》彰州注云：「保大三年取，改爲南州，俄復舊。」戚於南下夾注多作空格，中有漳名云云，蓋馬《譜》「漳」字傳寫訛爲「彰」耳，歐陽氏《五代史·職方考》亦作

「漳」也。此即今福建漳州府。既是暫改俄復，何得言南不言漳？戚光謬甚。然則此州兩處實皆有，以上凡三十四州，此外所謂雄州者，據戚謂割揚之六合、天長置，此必暫置俄併者，故馬《譜》不取，戚列入亦非。通州亦不宜列入，戚誤甚，説詳後。其雄遠軍，據戚于昇州注，謂以當塗置此軍，乃昇州所屬，何必另列？戚亦誤。若然，馬所有之三十五州，戚尚少一，則歙州也。此州《職方》亦有，不應戚獨無，空格注「攝」字者，必即歙州也。因音近而誤，再以《職方》校馬譜，三十五州並同，南唐州數以歐、馬爲是，戚光不可用。

南唐本無通州

歐《史·職方考》於吴、南唐所有各州，濠州之後列通州，其下於梁、唐、晉、漢四格皆空，于周則書一「有」字，又注云：「世宗置。」其横格之後繼以直行，則云：「通州本海陵之東境，南唐置静海制置院，周世宗克淮南，升爲静海軍，後置通州，分其地置静海、海門二縣爲屬而治静海。」考《輿表》第三卷揚州府通州下云：「南唐于海陵縣鹽亭場置静海都鎮，周升爲静海軍，尋改爲通州，置静海縣爲州治。」略與歐《考》同。蓋自顯德五年以後，兹地已爲周有，方置州，其前本無州，歐《史》不誤也。陸遊《南唐書》後附戚光《音釋》，列南唐州軍之名，中有通，注云「静海軍」，則直以周、宋之州入之南唐州數中，此則戚光之誤矣。

八十陌錢

薛《史·食貨志》:「唐同光二年,度支請牓示府州縣鎮,軍民商旅,凡有買賣,並須使八十陌錢。」按短陌之制,顧寧人《日知録》此書今載《四庫全書簡明目録》。第十一卷,考得自晉已有之,并歷引《抱朴子》、《梁書》、《隋書》、《舊唐書》、沈括《筆談》、《宋史》、《金史》以證梁武帝、唐憲宗、穆宗、昭宗、哀帝、五代後漢隱帝、宋太宗、金世宗各朝短陌事甚詳明,獨無後唐莊宗同光中事。《容齋三筆》第四卷云:「用錢爲幣本皆足陌,梁武帝時以鐵錢之故,商賈浸以姦詐自破,嶺以東,八十爲百,名曰東錢;江郢以上,七十爲百,名曰西錢;京師以九十爲百,名曰長錢。大同元年詔通用足陌,詔下而人不從,錢陌益少,至于末年,遂以三十五爲百。唐之盛際純用足錢,天祐中以兵亂窘乏,始令以八十五爲百。後唐天成又減其五,漢乾祐中,王章爲三司使,復減三。皇朝因漢制,其輸官者亦用八十或八十五,然諸州私用猶有隨俗至於四十八錢,太平興國二年始詔民間緍錢定以七十七爲百,自是以來,天下承用,公私出納皆然,故名省錢。」此段亦首尾完備,獨無同光事,然則不但寧人未見薛《史》,容齋亦未見也。且寧人説正與容齋同,而不著容齋名,豈此爲暗合邪?容齋以「自破」爲句,寧人乃讀作「自破嶺以東」,以寧人之精核,決不舛訛至此,豈傳寫偶

誤邪？[一]

校讀記

[一]按顧説見《日知録》卷十一《短陌》條，洪説見《容齋三筆》卷四《省錢百陌》條。黄汝成《日知録集釋》云：「汝成案：《隋書》原文云：『交易者以車載錢，不復計數而惟論貫，商旅姦詐因之以求利，自破嶺以東，八十爲百。』《容齋三筆》稍更其文曰：『梁武帝時，以鐵錢之故，商賈浸以姦詐自破嶺以東』云云。王氏云：『容齋以「自破」爲句，寧人乃讀作「自破嶺以東」，豈傳寫偶誤耶？』愚核兩書文義，『自破』二字無屬上爲句之理，王氏所言非也，而破嶺無此地名，『破』或『庾』字之訛。」輝按：汝成引西莊此條而糾其謬，其説是也，而謂破嶺無此地名，則猶未達一間。考《通鑑》卷一百五十九注云：「破嶺，在今鎮江府丹楊縣，秦始皇所鑿，即破岡也。」又按：據《隋書》卷二十四《食貨志》：「中大同元年，天子乃詔通用足陌。」《容齋三筆》誤脱「中」字。

附論趙宋官制

薛《史·職官志》不載往代之制，直從五代叙起，并五代亦簡略甚，絶不臚列其制，因五代皆沿唐制，故惟有釐革升降者始志之，其與唐同者並略去，叙首已自言之。予前論歷代官制亦詳矣，書止於五代，而趙宋官制雖承五季，其間委曲則更有難明者，如宰相大抵類唐，而宋則又以樞密參知爲執政也。翰林學士、中書舍人分掌内外制，在唐已然，宋則遂目爲兩制，而又以大學士至待制爲侍從也。其次臺諫，其次庶寮，姑勿論，若外官則宋與唐大有别，藩鎮之權既奪，防禦、團練、採訪、觀察等使亦改，大約統率所部者有帥、漕、倉、憲諸官，帥則諸路安撫使，漕則諸路轉運使，憲則諸路提刑按察使，倉則提舉常平倉謂之倉司。唐節度多兼觀察及度支營田、招討、經略等使，宋則監司各有建臺之所，每司專有長官，專有椽佐，而號令之行于統屬者較唐爲煩，其餘州縣官亦姑勿論。若其結銜又有異於唐者。總之，趙宋人官制不但所授之階勳爵邑皆爲虚名，柳開作《仲父贈大理評事柳公墓志》云：「有階勳爵邑，略不之書。」因其爲紙上空文，猥賤者往往得之，不足書故也。即其身所居之官，亦但居此官而不任以此官之事，特使之食其禄而已，故謂之寄禄官，其所辦之事别有一官，謂之差遣，蓋在唐季及五代則分爲官與正官者是也。

十七史商榷卷九十七

新舊五代史五

南唐諸臣見騎省集

薛《史·僭僞傳》但略載僞主事，其臣多無傳，不如歐《史》稍詳備，如《南唐主李景世家》叙陳覺等矯命發兵攻閩，潰歸，覺與馮延巳、馮延魯、魏岑、查文徽號五鬼。時景怒，而延巳方爲宰相，宋齊丘自九華召爲太傅，爲稍解之，乃流覺蘄州，延魯舒州。韓熙載上書切諫，請誅覺等，齊丘惡之，貶熙載和州司馬。御史中丞江文蔚劾奏延巳、岑亂政，與覺等同罪而不見貶黜，景怒，貶文蔚江州司士參軍。考鈔本徐鉉《騎省文集》宋天禧中胡克順編。第十六卷《熙載墓志銘》載此事，但云「爲權要所嫉，罷職。丞相宋公，朝之元老，勢逼地高，公廷奏黨與，貶和州司事參軍」。不明言其事，亦不備列其人，鉉與諸人同朝，故稍諱之。《唐六典》諸州司馬與司士參軍各自一官，則當以《墓志》爲是。其第十五卷《文蔚墓志銘》但言「拜御史中丞，矯枉時事，無所顧憚。坐廷劾宰相，貶江州司士參軍」。并宋公亦没而不言，歐《史》又載契丹遣使來聘，以兵部尚書賈潭報聘，周世宗來伐，泰州刺史方訥棄城走，此二人者俱見《騎省集》十五卷，《潭墓志》載出使事，《訥墓志》云：「拜泰州刺史，强敵深侵，東京失守，州兵盡出，人心大摇，士庶老幼盡室南渡，公自歸闕下，坐是除名。」亦回護語。

伐閩之役

《祕笈續函》鄭文寶《南唐近事》云：「宋齊丘坐黨陳覺，餓死于青陽。」《説海》陳彭年《江南别録》云：「馮延魯欲以功名圖重位，乃興建州之役。陳覺爲招討使，既下建州，矯制進圍福州。玄宗令王崇文爲統帥，馮延魯亦往，諸將争功，自相違貳。錢唐以兵來救，我師不戰而潰。」歐《史》無齊丘餓死事，又興伐閩之役者乃查文徽，非延魯，招討使乃王崇文，而延魯、魏岑、陳覺則監軍使也，與文寶、彭年二書小異，恐當從歐。

蜀檮杌

宋尚書屯田員外郎、黄松子張唐英汝功《蜀檮杌》二卷，自序云：「凡《五代史》所載者，皆略而不書。」陸昭迴跋云得見此書係英宗治平四年，歐《史》熙寧五年始出，亦但藏中祕，未行人間，則此序所稱乃薛《史》也。然歐《史·蜀世家》與薛多同而較詳，詳觀《檮杌》所書，凡薛《史》所載者亦多有之，與自序不相應。

蜀檮杌但言孟知祥爲衙吏

薛《史》云：「孟知祥伯父方立爲邢洺節度使，從父遷爲澤潞節度使。」歐《史》則但追叙其叔父遷據邢洺磁，爲晉所虜，以守澤潞，梁攻晉，遷降梁。考《新唐書·方立傳》附從弟遷事，與薛、歐略同，彼但言爲晉虜而不及其降梁者，事入五代，故不及，非有異也。張唐英《蜀檮杌》下卷叙知祥初起甚詳，并及其符瑞異徵，然但言爲郡衙吏而已，絶不云其先有顯貴者，豈此即所謂「《五代史》所載，皆略而不書」者邪？

南漢事歐詳薛略

僭僞諸國皆歐詳薛略，蓋薛據《實録》，《實録》所無，不復搜采增補，歐則旁采小説以益之。《南漢世家》載劉鋹信任閹人龔澄樞，澄樞託左道蠱鋹亂政致亡，其事甚備，而薛《史》皆不及。廣東廣州光孝寺見存二鐵塔，各有題記，予得其拓本，其一云「玉清宫使、德陵使、龍德宫使、開府儀同三司、行内侍監、上柱國龔澄樞同女弟子鄧氏三十二娘以大寶六年歲次癸亥五月壬子朔，十七日戊辰鑄造，永充供養」，其一云「大漢皇帝以大寶十年丁卯歲用烏金鑄造千佛寶塔壹所七層，并相輪蓮花座高一丈二尺，以乾德節設齋慶讚」，後列僧名，其銜皆金紫大夫檢校工部尚書，歐公但書宦者龔澄樞而已，其官銜亦不能詳。吴任臣《十國春秋》始具書之，蓋取之塔記。德陵者，南漢開國之主劉隱陵名，乾德是蜀王衍及宋太祖紀年，而此以名節，揣之必鋹生日，其臣爲立美名，可以補歐、薛二史之闕。

馬殷事互異

馬殷，歐、薛《史》皆云「鄢陵人」，《通鑑》云「扶溝人」，而宋儒林郎、試祕書省校書郎、前桂州修仁令周羽沖譔《三楚新録》分三卷，一卷馬殷，二卷周行逢，三卷高季興也。明上海陸楫刻入《説海·偏記》門。則云上蔡人。此輩起於亂兵，本無一定鄉貫，如王建少爲賊，號賊王八，而歐云許州舞陽人，薛云陳州項城人，《蜀檮杌》云潁川郾城人，亦其類也。但《新録》叙事與正史互異者過半，斷不可信。初從叛將孫儒，後從劉建峰爲先鋒，歐、薛同，而《新録》云「隨渠帥何氏」，有姓無名，其妄可知。歐《史》言梁太祖拜殷中書令，封楚王，而薛《史》則云貞明中方至此官爵，未知孰是。歐《史》殷以廖光圖爲學士，《新録》則言嶺外廖光圖自韶陽來奔，殷以爲永州刺史，光圖陳南越可取狀，因使李勳擊拔桂管十八城，劉龑懼而乞盟，此等歐、薛皆無之，無以辨其真僞。又殷之謀臣高郁，歐云高季昌用反間，殷次子希聲殺之，而《新録》及《五代史補》以爲殷子希範使唐，得莊宗之間，歸而殺郁，皆未知孰是。若歐《史》言殷子十餘人，殷薨，希聲立，希聲薨，希範立，希範薨，希廣立，希萼縊殺希廣而自立，希崇又廢希萼而自立，彭師暠别奉希萼爲衡山王，乃爲李景所滅，此分明可據，而《新録》則云殷薨，希範立。希萼爲廖仁勇所奉，非師暠，恐皆虚妄。

周行逢事，歐、薛多合，而《新録》與二史皆多不合，恐不可信，未暇詳及。

錢鏐先世

歐《史·吴越世家》篇首但云：「錢鏐字具美，杭州臨安人」，絶不及其先世，蓋其出本微，而《吴越備史》第一卷以鏐爲唐武德中陪葬功臣潭州大都督巢國公九隴八代孫，又歷叙其曾祖沛，唐宣州旌德縣令，父寬，威勝軍節度推官、職方郎中、守太府少卿。《備史》乃武勝軍節度使書記范坰、巡官林禹同譔，《宋史·藝文志》云：「吴越錢儼託名范坰等。」殆不可信。薛《史》第一百三十三卷《世襲列傳》篇首亦不言鏐祖父，而叙至鏐貴後，父寬自言家世田漁爲事，未嘗貴達，見鏐車徒雄盛，走竄避之，則知《備史》之誣。

董昌死狀三處不同

歐《史·錢鏐世家》:「鏐將顧全武執昌歸杭州,行至西小江,昌顧其左右曰:『吾與錢公俱起鄉里,吾常爲大將,今何面復見之乎?』左右相對泣下,因瞑目大呼,投水死。」《新唐書·逆臣傳》則云:「全武執昌還,及西江,斬之,投尸於江,傳首京師。」薛《史·世襲·錢鏐傳》則云:「乾寧四年,鏐率浙西將士破越州,擒昌以獻。」昌死狀,三處各自不同。

天福當爲天復

歐《史·錢鏐世家》:「昭宗天福二年,封鏐越王。」按天福,石晉年號,此當爲「天復」。《十國年譜》於丁卯年梁開平元年第四格書蜀王建所稱之號,亦誤以「天復」爲「天福」,此皆因音近而誤。

客勸鏐拒梁

「梁太祖即位,封鏐吴越王兼淮南節度使。客有勸鏐拒梁命者,鏐不從,遂受之」,按温簒唐,羅隱勸鏐舉兵討梁,曰:「縱無成功,猶可退保杭越,自爲東帝,奈何交臂事賊?」

鏐以隱不遇于唐，有怨心，其言雖不能用，心甚義之。所謂客者，乃隱也。歐公何爲没其名，偶看明詩，有刺隱者云：「憔悴感恩依尚父，可憐尚父事朱温。」尤謬。

錢鏐加官

歐《史》：「唐昭宗加鏐檢校太尉、中書令。梁太祖開平二年，加鏐守中書令。」由檢校而進守也。歐所書開平二年以前鏐所加官如此，薛《史》則云：「鏐於唐昭宗朝位至太師，食邑二萬户。」位太師則非太尉，而食邑歐略去。鏐撰《開平二年牆隍廟碑》結銜云「啟聖匡運同德功臣、淮南鎮海鎮東等軍節度使、檢校太師、守侍中兼中書令吴越王鏐」，正作太師，與薛合。功臣名、侍中，則二史《鏐傳》皆無，而薛《史》却於《末帝紀》貞明三年别見鏐功臣名，正與碑同。

三節

歐《錢鏐世家》：「開平四年，鏐游衣錦軍，作《還鄉歌》曰：『三節還鄉兮掛錦衣。』」「三節」者，鏐在唐已領鎮海、鎮東兩軍節度，入梁又兼淮南也。《吴越備史》作「玉節」，此不讀書人妄以意改。

錢俶入朝

「太平興國三年，錢俶來朝，舉族歸于京師」，[一]俶納土實以二年，三年傳寫誤。宋敏求《春明退朝録》載《百川學海》。卷下云：「江南平，尚父錢忠懿王請入覲，太祖詔趣其還。後二年，舉版籍納王府。」亦謂二年也。至若錢世昭《錢氏私誌》載《説海》。云：「先文僖爲西京留守，歐文忠在幕下，親一妓，公屢微諷之，翻以爲怨。後修《五代史·十國世家》，痛毁吴越。」如世昭之妄誕，豈可信哉？

校讀記

[一]「錢俶」上，歐《史》有「詔」字。

楊忲王恁

洪邁《容齋三筆》云：「劉道原《十國紀年》載楊行密父名忲。」[二]《王審知德政碑》載其父名恁，見《蛾術編·説碑》。二字雖出《説文》卷十下《心部》，流俗不知，只作俚鄙用，此輩起羣盗微賤，故名如此，歐、薛《五代史·行密傳》不載其父名，《審知傳》載之，不畫一。

校讀記

〔一〕卷十《鄂州興唐寺鐘》條。

王審知事蹟

歐公《閩王審知世家》：「其先世爲農。」薛《史》同，而《新唐書·審知兄潮傳》則云：「五代祖華，爲光州固始令，因家焉。」唐天祐中所立《審知德政碑》，銀青光禄大夫、行尚書、禮部侍郎于兢撰，亦云：「以太祖就禄光州，因家于是。」審知起羣盜，安得出仕籍？碑飾詞，《新唐》妄采。泉州刺史廖彦若貪暴，州人禮請潮，因攻殺彦若，觀察使陳巖表潮泉州刺史，巖卒，其壻范暉稱留後，潮又遣審知攻破福州，殺暉。歐《史》、薛《史》與《新唐》略同，其紀載雖尚得實，而所云彦若貪暴，州人來迎，亦後來文士歸閩者代爲緣飾，宋、歐、薛誤據之，果爾，則潮殺彦若爲民除害，碑當誇美，乃諱而不言，直言潮譽藹鄉曲，巖遣人禮請，署爲州牧，豈可信乎？潮兄弟作賊，專以剽奪爲事，既得泉，又攻福，且巖有德於潮，巖死婿代，不俟朝命，唐季藩方大小皆然，無足多怪，潮等又攻殺據有之，乃碑於此又言巖病不能視事，軍士等懼無統御，皆願有所依從，潮遂以泉郡委仲弟審邽，而與審知偕赴，詔授潮節度使，則於攻殺暉亦諱之，而直以爲軍士樂推，其誕明矣。潮死，審知代立，據碑，在唐已加同中書門下平章事，歐《史》則云「梁太祖加拜審知中書令」，乃《五代會要》於《使相》一門直至梁末帝及唐莊宗方有審知，而於梁太祖時則不書，此《會要》之漏也。碑又云「佛齊國雖同臨照，靡襲冠裳。公示以中孚，致其内附」，即史所謂「招來海中蠻夷商賈」是也。[一]孫光憲《北夢瑣言》云：「王審知患海畔石碕爲舟楫之梗，夜夢吴安王伍子胥，許以開導，乃命判官劉山甫躬往祈祭，三奠纔畢，風雷勃興，山甫憑高，見海中有黄物，可長千百丈，奮躍攻擊，凡三日，晴霽，見石港通暢，便于泛涉。於時録奏，賜名甘棠港。」[二]此事碑亦載之，與歐《史》所述並合，而孫氏尤詳。又此碑立於天祐三年閏十二月，而《舊唐·哀帝紀》：「天祐三年閏十二月己酉朔，福建百姓僧道詣闕，請爲節度使王審知立德政碑，從之。」與《舊唐》正合。碑又言節度都押衙程贇列狀上請刊勒，考歐《史》，後有朱文進作亂，據福州，以程贇守漳州，爲州人所殺，即此人也。

校讀記

[一]錢大昕《王審知德政碑跋》云：「碑文有『佛齊國雖同臨照，靡襲冠裳。公示以中孚，致其内附』云云。按《舊唐書》：『天祐六年六月，三佛齊國入朝使蒲訶粟可寧遠將軍。』以碑證之，蓋由審知招撫之力矣。」見《潛研堂金石文字跋尾》卷十。

[二]見卷二《高駢開海路》附《王審知開海》條。「夜夢吴安王伍子胥」，「夜」上當有「一」字；「山甫憑高」，「憑高」下當有「觀焉」二字。

王曦僞號

歐《史》：「延羲，審知少子。更名曦，改元永隆。六年見殺，謚曰景宗。」薛《史》略同。曦嘗造塔九層於城南，既成，名曰崇妙保聖堅牢塔，命其臣中故□□守中書令上柱國賜紫金魚袋林同穎撰記，右衝神光寺文章應制弘慈大師賜紫僧無逸書，神光寺長講兩經三論大德賜紫僧文於篆額。記中稱興工於永隆三年歲次辛丑十一月，曦之僭帝位即是年六月也。中散大夫正五品上階乃守中書令，官與階不相應如此，其末一行云「睿明文廣武聖光德隆道大孝皇帝王曦」。既稱帝，乃直書姓名，亦可笑。此殆初即僞位，即上此尊號，而歐、薛《史》皆不載。塔記與《審知德政》兩碑，從來談金石者皆未見，予入閩，訪于孟吏部超然得之，著録自予始。

高氏事删削不全

《三楚新録》所紀載惟高氏一家，與歐《史》無甚牴牾，但《説海》刻非足本，而删削又未當，如季興卒，子從誨立。從誨卒，子保融立，保融卒，弟保勗立，保勗卒，保融之子繼沖立，歸宋國除，《新録》乃於從誨之後即次以繼沖事，殘闕顯然。

康延澤諭降高繼沖

歐《南平世家》：「保融卒，弟保勗立。保勗卒，保融之子繼沖立。湖南周行逢卒，子保權立。其將張文表作亂，建隆四年，太祖命慕容延釗等討之，延釗假道荆南，約以兵過城外。繼沖大將李景威請嚴兵以待之，判官孫光憲勸繼沖去斥堠，封府庫以待，繼沖以爲然，景威扼吭而死，延釗軍至，繼沖出逆于郊，而前鋒遽入其城，繼沖亟歸，見旌旗甲馬布列衢巷，大懼，即詣延釗納牌印，太祖優詔復命繼沖爲節度使。乾德元年，有事于南郊，繼沖上書願陪祠。九月，具文告三廟，率其將吏、宗族五百餘人朝于京師。」考王禹偁《小畜集》第二十八卷《康延澤神道碑》云：「我太祖開國，以荆湘未下，詔宣徽南院使李處筠、襄帥慕容延釗南討，公實從焉。時江陵高保融死，其子繼沖權領軍府，因命公賫璽書，乘驛騎以弔撫，且覸便宜，二帥留襄陽以待。公宣諭而回，盡得機事，前導師旅，長驅而南，平定荆湘，易於拾芥。尋轉染院使、監護荆南軍，賞功也。乾德中，受代歸朝。」案此事見《宋史》二百五十一《延釗傳》、二百五十五《延澤傳》、二百五十七《處耘傳》。《延澤傳》與碑正同，略去保勗，以繼沖即嗣保融者，此省文，《延澤傳》亦然，蓋《延澤傳》即采碑文，而《世家》不叙此事，亦略之耳。「耘」作「筠」，則傳寫誤，乃《宋史》於《處耘傳》又以使高氏者爲盧懷忠，假道者爲丁德裕，此史自相矛盾者最多，此亦其一端。延澤監荆南軍，至乾德中方代歸，則以建隆四年繼沖雖納牌印，宋太祖仍命爲節度故也，此正與《世家》合。

北漢劉氏歐詳薛略

薛《史》能叙降王終事，歐無，然北漢劉氏事則歐《史》爲詳，而薛《史》反略，不但因薛《史》成時，劉氏未亡之故也。即其叙劉崇不過六七百字，歐《史》則一千五百餘字，詳略已懸殊，至崇子承鈞及承鈞之養子繼恩、繼元相繼襲位，而薛《史》承鈞只一句，繼恩、繼元并其名不見，歐《史》則叙至一千八九百字，詳略相去甚遠，且薛《史》成於開寶七年，繼元在位已七年，而竟不書，薛居正但就史官已録者抄撮成書，其餘槩不添補，嘆史裁愜人意者，千古罕見。

劉崇漢祖母弟

劉崇，歐云「漢高祖母弟」，《通鑑》二百九十卷胡三省注同。薛云「從弟」，恐當從歐。

劉氏建號

歐《史·世家》云：「劉旻崇改名。僭號，仍稱乾祐漢隱帝號，不改元。承鈞立，始改乾祐十年曰天會元年。」又云：「繼元立，改元曰廣運。」歐公作文主於簡嚴，故語意似涉牽混，使讀者乍觀之，似承鈞、繼元初立即改元者，其《年譜》則旻之仍稱乾祐自四年始，是年歲次辛亥即周太祖廣順元年，至乾祐七年，旻死，承鈞立，是年歲次甲寅即周世宗顯德元年，承鈞仍稱乾祐，至丁巳歲，承鈞始改乾祐十年爲天會元年即顯德四年，《年譜》終於天會三年，是年歲次己未，即顯德六年周恭帝即位之年，明年禪宋。至天會十二年戊辰歲即宋太祖開寶元年，承鈞死，繼元立，亦不改元，仍稱天會，至甲戌歲即開寶七年，繼元始改天會十八年爲廣運元年。廣運六年，是年歲次己卯即宋太宗太平興國四年，繼元亡，而《年譜》皆不書者，因天會四年已入宋故也。以上所推據《通鑑考異》所采劉恕道原說。《世家》中不書承鈞、繼元立不改元仍稱乾祐、天會，但渾而言之，達心則其言略，而《年譜》固無誤也。乃薛《史·周世宗紀》及《僭僞列傳》皆言旻死於顯德二年乙卯十一月，薛《史》誤矣。《通鑑》第二百九十二卷周世宗顯德元年十一月，北漢主疾病，命其子承鈞監國，尋殂。又二百九十三卷顯德四年正月己丑朔，北漢大赦，改元天會，皆與歐合。《考異》載劉道原説，駁薛《史》爲非，又言「劉氏有國，全無紀録，惟其舊臣中書舍人、直翰林院王保衡歸朝後所纂《晉陽僞署見聞要録》云：『甲寅春，南伐，敗歸。夏，周師攻圍，旻積憂勞成心病，是冬卒，鈞即位。丁巳年，正月旦，改乾祐十年爲天會元年。』右諫議大夫楊夢申奉勅撰《大漢都統進封定王劉繼顒神道碑》云：『天會十二年，今皇帝踐祚之初年也。十七年，繼顒卒。』末題『廣運元年，歲次甲戌，五月丙午朔』。」道原以此爲據，推其歷年，自屬的確之至。道原史學之精，於此可見，而薛《史》之誤明矣。《遼史·穆宗紀》應曆五年十一月，漢主崇殂。應曆五年即顯德二年，《遼史》亦誤。予又得《天龍寺千佛樓碑》拓本，繼元之臣行尚書左僕射兼中書侍郎平章事李惲撰，末題廣運二年歲次乙亥八月庚子朔，二十一日則立碑時也。顧寧人作開運二年，[一]開運係晉出帝年號，寧人誤。石本甚明，碑乃當時所立，本國之臣所撰，鑿鑿可信，豈敵國傳聞之比？萬季野先生斯同《補歷代史表》與道原及碑皆符，先生史學精絶。元陳子經桱《通鑑續編》第三卷、明薛方山應旂《甲子會紀》第三卷皆以繼元初立即改元，誤不待言，而季野《紀元彙考》乃與陳、薛同，一人之作，如出二手，是可疑也。朱竹垞彝尊據碑譏歐公書繼元之改元，[二]未得其詳。若歐果誤認，則《世譜》書承鈞之改元未嘗誤，何以《世家》文法與繼元同？歐不誤，竹垞誤耳。

校讀記

[一]見《金石文字記》卷五。

[二]見《曝書亭集》卷五十《北漢千佛樓碑跋》。

侯霸榮殺繼恩

歐《世家》云：「承鈞卒，養子繼恩立，卧閣中，供奉官侯霸榮率十餘人挺刃入閤殺之，郭無爲遣人入殺霸榮。初，承鈞語無爲，繼恩非濟世才，無爲不對，繼恩怨無爲不助己。及立，欲逐之，未果。霸榮之亂，人謂無爲之謀。霸榮死，口滅，無知者。無爲迎繼元而立之。」《千佛碑》云：「及皇帝踐祚，加太師、行太原尹，尋領侍衛親軍事。未幾，值倉卒之變，震駭非常。上獨執雄繼，入平内難。時戊辰歲秋九月朔。」此皇帝指繼恩，繼恩之弑，繼元爲主，無爲謀之，霸榮特揮刃者。繹碑詞，情事如見，欲蓋彌彰。其後無爲又爲繼元所殺。

嬖者范超

歐《世家》又云：「繼元爲人忍，殺旻子十餘人，無遺類，又遣嬖者范超殺承鈞妻郭氏。」其主弑繼恩無疑，而超但云嬖者，不書其官。《千佛碑》則云：「壬申十二月，冶鑄千佛，詔宣徽北院使、永清軍節度使、檢校太保范超監修。」《宋史》四百八十二卷《北漢世家》云：

「宋太宗征北漢，繼元宣徽使范超來降。攻城者以超爲出戰，禽而戮之。繼元斬超妻子，投其首城外。」是也。予得山西諸碑，皆分巡河南開歸陳許兵備道常熟蔣果所贈。

後事具皇家日歷

薛《史》第一百三十四卷《僭僞列傳》於南唐李景以宋建隆二年疾，卒，其子煜襲僞位。又第一百三十五卷《僭僞列傳》於宋開寶四年滅南漢，俘劉鋹至京。又於東漢劉崇以周顯德二年病死，其子承鈞襲僞位之下皆云：「後事具皇家日歷。」《劉崇傳贊》云：「今元惡雖斃，遺孽尚存。勢蹙民殘，不亡何待。」則以此書作於開寶六年，時煜尚在位，鋹尚存，承鈞之養子繼元亦尚在位故也。第一百三十三卷《世襲列傳》吴越錢氏亦如此，若宋乾德三年滅後蜀，俘孟昶至京，而昶即於是秋卒，則於其傳中詳書其卒及年若干，以爲結束，然後再加其後「具皇家日歷」云云，蓋每叙一降王，雖事入後代，不可不見其卒也。歐陽子作史時距諸國降滅已百餘年，而於李煜、劉鋹、錢俶輩皆但云事具國史，不見下落。性樂簡浄，總不屑詳叙首尾，後之讀者稍覺未慊，然薛雖有叙降王卒年，其各國事蹟却疏漏之至，反不如歐《史》之詳。若《宋史》自第四百七十八卷以下亦有南唐等世家，但從李煜輩叙起，而略追叙其先，則又深得之。

吴越改元

歐《史·十國世家年譜》叙首云：「聞故老謂吴越亦嘗稱帝改元，而求其事迹不可得，獨得其封落星石爲寶石山制書，稱寶正六年辛卯，則知其嘗改元矣。」范坰等《備史》固無年號，而明錢肅潤刻《備史》，跋其後，即力辨歐《史》之非。薛《史》亦云：「鏐命所居曰宫殿，府署曰朝廷，其參佐稱臣，但不改年號而已。」考洪邁《容齋四筆》第五卷駁歐《史》之疏漏，援王順伯所收碑有《臨安府石屋崇化寺尊勝幢》係天寶四年辛未，《明慶寺白傘蓋陀羅尼幢》係天寶五年壬申，順伯考其年，知非唐天寶辛未乃梁開平五年，其五月改乾化，壬申乃二年。梁以丁卯篡唐，武肅是歲猶用唐天祐，次年自建元也。《錢唐湖廣潤龍王廟碑》「錢鏐正明二年丙子建」，《新功臣壇院碑》、《封睦州牆下神廟勅》，皆貞明中登聖寺磨崖，梁龍德元年辛巳錢鏐建。又有龍德三年《上宫詩》，是歲梁亡。《九里松觀音尊勝幢》，寶大二年乙酉建，《衢州司馬墓誌》云：「寶大二年八月歿。」順伯案：乙酉乃唐莊宗同光三年，其元年當在甲申，蓋自壬申以後用梁紀元，至後唐革命，復自立正朔也。又《水月寺幢》云：「寶正元年丙戌十月，錢鏐建。」是年爲明宗天成。《招賢寺幢》云：「丁亥寶正二年。」又小昭慶金牛、碼瑙等九幢皆二年至五年所刻，貢院前橋柱刻寶正六年辛卯造。然則寶大止二年，而改寶正。寶正盡六年，次年壬辰，有天竺日觀菴經幢，復稱長興三年八月，用唐正朔，其年三月，武肅薨。方寢疾，語其子元瓘曰：「子孫善事中國，勿以易姓廢事大之禮。」於是以遺命去國儀，用藩鎮法。此上皆王說。洪申之云：「有天寶、寶大、寶正三名，歐陽公但知其一耳。自是歷晉、漢、周及本朝，不復建元。今猶有清泰、天福、開運、會同、係契丹年。乾祐、廣順、顯德石刻，存者三四十種。」順伯名厚之，臨川人。當紹興、乾道間，與洪同時。又有王象之者，寧宗以後人，著《輿地碑録》，予有鈔本，所載與洪所引順伯語同。予謂洪、王是矣。但《鎮東軍牆隍廟碑》係開平二年歲在武辰，下有一「月」字，而上下皆空，蓋是年未改元之前所立，然則温篡唐，鏐受其封號，即稱臣奉其紀年，觀望久之，知其未能一統，乃改元自娱。順伯謂温篡後鏐猶用天祐，誤也，而其餘考據則博而且精。秀水鐘淵映又搜得舊《武原志》載土中所得《朱府君墓志》，題云寶大元年歲次甲申。〔二〕此順伯所未見者。要之，天寶改於戊辰，梁開平二年；寶大改於甲申，唐同光二年；寶正改於丙戌，唐天成元年。歷歷可考，歐公説極確，所恨寡聞。范坰、錢肅潤與薛《史》謂錢鏐未嘗改元，則大誤矣。外懼誅討，尊奉中朝，實則自帝一方，以愚其民，乃掩耳盜鈴之計。

歐公惟舉寶正，《通鑑》及《目録》亦然，而《考異》則歷引閻自若《唐末汎聞録》《紀年通譜》、余公綽《閩王事迹》、林仁志《閩王啟運圖》以證之，至《玉海》則於天寶、寶大、寶正外又載廣初一號，此號則不知吴越何王何年之所改。

洪言晉、漢、周及宋，吴越不復改元，今蘇州虎丘千人石畔有大佛頂陁羅尼石幢一座，四面刻之，高約二丈餘，末題：「下元甲子顯德五載龍集戊午日躔南斗高陽許氏建。」此吴越忠懿王錢俶時所立，可見其時不改元。予少與妹婿錢大昕同遊，訪得此幢。及老，先後歸田，予徙家洞涇，距虎丘三里，時往摩挲，妹婿來，又同觀焉。八九百年中，著録自吾兩人始，[三]每嘆金石之有關史學，惜同嗜者寡也。

校讀記

[一]四字爲洪邁自注。

[二]見《歷代建元考》卷七。

[三]見錢大昕《潛研堂金石文字跋尾》卷十一。

白貂

《附録·契丹》：「耶律德光脱白貂裘以衣晉高祖。」白貂，俗呼銀鼠。

趙德鈞延壽父子

薛《史》第九十八卷以趙德鈞、延壽父子入《晉書》爲列傳，而歐《史》但入之《契丹附録》。不爲傳者，以其死于契丹也。

十七史商榷卷九十八

新舊五代史六

歐史脱文誤字

常熟毛氏汲古閣刻歐《史》目録第四十八卷「楊思權」下漏去「尹暉」。《梁紀》一「光啓二年十二月，封吴興郡王」，「封」上脱「徙」字。「大順元年四月，張濬私與汴交」，「張」上脱「宰相」二字。「乾寧元年二月，王及朱宣戰于漁山」，「漁」當作「魚」。「天復元年正月，天子復立」，「立」當作「位」。「天祐二年二月，殺王德裕等」，「德王裕」誤倒。《梁紀》二「開平二年三月癸巳，卜郊」，上文正月已亥已卜郊，此處「卜」上脱「改」字。「三年九月」徐注「亂軍」，當作「軍亂」。「乾化元年正月，赦流罪以下因，求危言正諫」，「因」當作「囚」。「九月，御文明殿，入閣」，「閣」當作「閤」。論贊「獨不爲梁」，「爲」當作「僞」。《梁紀》三「貞明四年，劉鄩爲兖州安撫制置」，一本下有「使」字。「龍德元年三月，惠王能反」，「能」上脱

「友」字。「三年，王彦章爲北面行營招討使」之下脱「取德勝南城。秋八月，段凝爲北面行營招討使」十八字，本是彦章有功，反用凝代之，脱此，似彦章未嘗受代者，校勘不精，誤人如此。《唐紀》四「乾寧二年，克用軍留餘月」，當作「月餘」。「光化三年，李嗣昭敗汴軍于汴河」，當作「沙河」。「天祐六年，以李嗣昭爲潞州留後後」，下「後」衍。《唐紀》六「同光元年，拜天平軍節度使、蕃漢馬步軍副都總管」，一本無「副」字。「天成二年六月，幸白司馬坡」，「坡」當作「坂」。《唐・酷吏・侯思止傳》思止鞫誣告人反者，輒云：「急承白司馬。」此因洛有白司馬坂，故用歇後語，誘令承反也。其時武后方居洛，而明宗入汴後旋即還洛，則此作「坂」無疑。後《唐臣・劉延朗傳》「遣宋審虔將千騎至白司馬坡踏戰地」，〔一〕誤同。長興元年連寫，非是，當提行。《唐紀》七《廢帝紀》「率戍兵自曲陽、孟縣馳出常山」，「孟」當作「盂」。「清泰元年，慈州刺史宋令詢死之」，「慈」當作「磁」。「三年六月，以張令昭爲右千牛衛將軍，權知天雄軍事」，一本「事」上有「府」字。《晉紀》八「天福元年，先帝受吾太原」，「受」當作「授」。《晉紀》九「天福七年六月，如京師。使李仁廓使于契丹」，南雝本無「師」字。《周紀》十二「顯德三年八月，課民種禾」，「禾」當作「木」。《梁家人傳》「太祖元貞皇后張氏」，連寫非是，應提行。「天福元年」，當作「元祐」。《末帝德妃張氏傳》「貞明年」，「年」上脱「五」字。〔二〕《次妃郭氏傳》「莊宗入宮」，「莊」上脱「唐」字，「宮」上脱「汴」字。《唐太祖家人莊宗后劉氏傳》「略可記憶」，當作「憶」。「太后稱詔令」，「詔」當作「誥」。「同光三年十二月獵」，當作「臘」。《克讓傳》「以千餘人進至滑橋」，「滑」當作「渭」。《克寧傳》「存顥等各遣其妻入説孟氏，數以迫克寧」，「孟氏」下應重「孟氏」二字，此脱。太祖子八人，篇中凡「存義」字皆當作「存乂」。又「莊宗大怒，以兵圍其第而族之」，此莊宗弟而云「族之」，必有誤。〔三〕又「自河中奔太原北至」，「北」當作「比」。《莊宗子繼岌傳》「今大將軍發」，當作「大軍將發」。《唐明宗家人傳》卷首又自有細目，他卷皆無，蓋古人目在每卷首，後人遷於第一卷之前，去每卷目，此其去之未浄者。《秦王從榮傳》「從榮尚忌宋王從厚」，「尚」當作「常」。「此事須得侍衛兵馬爲助」，南雝本無「馬」字。《晉家人傳》「出帝與太后至建州，得地五千餘頃」，「千」當作「十」。《漢家人傳·高祖皇后李氏傳》「周高祖起兵嚮京師」，當作「周太祖」。《高祖二弟三子傳》并論贊，凡「鞏庭美」皆當作「廷美」。「吾嘗爲天無眼」，「爲」當作「謂」。注「便於實事」，「實」當作「述」。《梁臣·張歸霸傳》「子漢卿、漢融，梁亡皆誅族」，「族誅」誤倒。《楊師厚傳》「攻棗彊，三月不能下」，「月」下注：「一作『日』。」南雍作「日」。考薛《史》作「逾旬」，然則「月」、「日」皆非是，此歐之改薛而誤者。《王景仁傳》「以景仁爲淮南招討使，攻廬壽」，「使」下南雝復有「使」字。《唐臣·郭崇韜傳》「唐軍東保楊劉，彦章圖之」，「圖」當作「圍」。又「事不與卿一鎮」，「不」當作「了」。又

「橋壞，莊宗正輿」，「正」當作「止」。《安重誨傳》「鋒即引諜者見重誨」，「鋒」當作「鏻」。「繕治甲器」，「甲」當作「兵」。《王建及傳》「晉遂軍得勝」，「得」當作「德」。「斧其竹窄」，「窄」當作「笮」。《西方鄴傳》「父再遇，爲汴州軍校」，一本無「汴」字，是。鄴，定州滿城人，而此下文云「鄴以勇力聞，年二十，南渡河，遊梁，不用，復歸」云云，則非汴州可知。又「譚善達數以諫，鄴怒」，「鄴」下當復有「鄴」字。《李嚴傳》「伐蜀，嚴爲三川招討使」，「討」一作「撫」，是。時招討乃郭崇韜，非嚴也。《何瓚傳》「知祥以軍禮事瓚，常繩以法」，「瓚」下當復有「瓚」字。《晉臣・桑維翰傳》「又來見帝」，「來」當作「求」。《漢臣蘇逢吉傳》「誘人告李崧，誣伏與家僮二十人，謀因高祖山陵爲亂。獄中上書，逢吉改二十人爲五十人」，「獄中上書」，南雝作「獄上中書」，是。《死節傳》論贊「三人者，或出於僞國之臣」，南雝本「者」下多「或出于軍卒」句，此脱。《死節》共只三人，軍卒謂王彦章、裴約，僞臣謂劉仁贍也，脱去則不可讀。《一行・鄭遨傳》「遭亂世，汙于榮利」，「汙」上脱「不」字。《義兒・李嗣昭傳》「磁」俱誤作「慈」。《雜傳王鎔傳》「館于梅子園」，義門何氏從沈存中《筆談》改「海子」。[四]「梁太祖爲書詔鎔」，「詔」下注：「古本作『招』。」案南雝本正作「招」。「趙獨安樂王氏之無事」，姚世鈺讀「安」字句絶。《羅紹威傳》「趙文建爲留后」，當作「留後」。「前帥皆牙軍所立，怒輒遂殺之」，「遂」下注：「古本作『逐』。」案南雝正作「逐」。此言或逐之，或殺之，作「遂」無理。《王處直傳》「戰于河沙」，當作「沙河」。《劉守光傳》「遣其妻祝氏乞食于田家」，南雝無「其妻」二字，是。《韓建傳》「欲邀莊宗遊幸」，「莊」當作「昭」。《高萬興傳》「葬于州南」，「葬」下脱「敬瑋」二字。《温韜傳》「韜復叛茂貞降梁，梁改耀州爲崇州，鼎州爲裕州，義勝爲静勝軍」，南雝本無下「梁」字，非是，「義勝」下當有「軍」字。《盧光稠傳》「劉龔已取韶州」，「龔」當作「龑」。《朱瑾傳》「拜瑾秦寧軍節度使」，當作「泰寧」。「瑾嬰城自守，而與葛從周等戰城下，瑾兵屢敗」，「與」下十二字，南雝本脱。《孟方立傳》「澤、潞、邢、洺、磁五州」，誤作「三」。「逐其帥」，誤作「師」。「以窺山東」，誤作「失」。《王珂傳》「唐兵已過冤朐」，誤作「宛」。《孫德昭傳》「判神策軍，號扈駕都」，徐氏葆光云：「本紀天復元年正月，扈駕都頭孫德昭誅季述，天子復立。『都』下當有『頭』字。」《劉知俊傳》「敗邠、岐兵於幕谷」，本紀作「漠谷」。《張全義傳》「改用年來二月」，「來年」誤倒。《房知温傳》「稍遷親隨指揮使」，「隨」下南雝有「軍」字。《王晏球傳》「龍騎五百」，「騎」當作「驤」。「李霸一部」，「部」當作「都」。「莊宗兵變」，「莊」當作「明」。《安仲霸傳》「王衍立少年」，「年少」誤倒。《張希崇傳》「乃先爲突」，南雝作「穿」，是。《皇甫遇傳》「戰尚或生，走則死也。我等死戰，猶足以報國」，「我等死戰」四字，南雝作「等死死戰」，是。「以重威爲都招討使」，「重」上脱「杜」字。《王弘贄傳》與《尹暉傳》誤連，應提行。《高行周傳》「匡威爲其弟光儔所篡」，「光儔」當作「匡儔」。「歷朔、沂、嵐三州刺史」，「沂」當作「忻」。《孫方諫傳》「鄭州清苑人」，「鄭」當作「鄚」，南雍本誤同。《王峻傳》「事三司使張延朗，不甚愛之」，「延朗」下當重「延朗」二字。《王殷傳》「大明人」，當作「大名」。《范延光傳》「宗正丞石昂」，誤作「承」。「高祖猶豫未決」，脱「猶」字。《安重榮傳》「鎮州曰恒州」，誤作「有州」。《安從進傳》「領貴州刺史」，當作「青州」。《杜重威傳》「契丹留燕京兵五百人」，「五」上脱「千」字。《張彥澤傳》「遷晉出帝於開封府，遣控鶴指揮使李筠以兵監守，内外不通。帝求酒於李崧，崧曰『慮陛下憂躁，飲之有不測之虞。所以不進』」，《通鑑》第二百八十五卷於此事亦作「李崧」，《崧傳》在五十七卷。耶律德光滅晉入汴，拜崧太子太師，正爲德光任用，則似作「崧」無誤，而别本作「求酒於李筠」，以上文筠以兵監守考之，作「筠」爲是。義門何氏謂此又一李筠，非《周三臣》之李筠。[五]愚亦謂此爲德光任用之李崧，乃又一李崧，非《梁紀》開平二年爲鴻臚卿、封介國公之李崧也。《職方考》叙首「唐自中世多故」，誤作「中勢」。「秦、鳳、階、成、瀛、鄚」，誤作「瀛漢」。横列之圖中，第一格「岐」字，列其州名也。第二格於梁則書岐，其時岐爲李茂貞所據也。其下旁注一「鳳」字，又一字漫，當云「鳳翔」。秦、成、階、鳳四州於漢亦云有者，誤，皆當作蜀吴與南唐所有各州。于吉州後四行連脱州名，當云虔、筠、建、汀。又廣州更五代皆南漢，當於第一箇南漢下注「清海」二字。「五代之際，外屬之州」云云，南雝本提行，是，此誤連。「益州梓州曰劍南東、西川」，「川」當作「道」。「長垣，唐改曰匡城」，應提行起，此誤連。《南唐李昪世家》「昪字正倫」，「昪」字見《説文》第七卷上《曰部》。馬令、陸游《南唐書》同，此篇中段多誤作「昇」。《李景世家》「自號中天八國王」，「八」當作「大」。「始改名璟」，當作「景」。《前蜀世家》論贊「予讀蜀書」，脱「書」字。《南漢劉玢世家》「玢立二年，卒」，脱「卒」字。《劉鋹世家》「十月，平韶州。鋹喜曰：韶桂連賀」云云，二「韶」字皆當作「昭」。《楚馬希範世家》「開封承制」，「封」當作「府」。《吴越錢鏐世家》「鏐之孫元瓘之子佐，字祐」，據《吴越備史》，則當作「弘佐」，字元祐。《閩王審知世家》「唐以福州爲武威軍」，據天祐三年于兢撰《審知德政碑》，當作「威武」。《十國世家年譜》丁卯年第五格天福七年，當作「天復」，説已見前。庚戌年第三格「八」字衍。卷末論「不以忘漢爲讐」，「忘」當作「亡」。《契丹附録》第一「距幽州北七百里有榆關」，「榆」當作「渝」。《于闐附録》第三「始涉䶊磧」，「䶊」當作「鹻」，字見《遼史》。

校讀記

[一]「白司馬坡」，《新五代史》無「司」字。

[二]當作「貞明元年」，説見中華本卷十三《校勘記》。

[三]「族」爲「誅」字之誤。

〔四〕《義門讀書記》未見此條，《筆談》稱王鎔時海子園見於卷二十四《雜誌》一。

〔五〕見《義門讀書記》卷二十九。

五代俗字俗語

《新五代史》用俗字俗語，如《晉高祖紀》明宗戰胡盧套，「套」字始見於此。《李崧傳》晉高祖謂崧曰：「汝造浮屠，爲我合尖。」「尖」字已見《北史》第四十三卷《郭祚傳》、四十九卷侯深等傳，而又見於此。《廣韻》在下平聲二十四《鹽》。又《道德經》卷一：「揣而鋭之。」王弼注：「揣末令尖，又鋭之。」然《説文》無此字。《漢高祖紀》：「耶律德光謂曰：『此軍甚操刺。』」今人以雄猛爲插刺，「操刺」當即此意。又「契丹賜以木拐一」，今人呼老人所用杖，音如《夬》卦之「夬」，作此字，史文惟見於此。汪鈍翁堯峰詩云：「一拐扶身兩鬢星，紙標略畫卦中形。憐渠那識羲文《易》，自道儂家打瓦靈。」〔一〕用此字。《唐臣·任圜傳》崔協號「没字碑」，《雜·安叔千傳》叔千亦號「没字碑」，此等皆當時俚俗語。

校讀記

〔一〕《邨居》十四首之八，見汪琬《堯峰文鈔》卷六。《四部叢刊》影印林佶寫刊本，末二句作「邨人不識羲文課，競指渠儂打瓦靈」。

五代春秋

《五代春秋》二卷，宋尹洙師魯譔，即附於《河南先生文集》後。柳開、尹洙，宋初以古文詞著名，爲歐陽子之先聲者也。觀《河東》、《河南》兩集手筆誠可觀，其於經史則皆茫然者。師魯此作全仿《春秋》，謬妄已甚，即如晉人、燕人、趙人、秦人、吴人、楚人等稱，此史家於叙事中間貪其文省用之則可，若以此摹效《春秋》筆法，動輒云某人伐某、某人敗某師於某地，豈非笑端？且如李克用、李茂貞不言姓名，而突書之曰晉人、秦人，後世讀者知爲誰乎？豈師魯有待於後有爲之《左氏》者乎？唐莊宗已建尊號國爲唐矣，而於梁事中稱爲晉人，是其意將奪唐而與梁乎？其他名號之進退、義例之出入，糾紛無定，蓋有不可知者。幸師魯不秉史筆，若令修史，史法壞矣。

五國故事

《五國故事》二卷，宋無名氏記吴楊行密、南唐李昪、前蜀王建、後蜀孟知祥、南漢劉巖、閩王審知事，末附朱文進諸人。曰五國者，合前後蜀爲一也。仁和吴長元以爲吴越國人所作，歙縣鮑廷博刻入《知不足齋叢書》第十一集。

十國春秋

《十國春秋》一百十四卷，吴氏任臣譔。吴字志伊，仁和人，康熙己未博學鴻詞、翰林院檢討。志伊以歐陽氏《五代史》附《十國世家》於末，而尚簡略，思取其人物事實而章著之，故勒爲本紀二十、世家二十二、列傳千二百八十二，又作表五篇。博贍整理，誠史學之佳者。顧其爲書之體，每得一人即作一傳，凡僧道及婦人之傳，每篇只一二行者甚多，乃徐鉉《騎省文集》三十卷，其後十卷係入宋後所作，而前二十卷則皆在南唐時作也，其中碑志若岐王仲宣、馬仁裕、劉崇俊、陳德成、江文蔚、喬匡舜、韓熙載，志伊雖皆有傳，而徐所叙事蹟遺漏者已甚多，若賈潭、方訥、陶敬宣、周廷構、苗廷禄、包諤、趙宣轉、劉鄗皆有事蹟，而志伊皆無傳。潭、訥，歐《史》一見其名，祇有一句，故不能措手，志伊之學專以博爲事者也，然竟未見《騎省集》矣。亡友惠定宇、戴東原每與予極論學之貴精，不貴博，予深韙其言。由今觀之，博亦大難事，特不可與蘭艾同收、玉石混采者道耳。志伊《凡例》自述所采古今書籍約一二百種，但已自爲裁割，緝綀成文，讀者不能知其某事出某書，反不如同時朱竹垞《日下舊聞》具注所出也。又志伊自言采薛氏《舊五代史》，恐實未見，虚列此目，[二]竹垞亦每如是，則不能無遺憾焉。予所著述，不特注所出，并鑿指第幾卷、某篇某條，且必目睹原書，佚者不列，惜不得起兩先生一質之。

此書佳處在表，《地理表》與歐陽氏《職方考》參觀，則五代十國全局如見，至十國之官制雖大抵沿唐，而一時增改亦已紛冗不可爬梳。任臣爲作《百官表》，甚便考覽，尤其妙者也。惜歐陽氏不志職官，猶恨多茫昧，《五代會要》雖存，非博學者不觀，恐終歸於無徵矣。若《藩鎮表》以區區僭僞僻陋一隅而多立軍名，假稱節度，誠屬不成事體。要之，臚而陳之，亦稽核之一助也。

校讀記

［一］李詳《媿生叢録》卷二云：「詳案《南雷文定》附録載志伊與書云：『拙箸《十國春秋》，專竢薛居正《五代史》略爲校讎，遂爾卒業。前已承允借，今因仇滄兄之便，希慨寄敝齋，一月爲期，仍從滄兄處璧上，斷不敢浮沈片紙隻字，切禱切禱。』案南雷之有薛《史》，全謝山屢言之，見《鮚埼亭集·二老閣藏書記》及《移明史館帖子》。夫南雷自定其文，既附吴札於後，必經借與吴者，謝山又云吴任臣向之借，未肯借，此特以意度耳。南雷不應至此，任臣既借得此書，豈可謂之虚張其目？西莊從乾隆時不見薛《史》，遂並疑吴，不知其有借札可證也。」

十七史商榷卷九十九

綴言一

記言記動

《禮記·玉藻》篇云：「天子動則左史書之，言則右史書之。」要之，其始雖分書，其後必合編，故《尚書》記言，而亦間及於記動，《春秋》記動，《左傳》記言以附益之。

正史編年二體

《漢·藝文志》無所謂史之一目，即以附於六藝《春秋》之後，《隋·經籍志》始以經、史、子、集判分四部，《隋書》唐人所作，簿録之體至是始定，而史部首列正史一門，次列編年一門，史家之體亦至是始定。正史標目後既歷叙古者國史紀載職掌收藏，遂詳述《史記》、《漢書》、《三國志》原委，此下則云：「自是世有著述皆擬班馬，以爲正史，作者尤廣，一代之史至數十家，唯《史記》、《漢書》師法相傳，並有解釋。《三國志》及范蔚宗《後漢》，雖有音注，既近世之作，並讀之可知。今依其世代，聚而編之，以爲正史。」編年標目後既言「自史官放絶，作者相承，皆以班馬爲準」，其下言：「起漢獻帝，以班固《漢書》文繁，命荀悦倣《春秋左傳》體，爲《漢紀》，大行於世。至晉太康元年，汲郡發魏襄王冢，得竹簡紀年書，皆編年相次，文意大似《春秋》，學者因之，以爲《春秋》則古史之正法，有所著述，多依《春秋》之體。今依其世代編而叙之，以見作者之別，謂之古史。」此志之意以編年本爲古法，馬班出而編年廢，直至《漢紀》復用編年，至《竹書紀年》出始悟此爲古法，而復多用此以紀事者，文義甚明。要之，並列二體，其意則以紀傳爲正體，編年爲別體。

編年雖古法，而古不可泥，宜以後出爲定，即如《尚書·牧誓》篇首突書「時甲子昧爽」，《金縢》篇首突書「既克商二年」，《唐誥》篇首突書「惟三月哉生魄」，此豈後之史官所當取法乎？《春秋》或書爵，或不書爵，或降而稱人，或書名，或書字，或有日，或無日，説者以爲夫子意有予奪，此豈後人所可妄效乎？可見作史不得擬經，抑本紀與表即用《春秋》編年之式，而《堯典·太誓》《武成》、本紀皆有相肖處，若志則又《周禮》、《儀禮》體也。正史於《五經》已擬其三矣，正史足兼編年，編年不能包正史，皇甫湜《持正文集》第二卷《編年紀傳論》此文《文苑英華》、《唐文粹》皆采之。[二]略云：「古史編年，至漢司馬遷始更其制而爲紀傳，相承至今，無以移之。歷代論者以遷爲率私意，蕩古法，紀傳煩漫，不如編年。湜以爲合聖人之經者以心不以迹，得良史之體者在適不在同，編年、紀傳繫于時之所宜耳，何常之有？夫是非與聖人同，辨善惡得天下之中，不虛美，不隱惡，則爲紀傳、爲編年皆良史矣。若論不足以析皇極，辭不足以垂無窮，雖爲紀傳、編年，斯皆皐人。司馬氏紀項羽、吕后，以歷年不可中廢故也。其作傳之意，將以包該事迹，參貫話言，纖悉百代之務，成就一家之説，必新制度而馳才力焉。編年記事，束于次第，牽于混并，舉其大綱而簡于叙事，是以多闕載，多逸文，乃别爲著録以備書之語言而盡事之本末，故《春秋》之外則有《尚書》，《左傳》之外又爲《國語》，可復省左史于右，合外傳於内哉？故合之則繇，離之則異，削之則闕，子長病其然也。于是革舊典，開新程，爲紀爲傳、爲表爲志，首尾具叙述，表裏相發明，庶爲得中，將以垂不朽。自漢至今，代已更八，年幾歷千，其間賢人摩肩，史臣繼踵，權今古之得失，論述作之利病，各耀聞見，競誇才能，莫能改其規模，殊其體統，傳以相授，奉而遵行，而編年之史遂廢，蓋有以也。唯荀氏爲《漢紀》、裴氏爲《宋略》，强欲復古，皆爲編年，然善語嘉言、細事詳説所遺多矣，必覽正史方能備明，則其密漏得失，章章于是矣。今之作者，苟能遵紀傳之體制，同《春秋》之是非，文適遷固，直如南董，亦無上矣。儻捨源而事流，棄意而徵跡，雖服仲尼之服，手絶麟之筆，等古人之章句，署王正之月日，謂之好古則可矣，顧其書何如哉？」湜此論甚是，孫甫、晁公武輩紛紛瞽説，反謂宜以編年爲正，不亦謬乎？即用編年，亦必至司馬君實方成一大著作，荀悦、袁宏等聊堪充數，猶未成章。[二]

以學問言，則《漢·藝文志》乃其根本，《隋志》舛誤不足信者多，若以目録體製言，劉歆、班固、荀勗、王儉、阮孝緒輩皆不可爲法，必以《隋志》爲主，而以馬、班、陳、范作正史，尤爲千古定論。

校讀記

[一]見《文苑英華》卷七百四十二、《唐文粹》卷三十六。

[二]周中孚《鄭堂札記》卷三云：「《十七史商榷》云：『即用編年，亦必至司馬君實方成一大箸作，荀悦、袁宏等聊堪充數，猶未成章。』案荀悦、袁宏斷代爲史，本是編年正格，自晉以下皆有之，不過存者祇荀、袁兩《漢紀》耳自注：就唐以前言之。若必欲合數代爲史方成著作，然則亦當棄十七史而獨尊鄭樵《通志》矣，西莊以馮時行序史炤《通鑑釋文》，極力推尊温公，反失其本旨，自注：見《商榷》一百。不意躬自蹈之，所謂笑他人之未工，忘己事之已拙也。」

唐以前惟三史三國

自唐以前，通行人間者，惟馬、班、范之《史記》、《前》、《後漢書》三史而已，其次則《三國志》，若《晉書》及南北朝各史，未流布也。以《史》、《漢》目爲三史，始於司馬彪《續漢·郡國志》，已見前。其時范蔚宗書未出，所據《後漢書》當是謝承或華嶠書，若《三國·吴·吕蒙傳》之三史，則并非謝、華所作，恐是指《戰國策》、《史記》、《漢書》，説亦見前。厥後以三史並言者頗多，且以配《六經》，如闞駰之三史羣言，經目則誦，見《北史》本傳。之譏《六經》未嘗開卷，三史幾同挂壁。見《舊唐書》本傳。[一]唐陳州司法孫愐《唐韻序》亦稱九經三史，此則皆指馬、班、范矣，而唐人并以三史爲一科，以此科應舉得第者頗多。見《唐·選舉志》及各傳。蓋三史者，史家之眉目也，《三國志》則名僅亞之，至於《晉書》及南北朝各史成於唐人之手，唐三百年中人著述引此者殊不多見，觀劉知幾《史通》第十卷《自叙》篇，叙其少時讀《左氏》、《史》、《漢》、《三國志》迄，皇家實録窺覽略周云云，以知幾之聰穎淹洽，所習亦僅三史《三國》而止，乃并下及於唐之實録，而不及晉與南北朝各書，則唐人史學槩可知矣。[二]惟《新唐書·柳仲郢傳》：「家有書萬卷，所藏必三本，上者貯庫，其副常所閲，下者幼學焉。仲郢嘗手鈔《六經》，司馬遷、班固、范蔚宗史皆一鈔，魏晉及南北朝史再。」仲郢之博蓋當時所罕，竊謂馬、班、范史皆僅一鈔，魏晉及南北朝史乃再者，當由三史自幼成誦，故一鈔已足，非輕三史而重魏晉以下諸史也。

校讀記

[一]按此處原文有脱誤。《舊唐書》卷一百一十九《楊綰傳》上疏條奏貢舉之弊曰：「六經則未嘗開卷，三史則皆同挂壁。」據此，「之議」上脱「楊綰」兩字，「見」下脱「舊唐書本傳」五字，今據補。又「挂璧」之「璧」當作「壁」。

[二]周中孚《鄭堂札記》卷三云：「案：《劉氏》于敍述讀《左氏》後，本云次又讀《史》、《漢》、《三國志》，既欲知古今沿革，曆數相承，于是觸類而觀，不暇（輝按：《史通》作『假』）師訓。自漢中興已降，迄乎皇家實録者，凡三國六朝各史俱包在內，語甚明晰。乃王氏割并其語，以證其唐以前惟三史、《三國》之説，豈不眯目而道黑白乎？」輝又按：子玄所謂《史》、《漢》、《三國志》，漢實兼前後二《漢書》而言，稱《史》、《漢》、《三國》，實包四史，説見金毓黻《静晤室日記》卷九十七。

十七史

大約《史》、《漢》、《三國》備于晉初，晉及南北朝皆定于唐太宗高宗之世，而書猶深藏廣内，既無刻板，流布人間者甚少，故學者所習三史《三國》而止，直至宋仁宗天聖二年，方出禁中所藏《隋書》付崇文院雕板，嘉祐六年并《梁》、《陳》等史次第校刻，其工蓋至英宗方粗就，觀校者稱仁宗云云，則可見。于是歷代事蹟粲然明著，然其中如《魏書》，以學者陋之而不習，亡逸不完者已無慮三十卷，校者各疏于逐篇之末，《北齊》亦多闕者，《宋書》第四十六卷亦闕，蓋皆以《南》、《北史》補之，又改劉昫《舊唐書》爲《新唐書》，改薛居正《五代史》爲《五代史記》，乃合爲十七史，《宋史·藝文志》史鈔類有周護《十七史贊》三十卷，不知作者《名賢十七史確論》一百四卷，十七史之名始見於此。又有王先生《十七史蒙求》十六卷，係宋王令逢原著，載《宋史·藝文志》，建中靖國改元弟英州刺史獻可序，近日程宗琠據乾道己丑麻沙板刊行。朱甫田跋云：「《蒙求》非一，其便於記誦者，惟李氏瀚及王先生令。李書舊板罕存，坊刻止取其總目而删去其注，惟王書僅存。」按此書剽掇猥瑣，無當實學，恐未必出於令，特南宋書坊僞託耳，然即此可見十七史之稱至宋始著。李瀚後唐天成中登第，仕晉爲翰林學士，《五代史》無傳，《揮麈後録》言其後仕契丹，《蒙求》一卷，載《全唐詩》第十二函第八册，晁氏《讀書後志》有之，其書與王令書體例正合，如出一手，而不稱十七史，知五代時尚無此稱。劉過改之《龍洲道人集·贈許從道之子祖孫》詩：「祖孫今年幾年齒，兩髻髧髧垂到耳。讀書要以六經先，次第漢唐十七史。」又吕祖謙有《十七史詳節》二百六十九卷，此書隨意采掇，粗疏無理，疑亦出於南渡書肆，嫁名祖謙，而其爲宋時人筆則無疑。又文忠烈《文山文集》第十五卷《紀年録》，文山被執，見博羅丞相，文山曰：「自古有興有廢，天祥今日忠於宋，以至此，幸早施行。」博羅曰：「你道有興有廢，且道盤古到今幾帝幾王？」文山曰：「一部十七史，從何處説起？我今非赴博學宏詞科，不暇泛言。」又有舊板無姓名《讀書隨語》、《剩語》各一卷，各自爲序，并注書中稱引南宋人而下及於馬氏《通考》，則是元人。《隨語》自序署「湖上逸人題於三十樹梅花閣」，當爲杭州人，《剩語》題「上章攝提格」，當爲順帝至正十年。其書無標目，每條末則注所論之書名，《續語》中一條末注云「右《十七史通要》」，此書本名《十七史纂古今通要》，分十七卷，雙湖胡一桂庭芳著，亦宋末元初人，予未見此書，而錢曾《讀書敏求記》第二卷載之，蓋《遼》、《金》二史皆成於至正四年，《宋史》成於五年，三史流布已當元之末季，而劉昫、薛居正之書又皆湮没無聞，故宋元人之恒言，凡史以十七爲最備。孫愐《唐韻序》又稱《史》、《漢》、《三國志》、《晉》、《宋》、《後魏》、《周》、《隋》、《陳》、《宋》、兩《齊書》，下「宋」字當作「梁」，此傳寫之誤。案其所舉凡有十三，不數《南北史》故也，兼數則十五，再加唐及五代則十七矣。蓋歷代漸積而來，至宋方定。

前言諸史校成已當英宗之世，而頒行則直至徽宗時矣。晁公武《郡齋讀書志》第二卷上云：「嘉祐中，以《宋》、《齊》、《梁》、《陳》、《魏》、《北齊》、《周書》舛謬亡缺，始命館職讐校。曾鞏等以祕閣所藏多誤，不足憑以是正，請詔天下藏書之家悉上異本，久之始集。治平中，鞏校定《南齊》、《梁》、《陳》三書，上之，劉恕等上《後魏書》，王安國上《周書》。政和中始皆畢，頒之學官，民間傳者尚少。未幾，遭靖康丙午之亂，中原淪陷，此書幾亡，紹興十四年，井憲孟爲四川漕，始檄諸州學官求當日所頒本，時四川五十餘州皆不被兵，書頗有在者，然往往亡缺不全，收合補綴，獨少《後魏書》十許卷，最後得宇文季蒙家本，偶有所少者，於是七史遂全，因命眉山刊行。」觀晁氏説，知頒行實已至徽宗，而彼時疑尚未刻板，頒之學官者恐尚是寫本，故云「民間傳者尚少」也。但云七史者，《隋書》先已校成，想《晉書》又在前，故不及。井憲孟，南陽人，爲四川轉運使，以書五十篋贈公武，見自序。民間刻史似自井氏蜀板始，而所刻似尚未有十七史全書，其彙刻十七史則已在南宋時。

校史諸臣，各題名於卷尾，曰綬，曰燁，曰恂，曰寶臣，曰穆，曰藻，曰洙，曰覺，曰彦若，曰鞏，曰攽，曰恕，曰燾，曰祖禹，曰安國，曰希。綬者，嘗校《巢元方諸病源候論》之翰林學士、尚書左司郎中宋綬也。寶臣者，丁寶臣也。穆者，鄭穆，《宋史》三百四十七卷有傳，或云錢穆。藻者，祕閣校理錢明逸之從子，《宋史》三百十七卷附傳。洙者，知太常禮院兼史館檢討孫洙，《宋史》三百二十一卷有傳。[一]覺者，祕書少監孫覺，《宋史》三百四十四卷有傳。彦若者，趙彦若也。鞏者，集賢校理曾鞏，《宋史》三百十九卷有傳。攽者，館閣校勘劉攽，傳亦在《宋史》三百十九卷。别見恕者，祕書丞劉恕，詳見後。燾者，祕閣校理安燾，《宋史》三百二十八卷有傳，或梁燾。[二]祖禹者，范鎮之從孫，著作郎兼侍講，《宋史》三百三十七卷有傳。安國者，崇文院校書王安國，《宋史》三百二十七卷有傳。希者，祕書少監林希，《宋史》三百四十三卷有傳，餘存考。[三]

明嘉靖初，南國子監祭酒張邦奇、司業江汝璧等請校刻史書，欲差官購索民間古本，部議恐滋煩擾，世宗命將監中十七史舊板考對修補，仍取廣東《宋史》板付監，《遼》、《金》二史無板者求善本翻刻，十一年七月成，總爲二十一史，祭酒林文俊等表進。其後當神宗時，北監亦刻二十一史，祭酒方從哲、司業黄汝良等校定。閲數十年而海虞毛氏汲古閣又刻諸史，則仍惟十七而已。予今亦以十七史爲斷，用毛板作讀本，自宋以下不及者，智有所未周，而力有所不逮也。

校讀記

［一］陳垣曰：「洙者，孫洙或陳洙。孫洙見《宋史》三二一，陳洙見《宋史新編》一七九。」

［二］陳垣曰：「安燾見《宋史》三二八，梁燾見《宋史》三四二，據《宋會要》輯本《崇儒》四，興安國共事者實梁燾。」

［三］陳垣曰：「燁者劉燁，《宋史》二六二。《商榷》闕考。」又曰：「臣恂，《商榷》及《南齊書考異》闕注，《廿二史劄記》以爲蘇洵，殊誤。恂，諸本皆从心，《長編》一九五嘉祐六年十月有都官郎中孟恂與王獵并除編校書籍，當即此人。」輝按：上引陳説，并見其《北宋校刊南北八史諸臣考》，載《陳垣史源學雜文》。

十七史商榷卷一百

綴言二

資治通鑑上續左傳

十七史至宋已備，而編年未有全書，英宗治平三年，命司馬君實編次《資治通鑑》，神宗元豐七年，歷十九年書成，上起戰國，下終五代，爲二百九十四卷。又略舉事目，年經國緯，以備檢尋，爲《目録》三十卷。又參考羣書，評其同異，爲《考異》三十卷。君實名德篤學，所引以自助，若劉攽貢父、劉恕道原、范祖禹淳父，又極天下之選，故能成此。專取關國家盛衰，繫生民休戚，善可爲法，惡可爲戒者，洵不愧「資治」之稱，此天地間必不可無之書，亦學者必不可不讀之書也。其所以託始於威烈王二十三年命韓、趙、魏爲諸侯者，晁公武《郡齋讀書志》謂因不敢續《春秋》之故，而《文獻通考》一百九十三卷采洪邁《容齋隨筆》云：「司馬公修《通鑑》，辟范夢得爲官屬，嘗以手帖論纘述之要，大抵欲如《左傳》叙事之體。」胡三省注《通鑑》自序亦云：「《通鑑》之作，實接《春秋左氏》後。」愚謂《春秋》終於獲麟，而《左傳》則從獲麟以後續書其事，訖於哀公之末。《春秋》始隱公元年，終哀公十四年，其事未竟，故作傳者竟之。其下又贅以哀公子悼公四年事，而其末段乃云：「趙襄子惎知伯，遂喪之，知伯貪而愎，故韓、魏反而喪之。」杜注：「《史記》謂晉哀公之四年，魯悼公之十四年，知伯帥韓、魏圍趙襄子於晉陽，韓、魏反與趙氏謀，殺知伯於晉陽之下。其事在《春秋》後二十七年。」考此年乃周定王之十六年，歲在戊子，周有兩定王，此後定王也，説詳第三卷。此則作傳者附綴後事，故上距獲麟已有二十七年之久，自定王十六年王崩而考王立，又崩而至威烈王之二十三年，雖中間相隔又有四五十年，但《通鑑》雖託始於此，以命韓、魏、趙爲提綱，其下却仍追述前事，直從智宣子立瑶爲後叙起，自下歷叙知伯求地，三家滅之之事甚詳，然則君實不敢續《春秋》而欲接《左傳》也。續經則僭，續傳則可，其微意如此，豈其前無所承而强出意見，好爲武斷，截從一王之二十三年爲首，使其著述偏側畸零不成體裁者哉？

七國，秦、齊、燕、楚皆舊封，韓、趙、魏則新國，自三家滅知伯而分晉之勢成於此，七國之勢亦成於此，《左氏》欲下接戰國，故以此事終，司馬君實欲上續《左傳》，故以此事始。

通鑑與十七史不可偏廢

史炤《通鑑釋文》馮時行序謂：「司馬公不用紀傳法律，總叙歷代，以事繫年，粲然可考，雖無諸史，可也。」愚謂馮氏此言妄矣。紀傳編年，横縱經緯，不可偏廢，司馬公雖欲上續《左傳》，究以十七史爲依藉，方能成《通鑑》，豈有正史可無之意在其胸次邪？大凡人學問精實者必謙退，虚僞者必驕矜。生古人後，但當爲古人考誤訂疑，若鑿空翻案，動思掩蓋古人以自爲功，其情最爲可惡。司馬公秉性誠篤，安有此事？時行極力推尊，反失其本旨。

通鑑神宗序

《通鑑》有神宗御製序，前明刻本皆佚去，光《進書表》及《謝賜序表》俱載《傳家集》第十七卷，而諸刻但有《進表》。史炤《通鑑釋文》開卷即釋神宗序，但此書之例仿陸德明《經典釋文》，摘取一句半句釋之，故不可屬讀。章俊鄉《山堂羣書考索》前集第十六卷《正史》門摘録其大略，亦非全文，疑其亡久矣。餘姚盧學士文弨始從宋板搜得全篇，刻入《羣書拾補》中，今已行世，好事者宜以此序合《謝序表》并刻補入，方爲完美。

通鑑前例

司馬公之子康，字公休，在書局爲檢閱文字官，胡三省《釋文辨誤跋》言：「公薨，康以毁卒。《通鑑》之學，其家幾於無傳矣。南渡後，有司馬伋字季思者，搜得公與范夢得即淳父論修書義例二帖，又與劉道原十一帖，編爲《通鑑前例》刻之。」《宋史·藝文志》載作一卷，前一條内采《通考》所載《容齋隨筆》云云，即從此書摭入。三省以爲時人附會而作，不足信。三省此言太過，恐未可泥。觀與范帖，《文集》亦收，則可知。至云伋是公之從曾孫，似必有據，而其上文又以爲公休之孫。予所據明吴勉學刻，必是脱一字，當作公休之從孫，但陳氏仁錫刻《通鑑》，以此《前例》冠於其前，而伋跋稱曾大父温國文正公，又自署曾孫，不容傳刻如此之多誤，恐三省所考亦未的，疑伋真公之曾孫。又有道原之子羲仲，字壯輿，所編司馬公與道原論修書事，陳亦附刻於前，《宋史·藝文志》亦載之，作《通鑑問疑》一卷，《郡齋讀書志》亦有。

通鑑目録

公既成《通鑑》，又略舉事目，年經國緯，以備檢尋，爲《目録》三十卷。又參考羣書，評其同異，爲《考異》三十卷。本各自爲一書，後胡三省作注，取《考異》散入而《目録》仍單行，今世所行《通鑑》，莫善於徐氏刻，惜無《目録》，而陳氏刻有之。《爾雅·釋天·歲名》篇「太歲在甲曰閼逢，乙曰旃蒙」等，又「在寅曰攝提格，卯曰單閼」等，此歲名也。而甲、乙等十干，子、丑等十二支，古人以紀日，不紀歲，司馬子長亦從俗取便，以日名歲，獨《通鑑》悉以《爾雅》歲名，《目録》亦然，即此一端，見其不苟。

通鑑考異

《通鑑考異》三十卷，無序引題跋目録，但每卷前列銜名，其銜與《進書表》銜同，每葉板心有「萬曆十四年」五字，此刻書之年，下有姓名，當是寫書人或刻書人。予初疑胡氏散入書中，或有遺漏，今得此單行刻本，未暇用全書對勘，姑就首一二卷勘之，則絶無遺漏，惟原本《考異》第一卷於漢高后元年「欲王諸吕，使大謁者張釋風大臣」下有《考異》一條，胡已散入《通鑑》第十三卷高后元年此文之下矣，乃於前第十二卷惠帝三年匈奴致書褻嫚，使大謁者張釋報書下已先載此一條，蓋《考異》此條辨張釋、張澤異同，胡因惠帝一條在前，欲移入，又忘删後條，遂彼此複見耳。其疵謬如此而已，然則全書皆未必有遺漏。[一]或謂陸德明《經典釋文》後人散入各經注疏，遺漏甚多，故單行足本可貴。《考異》

散入既無遺漏，則單行本徒爲贅疣，予謂不然，古人著述，當留其真面目，方見古人苦心，只因後生既懶惰，又急躁，故欲省兩讀，胡氏散入誠便，予特愛單行本，謹藏之。

校讀記

[一]西莊僅據首一二卷勘之，即作如許斷語，大謬，今考胡身之於《考異》，有遺漏者，有移置者，并詳葉廷琯《吹網録》卷三。又按：西莊所舉《考異》移置一條，《吹網録》已言之。

通鑑史氏釋文

《通鑑釋文》三十卷，宋右宣義郎、監成都府糧料院眉山史炤見可撰。陳振孫《直齋書録解題》第四卷、馬端臨《通考》第二百卷皆載之。彼先載司馬康公休《釋文》二十卷於前，次載此書，而云「考之公休之書，大略同而加詳焉，蓋因其舊而附益之者」。胡三省《通鑑注》自序雖譏史炤乖剌，却言《釋文》本出於史炤，而公休《釋文》與炤大同小異者，非公休爲之。其作《釋文辨誤》，既以炤爲多謬，而又言今海陵刻僞託名司馬康之《釋文》，并蜀中費氏刻《通鑑注》，號爲「龍爪本」者，皆蹈襲史炤，故辨之。然則炤實創始，非因舊附益。陳振孫云云，謂吕尚盜陳恒之齊耳。馮時行序謂：「《通鑑》之成殆百年，未有釋文，學者艱於尋繹，見可始著此書。」若其前先有公休《釋文》，時行安能爲此言？《通鑑》成於元豐七年，時行序作於紹興三十年，實八十三年，故云殆百年。此書雖非大醇，然時行序云：「字有疑難，求於本史，本史無據，則雜取六經諸子釋音、《説文》、《爾雅》及古今小學家訓詁辯釋、地理、姓纂、單聞小説，精力疲疚，積十年而後成。」又云：「無用之學，聖賢所不取，古今以文章名世傳後不少，未必真有補於世，見可精索而粗用，深探而約見，不與文人才士競能，而爲後學垂益於無窮。」然則此書非無足取，乃元明以來數百年收藏家號極博者皆未見此書，予偶從吴興書估見一祕鈔本，爲之喜劇，用重貲購得之。

時行序又云：「嘉祐治平間，眉州三卿爲搢紳所宗，東坡兄弟以鄉先生事之，見可即清卿之曾孫也。」予寡聞，不知三卿何人，張晉生等《四川通志》第九卷《眉州人物》無史氏三卿，其先列三蘇於前，後列史炤，而云博古能文，著《通鑑釋文》三十卷，似矣。乃炤之字與官皆不著，而又言蘇氏兄弟以師事之，則大誤。時行序言炤年幾七十，好學之志不衰，則紹興三十年尚在，安得有東坡兄弟師事之之理？蓋未見《釋文》及序而傳聞之謬。

通鑑釋文胡氏辨誤

《釋文辨誤》十二卷，胡三省譔。愚謂炤之學誠不及胡，所辨大抵皆是也。但胡注《通鑑》取史語甚多，今未暇以全書對勘，姑就前十餘卷勘之，大約每卷輒有三四十條，此内太半因兩家同取《史記》、《漢書》舊注，所以相同，而史不著作者姓名十之七八，胡則一一著之，置勿論，其少半竟係胡之竊取史矣。即如開首威烈王標題之下，史云：「自武王至平王凡十三世，自平王至威烈王又十八世，自威烈王至赧王又五世。」此條胡即取之而没其名，此類不可勝數，然猶曰字數少，或偶合，未必盡勦襲，亦姑置勿論。至若第三卷慎靚王五年「猶豫」注百餘字，十七年〔一〕「堅白同異，臧三耳」注二百四五十字，胡注皆同史，如此類十餘卷中已有數條，豈得云皆偶合，非勦襲乎？又若第四卷赧王三十六年樂毅與燕王書，有伍子胥盛尸鴟夷事，胡注亦與史同，考此段《通鑑》采自《史記·樂毅傳》，而《史記》此處裴駰《集解》無注，史炤則采《伍子胥傳》裴駰所引應劭語，又因此事見《國語》，更引彼韋昭注，且於應、韋語倒易增益之，而胡遂全取其所采用及倒易增益者，其爲勦襲顯然，如此類頗多，舉一以見之。且胡之取史皆没其名，予所勘十餘卷中惟有十一卷漢高帝五年，田横乘傳詣洛陽注一條載明炤名，然又詆其擇不精，語不詳，此特欲援之爲呵斥地耳。更可怪者，蜀本注，胡既知其爲蹈襲史炤而力言之，乃第一卷烈王五〔二〕年韓嚴遂令人刺韓廆并弑哀侯一條下，史炤因《通鑑》於安王五年先已載聶政刺俠累事，而於此又載人刺韓廆，分而爲二，《史記·年表》、《世家》亦然，《刺客傳》則從《戰國策》合爲一事，故詳辨之，約二百三四十字，胡全取之，乃詭移作蜀本注，不言出史炤，因史炤此條能剖析異同，有益考證，恐顯炤之美，遂稱爲蜀本注。平心論之，炤誠不能無誤，但首創音釋，實屬有功。胡自揣用力已深，其注足以傳世，恨炤先有《釋文》，既攘取之，又攻擊之，隱善揚惡，用心私曲，却所不免，後人遂因胡之《辨誤》欲廢炤書，今幸尚存，而無鏤板，恐終歸泯滅。

校讀記

［一］陳文和校云：「周慎靚王僅六年，『十七年』上應加『赧王』二字。」

［二］「五」原作「三」。按事見《通鑑》卷一周烈王五年，作「三」誤，因據改。

通鑑胡氏音注

史炤功在草創，究尚麤疏，至胡三省注始成鉅觀，可云青出藍，藍謝青，《通鑑》之功臣，史學之淵藪矣。三省自序述其父好讀史，於淳祐癸卯，命三省刊正諸家《通鑑》注之誤。乙巳，父卒，盡瘁家蠱，又從事科舉之業，而史學不敢廢。寶祐丙辰，出身進士科，始得大肆其力於是書，游宦必以自隨，依陸德明《經典釋文》爲《廣注》九十七卷。咸淳庚午，從淮壖歸杭都，延平廖公禮致諸家，俾讐校《通鑑》，又轉薦之賈相國。德祐乙亥，從軍江上，言輒不用，既而軍潰，間道歸鄉里。丙子，浙東始騷，辟地越之新昌，師從之，以孥免，失其書，亂定反室，復購得他本爲之注，始以《考異》及所注散入各文之下，訖乙酉冬，乃克輟[二]編。按癸卯，理宗淳祐三年；乙巳，淳祐五年；丙辰，寶祐四年；庚午，度宗咸淳六年；乙亥，瀛國公德祐元年；丙子，德祐二年，即益王景炎元年；乙酉則元世祖至元二十二年也。三省之父委三省以刊正誤注，其時三省年雖甚少，亦必在二十以外，或三十，自此以至元之至元乙酉，凡四十餘年，其時三省約已六十外，或七十，方得成書。元袁桷《清容居士集》第三十三卷述其父洪師友爲《淵源録》，言三省注《通鑑》三十年者，自寶祐丙辰始下筆，自丙辰至乙酉恰三十年也。延平廖公當爲廖瑩中，賈似道之幕官也。德祐元年，吕師夔以江州降元，似道帥師次蕪湖，軍潰，奔還揚州，事見《宋史》第四百七十四卷、明莆田柯維騏《宋史新編》第一百八十七卷及元四明陳桱《通鑑續編》第二十四卷，三省蓋參似道軍事。丙子，元兵順流而下，五月，破臨安，瀛國公出降，故云「浙東始騷」云云也。注成，上距臨安破宋亡，恰十年。

胡注本只九十七卷，自爲一書，不載本文，但摘取數字或數句釋之，至亂後書亡重作，始散入，蓋初意本仿史氏，後漸弘博，不欲因仍故也。自序之末稱乙酉十一月日長至天台胡三省身之父書於梅磵蠖居。《淵源録》稱其釋《通鑑》，兵難藁三失，乙酉歲留袁氏塾，乃手鈔定本，與自序合，則梅磵蠖居即袁氏塾也。《淵源録》又云：「己丑，寇作，以書藏窖中得免。」按胡於注成後又作《釋文辨誤》，自跋署丁亥春，則在乙酉後二年，而己丑又在其後二年，元混一天下十年矣。寇作者，土賊之竊發者也。蓋胡於此書用力可謂至勤，而所歷困阨亦至多，得傳於後世爲至難。

胡學長於地理，以閻氏若璩之卓識，亦極推之，而其餘一切亦略皆貫通。似道雖姦臣，三省參其軍，却於大節無害。自序云：「世運推遷，文公儒師，從而凋謝，吾無從取正。或勸北學於中國，嘻，有志焉，然吾衰矣。」此未嘗仕元者也。則其立身出處亦無瑕玷，如此人，史家自當入《儒林傳》，乃元修《宋史》、明修《元史》，秉筆者多浮薄文人，不重實學，皆不爲立傳，《浙江通志》第一百八十一卷《文苑傳》但言終於朝奉郎，不詳其歷官本末，蓋但據其《通鑑》自序，雖言所著又有《竹素稿》一百卷，想已久佚，事迹零落，不可得而詳也。進士出身後游宦淮上，當是簿尉之流，從軍既以不合罷，似道不肯拔擢，故所得朝奉郎而已。《宋史》一百六十八卷：「朝奉郎，正七品。」至自署天台身之父，《淵源録》亦云天台人，而《通志》則云寧海人，又有三省之姻友四明陳著者，譔《本堂先生文集》，稱三省字曰景參。[二]

校讀記

[一]輟，胡氏《新注資治通鑑序》作「徹」。

[二]陳垣《通鑑胡注表微·本朝》篇有詳釋。

通鑑胡注陳氏舉正

《舉正》一卷，吴趨陳景雲少章譔。少章長於稽覈，所舉皆確，然胡氏之學不以小疵掩其大美。

通鑑地理通釋

王應麟《通鑑地理通釋》十四卷。雖題曰《通鑑》，實是泛考古今地理，不專釋《通鑑》。大略亦本《通典》，要足與胡三省互參，在宋人考證書中爲有根柢者。

通鑑答問

《通鑑答問》五卷，亦王應麟譔。與《通釋》俱刻附《玉海》後。王氏之學主於考據，此編却純是空議論，至西漢宣元而止，實未成之書。

稽古録

《稽古録》二十卷，亦君實譔。起伏羲、神農，下至英宗治平四年。其書成進御當元祐

初，距《通鑑》之成甚久。朱子嘗稱賞之，刻之長沙。[一]

校讀記

[一]朱子《晦庵先生朱文公別集》卷三皆朱子講學及雜往來帖，其與鄭尚書惠叔題下注「見莆陽所刊《稽古録》後」。云：「鄉在長沙，嘗得温公《稽古録》正本，別爲刊刻，殊勝今越中本。」

通鑑外紀

《通鑑外紀》十卷，《目録》五卷，劉恕譔。自序述其於「治平三年，司馬公受詔修《通鑑》，始蒙辟寘史局。熙寧三年冬，公出守京兆，明年春，移帥潁川，固辭不行，退居洛陽。恕以褊狷，不敢居京師，請歸江東養親，公以書未成，不廢刊削。恕亦遥隸局中，嘗思書不及周威烈王之前，學者考古，莫知適從。欲以包犧至未命三晉爲諸侯爲前紀，本朝一祖太祖四宗太宗、真宗、仁宗、英宗，一百八年，可請實録國史於朝爲後紀。將俟書成，請於公爲之。熙寧九年，恕罹家禍，悲哀憤鬱，遂中癱瘓，右肢既廢，凡欲執筆口授，子羲仲書之。自念平生事業無一成就，史局十年，俛仰竊禄，因取諸書，編《通鑑前紀》，家貧書不具，南徼僻陋，卧病六百日，無一人語及文史，昏亂遺忘，煩簡不當，遠方不可得國書，絕意於《後紀》，乃更《前紀》曰《外紀》，如《國語》稱《春秋外傳》之義也。自周共和元年庚申至威烈王二十二年丁丑，四百三十八年，見於《外紀》；自威烈二十三年戊寅至周顯德六年己未，一千三百六十二年，載於《通鑑》，然後一千八百年事坦然可明。昔李弘基用心過苦，積疾而藥石不繼，盧昇之手足攣廢，著《五悲》而自沈潁水。予病眼病創，不寐不食，才名不逮二子，而疾疹艱苦過之。陶潛豫爲祭文，杜牧自譔墓志。夜臺甫邇，歸心若飛，聊叙不能作《前後紀》而爲《外紀》焉。佗日書成，恕不及見也」。恕自序如此，因不能作《後紀》，故并《前紀》改名《外紀》，但前言始包犧，後言始共和，今觀其書，實始包犧，臨終昏亂，語多參錯也。《宋史》第四百四十四卷《文苑傳》：「劉恕字道原，筠州人。」司馬公作《外紀序》云：「道原，其先萬年人。祖度，爲臨川令，卒官，葬高安，因家焉。」按北宋筠州爲今江西瑞州府，高安縣即府治，臨川縣則今撫州府治，與高安亦相近。若萬年縣者，恕自署云京兆萬年，乃今陝西西安府治，若今江西饒州府亦有萬年縣，則係明置，非此萬年也。恕之史學實爲宋人中翹楚，今觀《外紀》之爲書，似無甚可取者，蓋恕自治平初即助修《通鑑》，至熙寧四年，前後共六年，所修已多，是年司馬公辭潁川歸洛，恕亦因指斥新法忤王安石，即以此時歸江東。江東即筠州，與洛相去甚遠，似不能與修書事。其實《宋史》第三百三十六卷司馬光本傳光歸洛後凡十五年，不與政，專務修書，而恕雖遠遥隸局中，則於家中修纂，郵寄者必多，況本傳又言恕歸里後又嘗請詣光，留數月而歸於道，得風攣疾，然則《通鑑》之出於恕手者多矣。司馬序又云：「英宗詔光自擇館閣英才共修，光對曰：『館閣士誠多，至專精史學，臣惟識劉恕一人而已。』上曰：『甚善。』即奏召共修書。凡數年，史事之紛錯難治者則以諉之，光仰成而已。」由此觀之，《通鑑》之出於恕手者多矣。恕卒於元豐元年，年止四十七，《通鑑》成，果不及見矣。所著《五代十國紀年》已不傳，所傳唯《外紀》，而此書不足以盡其藴，恕之學幾不甚著於天下後世，予故特表出之。司馬公《外紀序》，《文集》乃作《十國紀年序》，大誤。《五代十國紀年》，去「五代」二字，亦非。[一]

校讀記

[一]陳垣曰：「劉道原著述行誼，具見於温公《十國紀年序》及范淳夫、黄山谷二家所撰墓文，《宋史》道原傳即本於此，未聞温公別有《通鑑外紀序》也。今傳本《通鑑外紀》之温公序，乃删改《十國紀年序》而成，剪截之迹宛然，一勘即見。而前此人鮮注意，流傳七八百年，王西莊亦不察而信之。信之不已，反賓爲主，謂司馬公《外紀序》，《文集》乃作《十國紀年序》，大誤。又謂《五代十國紀年》，去『五代』二字亦非云云。其説見《十七史商榷》卷末。」輝按：見《書通鑑外紀温公序後》，載《陳垣史源學雜文》，文煩不能盡録，録其結論於此。

通鑑綱目

《通鑑綱目》五十九卷，朱子屬其門人趙師淵字幾道，號訥齋，天台人。作也。自序云「表歲以首年，而因年以著統，大書以提要，而分注以備言」四語，全書體例已盡此序。孝宗乾道八年壬辰作，至寧宗嘉定十二年己卯，朱子之門人李方子與真德秀同刻於泉州。朱子卒於慶元六年，此書之行世，距朱子没已二十年矣。展轉傳鈔，不知是原本否，且方子序有云「晚歲欲加更定，以趨詳密，而力有未暇」，則此本并爲朱子未定之藁。又有《凡例》一卷，則直至度宗咸淳元年乙丑，金華王柏始刻之，距朱子没又六七十年，[二]不知果真出朱子否？假令果真，而明憲宗序又稱書與《凡例》或有不同，[三]是皆大可疑者。

陳景雲曰：「綱下分注之目，朱子屬趙師淵成之，趙氏史學視温公書局中二劉、范氏未知孰先孰後。且以一人獨任其採節，豈能悉審？況又非身侍講堂，隨事討論，每纂成若干卷寄呈，而朱子復書，往往云未暇觀也，則分注未必盡經朱子之目矣。」景雲此條是，所作《綱目訂誤》四卷，學者觀之可以隅反。以師淵較二劉，判如玉石，景雲猶作巽詞。

王宗沐《宋元資治通鑑義例》宗沐書與薛應旂書同時出，而各不相知，故其書同名，惟薛省「資治」二字。云：「温公《通鑑》有大臣之拜除死免或政令之新定更革，或地方城鎮之得失移徙事，關係大而議論多者，則先提其綱而後原其詳。記事之常體不得不然，而亦使覽者知其稍别於他事也。計朱子之後爲《綱目》，亦不過因此起例。」王氏此論是，温公書蓋未嘗無提綱挈領之處，特其意惟在乎按年編次，據事直書，而不在乎立文法以爲褒貶，至《綱目》方以此爲事。

校讀記

[一]按朱子卒於慶元六年，咸淳六年距朱子没實六十五年，有確數可考。

[二]明憲宗序云：「顧傳刻歲久，間有缺訛，甚至書法與所著《凡例》、提要或有不同。」「書法」之「法」字不可省。

通鑑紀事本末

《通鑑紀事本末》四十二卷，宋建安袁樞機仲譔。《宋史》第三百八十九卷《樞傳》云：「樞喜讀《資治通鑑》，苦其浩博，乃區別其事，而貫通之。」趙與簄序云：「《通鑑》以編年爲宗，《本末》以比事爲體。編年則雖一事而歲月遼隔，比事則雖累載而脉絡貫聯，故讀《通鑑》者如登高山、泛巨海，未易遽窺其津厓，得《本末》而閲之，則根幹枝葉，繩繩相生，不待反復它卷而瞭然在目，故《本末》者，《通鑑》之户牖也。」今考此書分《通鑑》爲二百三十九事，一事爲一篇，頗便下學，覺《綱目》不作無害，而此書似不可無。若乃有《通鑑》，又有金履祥之《通鑑前編》，有《綱目》，又有南軒之《綱目前編》，而且有《通鑑前編》，又有沈朝陽之《前編紀事本末》，蛇足不已，則吾不欲觀之矣。

通鑑節要

《通鑑節要》五十六卷，宋少微先生崇安江贄譔。贄之後人有名默者，遊晦菴先生門，以此書質之先生，深加賞嘆。又有名淵者，附益潤色之，刻於嘉熙丁酉，有廸功郎、邵武軍邵武縣南尉、巡捉私茶鹽礬私鑄銅器兼催綱江鎔序。愚謂宋人史學，提綱撮略之書自《通鑑目録》、《稽古録》外，如慈溪黄震東發《古今紀要》十九卷、豫章南宫靖一仲靖《小學史斷》四卷書成於理宗端平三年。之類，亦已多矣。乃江贄先有此鈔掠剽擬之作，想晦菴必不賞嘆及此。江鎔序云爾，恐不足信。人明而如此輩者益夥，三家邨夫子頭腦冬烘，授徒多暇，無以遣日，動欲操筆削之權，纂史自娱，皆牀上安牀，屋下架屋也。

史通

《史通》二十卷，唐劉子玄知幾著。評史家得失，有精確者，有苛碎差謬者，前人論之已詳，兹不復贅。知幾自序云：「余歷事二主，從官兩京。徧居司籍之曹，久處載言之職。商榷史篇，遂盈筐篋。」予體例與知幾異而「商榷」之義亦竊取之。《文選》第二十八卷陸機《吴趨行》結句「商榷爲此歌」，李善注：「《廣雅》曰：『商，度也。』許慎《淮南子》注曰：『商榷，麤略也。』言商度其麤略也。」《説文》卷六上《木部》：「榷，水上横木，所以渡者也。」商度雖僅麤略，而初學觀之，不啻涉水之得渡矣。《通鑑》第二百九十四卷云：「周世宗閑暇則召儒者讀前史，商榷大義。」又司馬温公《與范内翰祖禹論修通鑑體例書帖》云：「甚思與足下相見，熟共商榷。」可見商榷乃史家語，若《宋書·謝靈運傳》論云：「敷衽論心，商榷前藻。」《南史·庾肩吾傳》：「簡文帝與湘東王論文書云：『每欲論之，無可與晤[一]。思與（毛板誤作「言」，今從王氏懋竑改。[二]）子建一共商榷。』」韓昌黎、孟東野《納涼聯句》云：「儒庠恣游息，聖籍飽商榷。」柳河東《謝楊尚書寄郴筆詩序》云：「今更商榷，使盡其功。」則凡論文藝者皆可以商榷言之。又顔師古《漢書叙例》云：「不恥狂簡，輒用上聞。粗陳指例，式存揚榷。」揚榷即商榷之意。

《史通·自叙》篇云：「予幼讀史，年十有七，窺覽略周。于時將求仕進，兼習揣摩。專心諸史，我則未暇；洎乎弱冠，射策登朝。思有餘閑，獲遂本願。」又云：「余幼喜詩賦，壯都不爲。恥以文士得名，期以述者自命。」予幼攻《四書》八股文，及登第，領史職，始罷舉子業，治經史，然猶兼習詩賦，四十有二歸田，於今二紀有餘，詩文皆輟不爲，惟以考史爲務，故每卷輒自題曰某述，亦竊比述者自命之意云。考《禮記·樂記》篇云：「作者之謂聖，述者之謂明。」注云：「述，謂訓其義也。」疏云：「作者，堯、舜、禹、湯是也。述者，子游、子夏是也。」此雖據禮樂爲言，不據史籍，然史籍所載，禮樂居其大端，知幾不敢作史，而自居於述，意在斯乎？《論語・述而》篇：「子曰：『述而不作，信而好古，竊比於我老彭。』」又曰：「蓋有不知而作之者，我無是也。」夫子之聖言猶如此，後學可妄作乎？然則知幾之自命曰述，任也，非謙也。又《論語・雍也》篇云：「文勝質則史。」《衛靈公》篇云：「吾猶及史之闕文。」誠能有疑，則闕事必紀實，自無文勝之敝，知幾雖有踳駮，要爲有意務實者，故予竊比之。

校讀記

［一］「晤」，《南史》作「語」。

［二］《讀書記疑》卷十三《南史存校》謂「言」當作「吾」，西莊以爲校改爲「與」者誤。

歷代建元考

《歷代建元考》兩册，秀水鍾淵暎廣漢輯。王氏《玉海》所載建元已備，而鍾氏此編采前人辨證極詳，自歷代外，僭僞、異域及道經所稱畢收。就予所見，其爲鍾所遺漏者，惟遠西艾儒略《西方答問》所載意大里亞國吴爾巴諾一名而已。此書未刻，予從陳樹華芳林抄得，著之以諗考古者。

紀元彙考

《紀元彙考》五卷，鄞縣萬斯同季野輯。堯至共和，姪經所增，已見前。商沃甲在位二十五年，而《竹書紀年》則五年，祖丁在位三十二年，而《紀年》則九年，南庚在位二十五年，而《紀年》則六年，陽甲在位七年，而《紀年》則四年，小辛在位二十一年，而《紀年》則三年，小乙在位二十八年，而《紀年》則十年，祖庚在位七年，而《紀年》則十一年，共和前本無甲子，而《紀年》晉人僞造，兩者同是捕風捉影，所以不合，至周滅商之年，此云在己卯，予以《周易乾鑿度》及《國語》推之，實歲在辛未，非己卯，説詳《尚書後案》。又《史記·十二諸侯年表》始於共和元年庚申，直至癸酉爲共和十四年，而此則以庚申爲周厲王之三十八年，直至癸酉爲厲王五十一年，削去共和之名，此後世書生之見。

諸帝自唐以下皆稱其廟號爲某祖某宗，無廟號者方稱其謚法爲某帝，其餘即宋端宗猶稱廟號也。自唐以前則但稱爲某帝，已爲自亂其例，而其中又有不畫一者，如劉宋稱高祖，不稱武帝。

晉懷帝乃惠帝弟，而誤作子，唐武后萬歲通天二年九月改元神功，此漏去。中宗神龍元年誤衍四字，昭宗乾寧元年誤作「乾符」，五代唐愍帝誤作「愍宗」，下小字「明宗養子」，誤作「明帝」，元順帝誤作順宗，大約多有傳寫之誤。

補歷代史表

《補歷代史表》，亦萬斯同季野譔。十七史無表者，咸爲補之。序稱六十卷，而今刻止五十三，疑尚有未脱藳未付梓者。季野生千數百年下，追考千數百年上事，臚而列之，誠爲快舉。此種史學，唐宋亦不多得，明人所未有也。竊謂史之無表者，固宜補矣，有有表而尤不可以不補者，季野但擇其無表者補之，餘則置之，不無遺恨。如唐宰相有表，而中葉以後相權分於翰林學士，當時謂之内相，此亦當表。禁軍以宦官掌之，不但朝政盡爲所撓，并廢立皆出其手，則左右神策中尉亦當表。至方鎮有地無人，尤屬缺事，説已見前。若乃三公、三師、宰相、大將軍、雜號將軍、司隸、京尹總爲將相大臣，刺史、牧尹、都督、節度總爲方鎮，不復曲别分析，懼累墜也。曹魏始有尚書、中書、侍中三省長官，以後其名遞變，而五代又添崇政院使、樞密使、三司使，各因其時也。非季野之博通而妙于鎔裁，不能有此。

熊方《後漢書年表》，季野若見之則不須重作，即有不同，著其説可矣。因未見熊書，故别自作東漢諸表，熊方惟有同姓王侯、異姓諸侯、百官三目，季野於同姓王侯與熊方略同，而異姓則分外戚、功臣、宦官爲三，百官則分將相大臣與九卿爲二。熊方之得失，前已論之矣。季野之分析俱無不可，所嫌者，未見熊書也。熊氏槩言將軍，而季野則分驃騎大將軍、建威大將軍、建義大將軍、征南大將軍、征西大將軍、强弩大將軍、虎牙大將軍、横野大將軍、左右前後將軍，建武二十七年改官制後，以大將軍移入三公，又分爲車騎將軍、衛將軍、驃騎將軍，而以暫設之征西將軍附入，次則度遼將軍，至獻帝時又有更易，一一具列之，較熊爲密。若乃季野於功臣但取雲臺諸臣，所附益不過馬援以下中興之著者，而熊於異姓諸侯下至建安、延康，雖熊氏獨表一代，取其周備，季野通表十七史，毋庸泛列，兩者義各有取，然季野别作《漢季方鎮年表》，入之三國，今計漢末惟州牧刺史爲重，封侯反在所輕，季野之理較長。

《南齊諸王世表》高帝子首豫章王嶷，次臨川王映，次長沙王晃，次武陵王華，次安成王暠，次鄱陽王鏘，次桂陽王鑠，次始興王鑑，次江夏王鋒，次南平王鋭，次宜都王鏗，次晉熙王銶，次河東王鉉。據史，銶在鑠之前，鏗在鋒之前，鉉在鋭之前，三人序次皆誤。又嶷之子子廉封永新侯，而此云「未封，卒」，亦誤。條件既多，自不能無小失，聊一摘之，餘未暇詳考。

附録一 傳狀

西沚先生墓志銘

西沚先生以篤學鴻文登巍科、入詞館，不數歲而參綸閣、班九卿，貴且顯矣，甫逾强仕，奉諱星奔，服闋，遂不復出，里居三十餘年，日以經史詩古文自娱，撰述等身，弟子著録數百人。嘗取杜少陵詩句，以西莊自號，學者稱西莊先生，西莊之名滿海内。頃歲，忽更號西沚，予愕焉，諷使易之，不肯，私謂兒輩曰：「沚者，止也。汝舅其不久乎？」西沚於經義專宗鄭氏，兹以嘉慶二年十二月二日損館，歲行在巳，龍蛇之厄，與康成先後一揆，斯亦異矣。予與西沚總角交，予妻又其女弟，幼同學，長同官，及歸田，衡宇相望，奇文疑義，質難無虚日。予駑緩，西沚數鏃厲之，始克樹立，平生道義之交，無逾西沚，常以異姓軾、轍相況，匪由親串暱就，輒相標榜也。今窀穸有期，而予視息猶在人世，志石之銘奚敢辭。

西沚姓王氏，諱鳴盛，字鳳喈，一字禮堂，外舅虚亭先生長子，爲世父升孟公後。幼隨王父卓人公丹徒學署，奇慧，四五歲日識數百字，縣令馮公詠以神童目之。稍長，習《四書》義，才氣浩瀚，已有名家風度。年十七，補嘉定縣學生，學使歲科試屢占第一，鄉試中副榜，才名籍甚。巡撫陳文肅公大受取入紫陽書院肄業，東南才俊咸出其下。在吴門與王琴德、吴企晉、趙損之、曹來殷諸君唱和，沈尚書歸愚以爲不下嘉靖七子。又與惠徵君松厓講經義，知詁訓必以漢儒爲宗。服膺《尚書》，探索久之，乃信東晉之古文固僞，而馬、鄭所注，實孔壁之古文也；東晉所獻之《大誓》固僞，而唐儒所斥爲僞《太誓》者，實非僞也。古文之真僞辨，而《尚書》二十九篇粲然具在，知所從事矣。乾隆十二年，中江南鄉試。十九年，會試中式，殿試一甲第二人及第，授翰林院編修。蔣文恪公溥爲院長，重其學，延爲上客。二十三年，天子親試翰詹諸臣，特擢一等一名，超遷侍講學士，充日講起居注官。其冬，扈從盤山。明年，充福建正考官，未蕆事，即有内閣學士兼禮部侍郎之命。還都召對，天語甚温。未幾，御史論其馳驛不謹，部議降二級。明年，授光禄寺卿，扈從木蘭秋獮。二十七年，以平定回部覃恩，誥封三代，賜貂皮、大緞等物。二十八年，丁朱太淑人憂，去職回里。既除喪，以虚亭先生年高，遂不赴補。其後人都祝萬壽者一，迎駕行在者再，皆有文綺之賜，恩遇不異供職時，而西沚自以多病，無宦情矣。性儉素，無玩好之儲，無聲色之奉，宴坐一室，左右圖書，咿唔如寒士。卜居蘇州閶門外，不與當事通謁，亦不與朝貴通音問，唯好汲引後進，一篇一句之工，獎賞不去口，或評選其佳者，刊而行之。

嘗言：「漢人説經必守家法，亦云師法，自唐貞觀撰諸經義疏而家法亡，宋元豐以新經義取士而漢學殆絶。今好古之儒皆知崇注疏矣，然注疏惟《詩》、《三禮》及《公羊傳》猶是漢人家法，它經注則出於魏晉人，未爲醇備。」故所撰《尚書後案》專宗鄭康成，鄭注亡逸者，采馬、王補之，《孔傳》雖僞，其訓詁猶有傳授，非盡鄉壁虚造，間亦取焉。經營二十餘年，自謂存古之功，與惠氏《周易述》相埒。又撰《十七史商榷》百卷，主於校勘本文，補正譌脱，審事迹之虚實，辨紀傳之異同，於輿地、職官、典章、名物每致詳焉，獨不喜褒貶人物，以爲空言無益實用也。早歲論詩，溯原漢魏、六朝，宗仰盛唐，中年稍變化，出入香山、東坡，晚年獨愛李義山，謂少陵以後一人。前後吟咏甚富，手自删定，爲二十四卷，王琴德謂其以才輔學，以韻達情，粹然正始之音，非虚憍恃氣者所及。古文紆徐醇厚，用歐、曾之法，闡許、鄭之學，一時推爲巨手。又撰《蛾術編》百卷，其目有十，曰《説録》、《説字》、《説地》、《説制》、《説人》、《説物》、《説集》、《説刻》、《説通》、《説系》，蓋仿王深寧、顧亭林之意，而援引尤博贍焉。自束髮至垂白，未嘗一日輟書，年六十八，兩目忽瞽，閲兩歲，得吴興醫鍼之而愈，著書如常，時春秋七十有六。夫人寶山李氏，子三人，嗣構，修選州同；嗣穫、嗣疇，皆學生。女六人，婿姚篪、嚴曜霄、黄恩長、顧亦宷、宋豫芳、吴振錡。孫男女若干人。

銘曰：古三不朽，立言其一。言非一端，所重經術。漢儒治經，各有師承。後儒鑿空，師心自矜。堂堂光禄，樸學是好。祖述後鄭，升堂覩奧。學優而仕，實大聲宏。鷙鳥累百，鸑鷟先鳴。立朝九考，晉秩二品。優游林泉，著作自任。經明史通，詩癖文雄。一編纔出，紙貴吴中。弇山元美，畏壘熙甫，兼而有之，華實相輔。枌榆共社，科第同年。肩隨兄事，申以婚媾。有過必規，有疑互質。相思披衣，老而愈密。壑舟云逝，大名長留。斯文光燄，芘護松楸。

錢大昕《潛研堂文集》卷四十八

王鳴盛傳

王鳴盛，字鳳喈，嘉定人，明司業逢年之後。少敏慧，弱冠補諸生，屢試第一，巡撫招入蘇州紫陽書院，院長歸安吴大受、常熟王峻先後賞其才，爲文鎔經鑄史，風發泉湧。乾隆十二年鄉試，以《五經》中式，會試不第，歸蘇州。時沈德潛以禮部侍郎致仕，海内英駿皆師之，門下以鳴盛爲最。又其時長洲吴泰來、上海趙文哲張熙純及鳴盛妹夫錢大昕皆以博學工詩文稱，而羣推鳴盛爲渠帥。十九年以第二人及第，授編修，公卿争禮致之。刑部侍郎秦蕙田方修《五禮通考》，屬以分修，而尤見重於掌院學士蔣溥。二十一年大考翰林，鳴盛名第一，特擢侍讀學士，三十四年考試差第二，充福建鄉試正考官，尋陞内閣學士，兼禮部侍郎。事竣還京，以濫用驛馬被吏議，左遷光禄寺卿，尋丁内艱歸，遂不復出。久之，遷居蘇州，學者望風麕至，鳴盛又有《江左十二子》、《苕岑》諸集之刻，聲氣益廣，名望益深，而鍵户讀書，絶不與當事酬接。家本寒素，往往賣文諛墓以給用，餘則一介不取也。偃仰自得者垂三十年，嘉慶二年十二月歿於蘇州。鳴盛爲詩，少宗漢魏、盛唐，排律則仿元、白、皮、陸，在都下見錢載、蔣士銓輩喜宋詩，往往效之，後悔，復操前説。於明何景明、李攀龍、李夢陽、王世貞、陳子龍及國朝王士禛、朱彝尊之詩，服膺無間。大抵以才輔學，以韻達情，粹然正始之音也。古文不專一家，於明先嗜王慎中，繼傚歸有光，擷經義之精奥，而以委折疏達出之。詩文集凡四十卷。先與元和惠棟、吴江沈彤研經學，一以漢人爲師，鄭玄、許慎尤所墨守，所著《尚書後案》、《軍賦考》，精深博洽，比古今疑義而折衷之。又著《十七史商榷》，於一史中紀、志、表、傳互相稽考，因而得其異同，又取稗史叢説以證其舛誤，前人糾繆拾遺之作，不屑沿襲摭攟也。晚作《蛾術編》，有《説録》、《説字》、《説地》、《説物》、《説制》、《説集》、《説刻》、《説通》、《説系》十門，共一百卷，亦以淵灝稱於世。弟鳴韶，字鶴谿，少從兄鳴盛遊，學日進，兼工詩畫，爲古文以清簡爲工。兄奇其才，責以制舉業，鳴韶謂人曰：「兄固愛我，不知我名心素淡也。」爲新陽縣學生，時鳴盛已官翰林，鳴韶獨晨昏侍父母，閉户研究，典衣購書，額其堂曰「逸野」，旁闢一室，縣蓑笠以見志，嘗自作《蓑笠軒圖》。少詹事錢大昕視學廣東，邀與偕往，途中遇名勝必往游，有記程詩若干卷。及歸，遂於逸野堂授徒講業以終。著文十卷，《春秋三傳考》、《十三經異義考》、《祖德述聞》、《竹窗瑣碎》共若干卷。鳴盛次《江左十二子詩》，以鳴韶居其一，論者不以爲私。

王昶《春融堂集》卷六十五

王鳴盛傳

王鳴盛，字鳳喈，又字禮堂，又稱西莊，晚號西沚，嘉定人。爲諸生，事長洲沈德潛受詩，後又從惠棟問經義，遂通古學。乾隆十九年成進士，對策擢上第，授編修，俄試詞賦，復擢第一，超授侍講學士，充福建鄉試主考官，除内閣學士，兼禮部侍郎。坐公事左遷光禄寺卿，遭母憂去職，遂不出。早年論詩，趨漢魏六朝、初盛唐，後乃稍出入於香山、東坡，晚好李義山，謂其詩逴躒冠羣，少陵以後一人也。少有《詠雁》詩：「佳人滅燭聽，久客撫琴彈。」沈尚書賞之，刊入《七子詩鈔》。王敞謂其詩以才輔學，以義達情，粹然正始之音，非虚憍恃氣者可比。其汲引後進，一篇一句之工，吟誦不去口。鳴盛以漢人説經必守家法，亦云師法，自唐貞觀撰諸經義疏而家法亡，宋元豐以新經義取士而漢學殆絶，今好古者知尊注疏矣，然注疏惟《詩》、《三禮》及《公羊傳》猶是漢人家法，他家注則出魏晉人，未爲醇備也。其著《尚書後案》，專述鄭康成之學，若鄭注亡逸，采馬融、王肅注補之，《孔傳》雖出東晉，其訓詁猶有傳授，間一取焉。又謂東晉所獻之《太誓》僞而唐人所斥之《太誓》實非僞，故附著今文《太誓》一篇，存古之功，自謂不減惠氏《周易述》也。又以十七史多譌脱，爲補正之，著《十七史商榷》一百卷，事跡虚實、紀傳異同，莫不審辨，典章制度亦雅備矣。別撰《蛾術編》一百卷，其爲目十，《説録》、《説字》、《説地》、《説制》、《説人》、《説物》、《説集》、《説刻》、《説通》、《説系》，人謂不減洪容齋、[一]王伯厚之淹洽。嘉慶二年年七十六，卒。鳴盛爲學篤慕北海相之洽孰，其卒也歲行在巳，適符龍蛇之厄，人咸異焉。又有詩文集二十四卷。

錢林《文獻徵存録》卷四

校讀記

[一]「容」字據文義補。

王西莊先生事略

西莊先生諱鳴盛，字鳳喈，晚號西沚，江蘇嘉定人。少警穎，爲諸生時，巡撫陳文肅大受招入紫陽書院，院長王侍御峻奇賞其才，爲文鎔經鑄史，泉湧風發。乾隆十二年鄉試，以《五經》中式，會試不第，歸。晚沈文慤德潛以侍郎致仕，海内英駿皆師之，先生稱高第弟子。又其時長洲吴泰來企晉、上海趙文哲損之、青浦王昶述庵及先生妹壻錢大昕曉徵，皆以博學工詩文稱，而羣推先生爲渠帥。十九年以一甲二名進士賜及第，授編修，公卿禮致之。秦文恭蕙田方修《五禮通考》，屬以分修，而尤見重於掌院學士蔣文恪溥。二十一年大考翰詹，名第一，擢侍讀學士。三十四年典福建鄉試，尋擢内閣學士，兼禮部侍郎。還朝，坐濫用驛馬，左遷光禄卿。尋丁内艱歸，遂不復出，久之，遷居蘇州，學者望風麕至，有《江左十二子》、《苕岑》諸集之刻，聲氣益廣，望益高，而楗户讀書，絶不與當事酬接。家本寒素，嘗藉賣文自給，餘一介不取也。偃仰自得者垂三十年，嘉慶二年十二月卒於蘇州，年七十有八。先生爲詩，少宗漢魏、盛唐，在都下見錢籜石、蔣心餘輩喜宋詩，往往效之，後悔，復操前説，於明李崆峒、何大復、李於鱗、王元美、陳卧子及國朝王貽上、朱錫鬯之詩，服膺無間，大抵以才輔學，粹然正始之音也。古文不專一家，於明初嗜王遵巖，繼歸熙甫，擷經義之精奥，而以委折疏達出之。有《耕養齋詩文集》四十卷。早歲與元和惠定宇、吴江沈冠雲研精經學，一以漢人爲師，許、鄭尤所墨守，所著《尚書後案》三十卷，專宗鄭康成注，鄭注亡逸者，采馬融、王肅注補之，《孔傳》雖僞，其訓注非盡虚造者，閒亦取焉。又著《軍賦考》，精深博洽，比古今疑義而折衷之。又著《十七史商榷》一百卷，校勘本文，補正譌脱，最詳於輿地、職官、典章、制度，能剖其異同，證其舛誤，其書博辨詳明，與容齋、伯厚相上下，前人糾謬拾遺之作，不屑沿襲攟摭也。晚作《蛾術編》一百卷，其目有十，《説録》、《説字》、《説地》、《説制》、《説人》、《説物》、《説集》、《説刻》、《説通》、《説系》，皆刻行於世。弟鳴韶，字鶴溪，工詩畫。爲古文以清簡爲工，先生奇其才，責以制舉業，曰：「兄愛我良厚，不知我名心素淡也。」補新陽縣學生，時先生已入翰林，鶴溪獨侍二親，閉關絶塵事，典衣購書，額其堂曰「逸野」，旁闢一室，懸簑笠以見志，嘗自作《簑笠軒圖》，授徒講業以終。著文十卷《春秋三傳考》、《十三經異義考》、《祖德述聞》、《竹窗瑣碎》共若干卷。先生次《江左十二子詩》，以鶴溪居其一，論者不以爲私。先生嘗曰：「吾門下以金子璞園爲第一，費子士璣次之。」璞園名曰追，嘉定諸生，讀書不求聞達，《十三經》皆有校本，而《儀禮》尤精，著《儀禮正訛》十七卷。士璣，吴江人，嘉慶戊午舉人，治漢《易》。

李元度《國朝先正事略》卷三十四

王鳴盛傳

王鳴盛，字鳳喈，嘉定人。幼從長洲沈德潛受詩，後又從惠棟問經義，遂通漢學。乾隆十九年，以一甲進士授翰林院編修，大考翰詹第一，擢侍讀學士，充福建鄉試正考官，尋擢内閣學士，兼禮部侍郎，坐濫支驛馬，左遷光禄寺卿。丁内艱，遂不復出。

嗚盛性儉素，無聲色玩好之娛，晏坐一室，咿唔如寒士。嘗言：「漢人説經必守家法，自唐貞觀撰諸經義疏而家法亡，宋元豐以新經學取士而漢學殆絶，今好古之儒皆知崇注疏矣，然注疏惟《詩》、《三禮》及《公羊傳》猶是漢人家法，他經注則出魏晉人，未爲醇備。」著《尚書後案》三十卷，專述鄭康成之學，若鄭注亡逸，采馬、王注補之，《孔傳》雖出東晉，其訓詁猶有傳授，間一取焉。又謂東晉所獻之《太誓》僞，而唐人所斥之《太誓》非僞，故附書今文《太誓》一篇，存古之功，自謂不減惠氏《周易述》也。又著《周禮軍賦説》四卷，發明鄭氏之旨。又《十七史商榷》一百卷，於一史中紀、志、表、傳互相稽考，因而得其異同，又取稗史叢説以證其舛誤，於輿地、職官、典章、名物每致詳焉。别撰《蛾術編》一百卷，其爲目十，《説録》、《説字》、《説地》、《説制》、《説人》、《説物》、《説集》、《説刻》、《説通》、《説系》，蓋仿王應麟、顧炎武之意，而援引尤博。詩以才輔學，以韻達情。古文用歐、曾之法，闡許、鄭之義，有詩文集四十卷。嘉慶二年卒，年七十六。

《清史稿》卷四百八十一《儒林》二

王鳴盛傳

王鳴盛，字鳳喈，江蘇嘉定人。幼從長洲沈德潛受詩，後又從惠棟問經義，遂通漢學。乾隆十九年一甲二名進士，授翰林院編修。二十三年，大考翰詹第一，擢侍講學士，充日講起居注官。二十四年，充福建鄉試正考官，尋擢内閣學士，兼禮部侍郎銜。坐濫支驛馬，左遷光禄寺卿。丁内艱，遂不復出。鳴盛性儉，素無聲色玩好之娱，晏坐一室，咿唔如寒士。嘗言：「漢人説經必守家法，自唐貞觀撰諸經義疏而家法亡，宋元豐以新經學取士而漢學殆絶，今好古之儒皆知崇注疏矣，然注疏惟《詩》、《三禮》及《公羊傳》猶是漢人家法，他經注則出魏晉人，未爲醇備。」著《尚書後案》三十卷，專述鄭康成之學，若鄭注亡逸，采馬、王注補之，《孔傳》雖出東晉，其訓詁猶有傳授，間一取焉。又謂：「東晉所獻之《太誓》僞，而唐人所斥之《太誓》非僞。」故附書今文《太誓》一篇，存古之功，自謂不減惠氏《周易述》也。又著《周禮軍賦説》四卷，發明鄭氏之旨。又《十七史商榷》一百卷，於一史中紀、志、表、傳互相稽考，因而得其異同，又取稗史叢説以證其舛誤，於輿地、職官、典章、名物每致詳焉。別撰《蛾術編》一百卷，其爲目十，《説録》、《説字》、《説地》、《説制》、《説人》、《説物》、《説集》、《説刻》、《説通》、《説系》，蓋仿王應麟、顧炎武之意，而援引尤博。詩以才輔學，以韻達情。古文用歐、曾之法，闡許、鄭之義，有詩文集四十卷。嘉慶二年卒，年七十六。

《清史列傳》卷六十八《儒林》下

附録二　評論

鄭堂讀書記

十七史商榷一百卷　洞涇草堂刊本

國朝王鳴盛撰。鳴盛字鳳喈，號西沚，嘉定人。乾隆甲戌賜進士第二，官至内閣學士，降光禄寺卿。西沚取汲古閣所刊十七史，益以《舊唐書》明聞人詮刊本、《舊五代史》《永樂大典》本，爲之改譌文，補脱文，去衍文，又舉其中典制蒙滯、事蹟踳駁者，詮解而審覆之，并搜羅諸子百家文集碑幢，互相檢覆，以成是編，計《史記》六卷，《漢書》二十二卷，《後漢書》十卷，《三國志》四卷，《晉書》十卷，《南史》合《宋》《齊》《梁》《陳書》十二卷，《北史》合《魏》《齊》《周》《隋書》四卷，《新》《舊唐書》二十四卷，《新》《舊五代史》六卷，别論史家義例崖略爲《綴言》二卷。名曰商榷者，謂商度而揚榷之也。夫西沚爲近時講《尚書》之大師，出其餘力以治史，自能一埽從前史評諸家之陋習。學者每苦正史緐塞難讀，或遇典制茫昧，事蹟轇，地理、職官目眯心瞀，試以是編置於其旁而參閲之，則思過半矣。惜乎遼、宋等史不及商榷，《綴言》

所謂智有所未周而力有所不逮也。前有自序，謂史家所記典制有得有失，讀史者不必横生意見，馳騁議論，以明法戒也；其事蹟有美有惡，讀史者亦不必强立文法，擅加與奪，以爲褒貶也。今就其書考之，如所謂「横生意見，馳聘議論」者，誠知免矣，若所云「强立文法，擅加予奪，以爲褒貶」者，未免尤而效之，更加甚焉。即如《史記》之《項羽謬計四》一條，《劉項俱觀始皇》一條，《劉藉項噬項》一條，《漢惟利是視》一條，《爲羽發喪》一條，《四皓》一條，《陳平小人》一條，《范睢傾白起殺之》一條，《張耳真小人》一條，《信反面攻故主》一條，《田榮擊殺田市》一條，《灌嬰於平吕爲有功》一條，《司馬相如》一條，凡若此等，只就《史記》一書舉之，《漢書》以下更僕難數，是則美猶有憾，不及其妹壻錢竹汀《二十二史考異》遠矣。

李慈銘越縵堂讀書記

十七史商榷　清王鳴盛撰

跋《十七史商榷》一通。乾嘉間經儒蔚興，跨唐躋漢而兼精史學者，惟錢氏大昕及王氏鳴盛，皆嘉定人也。王氏經學最著者有《尚書後案》，其雜家考據之學有《蛾術編》，而此書爲史事之薈萃，所論兼及《舊唐書》、《舊五代史》，仍曰「十七史」者，併《新》、《舊》合言之也。援引之博，覈訂之精，議論之名通，皆卓絶今古。尤詳於《新》、《舊唐書》，所考唐事頗多與予日記諸條相合，竊自喜所見之不謬，而又恨昔賢之多先得我心，愈歎後來著書之難也。

王氏自序，謂讀史猶之讀經，俱尚考其典制之實，不必横生意見，馳騁議論。顧其書雖校譌訂已居十之七八，而亦時有創論。如論漢高帝失信廢義，惟利是視，論項氏失計在立懷王。

咸豐庚申一八六〇十二月十一日

閲《十七史商榷》，因附論《新唐書·文宗本紀》書殺陳弘志、殺觀軍容使王守澄及李訓奔於鳳翔之謬，又《李訓等傳》贊之謬，皆至數百言，頗爲前人所未發，以文長不録。

咸豐辛酉一八六一八月十九日

續修四庫全書總目提要

十七史商榷一百卷　乾隆丁未刻本

國朝王鳴盛撰。鳴盛字鳳喈，一字禮堂，别字西莊，嘉定人。乾隆甲戌第二名進士，授編修，累官内閣學士，左遷光禄寺卿。以海虞毛晉所刻十七史行世已久，從未有全校之一周者，爲改譌文，補脱文，去衍文，又舉其中典制事蹟，詮解蒙滯，審覈踳駮。謂讀史者不必横生意見，馳騁議論，但當考其典制之實，俾建置沿革瞭如指掌，而法戒待人之自擇；不必强立文法，擅加予奪，但當考其事蹟之實，年經月緯，部居州次，紀載之異同，見聞之離合，條析無疑，而褒貶聽諸公論。於一史之中，紀、志、表、傳互相稽考而得其異同，又取稗史叢説以證其舛誤，最詳於輿地、職官、典章、制度。計《史記》六卷，《漢書》二十二卷，《後漢書》十卷，《三國志》四卷，《晉書》四卷，[一]《南史》合《宋》《齊》《梁》《陳書》十二卷，《北史》合《魏》《齊》《周》《隋書》四卷，《新》《舊唐書》二十四卷，《新》《舊五代史》六卷，别論史家義例崖略爲《綴言》二卷。主於校勘補正，審虚實，辨異同，前人糾謬拾遺之作，不屑沿襲摭攟，尤不喜褒貶人物，以爲空言無誤也。錢氏大昕嘗謂自惠、戴之學盛行，學者但治古經，略涉三史，三史以下茫然不知，得謂之通儒乎？鳴盛與大昕皆以博學工詩文稱，研經壹以漢人爲師，而此書辨博詳明，又與《廿二[二]史考異》相上下，可謂述作之選矣。

校讀記

[一]按《十七史商榷》中《晉書》共十卷。

〔二〕「二」原誤作「三」。

胡玉縉許廎經籍題跋

十七史商榷書後

《十七史商榷》一百卷，嘉定王鳴盛撰。鳴盛字鳳喈，號西沚，又號西莊。乾隆甲戌一甲二名進士，官光禄寺卿。是編取毛晉汲古閣本十七史及近本《舊唐書》、鈔本《舊五代史》，校正其譌文、脱文、衍文，復舉其中典制、事蹟，詮解蒙滯，審覈踳駮，自《史記》訖《新五代史》，計十九史，凡九十八卷，别論史家義例及《通鑑》諸書，爲《綴言》二卷，而云十七者，仍故名也。除《史記集解》等外，凡與相涉之書，如《刊誤》、《補遺》、《補漢兵志》之類，亦兼論其得失。據其自序，蓋積二十餘年之力而成，名曰商榷者，取《史通》自序「商榷史篇」之語。每卷題「東吴王鳴盛述」，亦取義於「及期以述者」自命也。自序題「嘉定」，卷中題「東吴」，以嘉定本爲吴地，實則今人不應署古地也。自序稱：「讀史者不必以議論求法戒，但當考其典制之實；不必以褒貶爲與奪，但當考其事蹟之實。」此爲全書宗旨，故其論史裁，大致主《史》、《漢》、《三國》四史，而深不滿於《南北史》、《新五代史》之錯綜記載，《新唐書》、《新五代史》之軒輊書法。今考其書，如《刺史權重秩卑》條，《二府三府四府五府》條,《州郡中正》條,《司馬温公論唐宋官制》條,辨晰致爲分曉。《范蔚宗以謀反誅》條,反覆訟其冤;《順宗紀所書善政》條及《王叔文謀奪内官兵柄》條,極言叔文忠於謀國,皆能不以成敗論人。《都亭》條,足補顧炎武《日知録》所未逮。《廣陵》條,足正朱彝尊《曝書亭集》之譌。《丹徒京口京城北府京江北京》條、《建鄴京師京邑京都建康都下》條,各明六者之爲一,亦有裨於後學。至如《温彦博傳》諸條,以碑爲證,尤得史學要領,雖《王忠嗣兩傳異同》條稍涉繁冗,而不失爲實事求是。惟《楊貴妃國忠世系》條,以玄宗御制《楊珣碑》爲不足信,且於其《蛾術編》言之,則不如王昶《金石萃編》「碑立於當時,自當以碑爲正」之説;《韋臯紀功碑》條,以爲趙明誠所録是前碑,此乃後碑,不如翁方綱跋「撰書在貞元二十年,立石在元和三年,所謂貞元二十年立者,恐是文内有『貞元二十年』語,因以爲碑立於其時」之説;《魏謩世系》條,以《魏公先廟碑》爲大中六年撰,不如王昶據碑文「立家廟後二百卅五年」語,謂「不能確定其歲月」之説;《漢無禮樂》條,謂「本無可志,不得已以空論了之」,不如黄以周《史説略》「一時未得叔孫通《漢儀》」之説;《刑法志三非》條,以兵、刑爲不可合,不如朱一新《無邪堂答問》「刑罰得其平,甲兵可以不用,班史爲能窺見本原」之説;《故郡》條,於班《志》三十六郡去桂林、象郡、南海,入内史,尚闕其二,不如錢大昕《廿二史考異》别内史於三十六郡,而數桂林、象郡、南海之説;《尚右》條,泛引天地、陰陽、男女等語，以明古非尚右，不如黄以周《禮書通故》「周之列位皆尚左不尚右，周公太師居左，召公太保居右，内史中大夫居左，大史下大夫居右，《戰國策》『藺相如爲上卿，位在廉頗右』，是尚右起於周季」之説；《八十陌錢》條，以「商賈姦詐自破嶺以東」云云，謂「洪容齋以『自破』爲句，顧寧人乃讀作『自破嶺以東』，疑傳寫偶誤」，不如黄汝成《日知録集釋》「核兩書文義，『自破』二字無屬上爲句之理，而『破嶺』無此地名，『破』或『庾』字之訛」之説；《江西即江北》條，謂「北可以西言，南可以東言」，不如黄家岱《嬹藝軒雜著》「江東以古揚州之域言，江西以古荆州之域言，揚在荆之東，故其言江東多今之江南地，荆在揚之西，故其言江西多今之江北地」之説；《吴越改元》條，極詆錢鏐之自帝，不如錢大昕《養新録》「自立年號而不改國王之稱，亦不以吴越加於年號上，示不敢當尊」之説。《都尉漏書》條所考尚略，近《南菁文鈔》二集有金氏、吴氏《補遺》兩篇。 蓋考證之學本自無窮，以諸説訂之，不必爲嗚盛護，亦不足爲嗚盛病也。《郡國官簡》條，既以「洭浦官」之類爲微末下吏，而《地理雜辯證》又以爲「官」即「關」，雖有關則有官，事本相因，而未免歧異。《秦地圖》條，謂「代郡班氏下獨見」，不知又見「琅邪郡長廣」下，且此處當有脱文，乃謂「因班壹而起」，殊爲肊説。《宋歐修書不同時》條及《尊韓非宋祁筆》條，謂「修或竄改祁稿」，不知修雖奉詔改歸一體，竟不易一字，高似孫《緯略》所載甚詳。《李光進戰功》條，以《光進傳》「承宗希朝奏光進爲將」爲白日説夢，不知「承宗」下當脱一「反」字。其他《始皇本紀贊後人所亂》條，謂「遷當日實取《過秦》中、下二篇爲《始皇本紀贊》，上篇爲《陳涉世家》贊」，則班固奏事明云「取《過秦》上、下篇以爲《秦始皇本紀》、《陳涉世家》下贊文」（《陳涉世家》《集解》引），並未取中篇，又以後論之「賈誼、司馬遷曰」，此「司馬遷」三字誤衍，下文「秦之積衰」之上，又誤脱「司馬遷曰」四字，更爲肊斷。《李顒》條，謂孔安國未作《書傳》，僅注《論語》，則《論語注》亦僞，詳沈濤《孔注辨僞》。《崔鴻十六國春秋》條，謂鴻用魏年號，則鴻書以晉爲主，詳《史通・探賾》篇。《唐以前音學諸書》條，謂「劉淵併二百六部爲一百六部」，則併韻實自金哀宗正大六年王文郁始，在壬子前二十有四年，詳錢大昕《平水新刊韻略跋》。《杜佑作通典》條，譏其既叙五禮，又次《開元禮》五禮爲繁復，自序不言本於劉秩爲攘取，《獻書表》欲撤去經學，以申己之《通典》，則杜氏各以五禮爲次，乃分別古今經義，往往與時制有離合，故表語云然，非欲撤去經學，劉書祇三十五卷，以《周禮》六官分門，杜盡更之，故序語不及。《西域記》條，斥辨機爲惡僧，非能著書，則辨機序明稱「玄奘肅承明詔，載令宣譯，辨機撰斯方志」，詎得惡其人而没其實？凡此，一近苛責，一近虚矯，亦屬可議。然其書視錢大昕《廿二史考異》爲博大，視趙翼《廿二史劄記》爲翔實，實史學中不可少之書。自序云「庶幾啓導後人」，洵非虚語矣。（李慈銘《桃華聖解盦日記》云：「《南史》以氏族連合爲傳，別有深意，殊未可非，蓋當時既重氏族，而累經喪亂，譜牒散亡，北朝魏收《魏書》猶多子姓合傳，南朝則沈約、蕭子顯、姚思廉等專以類敘，於兄弟子姓分析太甚，李氏故力矯之。其書本爲通史之體，與八書各自行世。大凡古人著述，須細推其指，不可率爾譏之。」其意蓋斥王說。

孫鼎宜十七史商榷辨囈序

王西莊之言曰：「經以明道，而求道者不必空執義理以求之，但當墨守漢人家法而不敢他徙。至於史，則議論褒貶皆虛文，但當考核得其實。」斯言謬也。夫訓詁名物、議論文章，固皆所以求聖人之道，未始可歧而二之也，所謂成德與連材也。自夫人才力有限，而遂各因其性之近，以成一家之言，亦勢之所必至也。聖門之設四科，子貢之所謂識大識小，史家之分立儒林、文苑、道學，旁及循吏、藝術諸傳，何莫非勢之不得不然哉？自學者爲之，則必先求乎博通，而後約歸於一是，而豈謂通乎此遂不可涉於彼邪？全謝山祖望經史淵博，所撰《學案》，遠勝梨州之偏主姚江；王白田懋竑平生精研朱學，其考論《北齊書》精當，西莊且取之，無害其爲經史學也。清之初，如張楊園履祥、孝先伯行、陸稼書隴其、桴根世儀輩，又曷常制度書數之不知哉？及昧者爲之，遂至空疏而甚陋，要於宋學無害也。且夫人之所以爲人者，禮義而已。攜千金而入珠寶市，其所陳列者美矣，及呼其主人出，則駔儈不足與言，夫豈能愜意邪？西莊生逢盛世，又能壽考，早達早休，故得鍵户讀書垂三十年，其於著《尚書後案》之餘，上自《史記》，下迄《五代史》，並劉昫、薛居正之作，旁及温公《通鑑》，一一細勘之，統名曰《十七史商榷》，可不謂勤乎？書中往往議論自違其例，亦不足爲西莊病，顧其所論者庸腐，或直類小説，而所考據多誤，甚至欲取史中之字，必據《説文》。又嘗言曰：「夫所謂專門之學者何也？即兩漢經師訓詁相傳家法，不似趙宋人，一切訶黜也。」卷五十九。又曰：「宋人略通文義，一涉史學，便欲法聖人筆削，有名公大儒爲之渠帥，予不敢論。」卷九十二。無故詆及朱子《綱目》，此胡爲者哉？然其中議論之善者，則亦未可輕易也。使西莊慎取而精思，掃除門户之見，則其書未必不可與萬季野斯同、錢竹汀大昕、邵二雲晉涵所著相伯仲，而徒取盈百卷，不悟放言高論之非，是以嘗爲之惜焉。去歲編録《宋書》，見先君書簡端曰：「錢氏《考異》説者，依改於旁。王鳴盛《商榷》，囈語耳，勿與辨。」迄今取其書讀之，固已辨之者多。蓋戊子、庚寅歲讀史參閲時爲之，然亦有推之甚至者，如云西莊論范史筆處多有窺見，其不善李延壽亦能得人心之同，論陳《志》尤確當，其餘云精善者不一，具見是非善惡各得其平，非徒以攻擊爲事已也。惜夫無意爲書，或至數卷末下一字，今併其圈者、抹者録之，凡二百四十六條，分爲二卷，名曰《辨囈》。囈辨，則純正者自見矣。安得暇日爲西莊盡理而删存之，以不没其寒燈細展之工，而成其孤竹老馬之願也。戊辰二月二十二日湘潭孫鼎宜謹序。

輝按：該文録自《國光雜誌》第十八期，承華哲君自京鈔示，其所謂《辨疊》二百四十六條之書即《宋書考論》，後刊於《北平圖書館館刊》。

陳垣史源學雜文

書十七史商榷第一條後

王西莊好罵人，昔賢每遭其輕薄，如謂劉向爲西漢俗儒；謂李延壽學淺識陋，才短位卑；謂杜元凱剽竊；蔡九峰妄繆；又謂陳振孫爲宋南渡後微末小儒；王應麟茫無定見。其於時賢如顧亭林、戴東原，亦力斥之，又謂朱竹垞學識不高，皆見其所著《蛾術篇》及《十七史商榷》。蓋其天性如此，又乏修養，自以爲是，而不知人之竊笑之也。

《十七史商榷》第一條講目録學，謂宋之晁公武，下迄明之焦弱侯，「皆學識未高」；講校勘則謂錢遵王「但可云能藏書，未敢許爲能校書」。不知此條於目録學則開口便錯，於校勘亦訛字不一也。

此條所罵之某氏，即指錢遵王。遵王曾集諸宋本《史記》爲一書，因李汧公嘗取桐孫精者雜綴爲琴，名百衲琴，故亦戲名此爲百衲《史記》，語見錢所著《讀書敏求記》。《商榷》

引其言，據誤本《敏求記》，稱李汧公爲李沂公，又誤桐孫爲桐絲。

李汧公者李勉，大曆中封汧國公，見兩《唐書》一三一本傳。唐時李姓無封沂國公者。《商榷》之誤，此其一。

李勉百衲琴事，出唐人李綽撰《尚書故實》，韋絢《劉賓客嘉話録》亦載之。今《學海類編》本《劉賓客嘉話》作李汧公勉取桐絲之精者雜綴爲琴。「桐絲」當作「桐孫」，草書相似而訛也，《寶顔堂秘笈》本《尚書故實》正作「桐孫」。桐孫者，桐之幼枝，《太平御覽》九五六引《風俗通》云：「梧桐生於峰山陽巖石之上，采東南孫枝爲琴，雜甚清雅。」《庾子山集》五《咏樹》詩「楓子留爲式，桐孫待作琴」，以孫對子，是也。《商榷》之誤，此其二。

海山仙館本《敏求記》更誤作「絲桐」。絲、桐是二物，桐孫是一物。校者習見絲桐，以桐絲爲誤，遂臆改之。不知桐絲固誤，絲桐更誤，此又在《商榷》下矣！《商榷》未敢許遵王能校書，然則西莊可云能校書乎？一眼前習見故事，而誤者二字。翻刻本《商榷》如此，固可委爲手民之誤也，乾隆五十二年洞涇草堂原刻本《商榷》亦如此，西莊能辭其責乎？且在全書第一條，正是罵人不能校書，何自疏忽如此。

不獨此也，《漢書·藝文志》載《太史公》百三十篇，馮商所續《太史公》七篇。《漢志》稱司馬遷書爲《太史公》，不稱《史記》也。《漢書》所稱「史記」，皆謂古史所記，不專指司馬遷書。司馬遷書所稱「史記」，如《周本紀》言太史伯陽讀史記，《十二諸侯年表》言孔子論史記舊聞，《陳杞世家》言孔子讀史記，亦皆指古史。錢竹汀《史記考異》五《太史公書》條曾詳論之；《漢書考異》二又曾歷舉班書《五行志》所引「史記」凡十餘條，多不見於司馬遷書，知「史記」二字，在班《志》以前，爲古史通名，東漢以後，始以爲司馬遷書之專名也。

今《商榷》第一句乃曰「《漢志》《史記》百三十篇，無卷數。裴駰《集解》則分八十卷，見司馬貞《史記索隱序》」云云。《漢志》安得有《史記》百三十篇乎？單稱《史記》百三十篇未爲誤，連《漢志》稱《史記》百三十篇則誤矣。錢竹汀於此事不惜一再言之，殆爲西莊發也。《商榷》之誤，此其三。

且由百三十篇改爲八十卷，應云合不云分，今《商榷》曰「裴駰《集解》分八十卷」，亦誤也。單稱裴駰《集解》分八十卷未爲誤，連上文言「《史記》百三十篇，裴駰《集解》分八十卷」則誤矣。由少而多謂之分，由多而少則當謂之合。且《商榷》此語明謂引自《史記索隱》序，今《索隱》序明謂裴參軍作《集解》，合爲八十卷，何嘗言「分八十卷」乎？《商榷》之誤，此其四。

在一條四百餘字中而有四誤，且誤在全書第一卷第一行第一句，所謂「開口便錯」也。錯固人所恒有，胡爲開口罵人耶？《蛾術篇》九有《史記但稱太史公》條，言「《漢・藝文志》

春秋類有《太史公》百三十篇，即《史記》也，而不名《史記》，則《史記》之名，起於後人」云。西莊蓋自知《十七史商榷》之失言，而思以此彌縫之也。又書名《商榷》，「榷」當從手不從木，西莊亦辨之於《蛾術篇》三十，認前此誤引木部，其書已行，不及追改云。昔人每自悔其少作，然《商榷》之刊行，在乾隆丁未，時西莊年六十六，不可謂少矣！書此以爲吾老年人著書者戒。

書十七史商榷齊高帝紀增添皆非條後

《十七史商榷》五五，言《南史·齊高紀》增添者二事：一爲建元三年烏程令吴郡顧昌玄不孝，有司請加以清議；二爲紀末附言符瑞，凡一千一百餘言。

第一事，《商榷》以爲入之本紀，「語覺不倫」，不知建元三年，曾遣使巡行天下，凡孝義詔表門閭者，今皆見《孝義傳》；其有不孝不義，法律無可制裁者，亦宜有所懲誡。顧昌玄父泰始中北征陷殁，昌玄宴樂如常，此等無心肝之人，劾付鄉邑清議，即懲誡之一法。《南齊書》二四《張瓌傳》言建元三年，瓌爲吴興太守，因烏程令顧昌玄有罪，瓌坐不糾免官。所謂有罪，即指不孝。又《南史》七三《孝義·王虚之傳》有顧昌衍，亦吴人，居喪幾至滅性。王儉言之天子曰：「昌衍既有至行，宜居禮闈，以光郎署。」此事亦爲《南齊書》所無，必延壽新得史料。昌衍疑即昌玄兄弟，一孝一不孝，孝者既增入《孝義傳》，不孝者入之本紀，以彰其罪，實爲得宜。今此事已采入《册府元龜》九二三《不孝》門，垂誡且及百世，則《南史》之所書，爲效大矣，何謂不倫。

第二事，《商榷》以爲「巫媪不經之談」，「皆《南齊書》所無，此因增添而失者」。不知紀末所附符瑞，一千二百餘言，大概可分爲二十二節，除明帝寢疾一節外，餘皆見《南齊書》十八《祥瑞志》。延壽之書，既不撰志，凡舊志史料可采者，皆設法散入紀、傳中，此著書之體應爾也。《商榷》未經細勘，以爲皆《南齊書》所無，何其陋耶！至以此爲巫媪不經之談，史不應載，亦未盡然。史家記事，如鏡照物，其時社會之知識如此，攘奪者之虚僞宣傳又如此，史家不過據事直書而已，豈待《十七史商榷》始知其妄乎？此不足辯者也。今本《南史》頗有訛誤，吾以《南齊》志校之外，曾取《册府》二〇三《徵應》門校之，其中「東城天子出」一節，言宋明帝常閉東府，又使子安成王代之。「代」字欠解，疑涉下文「安成王代立」而誤；其上文又有「改『代』作『伐』」四字，疑系校者識語，誤入正文。今《册府》所引，實作「使子安成王居之」，而無「改『代』作『伐』」四字，知北宋時《南史》未誤也。